U0139771

经学讲

易哲精

高怀民——著

花山文艺出版社

河北·石家庄

图书在版编目（CIP）数据

易经哲学精讲/高怀民著. —石家庄：花山文艺
出版社，2021.8
ISBN 978-7-5511-5719-3

Ⅰ.①易… Ⅱ.①高… Ⅲ.①《周易》—研究
Ⅳ.①B221.5

中国版本图书馆CIP数据核字(2021)第078689号

书　　名：**易经哲学精讲**
著　　者：高怀民
策　　划：张采鑫　崔正山
责任编辑：张采鑫　李　鸥
特约编辑：崔人元
责任校对：李　鸥
装帧设计：海　云
美术编辑：胡彤亮
出版发行：花山文艺出版社（邮政编码：050061）
　　　　　（河北省石家庄市友谊北大街330号）

销售热线：0311-88643221
传　　真：0311-88643234
印　　刷：北京天宇万达印刷有限公司
经　　销：新华书店
开　　本：880×1230　　1/32
印　　张：20.25
字　　数：356千字
版　　次：2021年8月第1版
　　　　　2021年8月第1次印刷
书　　号：ISBN 978-7-5511-5719-3
定　　价：138.00元

这里所论述的，是至少两千五百年前中国圣人们所创建的一大哲学，它是中国文化精神的支柱。很可惜，自西汉以降（公元前2世纪间），由于此一大哲学向数术一途发展之故，以致丧失了它的思想体系，成了支离溃散的哲学思想。笔者今日从累世的尘封灰锁中将它清理出来，是觉得它确实具有高尚的价值，足以作为当前世界的镜鉴。世运日亟，物欲漫天，有心人当警觉而起，献身大局，希望我们的思想家们能够从此大易哲学中得到感发，规划出今后人类自求多福之路。

自　序

扫一扫，
进入课程

　　对于易学，我希望能够做到两件事：一是写一部易学史；二是写一本阐明易经哲学思想及其体系的书。在我看来，中国文化长久以来的衰落，原因在于哲学思想不振；而哲学思想不振，在于为中国哲学思想主流的易学未得发扬；易学何以不得发扬？主要是缺少上面的两种书籍。由于缺少一部易学史，弄得伏、文、孔、老的纯粹而精的哲学思想为后世的算命、看风水等杂学所取代，后先混淆，使人无法认清这一大哲学流变的真面目。由于缺少一部阐明易经哲学思想及其体系的书，使国人只认识一些支离破碎的哲学思想，而不能拿出一整套具体明确的理论，因而导致面对着今日世界各国哲学之林，中国文化遂不能弘扬光大。由此生心，所以十余年来，我的学术研究工作，指向于完成上述两种书。关于前者，已完成出版了先秦及两汉易学史部分，以下尚待继续；关于后者，就是现在完成的这部《易经哲学精讲》。

这些年来，一方面是年龄的渐长，另一方面也是在忧患中的体验，我觉得心智增长了很多，也使我真正地爱上了中国文化。在从前，我觉得"中国文化"是一个广泛难以把握的概念，后来才逐渐认识到它具体实在的精神，而近年来，我竟觉得它的大势用落降在我身上，我开始有了责任感、使命感。这种感受十分强烈，与日俱增，有时候，我似乎听到古圣先哲们的叹息，那种"惧道之沦丧"的叹息，直如发出指令，要我依他们而行事。

为此，我曾经花过心思，当时是1971年到1974年间，我在希腊留学，使我有机会实地观察领会到西方文化。我当时用心比较中西方圣哲在许多共同哲学问题上的见解，检讨分析中国哲学思想之所以不同于西方之处，综观当前世界人心之所企求，那一段时间的用心使我对中国文化有了极大进步的领悟，我觉得自那时起我才算真正开始认识到中国文化的可贵，也真正认识到易经哲学体系的伟大。这本《易经哲学精讲》便是在这种新领悟之下动笔，初稿开始于1974年年初，半年之内粗成，当时我住的地方是雅典。

说到这里，读者应该知道这本书于我的重要了，对于这样一本书，我想要说的话自然很多，它们都已写在"前言"及"结语"中，因此，不拟在这里多说。1974年秋回国后，我任教于台湾地区的"中国文化学院哲学系及研究所"，又把这本书重写了两遍，每一次都有极大的改动，即令现在，仍感到有些处应该再修补，然而内心的使命感已不允许我在此书上再多做逗留。我确已尽了我的心力，将伏、文、孔、老的哲学思想及其体系——自西汉以来丧失了的，重新提出，展现在国人面前，听取大家公道的评论。而我，何敢怠慢？我必须开始下一步的行程。

高怀民

目录

扫一扫，
进入课程

前　言

扫一扫，
进入课程

煌煌文明，

长人嗜欲，

侈言进步，

心为形役。

叹世无大圣大哲者，

立宏规巨模，

醒人沉迷。

乃回头，

理古国文化，

论说大易。

此大宇一方所、长宙一俄顷之交也，湿云障空，愁雨如丝，假日声罕而昼永若止。笔者凭窗凝神既久，渐觉一缕忧伤，缥兮缈兮，游移而至，一时间顿使笔者兴泫然欲泣、不胜其情之感。既而心气平复，因思宇宙间事，都非无故，一念感兴，有所自来，今日之忧伤，胡为乎来耶？遂乃肃容危坐，味情忖理，据理运思，归思于大易；竟成此书。读者诸君，且待笔者从下面一出戏说起。

第一节　道情酬唱

话说在人类世界的东方哲学舞台上，曾经上演过一出好戏。这出戏情节简单，意味深长，戏中三个角色为东方人所熟知，他们的精湛演技，均登峰造极。然而说来奇怪，也许正是因为他们演技太好了吧，世人都分别陶醉到他们三个的个人表演中了，却未留意到他们三人是在联合演唱，以至于这出戏至今尚没有一个名称。笔者现在姑且依其戏中含义，名之曰"道情酬唱"①。这出戏上演在公元前6世纪后期，当时台上台下的情形是这样的：

孔子站在一座小桥上，望着桥下的流水，感叹道："逝者如斯夫！不舍昼夜。"②

释迦牟尼从菩提树下站起身来，说他已经悟得正觉，③

---

① "道情"为散曲黄冠体之别名，内容有二：一为超脱凡尘；二乃警醒顽俗。见《太和正音谱》。世人则称唱此等曲词为"唱道情"。

② 《论语·子罕篇》。

③ 梵语三菩提，义指如来之实智。释迦成道事，见《佛所行集经》。

从此后游行说法，为自己取个法号曰："如来。"[①]

这是很有趣的事，孔子言"逝者如斯"，逝者为谁？往何处去了？释迦牟尼称"如来"，如来何所指？来自何处？这两个人，一为中土之圣，一为印度之佛，心中有话都不明说，却在那里打隐语、讲谜话，以天下为空谷，此发彼应。就在舞台下的观众如醉如痴，不知他俩葫芦里卖的什么药之际，只见又登场了一个玄玄其思的老子，见世人之不察二人语中玄机也，乃操其点睛之笔，轻轻点破一点消息，曰："道可道，非常道。"[②]

台下观众这时候才从痴醉中醒来，意识到：原来这一圣一佛一哲，乃今日现身演唱"道情"。然而，一大堆问号却在他们脑海中盘旋：

1.三人既现身说"道"，何以不爽直地说？孔、释二人言"逝"言"来"，讳举"道"名；老子虽举"道"名，却说可道非"道"。似乎"道"不可以经由名言而诠说，何以故？

2."道"如是不可言诠，也必不可以求之于象状，然而孔子言"逝"，释迦牟尼言"来"，"逝"与"来"

---

① 释迦牟尼佛十号之一。
② 《老子》第一章。

均为由象状而立。如果说"道"可以象状表达，则应该是可以言诠；如果说"道"不可以象状表达，则孔、释之言"逝"与"来"，与"道"何涉？今孔、释二人以明象状之"逝""来"言"道"，而"道"又不可以言诠，"道"究为何物？

3.孔子言"逝者"，既有"逝"，必然有"来"在先，故"逝者如斯"，当然"来者"也"如斯"。释迦牟尼言"如来"，既有"来"，必然有"逝"随之，故言"如来"，也等于说"如逝"。所以二人虽是一言"逝"，一言"来"，实际上都包括"逝"与"来"之全义。然二人不约而同，均不举全义而仅言一端，何以故？

4.孔、释、老三人者，既现身演唱"道情"，自然都是"得道之士"，可见"道"虽是如此难以捉摸，毕竟是实有的存在。那么，怎样才能够清楚认识"道"？入"道"的门径究竟在哪里呢？

5.更令人费解的是，"道"既然是不可以言诠，既然是可道非"道"，三人就该闭口不言不道才是。今三人明知"道"之不可以言诠，却又要上舞台演唱"道情"，是否三人心有隐屈，不得不言？那么，这个不得不言的隐屈又是什么？

这些问题，引起了台下观众的迷惘与骚动，大家面面相觑，窃窃私议。可是，就在大家迷惘骚动之际，舞台上的情况又有了变化，只见孔子占据了舞台一角，说"仁"说"礼"，十分卖劲儿地演说起来；释迦牟尼占据舞台的另一角，讲"空"讲"色"，讲个不休；老子则静静地退到另一角落，奋笔疾书，一面拉长声调吟唱着："无，名天地之始——有，名万物之母……此两者同出而异名，同谓之玄——玄之又玄——众妙之门——"①

舞台下的人群大骚动起来，一部分人拥向孔子那个角落，一部分人围向释迦牟尼，一部分人挤向老子那边。不一会儿工夫，台上台下的人分成了三堆。此时，倒觉得安静下来，空气中回荡着三个人演唱"道情"的声浪。

幕落。

第二节　大易哲学源流

"道情酬唱"一幕演过了，人类史上留下三家哲学思想：孔子的儒家哲学、老子的道家哲学与释迦牟尼的佛教哲学。释迦牟尼的佛教哲学因印度彼土彼民之宜，乃寓哲学于宗教的路数，非本书所论；至于孔、老二家哲学，以二人同

---

① 《老子》第一章。

生于中国之故，虽然学说重心不同，说教方式有别，然论其思想来源及理路，则同为继承中国远古流传下来的哲学思想——易，只是二人分途努力，做弘扬开创。所以别而言之，为儒、道二家，合而言之，实为易学一家，二人虽殊途而同归；易学也由此发展为极博大精深的哲学思想体系。本书之所论，即为此二人合力经营之"大易哲学"。

那么，我们即当于此先综要一览大易哲学的源流。

易学起源于中国远古时代之伏羲氏。在中国历史演进程序中，伏羲氏生当畜牧时代之初，约为公元前4700年，是中国历史上第一位"王"。彼时一般人民理智未开，而伏羲氏独具异禀，哲思初发，画八卦，始创易学。八卦者，乃八组思想符号，易学中通称之为"象"，它们是：

☰ ☷ ☳ ☴ ☵ ☲ ☶ ☱

这八组卦象便是易学的初期面貌。当时是天道思想（自然思想）支配人心的时代，且文字尚未发明，伏羲氏乃以上面八组卦象分别代表八种自然界最通常的现象。对应于上面的八卦，这八种自然现象是：

天　地　雷　风　水　火　山　泽

自然现象是形下世界的事物，而八卦符号源起于形上思想，伏羲氏乃透过八卦的思想符号说明了形下世界万物所以发生的形上的渊源。就人类哲学思想的表现于具体记录而论，伏羲氏的画成八卦实为第一道曙光。

自伏羲氏以后约三千五百年，到了殷、周之际，周文王兴，重八卦为六十四卦，又因此时文字已经制作运用之故，文王又为每一卦作了卦辞与爻辞，易学面目为之一变。六十四卦及其名称为：

☰ 乾　☷ 坤　☵ 屯　☶ 蒙　☵ 需　☶ 讼

☷ 师　☵ 比　☴ 小畜　☱ 履　☷ 泰　☶ 否

☰ 同人　☰ 大有　☷ 谦　☳ 豫　☱ 随　☶ 蛊

☷ 临　☴ 观　☲ 噬嗑　☶ 贲　☶ 剥　☷ 复

☳ 无妄　☶ 大畜　☶ 颐　☱ 大过　☵ 坎　☲ 离

（以上为《易经》上经三十卦）

☱ 咸　☳ 恒　☶ 遁　☳ 大壮　☲ 晋　☷ 明夷

☲ 家人　☱ 睽　☵ 蹇　☳ 解　☶ 损　☴ 益

☱ 夬　☴ 姤　☱ 萃　☷ 升　☱ 困　☵ 井

☱ 革　☲ 鼎　☳ 震　☶ 艮　☴ 渐　☳ 归妹

☳ 丰　☶ 旅　☴ 巽　☱ 兑　☴ 涣　☵ 节

☴ 中孚　☳ 小过　☵ 既济　☲ 未济

（以上为《易经》下经三十四卦）

文王之重卦及作卦爻辞，原是为了"以神道设教"①，因为当时社会是神道思想时代，人民相信天神地祇人鬼的权势，文王乃利用这一套卦象以占断吉凶，名之曰"筮"。筮虽是术，但所根据的所以吉、所以凶、所以悔、所以吝的道理，则是本于由伏羲氏八卦而发展成的六十四卦哲学。所以表面看来，文王是将易学改妆易容作了筮术的工具，而实际上乃是借筮术的推行发扬了易学。自文王以后，易学思想更精微、更广泛地被人们认识了；尤其重要的是，由于筮术流通之故，原来伏羲氏只是讲万物生成的理论的易学，至此开始致用于人事，使思想理论与实际生活趋向于结合为一。这是周文王对易学的大贡献，史称"文王演易"。

文王后又五百余年，至孔子。此时神道思想又衰，人智大开，是为人道思想时代的来临。人民于此时已不愿再盲目信仰鬼神，宁肯通过理智判断以裁度事物，孔子遂起而改革易学，摒弃筮术占断，纯粹以哲学思想解说文王之卦爻辞。孔子自称其态度是"述而不作"，即不变更卦爻辞的吉、凶、悔、吝之断，而透过理智，从哲学的立场去做解说。这一做法正是将伏羲氏、周文王的哲学思想一起显明出来，而孔子更弘扬开创，为易学建立起以"人道"为

---

① 《易经·观卦·象传》。

重心的思想体系，史称"孔子赞易"。孔子的易学具见于《易经·十翼》中，所谓"十翼"，乃指这十篇解说六十四卦象及卦爻辞的文字：

《彖传》上、下；《象传》上、下；《系辞传》上、下；《文言传》；《说卦传》；《序卦传》；《杂卦传》。

易学自伏羲氏历周文王，至孔子，约四千年，三位大圣，间世而兴，踵事增华，合力经营此一大哲学，故后来东汉史学家班固在《汉书·艺文志》中赞道："易道深矣，人更三圣，世历三古。""三圣"即谓上述三人，"三古"则谓三人所处之三个时代。

孔子为顺承伏羲、文王之学而集大成者，与孔子同时，老子也致力于易学研究，其思想趋向与孔子不同，乃专精运思于大易哲学之形上方面，推极道始，开创出另一玄学思想体系，是为道家易。孔子之易学则为后人称为儒门易，易学由此分为儒、道二家。孔、老二人对易学的贡献同样伟大，一方面向下开展经营人道，一方面向上开展推理入玄，各在其思想领域内精研创发，建立思想体系。有此二人之努力，易学乃得到极高之成就，易之言"大"，即合孔、老二家之思想体系为一大体系而言。然而，就易学发展史上说，孔子以其为顺承伏羲、文王向下开展故，被后人视为易学之正统，班固言"易历三圣"，乃不及老子，我们说孔子得易之"正"；老子则是立足于伏羲、文王之易学基础上，向形上创发，我们说他得易之"奇"。是二人者，一正一奇，正如日月双璧之运行于易学之天，缺一则失易学之完美。

大易哲学发展至于孔、老，可谓登峰造极。为了明白起见，且以简表0-1表示此一流变之大概如下：

表0-1　　　　　　大易哲学流变简表

时间	约当公元前4700年	文王生于公元前1232年，卒于前1135年	孔子生于公元前551年，卒于前479年；老子约与孔子同时
内容	伏羲氏画八卦，始创易学	周文王演易，重八卦为六十四卦，作卦爻辞	孔子赞"易"，发扬十翼义理，建立儒门易哲学思想体系 老子作《老子》，建立道家易玄学思想体系

按：有关此表之详情，请参阅拙著《先秦易学史》。与孔、老同时，尚有筮术易一支，唯筮术当时已不被视为哲学思想，故未列。

第三节　大易哲学体系概观

上述大易哲学源流至孔、老，谓二家思想一上一下，分别发扬开创，若有默契。这种情形，在古今中外学术界中，洵可为一大异彩。二人学说之详，将分别论于本书的正文中，但此处仍不得不先将二家思想之异趣，做大要之说明，期读者先把握到整体的概念，以利于会通后文区分纲目之讨论。

　　孔、老二家易学之思想出发点，质言之，同出于"乾元之始动"。"乾元之始动"这一名词，需要相当多的文字作解说，且留待正文第三讲中细述，这里只说一个大概。"乾元"是孔子制作的名词，为别于"太极"而立。"太极"是一大自然流行的作用，无所谓"始"，也无所谓"动"，以其为绝对的存在，无"始""终"与"动""静"的相对意义。"乾元"则在思想上下降一层，落入了与"坤元"的相对，对照于"坤元"而言，"乾元"为"始"、为"动"；故孔子立"乾元"之名，义即指"自然流行的太极"开始现出了指向或目的（向"生生"而流行，见正文第三讲）。孔子由此开始，向下开展出他的生生不息的哲学体系；老子则也是由此开始，向上推理开展出他的推"有"入"无"、入"自然"的玄学体系。

　　上面这一基点的认识是根本。于是，孔子由"乾元始动"的基点出发，下落"坤元"之顺承，"乾元"与"坤元"续续起用不已而生物生人，这是孔子哲学体系的下行路线。然后，由人折返上行，穷理尽性以至于命，体察"乾元始动"之基点，由此复进入太极之自然流行，则为上行路线。所以孔子哲学体系是一下一上或一往一返的双轨路线。老子也自"乾元始动"出发，视"乾元始动"为"有"，何以言"有"？太极之自然流行，原无意识、无指向，不知其为

"有"，及落入"乾元"，始动而指向生物，故为"有"。既有"有"，乃从而上推"无"，由"有"推"无"推"道"，而由"道"揭出"自然"一义。"自然之道"为老子玄学体系向上推理之极致，犹孔子之体系之下归趋于"人"。而老子也正与孔子同，上推"自然之道"一义之后，复折返下行，"道生一，一生二，二生三，三生万物"[①]，以论说宇宙万物之生成。老子的玄学思想体系也是一上一下或一往一返的双轨路线。

孔、老二人思想体系之各为上下往返，相映成趣如上述，然而尚不止此，二人学说之珠联璧合，更有丝丝入扣之处。孔子在其以人道为重心的哲学体系中，也尝推"乾元"入于自然（见《易经·系辞传》首章"易""简"之义），只是简略言过，而留其详细解析的工作于老子。老子在其玄学体系中，也时而论及人事（见《老子》），也只是简略而言，而委其确立人道细则之责于孔子。故老子宇宙生成之下行路线，与孔子之下行路线相契合连续，而孔子之反乎道之上行路线，也与老子之上行路线统合为一。是二人之学说，不止自为一往返周流之体系，且又相汇合、相结联、相锲入而成一大往返周流，是即大易哲学之思想体系。现在为了明白起见，兹以图0-1表示如下：

① 《老子》第四十二章。

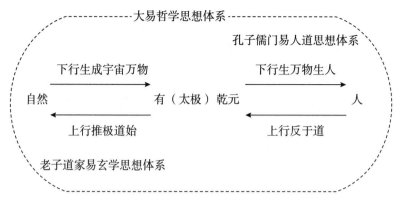

图0-1　大易哲学思想体系

　　另外，乘此时叙述之便，笔者且说明一下本书在写作方面对孔、老二家学说是如何安排的。这里的问题有两个：一是关于二家易学应分应合与孰先孰后论述的问题；一是以何种方式论述二家易学的问题。对于第一个问题，很明显的，不应该也不能将二家易说杂糅在一起，故笔者决定分别论述；孔子的儒门易为顺承易学之发展趋势，为正统，故论述在先；老子的道家易则在后。对于第二个问题，笔者曾颇费踌躇，因为二家各有其上述往返周流之自然发展路线，依其原方式，则可保持其原学说之精神，如变更方式另作安排，则弊多利少；故最后决定即依上述二家之思想开展路线排定论述纲目，读者可以望各讲之纲目而知二家哲学如上图之往返周流之状，以及整个大易哲学之为一大不可分之整体。至于各讲之分配，第二讲至第七讲为孔子之儒门易，第八讲至第十讲为老子之道家易，儒门易占篇幅多，以其学说较繁故；第一讲为大易哲学之"道""象""术""数"之介绍，而最后第十一讲则为综述。

自近代西方哲学行世以来，国人耳濡目染于西方哲学久，在著述上多采西学方式，区作本体论、宇宙论、认识论等。这种分疆立界的方式，一眼看上去固然分明，但对于易学实不适宜。易学的真精神乃表现在它的通体一贯的流行义上，它的思想体系自有一气承接的条理，如果采西学方式将易学原有的整体结构打破，而依本体论、宇宙论、认识论等安排，实无异于将一栋结构完美的建筑物拆毁，然后再依木、石、瓦、块分别堆积；这样，看起来类别固然分明，实际上却是愚行。东西方学术精神不同，各有其阐明其学说之妥当方式，以西人治学方式整理中国学术，虽已成为20世纪以来学术界普遍之风气，然笔者认为，尚需审视其对象为哪一门学术才能决定。如易学者，依其原有方式则见其哲学精神，失其原有方式则丧其哲学精神，故不宜盲目追从西方。这一点是今日学术界所当注意的。

第四节　本书之旨趣

以上扼要叙述过大易哲学的源流及其思想体系的轮廓，

现在——在此前言中——更当向读者一述笔者撰写本书的旨趣所在。

本书之撰写，自以阐扬古学为主旨，虽如此，笔者愚意实不止此。笔者的一贯信念，认为今日之发扬古学，必当以时代眼光衡量其学术价值以为断。古学之无时代价值者，虽发扬之何益？古学之如为时代所需者，不发扬则有亏于学人之职责。大易哲学，就其发生而言，是"古学"，是"中国学"，但如就其学术价值而论，则毋宁说是"古今学"，是"世界学"，因为这一哲学是不受时间与空间的限制的（时间指任一历史时代，空间指任一地域）。它的不受时、空限制可从两方面来看。

一方面，它不为自己树立思想上的藩篱，在它的思想中，没有拒绝，没有排斥；它是开放性的哲学，凡人智所及的一切理、一切事、一切物无不含纳。"太极""阴阳"之义，说尽宇宙理事，自然无碍；"生生""感应"等义，为人界、物界实有之情；"天行健，君子以自强不息"和"地势坤，君子以厚德载物"等义，为全人类不容置疑的生存之道；"善补过""知几""时中"等义，则为人类自求多福的行事之方。大易哲学所建立的理性界的天地是无限开放的，所制定的人道法则都是可行于古今任何时代、天下任何地域中的。

另一方面，大易哲学本身具有因时、空而变通制宜的本领（也是它的学说内容的主要部分）。我们在前文述其源流一节中已曾看到，它在天道思想支配人心的伏羲氏时代，是一副面貌；在神道思想支配人心的周文王时代，又是一副面貌；到了人道思想来临的孔、老时代，又是另一副面貌。这三个历史时代，上下悬隔四千余年，各有不同的社会面貌，而它则分别以三种姿态应世，它的哲学思想本质依旧，却能应合时代在形式上灵活变化。孔、老以后也是如此，到了汉代，时代思想变了，它便以象数易的面貌出现；到了宋代，时代思想又变了，它再以太极图、河图、洛书的面貌出现。而这些变化，万变不离其宗，都不影响它的哲学原面目，它活像一个戏台上的角色，一场演完了，粉墨易容，便又登场，场场都是一个新角色。在这方面，世界上其他哲学是无法望其项背的，它实在是一个"不落伍的哲学"，因为它极尽变通之能事。

不受时、空的限制，说明了大易哲学在今日依然有被提出发扬的价值。虽如此，这仍非本书所以撰写的至要理由，比这更重要的，尤为当前世界所面临的情势——人类今日太需要有一个通贯人心的大哲学思想了，这才是笔者写作本书的根本动机。

近代以来，西方科学神速发展，从而造成物质文明的光辉灿烂。我们不否认在物质文明的成果上，已经充分表现出人类智能的卓越，但这种情势却造成了严重的恶果。

人类今日已越来越清楚地发觉到自己为物质文明所困，想要摆脱，却很难摆脱。今日人类受物欲诱引而驰骋追逐之状，举例言之，恍如滚石下坡，不能自已。今日不管是为了贪图生活享受，或为了纯粹做学术研究，或为了求生存而摧毁敌人，或为了出于拯救人类的善念，或为了其他任何理由而发展物质文明，到头来总是疯狂地发展下去。大多数人已经意识到这一向下坡飞滚的石块，愈滚愈速，终将至于破碎之局，怎奈欲中止而无方。那么我们如问：西方科学文明带头领路，把人类带到今日的境地，他们的哲学家们做什么去了呢？在一般人心目中，哲学被认为有指导科学发展的责任呀！说起来可怜，我们唯见近世以来哲学跟在科学背后狼狈而奔追——或者说是被科学拖着跑更切当——捡拾科学的研究成果以立说且不暇，更遑论指导？所以近世西方哲学完全失去了控制科学的能力，本末倒置，不是哲学领导科学，而成了科学决定哲学的前进方向。

科学的发展是专业的，少受整体观念的牵制，可以任己意而狂奔疾驰。在以往，人类初见科学发展得快，欢呼"进步"，因为它的确给人类带来了更大的繁荣、更高的享受。然而到了第二次世界大战末期原子弹出现以后，人类突然发觉到对自己努力发展的科学逐渐有了驾驭不住之势，而由于人间世种种不相谐和的复杂因素，又不得不努力发展下去，竟成了今日一面心存危悚，一面又忍痛继续发展科学的"骑虎难下"的局面。在从前,人类在生存上发生了问题,有一个直截了当的解决办法,便是"诉诸战争"。可是现在呢?这个办法不敢轻易动用了,在高度物质文明发展下,除了小国家间尚可以动动拳脚以外,几个拥有毁灭性武器的大国,谁也不敢轻启战端,因为到头来遭毁灭的不只是敌人,也是自己。"战争"这条路行不通,剩下的便只有"和平相处",这便是我们目前所面临的总问题——我们必须和平相处,但是,我们缺少和平相处的哲学。

读者诸君务必知道,笔者的意思并非说世界已经走到了无可挽救的末日,或者是人类从事于自我拯救已经为时过晚。中国人的信念一向是:人类自求多福之钥匙,永远掌握在人自己的手中。而且依据冷静的中国古圣们所教诲后人的,即令是明天世界毁灭,今天我们仍应该如常地计划生活。笔者承受中国文化血统,以此日旁观者的立场——言中国文化在近世世界文化潮流中居于"旁观者"地位,未尝不当——看来,以上所述西方科学的疯狂发展,实为哲学积极求变的表现,科学正在扮演着哲学的急先锋的角色。在不远的前面,有一个大的目标在诱引,哲学正在乘科学的健翼而奋进,那个大目标是什么?便是"人道的哲学"——以"人"为中心的哲学。

这里必须要多说些话,验诸西方哲学史以证明笔者言之不虚。西方哲学自古希腊起,中心一直在于超越界,希腊时代是"有（Bing）"、是"一（The one）"、是"观念（Idea）"、是"第一形式（First form）"，到了中世纪则合于"神（God）"。近代自笛卡儿（Descartes，1596—1650），到斯宾诺莎（Spinoza，1634—1677），到莱布尼兹（Leibniz，1616—1716）的理性派一支，思想中心仍隐然羁留在形上的本体；经验派一支，洛克（Loke，1632—1784）、贝克莱（Berkeley，1685—1753）、休谟（Hume，1711—1776）始致力于努力将哲学中心拉向形下世界。康德（Kant，1724—1804）算是哲学发展中一个段落的会集，他的哲学整个说来是学理中事，但针对着纯学术问题做精深思考分析，客观而不受约束（指传统神观念的约束），已充分表现出人智的兴旺现象。黑格尔（Hegel，1770—1830）的哲学，进一步向人间世逼近，他应用哲学法则论断人事历史，他的哲学表现出对实际人生的浓厚兴趣，透过历史精神将神观念与人融合起来，哲学于是明白接触到"人生"。接踵而来的19世纪的前后两个有名气的哲学家，叔本华（Schopenhauer，1788—1860）和尼采（Nietzsche，1844—1900），他们所表现的便不只是对人生的"浓厚兴趣"，而是真正的"深切关注之情"，这两个人，一以悲观名世，一以愤激立说，以中国人看来，都不合乎中庸之道，但他们的确是在执行着哲学走向"人生"的大使命。从19世纪开始，世界比以前更热闹了，科学大发展起来，生物进化的研究有了成果，从而带起了斯宾塞（Spencer，1820—1902）的哲学，后来摩尔根（Morgen，1866—1945）与亚历山大（Alexander，1859—1938）等人的哲学也由此兴；心理与生理之学发展起来了，从而詹姆士（James，1842—1910）成了哲学家，杜威（Dewey，1859—1952）继起弘扬，柏格森（Bergson，1879—1941）的享誉，也大得力于心理学；物理学、天文学也辉煌起来了，一方面是量子论、相对论等科学理论的提出，一方面是科学成果表现在新发明武器上，这两方面都冲击着哲学，前者影响了怀德海（Whitehead，1861—1947）哲学的发生，后者则造成世乱频仍，人心惶惶，从而激荡出存在主义诸人，而他们的哲学都是越来越归趋于"人的世界"。其他自然还有很多，毋须一一道及，总之，我们盱衡西方哲学的发展大势，其中心思想是由超越界向人间世落降，大目标指向以"人"为中心。

西方哲学的发展趋向如上，然而我们问：他们现在走到了什么地方呢？不错，他们已经接触到了"人"，尤以20世纪初柏格森立生命力之流为宇宙本体之后，传统的超越的西方哲学可以说已被推翻了，20世纪以来的几家哲学都从人事上立说。可是由中国人看来，如就"人道的哲学"的成熟境界而言，不能不说仍在幼稚阶段。今日西方哲学还在借科学的方式对"人"作有形的分析、推想，而对人心、人性的深度领悟及以人合天的更高境界尚未触及——然而，科学过度发展的危机却出现了。科学的危机是人造成的，中国人有典故，说是虎颈悬铃，解铃者还须是当初系铃的人，[①]所以解除科学危机的，必须还是人。换句话说，目前我们最重要的是赶快建立起"人道的哲学"，以之唤醒人心，只有人心普遍觉醒，明白此危机之"危"，危机才会解除。

只凭热心而没有人道的哲学体系，不能救世，这是另一点需要提及的。今日世界并不缺乏热心人，史怀哲（Albert Schweitzer，1875—1965）便是一个很好的例子。他离开文明世界到非洲落后地区去行医救人，被不少人目为"今世圣人"，然而如以圣人行事作价值评断的话，笔者则以为他"所为者小，而所遗者大"。何以言之？文明世界的疾病远比那个腹鼓如气球的非洲小孩子的疾病更为严重，因前者是关系着整个人类生死存亡的疾病。当然，笔者并不否认一般人的信念：史怀哲的伟大在于他的精神感召世人。可是笔者怀疑这种"精神感召"在如今物欲滔天的世界中，会不会产生我们所需求的效果。西方人自耶稣挂在十字架上那一天开始，便鼓吹这种精神感召，但至今日尚不能安定世界人心，史怀哲所做的不能胜过耶稣，何

---

① 参见（明）瞿汝稷《指月录》。

能以此精神救世？因之，依笔者愚见，我们今天所最需要的，不只是热心救世的个人情感，更需要有一个通贯人心的周详的哲学。今天人类所面临的危机，仅凭少数人的热诚行事与呼吁奔走是无用的，根本问题是物质文明太发达了，而哲学思想太落伍了，我们必须有对症的哲学思想以控制人心才可。

人类今日的处境又像是在踏着水车，水车轮转动得非常迅速，不得不跟着快踏，而愈快踏，车轮转得愈快。纵有一二警觉之士放缓脚步，也无法阻止亿万人之狂步急踏。为今之计，必有巨眼大智之人出，制定通上彻下的哲学思想体系，大镜悬前，使大家一方面望而知水车狂转之将致速溺，另一方面在大家可遵循的理则下逐渐共同放缓脚步。这样，犹如握水车之枢机，渐渐使轮转慢下来。然而，怅望长天，又何处得见此一稀世大圣哲？又何时得见此一哲学思想体系出现呢？

大易哲学是以"人道"为中心的哲学，它所追求解决的是人类自求多福以生存下去的问题，这正是我们今日所面临的问题。昔孔子与老子的时代，是中国大乱的时代，当时的中国，恍如今日的世界，各国纷争，人心陷溺，孔、老二人建立大易哲学思想体系之本意，原在于救人济世。读者当还记得前文"道情酬唱"中，笔者曾谓孔、老、释三人心有隐屈之言吧？今且观三人之言行：孔子一面叹息着"予欲无言……天何言哉"！①一面却教不厌、诲不倦、述修六经以立言，是孔子言行相矛盾；老子一面写下"道可道，非常道"之句，一面却继续写出五千言论道之书，是老子言行相矛盾；释迦牟尼在说法四十九年之后，最后却说："我始从成道，终至涅槃，未尝说得一字。"②既如此，当初谁要他说法来着？是释迦牟尼言行相矛盾。是三人者，无不言行相矛盾，他们心不欲言，口不能止，如非衷心有大冲突、大痛苦，岂会如此？唉，唉，几人识此！

笔者愚昧，无能对当前人类世界尽救危拯溺之力，乃推往圣之心，商量古学，撰《易经哲学精讲》（又名《大易哲学论》）。

---

① 《论语·阳货篇》。
② 《涅槃经》。

第一讲　四项基本认识

扫一扫，
进入课程

　　通常，当我们要到一个陌生地方去旅行时，总不忘"入境"之前先"问俗"，因为透过当地的习俗才易于了解其情况。现在，我们行将进入大易之国，自然也会想起这一件重要的事。大易哲学有它极为特殊的——大不同于其他哲学的"习俗"，不先弄清楚这些，实在无法了解它，是以在此第一讲的开始，我们必须先得做这一件认识习俗的事情。所要认识的事项有四：道、象、术与数。下面我们分别来说。

第一节　道

　　何谓"道"？说起来，"道"带给中国人的烦恼、妙趣和鼓舞，真算是这个神秘古国的神秘事之一——恍惚迷离，若有还无，不可捉摸，却又人人认真地将它作为终生追求的标的。我们大多知道东郭子向庄子问"道"的事：

东郭子问于庄子曰："所谓道，恶乎在？"庄子曰："无所不在。"东郭子曰："期而后可。"庄子曰："在蝼蚁。"曰："何其下邪？"曰："在稊稗。"曰："何其愈下邪？"曰："在瓦甓。"曰："何其愈甚邪？"曰："在屎溺。"东郭子不应。①

一个是热心讨教，一个则恍若意存戏谑，漫辞以应。我们也听说过唐宋以下的一些和尚，行住坐卧，参禅入迷，弄得如梦如醉，魂不守舍，忽然一天时至机圆，看到一片黄叶坠地，哈哈一笑，原来如此，悟"道"了。"道"便是这样作弄人，慕"道"者上穷碧落下黄泉求之不得，悟"道"者则意态自若，举手投足之间与"道"同在。

字典上言"道"字的初义是"所行道也"②，原不过是平常的一个名词，就是"路"。但此字自被大易接进哲学园地后，身价百倍，一变而成为大易哲学的托命符。我们不能肯定说究竟什么时候"道"字开始进入易学，但从易学发展史上看，似乎应该是在殷末周初之际，那时候文王演易，用易学于筮，筮是占断吉凶的术，它所根据的原理原则，叫作"道"。故当时的易学分为"道"与"术"两大部分，

---

① 《庄子·知北游》。
② 许慎：《说文解字》。

庄子后来屡言之"道术"一名①实由此来。"道"既为筮术的理则，而筮术又是为人断事决疑的，所以"道"也就成了支配人事的理则。及至后来，筮术寝衰，孔子与老子二人摒弃筮术，以纯粹哲学思想论易，"道"也就成了与现象界事物之相对待，《易经·系辞传》："形而上者谓之道，形而下者谓之器。"即此哲学性之相对义。再往后，到了秦汉以下，修"道"之风大炽，"道"的主要意旨又表现在修行境界上。所以如果要细述"道"的含义演变，倒也是一条逶迤的长流。

但上面乃是依于"道"的名称而言，如就"道"的实质上讲则不能这样说，它乃是亘古长存的一大流行作用，成宇宙，生万物，无乎不在，所谓"范围天地之化而不过，曲成万物而不遗"②。人在"道"中，以其优越的灵智，观察、推理、体省，认知"道"之作用之不虚，大易哲学之初创建，正由于伏羲氏见"道"之存在之故。因而，在大易哲学的四项基本认识条件中，"道"当然是首要，象、术、数三者，均为表现"道"而立；犹人之有精神与躯体，"道"是大易哲学的精神，是大易哲学的实质内容。虽是这样，正如古人已经昭示我们的，人站在为"道"所生的万物之

① 《庄子·天下》。
② 《易经·系辞传》。

一的立场，对于无所不在的"道"，是不能为它下一个简明而周全的定义的。今兹归纳"道"之多种含义为四方面，认识之于后。

一、道为形上而遍在

言"道"为形上而遍在，乃就其"存在"一方面立义（此言"存在"，系由"道"之功用上知）。《易经·系辞传》以"形而上""形而下"明"道"与"器"之相对待，只提出了"形"字，并未论及此一字之含义，实则我们必得对此一关键字有清楚的认识，才能了解"道"为"形而上"的意义。"形而上"的"形"，乃包含以下三层含义：

（一）凡一切有形象、占有空间时间的物质。可察、可触、可分之粗物质固然是，不可察、不可触、不可分之细物质元素，也包括在内。

（二）理性思考活动中所产生的具体概念。具体概念虽非物质，却是有体有象，对于"道"而言，是滞碍的存在，故也落入"形"。

（三）心念所行之意识作用。粗言之，由思量寻求；细言之，自心念之稍动转。总之，一动心念，即落"形"域。

以上第一层含义，粗细物质非为"形而上"，已不必论。第二层含义，具体概念非为"形而上"，如孔子云"朝闻道，夕死可矣"①，"死"与"生"是人由观察经验所得的两个概念，"闻道"之人不落入此两概念，不为此两概念所困，"死"或"生"已无关乎己，故"夕死可矣"。老子的"道可道，非常道"也是就概念之滞碍于心上说，言为心声，既属"可道"，必有概念形之于心，如此则落于概念之"形"之滞碍上，故非"常道"。第三层意义，谓心意识转动之间即非"形而上"，为更一进言，此一义因入于哲思精微处，故古人论之尤着力，例如孔子曾说："毋意，毋必，毋固，毋我。"②"意""必""固""我"均为心意识作用，均属心行之滞碍，故孔子要除去之。庄子以比喻出之，更易使人明白，《庄子·达生》中说："忘足，履之适也；忘要，带之适也；知忘是非，心之适也；不内变，不外从，事会之适也；始乎适而未尝不适者，忘适之适也。"所谓"忘"，即心意识之未起动转；心未动，自然"不内变"；不内变，自然"不外从"，自然"忘足""忘要""忘是非"；彻头彻尾，一"忘"到底，便是"忘适之适"，便是"形而上"，也便是入于"道"。

至于"道"之"遍在"一义，乃跟随"形而上"义来，"道"既不落于"形"之滞碍，则"遍"一切有形、无形而"在"。这里需注意"在"字，"在"非"是"，前面我们曾引过庄

---

① 《论语·里仁篇》。
② 《论语·子罕篇》。

子回答东郭子问"道"的话，说"道在蝼蚁""在稊稗""在瓦甓""在屎溺"，如果改"在"作"是"，言"道是蝼蚁""是稊稗"……那便错了，因为那样便是将"道"落入"形而下"的某一物上，成了"有限"的存在，而非"遍在"了。一般人看庄子这段话，大多只着重前面所引的一节，其实最紧要的话是下面这段：

> ……东郭子不应。庄子曰：夫子之问也，固不及质。正获之问于监市履狶也，每下愈况。汝唯莫必，无乎逃物。至道若是……物物者，与物无际，而物有际者，所谓物际者也。不际之际，际之不际者也。谓盈虚衰杀，彼为盈虚非盈虚，彼为衰杀非衰杀，彼为本末非本末，彼为积散非积散也。①

"汝唯莫必，无乎逃物"八个字，才是庄子郑重回答东郭子的话。意思是：你不要老是执着于"道"一定在某处或者是某物，也不要离开物而想别有一个"道"。庄子的意思，换句话说，便是"道""遍在"于物，即物见"道"。"物物者"以下，言"道"与"物"的关系，即"在"物而非"是"物，讲得真精彩；二者"不际之际，际之不际"的关系，正是

---

① 《庄子·知北游》。

佛家所谓的"不即不离"。

二、道为一

在中国哲学中，没有发生过像西方哲学中那样的"一""多"之辩，中国哲学自伏羲氏画八卦起，便"一""多"之义融通于一个思想体系中。言"一"，其中已含有"多"；言"多"，其中已自有"一"在。虽然中国人论"道"，恒言"一"而罕言"多"，因为"多"是着眼于"道"之分别性，而"一"是着眼于"道"之整合性；着眼于"道"之分别性，则分无穷尽，物无穷尽，最后越走越入于细枝末节，将迷于物而不见"道"；着眼于"道"之整合性，则统万物而为一，得"道"之全体大用。是以"道"虽然为"一"也为"多"，然而孔、孟、老、庄无不强调"道"之为"一"：

> 孔子曰："吾道一以贯之。"①
> 孟子曰："夫道，一而已矣。"②
> 老子曰："圣人抱一为天下式。"③

---

① 《论语·里仁篇》。
② 《孟子·滕文公上》。
③ 《老子》第二十二章。

庄子曰："恢恑憰怪，道通为一。"①

中国人是尚全体大用的民族。

一个最值得注意的例子，是庄子对惠施的批评，《庄子·天下》曾载有惠施的学说若干则，其中如"鸡三足""卵有毛""轮不辗地""飞鸟之景，未尝动也""镞矢之疾，而有不行不止之时""一尺之棰，日取其半，万世不竭"等，很显然都是向"多"分析而得理辩。我们且听一听庄子如何批评他：

> ……弱于德，强于物，其涂隩矣。由天地之道，观惠施之能，其犹一蚊一虻之劳者也，其于物也何庸？夫充一尚可曰愈，贵道几矣。惠施不能以此自宁，散于万物而不厌，卒以善辩为名。惜乎！惠施之才，骀荡而不得，逐万物而不反，是穷响以声，形与影竞走也。悲夫！②

庄子这段话在中国哲学史上极为重要，乃代表着中国哲学的正统精神。他批评惠施说："弱于德，强于物。"这

---

① 《庄子·齐物论》。
② 《庄子·天下》。

是什么意思呢？"德"者，得也，得乎天地之道为"德"，故"德"之精神在于上趋而同于天地之道之"一"，"物"则相反，下趋而务于分析之"多"；今惠施之学，不求上趋于天地之道，而务于析物辩理而立说，故庄子批评他"弱于德，强于物"，批评他"其涂隩矣"。下面"夫充一尚可曰愈，贵道几矣"，直率指出中国哲学的精神重在道之为"一"；"散于万物而不厌"，则直率指出惠施之学说之病，"不厌"二字很重要，是说惠施务于析"多"而不回头照顾"一"之大道，有悖于中国哲学之精神。《庄子·天下》以此一段批评惠施的话作结束，未始不含有明揭中国哲学正统精神之意，而惠施的学说在后世终不能得到发扬。

"道为一"之义，应作两方面看：

一方面就整体而言，统宇宙万物为"一"，此"一"为绝对而无待，大易哲学即以符号"—"表示之，名之为"太极"。"太极"与"道"无殊，按之名义，前者是就哲学思想体系的根源上说，为变化生生之本；后者是就作用之流行义上说，为变化生生之法则。然而古人对此二名称之用，并无严明之界限，往往可以互相代换使用，例如《易经·系辞传》言："天下之动贞夫一者也"，此"一"应为太极符号之"—"，也可以"道"言之。又如"一阴一阳之谓道"，此"道"又何尝不可以"太极"言？因为"太极生两仪"，"一阴一阳"原即是"太极"的化身。

再如老子的话:"有物混成,先天地生,寂兮寥兮,独立不改,周行而不殆,可以为天下母。吾不知其名,字之曰道……"①此"道"实则也就是"太极"。

另一方面,乃就整体中之个别体言,又各为一"一"。宇宙间万事万物,均出于整体之"一",然任一事、任一物就其自性上说,又各圆满无缺:泰山、秋毫,彭祖、殇子,鲲与鹏、蜩与学鸠,②"一""一"平等。佛家以海水喻整体之"一",而以众沤喻个别体之"一",一一沤中见大海水之性。宋儒则言"一物一太极""人心为一个宇宙"。而大易哲学则以卦象出之,六十四卦象各为一独立之"一",又总为一整体之"一"。

尽管这样,分就整体与个别体两方面,终是落入物象概念而言,如完全抛却物象概念,则形上之道,超时超空,无整体也无个别体,毕竟是"一"。这可以借老子的话以明之:"天得一以清,地得一以宁,神得一以灵,谷得一以盈,万物得一以生,侯王得一以为天下贞。"③句中"天""地""神""谷""万物""侯王"都是物象,抛却这些物象之执着,则所余者无非是"一"。古人所以恒言

---

① 《老子》第二十五章。
② 以上所引均见《庄子·逍遥游》《庄子·齐物论》。
③ 《老子》第三十九章。

"道为一"，而不言"为多"，义即在此。

三、道之自然流行义

言"道"之为"流行"，非由"体"上见，乃由"用"上显。前文已说过，"道"是形上的存在，它超乎概念，甚或心意识之动转；也就是说，它是完全不落滞碍的，故无"体"可言。虽然它却有昭然若揭的功用，观察宇宙万物，无时不在变动中，而万物之变动，并非盲目纷乱，互冲互撞，乃有一致之协调性。大而言，日月、四时之运转，动植物之生死荣枯；小而言，心理变化、生理变化、知觉反应等，冥冥之中，俨然性性相通。于是归纳万物变动之情状，人不得不承认形上之"道"之存在。然而，这个形上之"道"又显然不是物外的客观的存在，何以言之？如果"物"与"道"是两回事，则"道"之使"物"，何以会如此密合无间？且"物"如独立自存，何以会为"道"所支使？"物"在变化中，其质素不停地增减，此增减之质素何所去，又何所来？诸如此等问题，在古人心中一定经过了深切的思考。我们只要读《庄子·天运》之文："天其运乎？地其处乎？日月其争于所乎？孰主张是？孰维纲是？孰居无事推而行是？……"便知庄子曾想到过在物外有客观支配物的力量，但是凭空设立一个物外的力量，既不能离物而证实其有，又终不能解答万物流转的问题，故古人终于将思想落在"物"与"道"合一上。也就是说，没有"物"外之"道"，"物"的变动本身即是"道"之存在。这一思想远在伏羲氏所画的八卦之中便已表现得明明白白，以后世代相承，更无异议，孔子言："道不远人，人之为道而远人，不可以为道。"[1]即此思想之继承。所以，总宇宙万物之变化，无非一"道"之流转。

以上乃就观察宇宙万物之变动而言，然而古人也同时采取"体证"的途径。人是万物之一，人之所以为人，即为"道"之功用之呈现，而人与其他物不同者，在于有灵智可知"道"。如此，人便也可以不借对外物之观察而只就本身反省内求以明"道"。古人把"体证"的功夫归到一个"诚"字上，《中庸》上说："唯天下至诚，为能尽其性。能尽其性，则能尽人之性；能尽人之性，则能尽物之性；能尽物之性，则可以赞天地之化育；可以赞天地之化育，则可以与天地参矣。"孟子则说："万物皆备于我矣，反身而诚，乐莫大焉。"[2]这中间都指内省体证的功夫。人秉一"诚"，反身内求，脱落物障，从意念初动之最微细处，体会"道"之作用，于此见"道"之为流行之义之不虚。

---

[1] 《中庸》。
[2] 《孟子·尽心上》。

"道"之为流行之作用，由观察见于宇宙万物之变动，由体证则切实得知其真，然如问此一流行之作用何来？《易经》则归之"自然"。何谓"自然"？不知其然而然是也。人何以幼而生长，老而衰死？不知其然而然。何以见景生情，因物兴感？不知其然而然。人何以为如此之人？何以为如此之人之事？不知其然而然。由人自身之不知其然而然，推而知宇宙万物之变动，均为不知其然而然，故知"道"之流行为不知其然而然，为"自然"。道家易论"道"言"自然"，儒门易则分就乾、坤二作用立名，曰"易"、曰"简"。"易"言乾之自然之性，"简"言坤之自然之性，名异而义实同。

　　唯"道"之作用为自然流行，又为绝对而无待，故其势用强大无匹，宇宙间无一物不在此流行势用之中；如滔滔大江水之流动，万物一滴一点之微，只有在不知不觉中顺流而下。庄子有个比喻说得好："夫藏舟于壑，藏山于泽，谓之固矣，然而夜半有力者负之而走，昧者不知也。"[1]儒家则合此自然流行之"道"于人事德目上，孔子曰："我欲仁，斯仁至矣。"[2]孟子曰："仁者无敌。"[3]"仁"之所以"欲"而即"至"，"仁者"之所以"无敌"，正由于"仁"之德应

---

① 《庄子·大宗师》。

② 《论语·述而篇》。

③ 《孟子·梁惠王上》。

合于"道"之自然流行之作用，人行"仁"德，乃顺"道"而行故。

四、道之变化生生义

第三小节言"道"之自然流行，乃就其为整体之"一"之义而言，由此，则宇宙万物总为一大流行之作用，而物物之个体之变化则融入此作用之中而不显。今再就物物个体之多着眼，则变化生生，熙熙攘攘，而于异类殊种，千差万别之间，见"道"之逶迤流通之趣。就"一"言"道"之自然流行也好，就"多"言"道"之变化生生也好，一是"道"之本性之常，只是诉诸文字，不得不作两方面说。

论"道"之变化生生之义，必得说到"阴阳"。说起来，阴、阳二性的提出，真是中国哲学中一桩了不起的意识，通过万物之纷纷扰扰，古圣把握到阴、阳二性，使中国哲学较世界各国哲学思想早几千年发展成熟（后文将论及）。何谓"阳"？"道"之作用之动而健进之一面。何谓"阴"？"道"之作用之顺承阳而反退之一面。"道"只是一大流行作用，分阴分阳，乃进一步对此作用之观察分析。"道"之具阴、阳二性，表现于宇宙整体之为"一"中，也表现于万物个别体之为"多"中，即贯通宇宙万物，无论巨细，均不脱阴、阳二性。

《易经·系辞传》"一阴一阳之谓道"句，包括有两层意义：

第一，"道"之流行为圆道。古圣观察天时、人事、物境，无不成圆道流转，故泰卦九三爻辞谓："无平不陂，无往不复。"《易经·系辞传》谓："周流六虚。""道"既为圆道周流之运动，则在有立场的人看来，自然有进退、往返，阴阳之义于焉成立。此就思想之上层义而言。

第二，"道"为万物变化生生之法则。此则就宇宙万物之生成而言，"道"由"一"下落为阴、阳二性，阳性为始动先发，阴性为顺承继起。从此，二性交替往来，变化生生由此展开。

《易经·系辞传》之"一阴一阳之谓道"，重在第二层义，所以下面接着言"继之者善也，成之者性也"。"继之者善"乃赞扬变化生生之功，"成之者性"乃言阴阳之落入万物之性分之中。由此可知，阴阳之分，即变化之事起，即生生之功现，"阴阳""变化"与"生生"，在实质含义上是相同的，言"阴阳"，乃就万物化生之性上说；言"生生"，乃就万物现形之功用上说；言"变化"，乃就万物形现形消之状态上说。大易哲学为重"生"的哲学，故特别在"变化"中再提出"生生"二字。

易道尚变，关于变化生生之义，应该说的话太多，本书后文将细述，故此处不多说。唯需再强调说明的是，我们切不可因上面哲学思想上之分别层次，而误将道之自然流行与万物之变化生生视为两截。二者原是一事，即此即彼，非此无彼，前举东郭子问道于庄子之文时已说过，在《庄子·齐物论》中，庄子又说："方生方死，方死方生。"生死是"物"的变化，也是"道"的流行，在"物"与"道"之间，无空隙可言。

第二节　象

"道"是大易哲学的实质内容，"象""术"与"数"是表达"道"的方式。如以一个生命体作譬，"道"是大易的灵魂，"象""术"与"数"是它的三种化身，而三者之中，"象"则最为重要。

所谓"象"，即今日所说的思想符号。大易哲学之有象，是人类文化创作中之奇迹。世界上任何哲学思想，到今天为止，主要的表达方式依于语言和文字两种，至于符号和图像，只是偶被采用，作为语言和文字的辅助，没有完全以一系列的符号或图像表达一个庞大的思想体系者；有之，便是大易哲学。大易之当初发明象，自是由于彼时文字尚未诞生，原出于不得已而为，但这一系列的象既经发明之后，乃发现其表达哲学思想，确有殊胜之处：第一是简明。所有卦象、卦图不出两个基本符号"━"与"╌"，涵盖宇宙万物的大道理也就包含在这两个简明的符号中。第二是变通灵活。借卦象之相反、相错、上下、消长等情状，将甚深精微的哲学思想表现出来，十分便利而妥当。第三是整齐而美观。以整齐故，透过许多图象排列，乃见宇宙之谐和、均衡与秩序；以美观故，乃使人把玩思索之不厌。这几个优越条件奠定了象的重要地位，因而到了后来，虽然文字已经制作通用，终不能取其地位而代之；且在文字叙述哲理的对照下，越发使人感到象的简而能赅的可贵。象遂成了大易哲学的主要表达方式，文字的功用反落在后面了。

象的种类，可以大分为八卦、六十四卦及各种形式的卦图三类，也代表着大易哲学发展的前后不同时期。八卦是伏羲氏的哲学，六十四卦是周文王的哲学，孔子承袭之，各种卦图则为孔子以后各易家竞立之新说。虽然如此，大易哲学大成于孔、老二氏，但伏羲的八卦与文王的六十四卦是孔、老哲学的基础，而后来各种卦图之作，实周旋于伏、文、孔、老思想之中，各为一枝一节的引演。是以在本节中，笔者拟将八卦哲学及六十四卦哲学分做介绍，由是读者一方面可以分别认识到伏羲氏与周文王的哲学内容大要；另一方面也可以看到孔、老二氏如何在伏、文之基础上更进一步建立起博大精深的思想体系。至于后来各种卦图，以其繁多故，只好引录其重要者若干，附以必要之说明，无法也无须一一引录详述了。

一、伏羲氏八卦哲学

在本书的前言中，已说到过伏羲氏的时代，并引录了他的八卦。本来，在那么遥远的古代，人类文化尚在苍苍茫茫夜色笼罩之下，神奇地出现了这么一系列卦象符号，这件事本身便带着惹人置疑的色彩。现在，更以成系统的哲学理论来解说这些卦象，难免会有人认为是"以今人之心，劫掠古圣之意"。不过，笔者不敢如此，此下所叙述的八卦哲学，系根据十翼之文，乃孔子据周文王六十四卦象及卦、爻辞而"赞"；周文王的六十四卦则又根据伏羲氏的八卦而"演"，所以推究到底，八卦之为哲学思想符号，是铁一般的事实。我们将伏羲氏其人及伏羲氏画卦其事的详情细节，交给历史学家去理会，现在且来论说八卦哲学。

十分珍贵的是，《易经·系辞传》中留下了丰富的有关八卦哲学的资料。资料之一是对"象"的说明：

> 八卦以象告。
> 圣人有以见天下之赜，而拟诸其形容，象其物宜，是故谓之象。
> 子曰："圣人立象以尽意，设卦以尽情伪。"

这是说象代表着甚深的哲学思想（"赜"义为深）。资料之二是透露伏羲氏当初画卦的由来：

> 古者包牺氏（按即伏羲氏）之王天下也，仰则观
> 象于天，俯则观法于地，观鸟兽之文与地之宜，近取
> 诸身，远取诸物，于是始作八卦，以通神明之德，以
> 类万物之情。

这是说伏羲氏当初画卦，乃起源于观察、归纳等思考活动，以成其哲学思想。资料之三是画卦的程序：

> 是故易有太极，是生两仪，两仪生四象，四象生
> 八卦。

这是说八卦的画成，乃自太极始，逐步画成功，根据这段文字，我们列出八卦的产生次序如下：

太极　━

两仪　━　--

四象　⚌　⚍　⚎　⚏

八卦　☰　☷　☳　☵　☶　☲　☴　☱

资料之四是八卦哲学的内容：

天下之动贞夫一者也。

一阴一阳之谓道，继之者善也，成之者性也。

易之为书也不可远，为道也屡迁，变动不居，周流六虚，上下无常，刚柔相易，不可为典要，唯变所适。

爻也者，效天下之动也。

这是说前面的卦象不是死板的符号，而是代表宇宙间流行的作用。

由以上见于《易经·系辞传》中四方面的资料，无可置疑地，已经鲜明呈现了八卦哲学的轮廓。"天下之动贞夫一者也"的"一"字即为太极的符号"一"。伏羲氏仰观、俯察、远取、近取，见宇宙间万物虽然各具异相，然而却有一共通之性，那便是"动"，万物无不在变动中，变动的本身是一种抽象的、普遍存在的作用，它流行在宇宙万物之间，形成了万物的差别相，故万物看来都是宗于或取正于此一大动的作用（"贞"者，正也）。伏羲氏于是画下了符号"一"，象此一大作用；后人称之为"太极"，正言其为宇宙根源的意思。

太极"一"的画成，是一件大事。就伏羲氏而言，他并非有意于创造哲学思想符号，只是当时未有文字，他随手画下一个最简单的符号来代表他的思想罢了。然而，惊天动地的事便产生在这无意之间，这才叫作真正的"天真"，人类前此亿万年心智的发展至此已届成熟，借伏羲氏第一次崭现开来。伏羲氏并不知道他做了"了不起"的事，然而他确实做了"了不起"的事。后来的中国人敬慕于他这伟大的一画打开了人类理智思考之门，称之为"一画开天"。

画太极"一"，是伏羲氏的第一步工作，同时，就在他观察万物变动之际，他也发现到万物之变动，并非乱流冲撞，而是有规律地动。日升月降，寒往暑来，春荣秋谢，生长老死等天上人间的现象，显然是两种作用在相对交替流行。有动而升、而往、而进、而生长，即有动而降、而来、而退、而衰老继之；换言之，任何变动，均有其反作用的变动。伏羲氏发现这一正一反两个作用，原是太极"一"周流的表现，整个来说是一，分开来说是二，他为了表示出太极之有反作用，于是就再创造了一个符号——"--"。"--"是两个短横，表示第二个动的作用，即"反动"的作用，这正反二作用"一"与"--"，则被后人称为"两仪"。两仪"一"与"--"在本质上即太极"一"，而在思想层次上，则太极之"一"为第一层义，"一"与"--"为次一层义，是为"太极生两仪"。"一"之符号被称为阳，"--"之符号被称为阴，宇宙万物一切变动，无非此一阴一阳的流行消长，无不同具此阴阳二性，故《易经·系辞传》说："一阴一阳之谓道。"

"一"与"--"既为万物同具之二性，伏羲氏便进而表现此一思想，他将"一"与"--"放置一起，成"⚌"与

"☷"两种不同的符号，然后再将"—"重画成"⚌"，将"--"重画成"⚏"，仍代表阴阳二作用，由是遂再产生出四个符号来，即"四象"。四象"⚌、⚍、⚎、⚏"的意义，在于说明阴阳二作用及其相交而成物，哲学思想由此落降在物上。

思想符号发展至此，依理，应该告一段落了，可是伏羲氏并未停止，他将两画的四象再增加一画成为三画象，如此遂又出现了八个符号——☰、☱、☲、☳、☴、☵、☶、☷。这被后人称作"八卦"的八个符号，古籍中并未告诉我们何以必然要从四象变来，但我们却可以推想得出，因为四象虽然已经表现出了万物各具阴阳二性，然而代表此思想的两个符号"—"与"--"，看来是阴阳各半的均衡状态，而事实上万物所具的阴阳二性是不均衡的，也永远不会有均衡的静止状态，原因是阴阳两大作用总在流行变动中；也正由此故，万物才有变化。八卦的象，每个象三画，是奇数，无法均衡，自然表现出不均衡的情状。于此，足见古圣哲思之精到。

上面简要地叙述了八卦哲学的内容及其发展情状，笔者是以生物学上处理古代化石的办法做榜样，根据由《易经·系辞传》所得的化石骨骼的间架，做外形体貌上的添补，自觉是客观合理的。

那么，现在我们问：面对着这样的一个哲学思想，会有如何的感想呢？笔者想至少会想到以下几方面吧：

第一，八卦所代表的是一个完整的思想体系，虽然粗略，但确已把握到了宇宙的本质，并树立起宇宙生成的大间架。

第二，这一思想体系融通了理性界与现象界的统一，中国哲学心物合一的精神，自此开始便已建立。

第三，伏羲氏之建立其哲学，乃由观察开始，然后进入理性思考，做深入探求，复归而印证于现象界事物。其间无丝毫神话玄虚，甚至于不用假设。

第四，哲学思想体系不止于"四象"，而止于"八卦"，以表现万物阴阳不均衡之义终，尤令人心折。

第五，以至简单的符号赅宇宙万物之理，明白而成系统，人类哲学界迄今未见其匹。

我们应该如何对这一哲学做评价呢？这是公元前48世纪时的产品，这一评价只有留给读者诸君去思量了。

最后，尚有几个不得不提出说明的相关问题：

第一，八卦的思想符号固然是象宇宙万物之"道"，但由于将此道落实到万物之故，每一卦又各有其物界的取象，那就是：☰为天、☷为地、☳为雷、☴为风、☵为水、☲为火、☶为山、☱为泽。天、地、雷、风、水、火、山、泽八者只不过是选取出来作为万物的代表，表示思想理论之与万物合一。但八种取象却不是随便配合的，各与其卦象有必然的关系。这一部分，笔者曾详细解说于拙著《先秦易学史》一书中，此处不再赘述。

第二，八卦也各有其名称，即☰为乾、☷为坤、☳为震、☴为巽、☵为坎、☲为离、☶为艮、☱为兑。这八个名称之立是文字发明以后的事，但是每一名称从文字学上剖析，都与该名称的卦象所代表的哲学思想相应。这一部分也请读者参看拙著《先秦易学史》中"八卦名称之释义"一节。

第三，关于八卦的排列，也是一个重要问题，笔者在《先秦易学史》中也曾专节讨论。伏羲氏当初的排列次序，后世无传，依照《易经·说卦传》中言象数章的排列，该是：（1）☰；（2）☷；（3）☳；（4）☴；（5）☵；（6）☲；（7）☶；（8）☱。这次序也正是笔者前面所述，依照八卦哲学思想的发生次序，故我们应以此为伏羲氏当初的原卦序。至于乾一、兑二、离三、震四、巽五、坎六、艮七、坤八的卦序，是宋代邵康节的排列法，此附于《说卦》中"天地定位"一章而立。

二、周文王的六十四卦哲学

周文王根据伏羲氏的八卦，进一步发扬易学思想，史称"文王演易"。"演易"的主要工作是将八卦两两相重成六十四卦，以及在每一卦每一爻之下各系以卦辞及爻辞。

周文王原是要创建一种筮术，占断吉凶，以应当时神道社会之需，他的重卦及作卦爻辞，意在以卦象中所含的哲学思想作为筮术占断的依据，因八卦的象太少、不足用，才重为六十四卦。但八卦所包含的奥义无穷的哲学思想，本由于卦象少而只能粗略地表现其大体，今经文王将卦象增多，可说是正适合其需要，于是易学遂进一步得到发扬。就本质上说，六十四卦哲学即是八卦哲学，只是思想发挥得更为精微，更为落实到人生，同时由于筮术的推行，易学乃由一门纯理论思考的学问，逐渐走上致用之路。所以周文王六十四卦哲学是易学表现其实用价值之始，孔子后来即由此更上层楼，将易学整个用在经营人道上。

有关六十四卦象上的基本知识，不得不略做介绍，兹分为以下几项说明：

第一，六十四卦为八卦相重而成，每卦六爻，下三爻称下卦或内卦，上三爻称上卦或外卦。下卦为本，故称"贞"，上卦为末，故称"悔"。例如：

泰

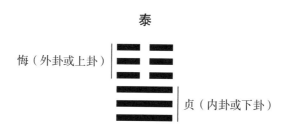

第二，六爻上下称"位"，由下而上，依次为初、二、三、

四、五、上爻，乃取"物由下生"之义。阳爻"—"称"九"，阴爻"--"称"六"。例如：

屯

上六
九五
六四
六三
六二
初九

第三，卦之初、三、五爻所在称阳位，二、四、上爻所在称阴位，凡阳爻居阳位或阴爻居阴位者，为"当位""得位""正位"等；反之，则为"失位""位不当""非其位"等。例如：

小畜 ䷈ 卦辞言："亨。"
《彖传》解释谓："柔得位而上下应之。"
指六四爻得位。

涣 ䷺ 九五爻辞："涣王居，无咎。"
《象传》解释谓："王居无咎，正位也。"

否 ䷋ 六三爻辞："包羞。"
《象传》解释谓："包羞，位不当也。"

恒 ䷟ 九四爻辞："田无禽。"
《象传》解释谓："久非其位，安得禽也。"

第四，凡二、五两爻之位称"中"。例如：

解　　䷧　九二爻辞言："贞吉。"
　　　　　　《象传》解释谓："九二贞吉，得中
　　　　　　道也。"
萃　　䷬　六二爻辞言："引吉，无咎。"
　　　　　　《象传》解释谓："引吉无咎，中未
　　　　　　变也。"

第五，凡初与四、二与五、三与上，阴阳爻异，则称
"应"或"与"；如阴阳爻同，则称"无应"或"无与"。例如：

困　　䷮　九四爻辞："来徐徐，困于金车，吝，
　　　　　　有终。"
　　　　　　《象传》解释谓："虽不当位，有与也。"
同人　䷌　卦辞："利涉大川，利君子贞。"
　　　　　　《象传》解释谓："中正而应。"指
　　　　　　九五、六二两爻。
井　　䷯　九二爻辞："井谷射鲋，瓮敝漏。"
　　　　　　《象传》解释谓："井谷射鲋，无与也。"

以上所列，为最主要之条例，其他如阴爻据阳爻之上

为"乘刚"，阴爻在阳爻之下为"遇刚"或"承刚"，阴阳爻比邻称"比""接"或"际"，初爻在爻辞中或言"下""本""卑"等，上爻在爻辞中或言"上""末""亢"等，已不需一一列举，读者可参阅《易经》原文。

上面这些随六十四卦的产生而起的新说，都不能算是哲学思想，只是卦象上的基本知识。要认识周文王的哲学思想，需要从两方面看：一是透过上述这些基本条件的变通运用去认识；一是玩索六十四卦的排列次序。前者写起来太复杂，因为六十四卦各具异象，三百八十四爻各有不同的时、位、中、应等关系，尤其是自孔子赞易以后，文王与孔子的易说已融合为一，所以笔者将这一主要部分并入后文孔子的易学中一起叙述。今则仅举文王的六十四卦排列，这样固然不能得文王哲学之详情，但也可看出其大体要义。

文王卦序是卓绝智慧的表现，六十四卦虽是根据伏羲氏的八卦而来，但这个卦序中所包含的深远而周全的哲学思想，充分证明文王和伏羲氏，都已领悟到宇宙万物之奥秘的极深处，都达到了哲学家的至高境界。孔子后来赞易，完全承继文王卦序，不做丝毫更改，正表明他对文王卦序的推崇。而自西汉以下，许多易学家曾做六十四卦的新排列，但相较之下，都远不及文王卦序之浑厚精到。文王卦序即今本《易经》中所载，兹引列于下：

《易经》文王六十四卦序

上经三十卦：

䷀ 乾

䷁ 坤

䷂ 屯

䷃ 蒙

䷄ 需

䷅ 讼

䷆ 师

䷇ 比

䷈ 小畜

䷉ 履

䷊ 泰

䷋ 否

䷌ 同人

䷍ 大有

䷎ 谦

䷏ 豫

䷐ 随

䷑ 蛊

䷒ 临

䷓ 观

下经三十四卦：

䷞ 咸

䷟ 恒

䷠ 遁

䷡ 大壮

䷢ 晋

䷣ 明夷

䷤ 家人

䷥ 暌

䷦ 蹇

䷧ 解

䷨ 损

䷩ 益

䷪ 夬

䷫ 姤

䷬ 萃

䷭ 升

䷮ 困

䷯ 井

䷰ 革

䷱ 鼎

䷔	噬嗑		䷲	震
䷚	贲		䷳	艮
䷖	剥		䷴	渐
䷗	复		䷵	归妹
䷘	无妄		䷶	丰
䷙	大畜		䷷	旅
䷚	颐		䷸	巽
䷛	大过		䷹	兑
䷜	坎		䷺	涣
䷝	离		䷻	节
			䷼	中孚
			䷽	小过
			䷾	既济
			䷿	未济

　　周文王这个六十四卦序排列，后来曾为孔子门下用心研究，《易经》十翼中《序卦传》及《杂卦传》二翼，便是孔门某两位儒者的研究心得，由此也可忖知孔子对这个卦序的推崇。这个卦序所表现的哲学思想，最显明的有以下几方面。

　　第一，表现"生生"之义。

　　乾、坤二卦居首，乃先揭示大纲，明宇宙万物生于阴阳两大作用。☰即☰、即一，☷即☷、即--，由此也看出文王乃继承伏羲氏之八卦排列次序。自乾、坤以下，是屯、蒙、需、讼等卦，屯义取始生，蒙为童年蒙昧，需义为须待，不犯难以行事，讼为起争执，师为因争而兴兵事……以下辗转相生，描绘人间物界种种现象。由此看来，这个卦序乃紧扣住"生生"之义发展，后来《易经·系辞传》言："生生之谓易""天地之大德曰生"，即本于此一义。孔子以"乾元"名乾，以"坤元"名坤，也出于此。

第二，表现"圆道周流"之义。

整个宇宙万物为一大周流之作用，是谓"太极"。以其周流故，乃有往复；以有往复故，乃有阴阳。故《易经·系辞传》言易道"周流六虚"，老子则言"周行而不殆"。今观文王卦序，对此一义之表现十分明显，由乾、坤、屯、蒙……之始生而长，至第六十三卦为既济，义即已经完成一圆道之周流。而第六十四卦则名未济，兆示下一圆道周流之开始，终而复始之义，毕然呈现。不止于此，再细察屯、蒙以下诸卦之变化，一起一伏，或以穷通，或以兴衰，或以贵贱，以种种情状表现圆道周流之义。六十四卦为一大圆道周流，而大圆道之中有小圆道，环环相扣，正是宇宙万物的逼真描绘。

第三，表现"天人相应"之义。

六十四卦序分上、下经两部分：上经始于乾、坤，下经则以咸、恒为始。乾、坤是天道，言阴阳相感应而生万物；

咸、恒是人道，言男女相感应而生人。男女之道即阴阳之道，文王实有意为此排列。且文王在六十四卦及三百八十四爻之辞中，也无时不照应着"天人相应"之义，例如屯卦为物生之始，而言"利建侯"；剥卦为穷极之义，而言"不利有攸往"；谦以虚故，鸣而"贞吉"（谦卦六二）；豫以满故，鸣而"凶"（豫卦初六）。这些都是天理人事贯通之义。

第四，表现"对立统一"之义。

太极是整体之一，阴阳是整体之一之分；故就分而言，阴阳对立，就整体而言，统归于一。宇宙万物莫不如此，各具对立相，又各具统一相，此大易"物物各一太极"之理之真。周文王为了表现此义，乃在卦象排列上用心。六十四卦之排列次序，依两个原则进行：一为相错，一为反对。相错指阴阳爻对立之两卦，称"错卦"，如乾☰与坤☷、颐☶与大过☱。反对指一个卦体做两面观，称"反对卦"，如☳，此看为屯，彼看为蒙；又如☵，此看为需，彼看为讼。六十四卦序之排列，非相错即相反对，相错或相反对之二卦象必相接近，以明二者原为一体之分之义。乾与坤一往一来或一明一暗，终是一整体；屯与蒙、需与讼等，于此观于彼观，观者立场虽不同，而卦体只是一整体。

以上四大端，只是简要提出六十四卦排列方面之含义，其详细讨论，后文均将再道及，然即此已可窥见文王这个卦序所包含的哲学思想有多么丰富了。

三、一些重要卦图（表）

伏羲氏的八卦系列及周文王的六十四卦序，也就是两个卦图，只是这两个卦图是大易哲学建立的基础，一切卦图中最根本最重要的。孔子"述而不作"，完全承文王而赞易，在卦图上没有新制。老子越"象"而言"道"，也不着意于制作卦图。后世制作卦图之风，乃由《易经·说卦传》肇其始，西汉象数易兴起后才盛行。但大易之哲学理论，自伏、文至孔、老，已发展到登峰造极，后人在此四位圣哲慧炬照耀之下，已不易再添光芒，故自孔、老以后，易学研究就逐渐地转变了方向，原来以哲学思想为主的易学，逐渐转变为以"术""数"为主，后世的许多卦图，绝大多数都是在这一新学术方向下产生的。因之，如以哲学思想而论，后世的卦图实远不能与八卦或六十四卦相比，有些卦图甚至于不足以谈哲学思想，但在易学被视为"术数之学"的情况下，这些卦图自有其术数方面的影响力。以下所选出的几个卦图，言其为"重要"，非指在哲学思想上有高见，乃指在后世易学中较具影响力而言。本书引录这些卦图，实际上与论大易哲学之旨无大帮助，只是因为：第一，这些卦图均为大易哲学体貌的一部分，不能完全略而不顾；第二，透过这些卦图的各种形状排列及不同功用表现，也可以看到卦象符号灵活变通之状。以下兹引录五家之卦图（表），并予以必要之说明。

（一）《易经·说卦传》中之五行相生卦图

十翼中《易经·说卦传》一翼，是属于杂辑性质，约成于战国中期，其中透露出数种卦图排列（请阅拙著《先秦易学史》），对后世影响最大的，是"帝出乎震"一章中所说的，该章文如下：

> 帝出乎震，齐乎巽，相见乎离，致役乎坤，说言乎兑，战乎乾，劳乎坎，成言乎艮。万物出乎震，震，东方也。齐乎巽，巽，东南也；齐也者，言万物之洁齐也。离也者，明也，万物皆相见，南方之卦也；圣人南面而听天下，向明而治，盖取诸此也。坤也者，地也，万物皆致养焉，故曰致役乎坤。兑，正秋也，万物之所说也，故曰说言乎兑。战乎乾，乾，西北之卦也，言阴阳相薄也。坎者，水也，正北方之卦也，劳卦也，万物之所归也，故曰劳乎坎。艮，东北之卦也，万物之所成终而所成始也，故曰成言乎艮。

这一章文字很明白地讲出一个圆形卦图，将八卦配合四时八方，这是易学史上出现的第一个圆形卦图。在上引文字中并没有提到五行生克的话，可是当我们将这个圆图依其所说排列出来一看，立刻便发现是一个"五行相生"图，这个卦图显然是在五行相生的思想影响下产生的。为了符合五行的"火生土"，不惜将坤卦置于西南一隅；而乾卦也只好委屈在西北隅以合兑金。巽卦象木，置于东南隅以邻东方震木，尚可说说。最难对付的是艮卦，因为艮为山，山也是土，既不能与坤卦一起置于西南，而所剩东北一隅又介乎北方水与东方木之间，土与二者均无相生关系；巧合的是，刚好坤卦卦辞中有"西南得朋，东北丧朋"，以及蹇卦卦辞中有"利西南，不利东北"之言，于是由此得到理由，即艮卦居东北隅可以不计，而代表"所成终而所成始"。如此一来，北方水直接生东方木，遂完成了五行相生。

这个卦图对于前述伏羲氏和周文王的哲学思想而言，无疑是叛逆的，因为由伏、文到孔子都是以首乾次坤讲易，而这个卦图竟将乾、坤二卦置于二隅之地，可见当时五行思想的势力是多么强大。笔者认为，《易经·说卦传》成于战国中期的原因即在此，因为当时五行思想正当盛时，这是某一儒门学者（十翼为儒家思想），受了强烈的五行思想的冲击而创立的新说。创立者在文字中不明言五行相生，当是惧人批评他背离儒门学说，但实质上却是一个五行相生的八卦图，这是望而知之的。然而，这一革命性的圆图，正是易学转变方向的开始，从此后易学与五行、历时、方位、干支等杂学发生了关系，西汉孟喜的卦气之说即由此扩大建立。宋邵雍名此卦图为"文王八卦方位图"，乃为了适合他自己的易说，笔者则取其实际内容，名之为"五行相生卦图"，今据上引《易经·说卦传》之文绘其图1-1如下，图中注明金、木、水、火、土五行相生之情形，其四时八方之未言者，并补全之：

图1-1 《易经·说卦传》中之五行相生卦图

（二）孟喜之卦气图

孟喜为西汉宣帝年间人，象数易的首倡者，他的易学后人称为"卦气"。孟喜本人的著作已亡佚，《新唐书·历志》载有"六十四卦用事配七十二侯图"，据云出于孟氏，后人则称为"卦气图"。卦气图即根据上节所述《易经·说卦传》中之"五行相生卦图"而扩大，将八卦推展为六十四卦之用，四时八方之外，复配合十二月、二十四节气、七十二侯（候），益之以公、辟、侯、大夫、卿之位，仍以坎、离、震、兑为四正卦，主四时。这是一个规模很庞大的配合，孟喜为此则主要用于占断灾异的理论依据。今录其图（表）1–1如下：

表1–1　　　孟喜六十四卦用事配七十二侯图（表）

常气	月中节 四正卦	初侯 始卦	次侯 中卦	末侯 终卦
冬至	十一月中 坎初六	蚯蚓结 公中孚	麋角解 辟复	水泉动 侯屯内
小寒	十二月节 坎九二	雁北乡 侯屯外	鹊始巢 大夫谦	野鸡始雊 卿睽
大寒	十二月中 坎六三	鸡始乳 公升	鸷鸟厉疾 辟临	水泽腹坚 侯小过内
立春	正月节 坎六四	东风解冻 侯小过外	蛰虫始振 大夫蒙	鱼上冰 卿益
雨水	正月中 坎九五	獭祭鱼 公渐	鸿雁来 辟泰	草木萌动 侯需内
惊蛰	二月节 坎上六	桃始华 侯需外	仓庚鸣 大夫随	鹰化为鸠 卿晋
春分	二月中 震初九	元鸟至 公解	雷乃发声 辟大壮	始电 侯豫内

清明	三月节 震六二	桐始华 候豫外	田鼠化为鴽 大夫讼	虹始见 卿蛊
谷雨	三月中 震六三	萍始生 公革	鸣鸠指其羽 辟夬	戴胜降于桑 候旅内
立夏	四月节 震九四	蝼蝈鸣 候旅外	蚯蚓出 大夫师	王瓜生 卿比
小满	四月中 震六五	苦菜秀 公小畜	靡草死 辟干	小暑至 候大有内
芒种	五月节 震上六	螳螂生 候大有外	䴗始鸣 大夫家人	反舌无声 卿井
夏至	五月中 离初九	鹿角解 公咸	蜩始鸣 辟姤	半夏生 候鼎内
小暑	六月节 离六二	温风至 候鼎外	蟋蟀居壁 大夫丰	鹰乃学习 卿涣
大暑	六月中 离九三	腐草为萤 公履	土润溽暑 辟遁	大雨时行 候恒内
立秋	七月节 离九四	凉风至 候恒外	白露降 大夫节	寒蝉鸣 卿同人
处暑	七月中 离六五	鹰祭鸟 公损	天地始肃 辟否	禾乃登 候巽内
白露	八月节 离上九	鸿雁来 候巽外	元鸟归 大夫萃	群鸟养羞 卿大畜
秋分	八月中 兑初九	雷乃收声 公贲	蛰声培户 辟观	水始涸 候归妹内

寒露	九月节 兑九二	鸿雁来宾 侯归妹外	雀入大水化为蛤 大夫无妄	菊有黄花 卿明夷
霜降	九月中 兑六三	豺乃祭兽 公困	草木黄落 辟剥	蛰虫咸伏 侯艮内
立冬	十月节 兑九四	水始冰 侯艮外	地始冻 大夫既济	野鸡入水为蜃 卿噬嗑
小雪	十月中 兑九五	虹藏不见 公大过	天气上腾地气下降 辟坤	闭塞而成冬 侯未济内
大雪	十一月节 兑上六	鹖鸟不鸣 侯未济外	虎始交 大夫蹇	荔挺出 卿颐

孟喜此一卦图（表）虽是用于占断灾异，但我们审视图中六十四卦的排列，也曾经过相当大的思考。毫无疑问，孟喜一方面想使卦象与气节时令相合，一方面又想师文王卦序之意，表现出一些哲学性。在哲学性上，他这一排列自然远不及文王卦序，却也有可称述者。

第一，图（表）以冬至节中孚卦始，次列复卦，即通常所谓"卦气起中孚"之特点。这一安排饶有意义，因为冬至节时，地面上正值严寒肃肃之际，而此时微阳动于地下。中孚卦象为☲，初、二与五、上均为阳爻，三、四两爻为阴，正象征外坚实闭锢而含柔质，如果核之生机内蕴，此意与冬至之节时相合。以中孚卦置于复卦之先，表示在一阳复始之先，内部生机隐藏，甚应理。

第二，冬至之中孚，对应于夏至之咸；中孚后有复之一阳始现，咸之后有姤之一阴交阳。此一安排正是明显仿效文王上经始乾、坤，下经始咸、恒之义。

第三，中孚、复之后，下接屯之初生，下接谦之卑身居下，下接睽之忖度而欲进，下接升、临，临下为小过，为正月之卦，于候为"东风解冻"，取义于此时物生已小过于地表之上。此下再接蒙、益、渐、泰等卦。至最后诸卦，剥在九月霜降，当"草木黄落"之候，非常恰当，下接艮之生机停止；下接既济，其候为"地始冻"，此为一年中地面生物之告成一段落。下接噬嗑，卦象☲，下动而上明，取冰下流水之义。下接大过，其象☱，以阴掩阳，故其候为"虹藏不见"。下接纯阴之坤，下接未济之终而有始。下接蹇，义取更始之际，必历蹇难。下接颐，颐义为休养，颐之卦象为☶，上止而下动，此时当十一月大雪节气之后，地面上为冰雪所封，而地下生机归于颐养，由是而下接中孚之始。综观以上略述，可知孟喜也是有意作始生、变化、终而复始之圆道周流之设计。

孟喜卦气六十四卦排列，需受制于节候时令之相符合，正犹文王卦序之需受制于相反、相错之法则；但文王卦序中相反、相错之法则本身即为哲学原理，而孟喜以卦象合节候时令，全是比附配合。故研究文王卦序，觉得所接触者全是哲学意义，而卦气之排列则需于排列中寻求出其哲学意义。然卦气排列之大失，尤在于未显明出乾、坤二根本大作用之卦，所以不能算是依据哲学思想而排列，只能说是在排列中尚含有哲学义。

第四，在卦气图中，当十二个月之"辟"位之十二卦，其阴阳爻之消长，在卦象上表现得最为明显，孟喜乃以之说明十二月阴阳气之盛衰消长，最为后人所引用。此十二卦称"十二月卦"或"十二辟卦"（"辟"义为君，主十二月之意），以下引作圆图排列，以代表一年之圆周，图1-2如下：

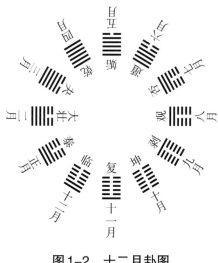

图1-2　十二月卦图

（三）京房之八宫卦图

较孟喜稍晚，京房也有六十四卦排列的新创制，称为

"八宫"。其法以八纯卦为八宫卦主（"八纯卦"谓重卦后之八卦，此名为京房所首用），每一卦主统其他七卦，故每宫八卦，八宫共六十四卦。例如乾宫之卦主为☰乾卦，变初爻为☴姤，称一世卦；变二爻为☶遁，称二世卦；变三爻为☷否，称三世卦；变四爻为☶观，称四世卦；变五爻为☶剥，称五世卦；如继续变上爻，则入坤宫，故不变上爻而回头变第四爻为☶晋，称游魂卦；再变下卦之三爻为☰大有，称归魂卦。依此例，六十四卦可尽纳入八宫之中，今引录其"八宫卦图（表）"1-2如下：

表1-2　　　　　　　　京房八宫卦图（表）

八宫	八纯卦	一世	二世	三世	四世	五世	游魂	归魂
乾宫	乾☰	姤☴	遁☶	否☷	观☶	剥☶	晋☶	大有☰
震宫	震☳	豫☳	解☳	恒☳	升☳	井☵	大过☱	随☱
坎宫	坎☵	节☱	屯☵	既济☲	革☱	丰☳	明夷☷	师☷
艮宫	艮☶	贲☲	大畜☰	损☱	睽☲	履☰	中孚☴	渐☶
坤宫	坤☷	复☳	临☱	泰☷	大壮☳	夬☱	需☵	比☵
巽宫	巽☴	小畜☰	家人☲	益☳	无妄☰	噬嗑☲	颐☶	蛊☶
离宫	离☲	旅☶	鼎☲	未济☵	蒙☶	涣☴	讼☰	同人☰
兑宫	兑☱	困☵	萃☷	咸☱	蹇☵	谦☷	小过☳	归妹☳

京房这种排列法，是依于卦爻象的表面变化，所谓一

世、二世、三世……为他的"世应"之说，一世卦世爻在初，应在四；二世卦世爻在二，应在五；三世卦世爻在三，应在上；四世卦世爻在四，应在初；五世卦世爻在五，应在二；游魂卦以四爻为世而应初，归魂卦以三爻为世而应上；八纯卦则以上爻为世爻而应三。京房以此立说，再加上"纳甲""世建""五行""六亲""飞伏"等说，创立了一种庞大而驳杂的占断术，用于占灾异、断吉凶，至今仍为术家所沿用。但无疑地，如就哲学成分而论，此一卦图实不足谈，更远不如孟喜之卦气图排列，其胜处在于整齐划一，发挥了卦象符号整齐美观的优点。当然，后世术家也想出许多理由试图做哲学性的解释，俱是勉强成说，非根本道理（有关京房易说之详，请参阅拙著《两汉易学史》）。

（四）虞翻卦变及俞琰之先天六十四卦直图

虞翻为东汉末年知名易学家，会稽人，在吴孙权手下居官。其注易以"某卦自某卦变来"立说，后人称其说为"卦变"。虞翻并未为他的卦变说绘成排列图，而且在他的易注中，一部分尚有自相抵触者；但我们应当原谅他这一方面，因为当时他必须用其说来注解经文，易经卦爻辞非尽由卦变而产生，受了注经的牵制，便不能不有时候自违其例。然而，我们可以看出来他是有心排列出一个以阴阳爻变动为法则的卦图的。他的工作虽未达成，但由于后人已洞然他的意图之故，影响到后来人致力于排列卦变图之风，如今本《周易本义》前的朱熹的卦变图，便是由虞翻发始。由于他创立了一种新的卦象排列方式，而此方式又对后世影响甚大，故笔者参考其易注，稍做补添修正，为他完成下面的"卦变图"（表）1–3：

表1–3 　　　　　　虞翻卦变图（表）（附虞氏注）

阴阳	卦名	虞注
纯阳卦一	䷀乾	
纯阴卦一	䷁坤	
一阳五阴卦六	䷗复	阳息阴
	䷆师	
	䷉谦	乾上九来之坤
	䷏豫	复初之四
	䷇比	师二上之五
	䷖剥	阴消乾也
一阴五阳卦六	䷫姤	消卦也
	䷌同人	
	䷉履	谓变讼初为兑也
	䷈小畜	需上变为巽
	䷍大有	
	䷪夬	阳决阴，息卦也

二阳四阴卦十五	䷒临	阳息至二
	䷣明夷	临二至三
	䷲震	临二至四
	䷂屯	坎二之初
	䷚颐	晋四之初
	䷭升	临初之三
	䷧解	临初之四
	䷜坎	乾二五之坤，于爻观上之二
	䷃蒙	艮三之二
	䷽小过	晋上之三，当从四阴二阳临观之例，临阳未至三，而观四已消也
	䷦蹇	观上反三也
	䷳艮	观五之三也
	䷬萃	观上之四也
	䷢晋	观四之五
	䷓观	观，反临也
二阴四阳卦十五	䷠遁	阴消姤二也
	䷅讼	遁三之二也
	䷸巽	遁二之四
	䷱鼎	大壮上之初
	䷛大过	大壮五之初，或兑三之初
	䷘无妄	遁三之初

二阴四阳卦十五	䷤家人	遁初之四
	䷝离	坤二五之乾……于爻遁初之五
	䷰革	遁上之初
	䷼中孚	讼四之初也。……此当从四阳二阴之例，遁阴未及三，而大壮阳已至四，故从讼来
	䷥睽	大壮上之三在系，盖取二之五也
	䷹兑	大壮五之三也
	䷙大畜	大壮四之上
	䷄需	大壮四之五
	䷡大壮	阳息泰也
三阳三阴卦二十	䷊泰	阳息阴
	䷵归妹	泰三之四
	䷻节	泰三之五
	䷨损	泰初之上
	䷶丰	此卦三阳三阴之例，当从泰二之四。而丰三从噬嗑上来之三，折四于坎狱中而成丰
	䷾既济	泰五之二
	䷕贲	泰上之乾二，乾二之坤上
	䷐随	否上之初
	䷔噬嗑	否五之坤初，坤初之五
	䷩益	否三之初
	䷟恒	乾初之坤四

三阳三阴卦二十	䷯ 井	泰初之五也
	䷑ 蛊	泰初之上
	䷜ 困	否二之上
	䷿ 未济	否二之五
	䷺ 涣	否二之四
	䷞ 咸	坤三之上成女，乾上之三成男
	䷷ 旅	贲初之四，否三之五，非乾坤往来也，与噬嗑之丰同意
	䷴ 渐	否三之四
	䷋ 否	阴消乾

　　自虞翻以后，许多易学家用心于卦变，想研究出一个简明的卦图来。到了南宋末年，林屋山人俞琰得之，他将六十四卦浓缩在一个菱形的卦图中，一眼便能很清楚地看到阴阳爻消息的情状，确实称得上是一个结构精美、匠心独运的卦图。尤其是这一卦图中间以乾、坤、坎、离为轴心，东汉魏伯阳"牝牡四卦""坎离二用"之说，隐然含于其中。俞氏此图可视为卦变之学研究到最后的成果，由于他生在邵雍之后，又对邵氏易学钦慕，故在其图中上下乾、坤二卦，加以"阴生月窟""阳生天根"之句，且以邵氏"先天"之名，称名其图。今转录此一卦变图1-3如下：

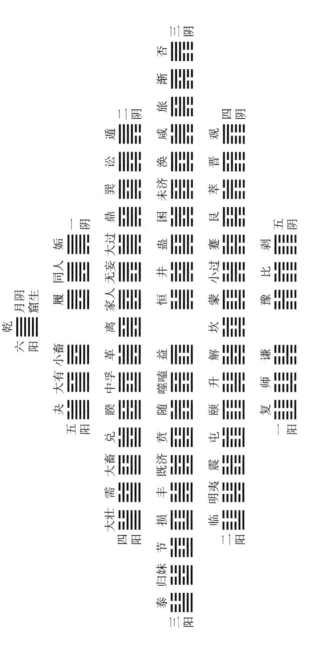

图1-3 俞琰先天六十四卦直图（升降图、菱方阵）

（五）邵雍之先天易图

宋代是汉以后另一个易学盛世，宋易中声势最煊赫的是邵雍。邵氏易学的基础乃建立在他的卦图上，最主要的是四个"先天易图"。邵雍先天易图包括如下四图。

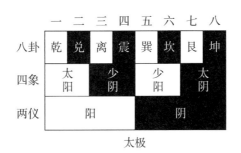

图1-4　伏羲八卦次序

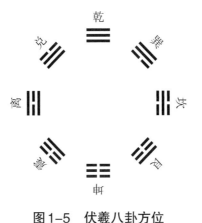

图1-5　伏羲八卦方位

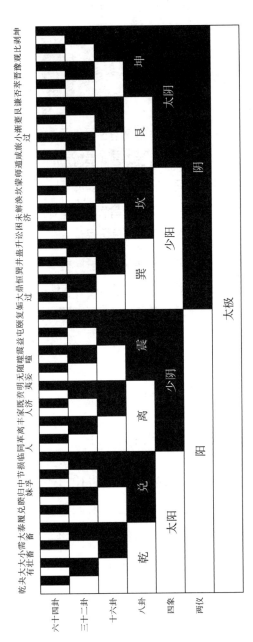

图1-6 伏羲六十四卦次序

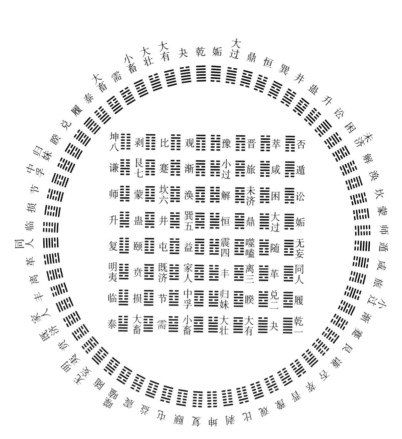

图1-7 伏羲六十四卦方位

　　邵氏以伏羲氏名其先天易图，乃假托古圣之名以重其说，实则伏羲氏只画八卦，并未重六十四卦；也未见有画圆图八卦的迹象；更未有以黑白格代爻象之事。邵氏也托文王之名，另有后天图二：一为文王八卦方位图，即前文《易经·说卦传》中之五行相生卦图；一为文王八卦次序图，乃根据《易经·说卦传》"乾，天也，故称乎父"一章绘成。

邵氏易学在宋以后享誉甚高，原因是他以其先天易图为依据，合其所创之"元、会、运、世"之说以推演宇宙成毁之年。但如实而论，他的先天易图，与其说是哲学排列，毋宁说是数学排列更为适当。他的创作易图以及创制出一庞大推演宇宙成毁的思想系统是可称赞的，但由于其先天易图之为数学排列，于此基础上建立的思想体系自然落入机械论，这一点与伏、文、孔、老的哲学并不合。下面且将其先天易图之绘成及其异于大易原旨义者略做说明（传说邵氏易图乃传自华山道士陈抟，此事且不追究其真伪）。

以上先天易图之八卦及六十四卦次序两图，乃以白格代阳爻"—"，以黑格代阴爻"--"，由下而上，以二分法为原则逐步发展而成。至八卦阶段时，自然成为乾、兑、离、震、巽、坎、艮、坤之次序；至六十四卦阶段时，自然成为乾、夬、大有、大壮、小畜……观、比、剥、坤之次序。

另，八卦及六十四卦方位两图，即依上两次序图排列成。将近乾之四卦置于左，近坤之四卦置于右，而成八卦方位圆图；将近乾之三十二卦置于左，近坤之三十二卦置于右，而成六十四卦方位圆图；将近乾之三十二卦截作四列置于下，将近坤之三十二卦截作四列置于上，而成六十四卦方位图中之方图。

四图之排列方式如上。由于卦象的基本符号只有"—"

与"- -"两种，而且循着相对消长的规律发展，所以最后排成的六十四卦方位图，无论圆图也好，方图也好，都是左右上下，对称均衡；卦与卦，爻与爻，相反相错，以今日看来，这是数学排列的必然结果。可是，在宋代那个时候，大家看到六十四卦竟排列出如此奥妙而复杂的卦图，不由感到惊异，竟叹"法象自然之妙"。例如方图中，内中心四卦为四震四巽相配，次外十二卦则纵横坎、离，次外二十卦则纵横艮、兑，次外二十八卦则纵横乾、坤；而四、十二、二十、二十八之数，有隔八相生之妙。再就交股而言，震、巽相应恒、益，坎、离相应既济、未济，艮、兑相应咸、损，而乾、坤相应否、泰。再就圆图中，震与巽、坎与离、艮与兑、乾与坤，自成对待。凡此种种，都是由于固定符号在固定方式排列下所生的自然结果，当时推崇邵氏易者，即由此生心而归于易学之神妙莫测。

邵氏易规模庞大，此处不宜细述，然就其基本立足点而言，他的易说实不尽与大易哲学的本来面目相符，最重要的，我们可指出以下两点：

第一，伏羲氏八卦之由太极生两仪、生四象、生八卦之发展程序，乃以哲学思想为领导，卦象则表现其哲学思想。观察宇宙万物之流转作用而有太极，见此作用之有往复消长而有两仪，象两仪之相交而生物而有四象，表现万物各具阴阳差别之情而成八卦。至于八卦之变为六十四卦，乃由文王将八卦两两相重而成。今邵氏之先天易图则以逐画增加为原则而排列出八卦、十六卦、三十二卦至六十四卦，然后再据此以发现出哲学思想，这与伏羲、文王不合。

第二，先天易图有圆有方，固明显表现出大易"圆道周流"及"对立统一"之义，但卦象排列成固定不变之形式，对称均衡沦为失却流行相，此与《易经·系辞传》中"曲成万物""不可为典要，唯变所适"之义有隔。邵氏易之详细内容，今人多云已失传，但就其先天易图之落入机械形式以观，其哲学也不能脱于机械论。大易哲学生动活泼，以"变"为尚，岂可以机械论名之？

四、互体与半象

以上所述八卦、六十四卦与各种形式之卦图，为"象"之三大类别。复次，还有互体及半象之说，为解析一卦象所得，可称为"象中之象"，虽不宜单独成一大类，然也自有其哲学意义，不可略而不言。

兹先说互体。

"互"为交互，谓一卦象之内交互有其他卦象之体。"互体"之名始于西汉京房，其后郑玄、荀爽、虞翻等均用以解易，但究其源，在春秋时代已见其迹。如《左传》庄公二十二年陈侯之筮，遇☶☵观之☶☵否，二卦内外象均无艮，然史以山象作解，便是因为否卦二至四爻互体艮之故。今且以鼎卦为例，析其全部所含互体之卦如下：

☲☴鼎

初至三为原内卦　☴巽

四至上为原外卦　☲离

初至四互体　☰姤

初至五互体　☱大过

二至四互体　☰乾

二至五互体　☱夬

二至上互体　☲大有

三至五互体　☱兑

三至上互体　☷睽

由此可见，一个鼎卦除其原卦象及内外卦以外，尚可以衍出七个互体卦，即一个卦可变成十个卦。鼎卦如此，其他卦都如此（只是有些卦之互体卦相同，如乾、坤卦），于是六十四卦骤增十倍，无怪乎后来有人批评为"穿凿附会，象外生象"了。①

① 《日知录》卷一。

然而，我们不能因此便抹杀了互体的哲学意义。卦象的含义在哪里？《易经·系辞传》谓："八卦以象告。""象也者，像也。"卦象原是思想符号，用来说明并形容宇宙万物之情状的。我们看宇宙间万物，原是物中有物，物外有物，事中有事，事外有事，以今日科学所知而言最为确切：人以外有地球，地球以外有太阳系，太阳系以外有银河系，以外更有宇宙、大宇宙……人以内有细胞，细胞以内有原子，原子以内有原子核、有电子、质子……此纵而言复杂情状之一。人有人类，兽有兽类，草木石块亦各有其类，无大无小，或精或粗，纷杂并陈，各有生机，此横而言复杂情状之二。人与物相伤，相伤也相依托，福与祸相反，相反也相成，互相渗透，互相楔入，彼此相因，环环相结，此复杂情状之三。

那么，我们现在来看互体之义。

上举鼎卦之例，初至五爻互体大过，而互体大过之中又有初至四爻之互体姤与二至五爻之互体夬，而互体姤之中又有二至四之互体乾，互体夬之中又有二至四之互体乾与三至五之互体乾。这种情形是多么恰当地说明了大宇宙、小宇宙重重叠叠相包含之状。

上举鼎卦含有不同之十卦象，其他卦也含有不同或相同之十卦象，如姤卦便含有乾之象六、姤之象三与巽之象一；又如睽卦，含有离之象三、睽之象二以及兑、节、既济、未济、坎等象各一。凡此种种，岂非正表现了万物无小大精粗，杂然并列之状？

再就互相交错楔入而言，鼎卦之互体中有离、有姤、有大过等卦，而离、姤、大过等卦之互体中也有鼎及其他相互交错之卦象，有同者，有异者，有同异之数多者、少者，这情形也正恰切地表现出万物之彼此相因、彼此相连、彼此纠结。

宇宙间万事万物无穷，而卦象只有六十四，今欲以有限之六十四卦象形容尽宇宙万事万物，自不可能。因是之故，古圣将易学寄托在一个"变"字上，变则可以使卦象由寡成多，由有限成无限；卦象有多、有无限之变化，而后才可以形容尽杂多无穷之宇宙间事物。故大易之卦象，不病于变化之多，而病于无变化，无变化则成为死死板板的几个符号了，那还成什么易学？我们持这种最基本、最正确的哲学观点来看互体，便不得不承认互体在易象中自有其价值地位了。

再说半象。

"半象"是虞翻的创见，这一说因其用于解经时义旨不确定之故，甚遭后人之恶评，易界人士对半象说无微词者稀。例如朱震《汉上易》中讥其为"牵合"，焦循《易图略》中则谓虞翻解经文"求其故而不得，造为半象"。这些严厉的指责，说起来，都是站在同一个认识上说话，那就是：在卦象上创立新说是为了"解经"。然而，我们如果敢于不受传统的"解经"观念的束缚，直接认识到"卦象是表现哲学思想"的本义，便会觉得虞翻半象之说，未尝不可取。我们应知经文之所以可贵，因其有哲学思想之内容故，后人解经之目的也是在于通过经文而了解其哲学思想，但因我国人尊圣崇经之心理太过，乃把眼光盯死在经文上，而忽略经文背后的哲学思想的第一义了。今卦象之表现哲学思想是直接的，是当初伏羲、文王创演八卦、六十四卦的本意，本书前文所已述者，如有此一认识，则知上面朱、焦等人之批评实为错见。虞翻当初之创立半象，固然也曾用于解经，但由于半象之说确有显明大易哲学思想之价值，我们便不得不承认虞氏之创立半象乃出于对卦象的正确认识。笔者觉得以此观念来评价半象是客观公平的。

那么何谓半象？乃指卦中相比邻两爻所成象、八卦每三爻始成卦象，六十四卦每六爻始成卦象，今两爻不成全卦象，故名半象。所以半象者，乃"未成形之象"之意，未成形之象也就是正在发展中的趋向于成象的势用；换句话说，半象乃代表一桩事物体内潜藏着的正在发展的势用，试看这种含义是多么的实在！

宇宙万物无不在变化中，而变化之故在于隐然之中有阴或阳之势用流行，"藏舟于壑，藏山于泽，谓之固矣，然而夜半有力者负之而走，昧者不知也"[1]。半象就是象征那个"夜半有力者"。我们现在且举八卦中的乾卦为例：乾卦象为☰，其初、二两爻为☱兑之内半象，又为☴巽之外半象，其二、三两爻也是如此。乾卦是纯阳卦，阳性已至极盛，极则变，变将之阴，今兑与巽潜藏于乾阳之内，而兑、巽又都是阴卦（乾、震、坎、艮为阳卦，坤、巽、离、兑为阴卦），正是乾阳卦变而之阴的种性所在。阴阳二性潜然互变之情状，没有比半象形容得更妥切了。由此而观，半象实在是更进一步地表现出卦象符号的流动义。

第三节 术

术谓筮术，是一种占断人事吉凶的方法，它是大易哲学的第二个化身。第一个化身"象"是伏羲氏所塑造，这个"术"则是周文王的制作。

命筮行术的主要工具是蓍策。蓍是一种植物的名称，丛生而有坚韧细长的茎，取蓍之茎修理成等长之策五十支，往复数计之而求得卦象，再依据卦象及卦辞之理论断吉凶。所以，如就卦象之被用于筮术而言，易学是被文王取来作

---

[1] 《庄子·大宗师》。

为其筮术的役用了；但文王的用心实不在此，因为卦象中含有天人共通的道理，文王是要借筮术之推行而教化人依从易道行事（依从易道便是吉，违背易道便是凶），孔子后来称赞文王"以神道设教"，便是揭明了文王的真正用心。由于这种原因，文王的重八卦为六十四卦与作卦爻辞，虽然在发生上是为了创建筮术，但终于，筮术变成了易学借以扩大发扬的途径，人们通过筮术占断而了悟到大易哲学的道理。

筮术是一套非常庞大复杂的设计，有关它所以产生的历史因素以及详细的解说，请读者参阅拙著《先秦易学史》，在这里只拟作最简要的叙述。今设有一人行筮术以占断吉凶，其程序如下：

行筮开始。

问占者斋洁衣冠，向天地鬼神焚香祷告，表明心中疑难之事。

持已准备好之五十支蓍策，去一策不用（五十称"大衍之数"，即宇宙万物未生前先天易道之数。去一，象太极之动，宇宙万物乃自此一动而始生）。

两手分所余四十九策（象乾坤或阴阳或天地之分）。

置右手分持之策，而经营左手中之策。取其一，挂于左手小指间（象天、地之后有人，为三才）。

四揲（即四四数计之）左手余策，而归其奇（即余策）

或一、或二、或三、或四，扐于左手无名指间（四揲象四时，归奇于扐以象闰）。

取前右手所置之策，四揲之，而扐其余策于左手中指之间。

合左手一挂二扐之策，置于案。是为一变。

然后，取一变后之所有余策，依上述程序再得左手一挂二扐之策。是为二变。

复再取二变后之余策，如旧得左手一挂二扐之策。是为三变。

合三变一挂二扐之总策数，称"揲余"。而四揲后之策数，则称"过揲"。于是依据于过揲或揲余之策数，得出卦象之初爻（画卦次序由下而上，象物由下生）。

如此，反复行事，每三变得一爻象，"十有八变而成卦"。

（按：以上称为演蓍法，为筮术之前半过程，由问占者亲自行之。）

卦象既已求出，再由主筮人视卦象中老阳、老阴、少阳、少阴之爻为何，根据变占法则决定卦、爻辞，由之而论断吉凶。

筮毕。（以上详情请参阅拙著《先秦易学史》）

以上为筮术占断的全部过程大要，至于如何由"揲余"及"过揲"之策数而决定爻象之为老阳、老阴、少阳、少阴，则请阅第四节"数"。现在，我们不得不提出心中的疑问来：这种筮术占断的方法，算不算是迷信呢？大易哲学是纯粹的理性思考，现在看上面的演蓍，去一策象太极之动，二分蓍策象天地之剖判，挂一以象三才，四揲之以象四时，归奇于扐以象闰等，显然都是附会，将大易哲学牵引到这些附会之说上去，大易哲学还有什么价值呢？这两个问题都是极重要的，以下分别来说。

首先谈筮术算不算是迷信的问题。有人说卦爻辞就如神庙中的签文，这话听起来虽有点像，但事实上却大不相同，签文只是标明某签是吉或凶的死文字，背后没有思想依据，问占者一经抽出某支签，吉凶立判。卦爻辞则不然，辞中之吉、凶、悔、吝，乃根据于卦爻象，而卦爻象上之理则依据于其变化之情状，而且，卦爻象及辞还只是客观的一面，辞中言吉，不一定便吉；辞中言凶，也不一定便凶。晋公子重耳筮得晋国，筮史皆曰不吉，司空季子以为吉；[1]南蒯将叛，筮得"黄裳元吉"，子服惠伯以为不吉。[2]所以在筮术中，除了客观的卦爻象及卦爻辞外，尚有主观条件的配合。而在这中间，更重要的尤在于主筮人是否明智，主筮人一方面研判卦爻象、卦爻辞，一方面审察问占者的情状，经过一连串的理智活动——推求、研析、综合、

---

① 《国语·晋语》。
② 《左传·昭公十二年》。

裁断，才有所决定。所以筮术占断是活的，不是死的，这在《易经·系辞传》中，古人已经很明白地说了出来：

> 极天下之赜者存乎卦，鼓天下之动者存乎辞，化而裁之存乎变，推而行之存乎通，神而明之存乎其人。

所谓"神而明之存乎其人"，便是特指主筮人之重要性。《易经·系辞传》又言为"圣人之道"，因为圣人是明智有深识的人，能够"极深而研几"，其文曰：

> 夫《易》，圣人之所以极深而研几也。唯深也，故能通天下之志；唯几也，故能成天下之务；唯神也，故不疾而速，不行而至。
>
> 子曰："夫《易》何为者也？夫《易》，开物成务，冒天下之道，如斯而已者也。"是故圣人以通天下之志，以定天下之业，以断天下之疑。是故蓍之德圆而神，卦之德方以知，六爻之义易以贡，圣人以此洗心，退藏于密，吉凶与民同患，神以知来，知以藏往，其孰能与于此哉。古之聪明睿知神武而不杀者夫！

由此看来，筮术只不过是一种方便法门，在当时神道思想时代，这种法门能够为人们所接受，故文王创此。通过这一方便法门的诱导，通过圣人的解说，人们认识到易道的深刻与普遍，从而明白了立身行事的法则。所以，筮术在外表上看来虽然是占断吉凶，而实质上却是一种教化方式；视其外貌似乎是迷信，察其精神乃是建立在理智活动上，不能诬为一般人心目中的迷信。

其次，说到以大易哲学的生命寄托在筮术的形体内，是否会影响到大易哲学的价值的问题。这里有一个基本的观念必须识明，便是大易哲学不是纯知识领域中的学问，它所提出的一切理论都同样是生活中的事情；也就是说，它是实用的哲学。站在这一基本认识上，它与筮术的大方向是不相违逆的，因为筮术是为人生服务、为人们解除疑难，大易正可以借筮术之推行以发挥其实用性。现在，我们不妨就实际情形来看大易哲学如何借筮术之途径以行其教化，试想：人类智力有限，投身在广漠无际、变化万端的宇宙中，免不掉有遭遇疑难之时，当一个人心有疑难，智穷才尽之时，总希望有个第三者提供解决疑难的意见，这是人心所同的。这个"第三者"，当然被希望具备两个条件：一是了解并同情当事人的遭遇，知道疑难之所在；二是立场要客观。具备前一条件才有资格提出意见，具备后一条件其意见才公正有价值。现在筮术所具备的便是这两个条件，它一方面假借天地鬼神使人相信神明之了解自己并同情自己，一方面又有绝对客观公正的立场。大易哲学便在这种有利情势下，被人所接受。但是这其中有个问题，说天地鬼神了解人的遭遇，系出于人心的信仰，其中包含着"期望如此"的心理，今付诸实行，要针对某一件事论断吉凶，如果论断错误时怎么办？对此，筮术是无虞的，因为卦爻象的变化多，神用无方，而易之道又是通于人心而遍在，问占者心中的疑难无论属于何类，大都可以推理涉及，只要有所涉及，便可由此得出趋吉避凶之方。举例言之，如南宋著名词家辛弃疾，在他年轻时，欲自金人占据之北方家乡南归宋朝，事前命筮占断，得☲离卦，离为南方，光明之卦，卦辞中又有"利贞，亨"之言，辛氏见此，遂毅然南归。可是我们想这件事，辛弃疾当时的欲南归来，必然经过长久的思考，是出于爱国心的驱使，绝非偶然动念，取决于筮术，即令当时占断的结果为不吉，也绝不会打消他南归的意志，至多使他再考虑一下自己的决定，更周详作策划，以后或者再来一次占断。但既占得吉，便增加了心理上的大信心，使其得到鼓舞。由此例看来，筮术占断对人的作用总是善的，如果占得吉，便增强了信心与勇气；如果占得不吉，使人退而再重新筹谋思考，实在是十分有深意且有利于人生行事的一种解决人心疑难的方法。

还有，筮术的示人吉凶之断是有范围的，那就是属于正道公理之事则可，属于私心欲求之事则不可。《礼记·少

《仪篇》对此说得非常明白：

> 问卜筮。曰："义与？志与？义则可问，志则否。"

"义"指人人心中共通之道，"志"指一人之私意。由此我们已可看到有大易哲学的注入筮术，并未减损《易经》的哲学价值，反而使筮术哲学化了。

以上只是站在理论上提出一些必要的辩说，至于卦爻辞之如何依据卦爻象而立吉、凶、悔、吝之断，最好是举实例做说明。下面即以屯卦为例，先录其经、传之文（卦爻辞称"经"，出于文王；彖、象之辞称"传"，出于孔子），然后再予以必要之释义，读者睹此一卦，便可知古圣如何据象以立辞之状，其他各卦也都准此而知。

〔经〕

䷂ 屯　元、亨、利、贞。勿用有攸往。利建侯。

初九　磐桓。利居贞，利建侯。

六二　屯如，邅如，乘马班如，匪寇，婚媾。女子贞不字，十年乃字。

六三　即鹿无虞，惟入于林中。君子几，不如舍；往，吝。

六四　乘马班如。求婚媾，往吉，无不利。

九五　屯其膏。小贞吉，大贞凶。

上六　乘马班如，泣血涟如。

〔传〕

彖曰：屯，刚柔始交而难生，动乎险中，大亨贞。雷雨之动满盈，天造草昧，宜建侯而不宁。

象曰：云雷，屯。君子以经纶。（按：此大象，以下则称小象）。

初九　虽磐桓，志行正也。以贵下贱，大得民也。

六二　六二之难，乘刚也。十年乃字，反常也。

六三　即鹿无虞，以从禽也。君子舍之，往吝穷也。

六四　求而往，明也。

九五　屯其膏，施未光也。

上六　泣血涟如，何可长也。

卦名释义：

屯卦象，内体☳震，外体☵坎。震为雷、为动。坎为水、为雨（在上体或为云）、为险、为难。故就内外体言，屯卦含两方面义：一为草木萌动于下，而上有雨水之润；一为物之始生于下，而外有险难阻碍。屯字初文为🖋，象草木初生，芽始出土。此春之时，雪融雨润，草木发生，然初生体质弱小，而地面坚实，且春寒未退，乃冒险难而生，与卦象义合，文王乃以"屯"为卦名。

卦辞释义：

"元、亨、利、贞"，元义为大、为始，亨义为通，利义为宜、为和，贞义为正而固。此四字原为乾、坤二卦卦辞，赞乾、坤之作用具此四性，今屯为始生之卦，万物生机之初发，乘天地之大和，亨通而正固，故也取此四字为义。以屯秉天地动生之机，虽体质弱小，却势用无穷，险难终不足以阻绝之，因而《易经·屯卦·象传》谓："刚柔始交而难生，动乎险中，大亨贞。"此示占者，前途虽有险阻，守正而行，终获大通。

"勿用有攸往"，屯之生机虽无限，终以初生故，体未坚实，不能急起与坎险抗触。示占者不宜冒进躁急，应如春草木之自然发生，与时偕行。

"利建侯"，此就草木之始生喻乱世之将治。天下大乱，群雄竞起，此险难之秋，然也正是志士开国创业之时，示占者宜把握时机，计谋筹划而行动，在动乱不安中建立功业。是以《易经·屯卦·象传》言："雷雨之动满盈，天造草昧，宜建侯而不宁。"

爻辞释义：

初九，"磐桓。利居贞，利建侯。"磐桓即徘徊，不进貌。初阳方生，二、三阴爻在上，虽上有六四之正应，然六四体坎险，初阳一阻于重阴，二畏于坎险，故磐桓。但屯为始生之卦，初九为阳居正位，得位乘时，终将排除险阻而进升，故言"利居贞，利建侯"。

六二，"屯如，邅如，乘马班如，匪寇，婚媾。女子贞不字，十年乃字。""屯如""邅如""班如"均为难进之形容，六二阴爻居正位，为守正之女，上有九五之正应，欲往归之，奈九五在坎险之中，不能即往；而初九浸长之阳，则近而求婚媾于己。男女近而相悦，六二为所留难，故言"屯如，邅如，乘马班如"（坤为牝马，六二居阴正位，故以坤象言）。而初九为阳居正位，非寇匪之徒，其留难六二，乃为婚媾故，故言"匪寇，婚媾"。然而六二为守正之女，志在九五之正应，终不许嫁于初九而必归九五（"字"义为许嫁），暂虽不遂，后日终将达成心志，"十年"喻时久。此示占者，处此境况，当固执善道，坚定意志，不为威迫利诱所动摇，此乃非常人之操守，故《易经·屯卦·象传》云："十年乃字，反常也。"

六三，"即鹿无虞，惟入于林中。君子几，不如舍；往，吝。"六三以阴爻居震动之极，有任性躁进之象。三至五爻互体艮山，故曰"即鹿"（鹿同麓），上无正应，故曰"无虞"（虞人，掌山林之官）。明智之人，临此境，知坎险在前，便当知几而反；若必往，将致吝（吝近凶）。此戒占者，遇途穷之时，当知变通之道。

六四，"乘马班如。求婚媾，往吉，无不利。"六四阴爻居正位，为守正之女，且下有正应。然上比九五，虽二者俱正，终不免悦慕之情，故言"乘马班如"。但初九之正应，方浸长而来求己，正身而往迎之，自然"往吉，无不利"。《易经·屯卦·象传》云："求而往，明也。"谓舍九五而迎来求之初九，为明智之见。

九五，"屯其膏。小贞吉，大贞凶。""屯其膏"言膏润难施，此乃上对下之言，九五居尊位，故言。九五位居中正，下有六二之应，依理当大有作为，何以言"屯其膏"？因为卦为屯卦，全卦之重心在于初九之始生，时运不利于九五故。九五虽位尊而中正，此时则宜循坤道以顺势，不宜持乾阳以行权，如持乾阳之刚健，勉强为之，是为逆天，故凶。此示占者时义之重要，不得时不可强为。

上六，"乘马班如，泣血涟如。"上六虽居正位，下无正应，乘九五之刚，有私意，故"乘马班如"。然九五有正应在下，自不属意于己，己则居卦之穷，进无所归，故言"泣血涟如"。此为途穷之象，然易道穷则变，变则通，此境况不久即将流转变动，故《易经·屯卦·象传》云："何可长也。"由《易经·屯卦·象传》之言，足见大易对于穷危者慰勉之意，而真正宇宙万物之理也正是如此。

以上只是就字面义顺做解释，而明智读者则可以引申感发，旁索而深求其理。无论如何，由上面的解说中，读者当已知筮术实非一般人心目中的迷信鬼神，它乃是哲学思想的化身，世界各国哲学之林中，也只有大易哲学有此一妙用法门。

第四节　数

现在说到"数"——易道借以现身的另一方式，我们说它是易道除"象"与"术"外的第三个化身。

"数"的概念，最早兴起于人类辨识物象之初，这便是《左传》上韩简子说的："物生而后有象，象而后有滋，滋而后有数。"但这是最原始的自然的数，当初只表现在人类对物象的多寡、增减、积散等认识上，迨时代愈降，人对数也就有了更多的认识及应用，伏羲氏画八卦，八卦是象，但伴随着象而来的，数的含义也在其中。太极"一"是一大作用流行，知太极之为流行义者，以有反作用之故，由是而生"一"与"--"之对立；"--"的两小横为别于"一"而生，此即伏羲氏对"数"之应用。由太极、两仪到四象、再到八卦的一连串发展中，数的含义不能被忽略，所以我们可以说在八卦创立之初，"象"与"数"便相偕以生。但数的大用，却应该说是始于筮术，自筮术之创建，其中演著得象的一段过程，纯粹是以数为用，数决定象，而象决定吉凶，所以数成了吉凶的根本决定因，后人言"定数"一词实由此起。筮术中的数，主要是"七、九、八、六"四个数，即阴阳老少之数，是周文王在精心设计下以数表现易道的一种方式，于是自此而后，数演愈精，历两汉，迄宋明，数的发展成了易学中一大脉流。尤其是数的应用，为各家杂学所托命，在"数"字之下，逐渐张起一面神秘莫测的大幕，其对人心的诱惑或支配力，竟超过了哲学理论；自汉以降，大易哲学被人视为玄虚神秘之学，而其哲学思想反倒被冷落一边，原因即由于"数"一脉在易学中得势之故。

数的演变是一条长流，又关系着各杂家之学，叙述起来实非易事。今则唯以易中数用为范围，去除其与五行、干支、历时等的关系，依其性质分为几类，简约述之如下：

第一，奇偶之数。奇偶之数的观念起于伏羲氏画卦之初，"▬"一画为奇，"▬▬"两画为偶，故阳为奇、阴为偶。发展到八卦时，"▬"成了"☰"，象天；"▬▬"成了"☷"，象地；故又以天为奇、地为偶。称"阴阳之数""天地之数"均由奇偶上来。于是古人乃把由一到十的十个自然数，分别以奇偶配天地，《易经·系辞传》："天一，地二，天三，地四，天五，地六，天七，地八，天九，地十。""天数五，地数五，五位相得而各有合。天数二十有五，地数三十，凡天地之数五十有五，此所以成变化而行鬼神也。"五天数相加仍是奇，五地数相加仍是偶，而总天地之数为五十五，是奇。

总天地之数象征天地之全之太极，是奇，正与太极之绝对无待义相合。阴卦与阳卦也是由奇偶之数上来，八卦之四阳卦为☰乾、☳震、☵坎、☶艮；四阴卦为☷坤、☴巽、☲离、☱兑。传统解释以☰为三画奇，故为阳卦，☷为六画偶，故为阴卦；☳、☵、☶各为五画奇，为阳卦；☴、☲、☱各为四画偶，为阴卦。这种计算笔画的说法，虽可通，应非本义，作者认为☰之为阳卦，乃由"一"之奇而来；☷之为阴卦，乃由"--"之偶而来；☳、☵、☶卦各有一阳为卦主，故为阳卦；☴、☲、☱三卦各有一阴为卦主，故为阴卦；以八卦合父母子女之义即由此来。

第二，大衍之数。大衍之数即前文筮术一节中所述演蓍之数，"衍"义同"演"字。《易经·系辞传》云："大衍之数五十，其用四十有九，分而为二以象两，挂一以象三，揲之以四以象四时，归奇于扐以象闰，五岁再闰，故再扐而后挂。"这一套方法前文已说过，故不再述。《易经·系辞传》更从演蓍结果扩大其数，计算老阳、老阴三变过揲之策数，前者为三十六，后者为二十四。乾卦六爻皆阳，为阳盛之极，以六乘三十六，得二百一十六；坤卦六爻皆阴，为阴盛之极，以六乘二十四，得一百四十四；二者相加得三百六十，合一年之日数，故《易经·系辞传》又云："乾之策二百一十有六，坤之策一百四十有四，凡三百有六十，当期之日。"又六十四卦之爻数共为三百八十四，阴阳各半，以老阳数之三十六乘阳爻之一百九十二，得六千九百一十二；以老阴数之二十四乘阴爻之一百九十二，得四千六百零八，二者相加得万一千五百二十，《易经·系辞传》说这便是"万物之数"。这些数字，以我们今日来看，自然是牵强附会，但古人也并非不知道，只是要借用这一套方法，说明易道化生万物之由一而多、由简而繁之状罢了。所谓"大衍"之义，即在于此。

但这里有一个问题应该提出：大衍之数为五十究从何来？这一问题自汉代以来，易学家如京房、马融、郑玄、荀爽、姚信、董遇等人以及宋代朱熹等人，都曾提出各自的见解，他们或据星历，或据卦爻数目，或据河图洛书，但都是做数字加减，实不足以成说。作者之意，此五十之数，当是自"七"之数来，因蓍策之实用数为四十九，乃七之乘方。我们不妨从筮术的性质上去推想，筮术之用在祈求天地鬼神以解除疑难，也就是借天意以指导人事；七的数目在古代是与天道密切相关的，日月五星称"七政"，在尧舜时已开始，[①]所以周文王创筮术选用蓍策时，想到"七"这个数字以象征天意，是极自然的事。然以七支蓍策太少，不能有许多变化，文王乃采用重八卦为六十四卦之同样方式，重七为四十九。四十九是奇数，二分不能平均，遂而可产生许多变化，但

---

① 《尚书·舜典》。

四十九之数非整数形态，如加一成五十则较完整，且加一成五十更有深义，即不行筮术时，五十完整之数象征太极之未起变化；行筮术时，去一，象征太极之已动，动而生变，然后开始经营四十九策。这不但是巧妙的设想，在古代的神道思想社会下，也的确具有令人信服的理由，筮术一直在易学中有其重要地位，是有理由的。

第三，老少阴阳之数。前文在介绍筮术时，只介绍了筮术的经营过程，对于如何由"揲余"及"过揲"之策数决定爻象之为老阳、老阴、少阳、少阴，则未言。今且言之。依照前述之筮术占断程序，每三变以后，过揲及揲余之策数只有相对应的四种情况，那就是：一、如果过揲数为三十六时，揲余数为一变余五、二变余四、三变余四；二、如果过揲数为二十四时，揲余数为一变九、二变八、三变八；三、如果过揲数为二十八时，揲余数为一变或五或九或九、二变或八或四或八、三变或八或八或四；四、如果过揲数为三十二时，揲余数为一变或九或五或五、二变或四或八或四、三变或四或四或八。这四种情况的过揲数三十六、二十四、二十八、三十二，可以四约分为九、六、七、八四个数，九与七是奇，是阳数；六与八是偶，是阴数。阳动而进，阴动而退，故七为少阳、九为老阳、八为少阴、六为老阴。同时，上四种情况中之揲余数也只有四、五、八、九四数，四与五中各只含一个四数，故为奇；八与九中各含两个四数，故为偶。三变之揲余数如为三奇，即老阳；如为三偶，即老阴；如为一奇二偶，即少阳；如为一偶二奇，即少阴。过揲数与揲余数之为老少阴阳，相应一致，故无论从过揲数上看或揲余数上看，是一样的。笔者恐读者对以上叙述仍不能明白，前于《先秦易学史》书中曾制作一"演蓍数变表"，今转录于此，一览即可了然（见表1-4）。

表1-4　　　　　　　　　演蓍数变表

	一变	二变	三变	易数	奇偶	阴阳老少别	备注
过揲	四十四	四十	三十六	九		老阳	第一种情况
揲余	五	四	四		三奇		
过揲	四十	三十二	二十四	六		老阴	第二种情况
揲余	九	八	八		三偶		
过揲	四十四	三十六	二十八	七		少阳	第三种情况
	四十	三十六					
	四十	三十二					
揲余	五	八	八		一奇二偶		
	九	四	八				
	九	八	四				
过揲	四十	三十六	三十二	八		少阴	第四种情况
	四十四	三十六					
	四十四	四十					
揲余	九	四	四		一偶二奇		
	五	八	四				
	五	四	八				

七、九、八、六四个数，依"阳动而进，及老变阴，阴动而退，及老变阳"的理则，它们的流行次序是七→九→八→六→七……象易道之周流不息，故此四数虽起于筮术，终于具备了真正的哲学生命。《易经·说卦传》云："数往者顺，知来者逆，是故易，逆数也。"实际上便是指此四数的周流而言。《易经·说卦传》何以特言"逆数"而不言"顺数"？这是由于"逆"可以彰显易道之故，阳性之顺而进固然是始动，但如没有反退的阴性，则阳之顺进不能显。有阴性之"逆"，才有阴阳往复，才有变化，才生万物，才见易道，故言"易，逆数也"。这话讲得十分明智。

第四，河图、洛书之数。河图与洛书之图形出现于北宋，据说为华山道士陈抟所传，然此二图之理论实为中国古代数学一脉之流变所生。数学在中国很早已经发达，但未像西方那样独立成学，原因是有易学可资依附，数学一直是依附于易而与易为一家之学。中国数学的发生，大体说来有几方面的根源：一是历法，如干支六十甲子、璇玑玉衡分周天三百六十度、测日影等；一是建筑工程，我国由于得木材之利，房屋、桥梁等建筑起源甚早，在建筑上需要设计图案、计算建材、测量形势等；一是土地丈量，我国文化起源于中原地带，平原广阔，农业发达早，故丈量土地、划分田亩、分配谷物等均需要数学；一是战争之要求，我国人口众多，大规模战争早见于历史记载，故数学也随着军事操演、方阵布列、立营驻军等而成为一脉发展。上几方面因为古史残缺，不能详知，但自三代以上都已经有相当的发展，则是可信的。所以传说中《九章算经》成于黄帝时，《周髀算经》为周公时商高所作，未必不可信；这也就是九九歌诀、十进位法、勾股弦定理等很早即已流行的原因。但是尽管我国数学有如是高度的发展，却因为卦象符号这一套东西太灵活巧变了，再加上大易哲学理论的"无不赅"，数学始终不能摆脱易学而独立。尤其自汉以下，易学吸收了五行、干支、星历、舆地等杂学后，数学更有了用武之地，更难脱离易学而独立了。河图与洛书便是依附于易学的数学产品，它们的本质是数学性的，却假大易哲学之名而名世；也正因为如此，宋明间不少易学家以哲学为立场解说这两个图形的，其理论总觉不够圆通，有曲意设辞、牵强弄巧以成说之感。现在来看这两个图形，兹先说河图。河图的图形如图1-8：

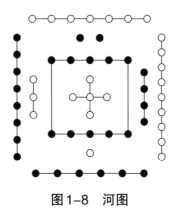

图1-8 河图

图中以黑白点区别奇偶数。先天数一、二、三、四、五居内，后天数六、七、八、九、十处外。一、六在北，二、七在南，三、八在东，四、九在西，五、十居中。这等配置，一看便使人想到汉代扬雄和郑玄的话。

扬雄《太玄经》：

> 一、六为水，二、七为火，三、八为木，四、九为金，五、十为土。一与六共宗，二与七为朋，三与八成友，四与九同道，五与十相守。

郑玄《易注》：

> 天地之气各有五，五行之次，一曰水，天数也；二曰火，地数也；三曰木，天数也；四曰金，地数也；五曰土，天数也。此五者，阴无匹，阳无偶，故合之：地六为天一匹也，天七为地二偶也，地八为天三匹也，天九为地四偶也，地十为天五匹也。

扬、郑二氏所说的，无疑便是河图。由五行显示了东、南、西、北、中央的方位，由天地数之相匹相偶显示了各数的配合，这是河图在汉代已有的明证。再向上溯，《管子·幼官篇》所载四方中央之数也与河图全同；《礼记·月令篇》

于春之三月言"其数八"，于夏之三月言"其数七"，于秋之三月言"其数九"，于冬之三月言"其数六"，于中央言"其数五"，也是河图之数，又《吕氏春秋》十二月纪中四方之数也同。可见河图之四方中央数字之排列，早在先秦时已产生。我们可以这样说：中国人早在先秦已发现有如此一种排列方式，至宋代，以黑白点代数字，乃出现今所传河图之形象。

然此图实难以由纯正的大易哲学理论做解释，扬雄、郑玄以上只说出了数目的配置，未做哲学解说，自宋代河图形象绘出以后，易学家们做哲学解释的，均不能令人满意，例如明代来知德以阴阳消长作解，其谓阳生于北、长于东、盛于南、极于西之言虽是，而于阴生于南、盛于西、极于北、终于东则显然牵强（来氏图名"河图天地交"，见来氏《易经集注》）。所以然者，实以河图之真正来历为数学性排列，而非哲学性排列，勉强以哲学作解，自然捉襟见肘，感到不自然。今以数学排列观点视之，将图中黑白点数目易以阿拉伯数字，即一望而知是分别向四方延伸的四系列等差为5的级数：北方1、6（可继续为11、16、21……），南方2、7（可继续为12、17、22……），东方3、8（可继续为13、18、23……），西方4、9（可继续为14、19、24……），而中央之5、10两数则隐然为四系列之数中所应用。其形状如图1-9：

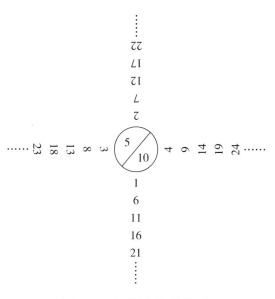

图1-9　河图之数学排列

　　这是一个巧妙的数学排列，最有趣的是：1、6一系列的数尾永远是1、6；2、7一系列的数尾永远是2、7；3、8与4、9两系列也如是，各数无重复者。既然是有次序的级数排列，自然从中一定可以发现诸多有次序的数目上的关系，今日看来已无足为奇，然而在古人心目中免不掉生神秘感，强以哲学为之立说的原因就在这里。

　　次言洛书。河图与洛书为孪生兄弟，同时出现于北宋，后人或省称为"图书"。

　　洛书之图形如图1-10：

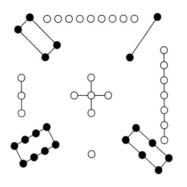

图1-10　洛书

观上洛书之图像，5数居中，由1至9的其他八个数则分置四方四隅，纵横或斜贯数目相加均为15，俨然又是一个数学排列图形。此一排列也同样可以溯其根源到先秦，如《大戴礼·明堂篇》所说："二九四、七五三、六一八。"便是洛书之数。

像洛书这样的方阵图形，今日人人皆知是数字排列，但古人却像河图一样视之为神秘，因为如是排列的自1到9的九个数字，无论纵横斜贯，数起来都是15。今且以数字代黑白点，如图1-11：

4	9	2
3	5	7
8	1	6

图1-11　洛书之数学排列

洛书最易于比附卦象的，是它的八个数分置四方四隅，很容易使人和《易经·说卦传》中的"五行相生卦图"（见前文"象"一节）关联在一起。果然，在《易纬》书中我们便看到了这结果，《易纬》称四方四隅的八个卦位为"宫"，加中央之虚位，共为"九宫"，创立"太一下九宫"之说。《易纬》中虽未明言各卦之数，但依其"太一"行经路线，正是洛书中1、2、3、4、5、6、7、8、9的自然序数。《易纬》为西汉末季的作品，[①]可知洛书之数字排列及与八卦配合，在当时已确定。今录《易纬·乾凿度》之文及郑玄注，并作图1–12。

《易纬·乾凿度》：

> 阳动而进，变七之九，象其气之息也；阴动而退，变八之六，象其气之消也。故太一取其数以行九宫，四正四维皆合于十五。

郑玄注：

> 太一者，北辰之神名也，居其所曰太一；常行于八卦日辰之间，曰天一或曰太一。……四正四维，以

---

① 高怀民：《两汉易学史》。

八卦神所居，故亦名之曰宫。天一下行，犹天子出巡狩省方岳之事，每率则复。太一下行八卦之宫，每四乃还于中央，中央者北神之所居，故因谓之九宫。天数大分，以阳出，以阴入，阳起于子，阴起于午，是以太一下九宫从坎宫始……自此而从（疑"徙"字）于坤宫……又自此而从震宫……又自此而从巽宫……所行者半矣，还息于中央之宫。既又自此而从乾宫……自此而从兑宫……又自此从于艮宫……又自此从于离宫……行则周矣，上游息于太一天一之宫，而反于紫宫。

依照上文，"太一"之行程为：

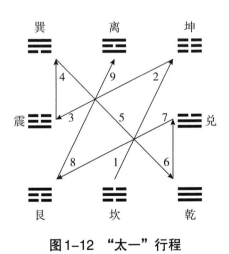

图1-12 "太一"行程

这显然是一个平衡对称的几何图形。看看这个几何图形，洛书的神秘之幕便豁然打开了，原来古人发现在这个数字排列中，如果依照1、2、3、4……的自然序数连接起来，尚隐含着这样一个有趣的图形，乃设想出"太一下九宫"之法。又因太一之下行九宫，不一定采直线飞越，也许一时有兴，采曲线或转折途径而行，建筑学家乃由此设计出"迷宫"，兵学家乃由此演化出"阵图"，数术家更融合杂学创立"奇门"。说穿了，都是从洛书之为数学排列而来，哲学思想的一些附会也是如此，在此就毋庸多言了。

第五，邵雍之先天易数。先天易数为宋邵雍独家之学，故特标明邵雍之名。前于述"象"一节中曾说过邵雍的先天易图，先天易数即根据先天易图的八卦排列而来，其数为：乾一、兑二、离三、震四、巽五、坎六、艮七、坤八。然后由八卦发展到六十四卦，八卦每卦之上再加上上面次序的八卦，于是六爻乾卦除本身外，统夬、大有、大壮、小畜、需、大畜、泰七卦。乾为一之一，以下依次为一之二、一之三……一之八，至坤卦所统八卦尽，其数为八之八；六十四卦乃成一大循环。

与先天易数配合运用的，邵雍又立元、会、运、世、岁、月、日、辰之数，其计算为：一元十二会、一会三十运、一运十二世、一世三十年、一年十二月、一月三十日、一日十二辰。此乃观察天道运行之数，以十二与三十交替为用，次相统属，一元统十二会、三百六十运、四千三百二十世、一十二万九千六百年。然元外有元，其数互相叠复，推而愈大。邵雍曰：

> 日经天之元，月经天之会，星经天之运，辰经天之世。以日经日，则元之元可知之矣；以日经月，则元之会可知之矣；以日经星，则元之运可知之矣；以日经辰，则元之世可知之矣。以月经日，则会之元可知之矣；以月经月，则会之会可知之矣；以月经星，则会之运可知之矣；以月经辰，则会之世可知之矣。……元之元一，元之会十二，元之运三百六十，元之世四千三百二十。会之元十二，会之会一百四十四，会之运四千三百二十，会之世五万一千八百四十。运之元三百六十，运之会四千三百二十，运之运一十二万九千六百，运之世一百五十五万五千二百。世之元四千三百二十，世之会五万一千八百四十，世之运一百五十五万五千二百，世之世一千八百六十六万二千四百。[①]

邵雍之子邵伯温也说：

---

① 《皇极经世书·观物篇》之五十。

一元在大化之中，犹一年也。自元之元至辰之元，自元之辰至辰之辰，而后数穷矣，穷则变，变则生，盖生生而不穷也。经世但著一元之数，举一隅而已，引而伸之，则穷天地之数可知矣。[①]

邵雍即利用上述两种数——先天易数与元会运世之数——交错配合，以成其推算宇宙成毁、人类及国家命脉之学。邵氏易学之真面目，后世不得其传，其著作有《皇极经世书》，或云原著已亡佚，或云今所传者为后人所伪造或篡改，故后人论邵氏易学，只能言其大概而不知其详情。然就后人所传之上述邵氏易数以观，他是在用心于欲在易道周流的原理下，建立一历史哲学的规则；但此规则如就上述易数之固定性上看，总不免落入机械论而缺乏变通。他的先天易图排列为固定方式，先天易数为固定不变，元会运世之数也有固定法则，依其上引之言论中，其辗转相配合也属固定方式，如此欲不落入机械论，实难。然邵氏固深得易道之理者，其对易道"变动不居""不可为典要"与"曲成万物"之义，必甚明了，今观世所传《皇极经世书》中，邵氏有据其学说以论证中国历史演变之论，以及上推唐尧元年为甲辰（公元前2357年，依据《辞海·年表》）之

---

① 《性理大全·皇极经世书四·观物内篇》之十。

事，并未落入机械论之迹，则邵氏或果如世所云，有其亡佚不传之秘与？

以上为关于易数的分类述说，虽未做系统的贯连，读者也自可从中看出其演变之概况。大体说来，伏羲氏八卦中的数，只是原始自然的朴质的数的观念，自周文王创筮术开始，数开始趋向"神用"。此后，数便跟着易学的分裂而具有了异义：讲易哲学思想者，视数为形上的、所以使事物如此如彼的因素，如《庄子·天道》中："口不能言，有数存焉于其间。"守筮术占断者，则视数为客观存在的先天的决定，即定数、天数、命数、运数等词之义。而自汉代以降，因占断吉凶的易学大行世之故，后一义普遍为国人所接受。但大体上虽有如此的分野，而实际上并非壁垒分明，《汉志》中的"数术家"，都是一方面操其术以言数，一方面也唱哲学义，此举一例便可看出：如三国年间管辂，是集两汉数术之学之大成的一位"数术易家"（姑以此名之，管氏言数、言术，也言易，见拙著《两汉易学史》），他便是一方面将数看作客观的神秘存在；一方面也是哲学义的事物的成因。有人问他隐形的事是否可信，他回答道：

> 此但阴阳避匿之数，苟得其数则四岳可藏，河海可逃，况以七尺之形，游变化之内？散云雾以幽身，

布金水以灭迹，术足数成，不足以怪。

有人再请他说得详细些，他又道：

> 夫物不精不为神，数不妙不为术……今逃日月
> 者，必阴阳之数，阴阳之数通于万类，鸟兽犹化，况
> 于人乎？

前一段话言数为术家设术以求，后一段话言数为哲学上之
阴阳化物。后世国人言"数"者，多为此种综合观念，上
述邵雍之易数，也是此等综合观念下的运用。

第二讲　太极——宇宙万物之奥府[*]

扫一扫，
进入课程

第一节　两种含义与两条途径

太极自太极，浑然一如，无此或彼。今论太极，所以言其有两重含义者，以吾人以太极为研究论述之对象，乃不得不作如是之认识；于此开始时辨明思想理路，对此后笔者之叙述与读者之领会，可两得其便。笔者要说的太极的两重含义是：第一，就太极之为"存在"而言，凡宇宙万物之"有"，与简别"有"之"无"，总为太极之"一"。第二，就太极之"生化宇宙万物"而言，在理智思考的程序上，太极立于"能生"地位，为无上第一根源。这两义无违逆处，只是从不同立场论太极而有此区分。第二义太极之生化宇宙万物，并非"能生"与"所生"隔离，而是即"能生"，即"所生"，即"能

---

* 自本讲以下至第七讲，为孔子儒门易思想。

生""所生"而见第一义之太极。故第一义之言太极，可以说是分中之合；而第二义则可以说是合中之分。

以上二义，如以西方哲学言，第二义可以说是采"宇宙论"的观点，但第一义却不可以说是采"本体论"的观点；因为西方哲学之讲本体论，乃"所思之人"相对于其思想中的"客观化的概念"而立说，今大易哲学则不然，太极无"客观化的概念"可言，"所思之人"即与太极为一，不能独立于太极以外，根本不产生"相对于太极而运思"的条件，此其一。其二，太极为一大流行的作用，变动与生生是它的本性，非如西方哲学中本体之具不变动性，故无从执着于其有"体"。以此而言，称太极为本体如西方哲学者，殊不妥当（《易经·系辞传》："易无体。"其义见后文）。但无"体"而有"用"，太极之为太极，乃由"用"上立；既有"用"，则可以言其为"存在"，此笔者在上面第一义中所以以"存在"言太极而不以"本体"言之之由。

这两重含义，如实说来，乃来自中国哲学的两种研究方式，也就是中国人追求真理的两条途径。中国人追求真理与西方人不同，西方的哲学模型铸造于古希腊，自古希腊哲人以哲学为理性活动中物事以后，两千多年来西方人以此为哲学研究的唯一途径。直至20世纪初，柏格森（Henri Bergson）哲学问世，才革命性地正式纳直觉一途入哲学。然而中国哲学不然，中国人自始即走两条路：一为直觉体悟的路;一为理智思考的路。前者融己身于宇宙万物一体之中,由心领神会而得宇宙之究竟,证知其真实为何如;后者则客观化己身,观察宇宙万物之生灭变化,寻求出其理路法则。这两条路相辅为用,造成中国哲学形上形下一体、心物一元的特质。中国人在物而不泥于物,言道而不离乎器,便是这种特质精神的培育熏陶。所以前面太极的两重含义,也就是中国人经由这两条途径对宇宙真理探索的结果,兹进一步再对这两条哲学途径作一说明。

一、太极之经由直觉体悟而证知

"直觉"为别于理智思考而言,"体悟"则为对直觉之知之真切说明。何谓"体悟"?心领神会,融一己之心神与宇宙万物合的一番经验,此番经验必亲身实证而知,故曰"证知"。

人是宇宙间一物,其性命发生,其变化现形,与万物无殊。在宇宙这一个大造化洪炉中,人与万物生生灭灭,分合交错。平常,人只站在生死一段落间,似觉与他物殊种异类,然而稍一向深远处寻思,便知人在生活言行,一时一刻间,与他物在交相聚散化合着。即以呼吸而言,一吸之息为个体生命之生,一呼之息为个体生命之亡,而在此包围于地球周遭之一定之大气团中,你呼我吸,交相吐纳早已难分难解。

如再打破生死关，看一看人死化虫、化土壤、化气……而虫、土壤、气……又各随缘化合，生成万物，人哪里能够从万物中脱出身来？古书上说："万物本于天，人本乎祖。"后一句话只是人类出于自尊心而强与万物立界限，其实，"祖"仍是"本于天"，人与万物终是分不开的。

即此便是中国哲学中人具有直觉体悟能力之依据。因人为万物之一而天生万物，所以人具有与天地共通之性，循此共通之性而上，脱落个体小我的窠臼，回归到大造化洪炉的共性中，体会出宇宙万物的大本，这也就是见到了太极。

直觉体悟既非理智活动，故非拟议而得。或有人以为直觉体悟之来，就像是"拨开云雾见青天"一样，后天人为思想遮蔽了先天性命，如能将人为思想驱逐开，则天性灵光自现。这话听来似是，实则并不真切。如此，我们要问：被驱逐的后天人为思想哪里去了？而且用什么力量去驱逐呢？岂不是需要仰仗更强有力的人为思想的大力？这样的话，等于是赶走了强盗，邀来了土匪，有何分别？所以不能那么说。我们认为，就直觉体悟的呈现（我们宁可说是"呈现"，而不是"来临"，因为非从他处来）而言，乃是人为思想的"转化"，这样说起来难以明白，且举孔子为例，论语言孔子："毋意，毋必，毋固，毋我。"[1]意、必、固与我都是根于

---

① 《论语·子罕篇》。

个人而起的人为的势用（用"势用"代"思想"较佳），如果孔子之意是要用另一个势用驱逐这些，那么新势用仍必须从个人身上着力，而且用另一势用驱逐这些势用，本身便犯了"必、固、我"的大戒，是讲不通的。可知孔子之意绝非如此。孔子之意实是将意、必、固、我这些人为的势用"放开"，这些势用固然是发之于人，但人原是太极的作用的呈现，追根溯源，这些势用也算是太极的作用的派生，都有其"存在"，今所以成为意、必、固、我者，是因为执着于个体之人之故，放开它们，脱落其执着，则闪烁之间，转化入于"毋意、毋必、毋固、毋我"的大境界，其势用依旧，其存在依旧，然此时之势用却入于太极之大流，此时之存在即归于太极之一。所以此其间实无"驱逐"可言，只是一个"转化"，《论语》这话，正说出孔子入于直觉体悟的经验（后来唐宋间禅宗大师们融合佛家与儒、道二家精神，深得此意，他们常挂在嘴上的话："放下即是！"即率直言此）。

直觉体悟的一番经验是奇妙的，我们用"奇妙"二字形容，当不为过，因为人自从太极自然之流中赋性受生而成为个别体存在以后，其存在成了滞碍的存在，其思想是执着的、重浊的、凝缩的；人生所做的一切奋斗、圣贤之教、修养之功等，无非在解脱这些束缚。今一旦放开，抛却个别体的束缚而入于无差别的太极自然之流，则一变而成为自由的、轻清的、活泼的存在，这一解脱是人性的解脱，是人生的第一心愿的达成（此心愿虽然有时候连自己也不知），遂而在获得此经验的一刹那间，人不自觉地在生理、心理上也会生出一阵顿释重负的轻快，古来修道之士每逢此际，往往情不自禁地哭一阵或笑一阵，便因此故。至于进入直觉体悟的身心感受，因为此际已无"身心"存在，故无法形容，庄子曾追述过他的此番经验，说："瞻彼阕者，虚室生白，吉祥止止。"[①]"吉祥止止"四字道出了一切的美好，然而即便是庄子，也只能这样概括式地做形容，真实情状，落不得笔。必要追问如何时，那就只好以释迦牟尼的话"如人饮水，冷暖自知"来作答了。

然而，我们倒不必把直觉体悟看作一桩独立的神秘事（虽然它一直被视为神秘事）。它的呈现固然在于一刹那间的由有思想"转化"为无思想，固然"转化"不可以拟议思考而得，但在"转化"之前，人却可施培育之功，促使"转化"之到来。因为所谓"转化"，如上所言，乃执着于个体的思想势用一变而为放开个体入于太极自然之流的势用，所以执着于个体的思想势用愈强固，其"转化"愈不易；愈微弱，则愈容易。于是，理智思考在这里乃得到了着力之处，《易经·系辞传》云："成性存存，道义之门。"《易经·说卦传》云："穷理尽性，以至于命。"即是勉人促成"转化"的功夫；

---

① 《庄子·人间世》。

儒家讲存养，道家则讲清静无为，其旨如一。总之，人可以借理智思考之力减低执着于个体的势用，等到这种势用渐趋稀薄，到了抵达"转化"的临界点时，眨眼之间，来者自来，"不疾而速，不行而至"，若梦熟后之有醒觉然。所以，直觉体悟一事，就其事之本身言，理智思考无可着力；就其事之酝酿促成言，则可以着力，这就叫作"相辅相成"。

二、太极之经由理智思考而认知

所谓理智思考，是指观察、分析、比较、归纳、推演等一连串心理活动而言，如第一小节之所言，太极是经由直觉体悟而证知，理智活动只能在促成直觉体悟的呈现上行其助力，这样说来，则理智活动对于"知太极"之事上，似乎已无置喙之地。其实并非如此，理智活动并非不能"知太极"，只是"知"而"不真切"，不能如食髓知味般入于太极之里而"证知"，只可以说是"认知"。

何以言之？例如观察宇宙万物为变动不居，因而推知为宇宙万物根源的太极，也必然是变动者，这便是理智思考；但这种由推理而得的认知，只止于知道有"如是之太极"，而对于"如是之太极"之究为何如，则不得而知。换言之，理智思考之认知，非直接地心神浸润于所认知者之中而知，乃间接地由推理而知。如此尚不能明白，兹以实例明之，本书前论伏羲氏画八卦自太极始，曾引录《易经·系辞传》之文为根据，今为了明白理智思考之功能，再引录有关伏羲氏画卦缘起的一段文字，解析之以见其究竟。其文曰：

> 古者包牺氏之王天下也，仰则观象于天，俯则观法于地，观鸟兽之文与地之宜，近取诸身，远取诸物，于是始作八卦，以通神明之德，以类万物之情。

这段文字所表示出的理智思考的功用，是非常明显的。伏羲氏先是普遍观察，观察"天"之"象"、"地"之"法"、"鸟兽之文"与"地之宜"，由观察中取万物共通之理。然后"近取诸身""远取诸物"，即再回顾自己身心的变化情状，与外物互相比较印证。如是，乃发觉外、内或物、我相应，其理一致，然后才有"通神明之德""类万物之情"的结果。"神明"在古人心目中，有灵知而无形象，是精神的实有的存在，"德"者得也，得于天地之性为德，故"神明之德"即是"天性"，即是"命"，也即是太极（此义于后论中将再细述）；伏羲氏通于太极之后，知太极为向所观察之万物之大源，此时由太极回顾万物，则夫物芸芸，莫不得其情，故由太极推演而至八卦之象，能够"类万物之情"。但上面只是依文字步骤上做如是解说，而实际上还应该有更详细的认识。观察外物而得其理，是比较、归纳的活动，毋庸赘言；将外物之理印证自身，使自己身心的感受融入外物之理中，其理如一，这中间便有了讲究。因为身心的感受是个人一己的事，其势用乃起于个体小我，今融入由归纳万物所得之理中，则是破除了小我的执着而入于与万物为一的大我之域中；得万物之理，大易谓之"穷理"，融己身入万物为一，大易谓之"尽性"，这是两层境界，但到此为止，是理智思考力能胜任达到的。下面"以通神明之德"便非理智思考所能胜任，因为"神明之德"为得于神明者，必先有得于神明者，乃能"通"之（"通"义为融通、贯通），理智思考可以体察省会己身以合物理，却不能先入"神明"境界而得其本性，故此处必当有了直觉体悟之功。我们可以这样来解说：伏羲氏是先由观察得万物之理，次验之己身，破除小我入于物我一如，此时小我既已破除，则个体执着之势用灭，由此一转而真正化入于太极之域，体悟到"天命"之流行；前二者是"穷理"与"尽性"，后者是"至于命"，这便是大易"穷理尽性以至于命"[1]的三层境界。

由上面可看出理智思考与直觉体悟二者精神的不同。理智思考的精神，主要在于精微分析上，观察越周、比较越细、归纳越尽、推演越密，也越足征信。理智思考希望

---

[1] 《易经·说卦传》。

将所研究的对象分析成最单纯的小片或小点，以观察、以比较、以归纳而得其真理，但不能忘却真理而化身为"不着真理相之真理"的本来面目；而直觉体悟则可抛却"真理相"而直化身为真理之本来面目。如以行路作譬，理智思考为一步一步迈进，步伐越小越佳，因为如此可以观察地面越精微，由已历之行程可以推知未历之行程；而直觉体悟则是闪越而过，直入未来。然理智思考的精神，正是直觉体悟所缺乏的，故二者可以相辅为用。

其次，在大易哲学中，与理智思考并进的"行"的功夫，在此不得不提及。"行"就是"践履"，通过理智思考可以认知太极，固然不错，但理智思考终是思想活动，而人是形体与俱的，形体有其欲望上的要求，在此要求下往往使理智思考之认知不能见其功。这也就是说，通过理智思考，人知道破除个体小我而入太极，形体却要求满足欲望而走着个体独立的路。中国古圣人乃提出"行"与"思"并重（《论语·为政篇》："子曰：学而不思则罔，思而不学则殆。"此"学"即"行"义），理智思考所到达者，形体即践履而至，如此则：第一，理智思考之功不落空，行为与思想并进而上达；第二，经过践履后的理智思考，已入于生活之自然，以"自然"为基础，再上达而"转化"入于太极，较容易。这一见解的确称得上高明，儒、道两家均如此推行哲学主张，孔子之提倡"仁"道，不只是思想中事，乃即说即行，口中说着，脚下即踏入社会去行"仁"；老子之提倡"清静无为"，也不只是思想中事，也是即说即行，口中说着，脚下即步入"清静无为"的生活中。孔子的入世精神与老子的避世精神在这种观点下便十分明白地看出来，他们完全是相同的。孔子是将理智思考所得之破除个体的认知，借扩大小我化身为大我，在人事社会中做到；老子是将理智思考所得之破除个体的认知，径直化身为大我而不以人事为局限。他们走不同的路，但都是实行理智思考中破除个体小我执着的认知，此之谓"殊途同归"。那么，由此看来，西方哲学传统中以哲学为理智思考中事，未若中国哲学之纳思与行二者入哲学之圆满了。西方哲学正由于其哲学领域中乏"行"之故，乃无直觉体悟；中国哲学由于"思"与"行"并重之故，乃由"行"的推动而导引出直觉体悟，这里关系到了中西哲学分野的根本。

第二节　一大流行作用

一、天下之动贞夫一

昔古希腊哲学家亚里士多德曾谓哲学起源于惊奇。亚氏之说乃上推人类求知欲之发生，有惊奇乃生疑问，有疑问乃思寻求解答，有寻求解答乃有哲学，这当然是对的，然而听起来总觉得太遥远，因为：第一，在亚氏当时，哲学与科学未分家，这句同样可适用于哲学与科学的话，在今日二学分了家后，听起来总感到不够明确；第二，只说起于惊奇，中间虚悬太多，譬如说，对什么事物起惊奇呢？因何故而起惊奇呢？世变沧桑，古今不同，古代人之所惊奇者，不同于今人之所惊奇。所以，笔者倒觉得与亚氏同时代的中国哲学家庄周的一段话，说得更确当些。庄子的话是一连串的发问，他问道：

> 天其运乎？地其处乎？日月其争于所乎？孰主张是？孰维纲是？孰居无事推而行是？意者其有机缄而不得已邪？意者其运转而不能自止邪？云者为雨乎？雨者为云乎？孰隆施是？孰居无事，淫乐而劝是？风起北方，一西一东，有上彷徨，孰嘘吸是？孰居无事而披拂是？[1]

在这段发问中，庄子并没有提到"惊奇"二字，但读者都会感到他的惊奇之状。重要的是庄子在这里指明了两件事：

第一，所惊奇的事物，为天、地、日、月、云、雨、风，这些都是大自然界的现象。

---

[1] 《庄子·天运》。

第二，所惊奇的原因，为上述诸事物的变动无常。

人类对大自然界的变动无常起惊奇，从而运思追求其故，是极自然的事，因为人原是大自然界中一物。人自从意识到与大自然对立的那一刻起，自然界中最为普遍、最易觉察的变动景象，便呈现在眼前。张目而视：日月之运转，河川之奔流，草木之荣枯，雨雪之飘降，四时寒暑，昼夜明暗。倾耳而听：风之寥寥，雷之隆隆，鸟之啾啾，虫之嘤嘤，瀚海潮音，夜雨蕉声。反身而顾：昨日倜傥少年，今日龙钟老态；方味忘形之乐，转生无告之苦；心理生理，奔行变化如电……无常变动的自然现象，亿万年以来与人相伴，日久，当然引起人的注意思考，这便是世界各地哲学均发生于自然思想的原因。

大易哲学起于对自然界的观察思考，我们已述于前文，伏羲氏是从对宇宙万物的观察思考中，认知太极；他也必然直觉体悟到太极之本来面目。但在前文中，我们并未讨论到太极究竟是如何的一个存在，本节则专就此根源来做讨论，看一看伏羲氏的那个"一"究竟为何，大易哲学究竟建立在如何一个基础上。笔者且从《易经·系辞传》的许多有关的话中，提出一句最为重要的作为一面放大镜，通过它来一查底细，这句话是：

天下之动贞夫一者也。

句中"天下之动"，指宇宙万物的生灭变化；"一"，传统读作数目之"一"，实即太极之"一"；关键落在中间的"贞"字上，故"贞"为重要字。"贞"之义为"正"，在此做动词用，为"取正于"，也就是"取法于"的意思，这句话如译成现代语言便是：宇宙万物的一切变动乃取正于太极"一"。这句话的重要性，主要表现在以下几方面：

第一，"一"与"天下之动"，一为浑然不可分之全体，一总言可分之部分；一为能生，一为所生。由于"贞"字之用，得知二者虽二而一，虽分而未分。

第二，"一"既为"天下之动"所贞，则知其也具有"动"性；如为"不动"，何能为"天下之动"所贞？

第三，"一"之"动"与"天下之动"，毕竟有别。除思想层次上的区别外，由于一为"绝对之动"、一为"相对之动"之故，更当有进一步的认识。

第四，"一"之动，有其本然的律则，绝非乱流盲动，否则，也不能为"天下之动"所贞。

以上四点，应该说已道出了"一"的最主要的性质，下面再作详细分析：

先说上面第一点，"一"与"天下之动"是一而二、二而一的存在。

大易哲学不言有客观超越存在的本体，所谓"易无体"。西方哲学自古希腊以迄近代，恒在理性思考中设想有客观超越存在的本体，然大易哲学自始即不做如是之设想，大易只是实在地、直接地由现象界之变动出发，把握到万物变动之性，而立太极之"一"。所以"一"与现象界之物并没有隔离，只不过前者为物之性，后者为物性呈现之形，形而上与形而下的分别罢了。由物之性之形而上到物之形之形而下，直到20世纪以来，西方人才经由科学的途径（量子论的研究），予以打通，承认其为可能，但大易自始即视之为一，在"阴阳生万物"之间，不曾发生过任何疑问（由物性到物形，为坤道变化之功能，见本书第三讲），这与西方哲学置本体于理性之中者，实大异其趣。大易这种思想，最明显地表现在卦象上，太极是"一"，两仪是"一"与"--"，两仪的"一"即是太极的"一"，而两仪的"--"是两个短横的"-"，义为第二个"一"（已见前述伏羲氏八卦哲学），故两仪即是太极的化身。下逮八卦，代表八种自然界物象，仍是这两个符号，仍是一"一"之所化；下逮六十四卦，代表人事、物界种种现象，仍是这两个符号，仍是一"一"之所化，总而言之，统宇宙万物，无论形而上、形而下，从实质上言，只是一"一"。《易经》中，关于"一"与万物为一的言论太多，无须多举，含义最切的一处是《易经·系辞传》的"不疾而速，不行而至"。这话虽是言筮术的神用，但理论依据则是言即物即"一"，因为无物非"一"，所以无须乎"疾"

与"行"，自然而"速"、而"至"；这句话切不可依一般人以神秘思想做解说。

还有，读《易经》的人，都会感到大易哲学有一个大方向，即尽一切努力在劝勉人向"一"奔赴。这一方面是哲学思想本身的自然要求，同时也是古圣的甚深远用心；因为人的地位是处于在"一"中化生之后，而人又自觉到自己为"一"的化身，就在这种"分而未分"的自觉下，人的未来自然向"一"归反。人向"一"归反，对"一"之化生人而言，是一条逆反之路，由此我们便可以了解到何以大易哲学视"逆""反""复""来"等为肯定不易的律则之由了。"无平不陂，无往不复。"①"是故易，逆数也。"②"夫物芸芸，各复归其根，归根曰静，是谓复命。"③"不离于宗，谓之天人；不离于精，谓之神人；不离于真，谓之至人。"④《易经》与老、庄的这些话，都是基于"人由一中来，还归一中去"的自然律则。明乎此"一"与现象界万物之一而二、二而一之实义，则二者为一为二，即可随说而立，而无碍于其贯通一如了。

其次说到前面第二点，"一"具有"动"性。

---

① 《易经·泰卦·九三·爻辞》。

② 《易经·说卦传》。

③ 《老子》第十六章。

④ 《庄子·天下》。

关于大易之所以肯定"一"为动的作用，前文所言由观察物象进而把握物性，循理智思考与直觉体悟之途知其如此，固已不必再言；却是从读《易经》中，我们发现古圣之肯定"一"之为动，更有他理由。毋宁说古人也采取了科学的观点，为什么这么说？

依照科学上说，一个绝对的运动，在其做稳定运动之时，运动中的分子是不知不觉的，如人在船中、车中，往往不知车、船在行进一样；今"一"是绝对，大化流行，无物不载与俱往，人如何能够知道"一"是动的呢？科学上的解释是这样的，船或车在速度和方向不变时，人固然不知道其在行进，但设若速度与方向改变，人便可以一方面由感受而知，一方面由观察车、船中什物的摇摆变动而知。事实上，大易哲学正是运用了这种科学方法，日月运行，一升一降；四时寒暑，一往一复；人生代谢，一生一死；万物迁化，一刚一柔等，都等于是车、船中什物的摆动，如果"一"不是在动着，哪里会有这些摆动呢？再从自己的感受上说，莫名其妙地自己长大成人了，不知所以地动了男女之情，又无端意气风发地想创建一番事业；然后复莫名其妙地自己衰老了，复不知所以地情感老化了，复无端地意志颓堕，想平淡下来了，心理活动、生理活动，来去变化，不由自主，如果"一"不是在动着，哪里会有这些变化呢？中国古代没有"科学"这名称，古圣也没有照今日这样划分学术科别，而事实上这种科学方法的运用已融合在他们的理智思考中，已融合在他们的默察体会中。所以，大易哲学就此一精神上看，应该说是"科学的哲学"。（关于"━"之具有"动"性，以本书随处不离此一义故，于此不拟多说，以避重复。）

再次说到前面第三点，"━"之"动"与"天下之动"在认识上应知有所区别。

从思想层次上说，用"动"字来形容太极"━"之流行含义，是不妥当的；因为"动"与"静"是相对生含义，用以形容"━"下落一层之两仪之"━"与"－－"。太极"━"是绝对，此时无相对，也就不当有"动"或"静"。然而，如不执着于必因思想层次而立异名，而就太极、两仪之作用之本质上言，也无妨用这个"动"字，因为太极"━"与两仪之"━"与"－－"，原只是一个作用，两仪之"动"与"静"（"静"之义为自然不着力的动，见后文第三讲"动与静"一节），同为太极之作用之呈现，此义从卦象符号上看得最为明白，卦象上的太极生两仪，如图2-1：

图2-1　太极生两仪

太极的"一"与两仪中的"一"，符号相同，正意味着二者思想层次虽有上下，而实质上却是同为一个作用。今如仿上式写出"动""静"文字，那就是图2-2：

图2-2 动与静

所以言太极"一"之为"动"，非由其本身立义，乃由两仪中"一"之为"动"，由下望上而立。这种做法如依西方哲学是不被承认的，因为他们的本体乃高高在上，与下隔离；但在大易哲学是可以成立的，因为太极与其下的两仪、四象、八卦、六十四卦，原是一体。于是我们也就明白了：何以古圣画卦不另创异于太极的两仪符号，却要如此混乱后人的思想呢？"此中有真意"，所以彰明太极之与物为一故也。

　　然而，我们现在是要从思想层次上诉诸文字来专论太极一层，则太极"一"为绝对、两仪"一"与"--"为相对，二者不得不判明其分野，笔者认为下面三点认识是应该提出来的：

　　第一，"一"为"绝对的动"，其义实指无限的、遍在的、活的作用而言。

　　第二，"一"之为"动"，可由现象界事物之发生处推想而知，事物既有生，必有动生之因素，故"一"必具动性。

第三，事物之发生，非一时而止，乃随着时间之流而生生不息。由此可知"一"不只有动性，且永恒地在变动生生中，是为"流行"义。

综上三点，可知大易的"一"与佛教的"真如"不同，分别即在一为流行含义，一为非流行含义上。佛教的"真如"是一个静止的状态，因而可以"昭昭灵灵"形容其境界，可以"大圆镜"比喻转识后所成之智，① 可以"胡来胡现，汉来汉现"况其明心见性之状；② 而大易哲学之"一"，则不宜如此说，大易只宜说：其"为道也屡迁，变动不居，周流六虚，上下无常，刚柔相易，不可为典要，唯变所适"③。只宜说："神无方而易无体"④，只宜说："不疾而速，不行而至。"⑤ 或如一般人所说的："大化流行。"

最后，再说到前述的第四点，"一"之动为有律则的动。《易经·系辞传》："日往则月来，月往则日来，日月相推而明生焉；寒往则暑来，暑往则寒来，寒暑相推而岁成焉；往者屈也，来者信也，屈信相感而利生焉。"这些都是

---

① 佛家语，喻智体清净。
② 《五灯会元》卷十三。
③ 《易经·系辞传》。
④ 同上。
⑤ 同上。

具体而实在的观察，由这些观察得出宇宙万物之动无非一往一来，于是下结论："一阴一阳之谓道。"

阴阳往来是动的律则，然而大易并非机械论者，律则非一成不变的轨道循环，乃在动中有自由运动之余地。但此自由运动是有限的，不可能影响到大律则，《易经·系辞传》称之为："旁行而不流""曲成万物而不遗"。老子云："天网恢恢，疏而不失。"① "天网"即指"━"之律则，"不失"即言无物能逃避开此一律则的控制。孔子则从人世社会着眼，云："积善之家，必有余庆；积不善之家，必有余殃。"② "善"有"余庆"与"恶"有"余殃"是律则，其应验虽没有固定的时日，然迟早"必有"。这些言论都是在"━"为律动的大认识下说出来的。

关于"━"之律动，需要说的话太多，本讲此下诸节及第三讲全篇所言，多及于阐述此一义，此不赘述。

二、圆道周流

20世纪初期，爱因斯坦（Albert Einstein）提出他的光

---

① 《老子》第七十三章。
② 《周易·坤卦·文言传》。

行曲进的理论，经过科学界人士的求证以后，^①举世沸腾，誉其为人类史上前所未有的大发现，从此，直线运动与平面空间的传统观念被推翻，而弯曲宇宙的新观念成立。对这件事，中国人也跟着西方人一起嚷叫喝彩，恍若这一发现在中国史上也是第一次的创见一般。笔者在此，绝非站在民族情感的狭隘立场上，以牵强附会之说抬高中国古圣的智慧而贬抑爱因斯坦，那是无意义的事，东方圣人或西方圣人，总是人类的光荣，我们不应该斤斤计较你西我东。然而事实不可抹杀，就事论事，笔者不能不指出：爱氏这一发现，早在距今三千多年前，已被中国的周文王明文书写在《易经》中。笔者所说的，可举泰卦九三爻辞中的两句话为代表：

无平不陂，无往不复。

爻辞全文为："无平不陂，无往不复。艰贞，无咎。勿恤其孚，于食有福。"泰卦象为☷☰，九三为下卦乾阳之盛极，进则入于上卦之坤阴，故云"陂"、云"复"；然而阳极变阴，阴极变阳，乃易道之常，故"无平不陂，无往不复"二句，

---

① 见［法］柏格森《意识的直接材料》，英译《时间与自由意志》（*Time and Free Will*）。

为言常道流行之律则。既为常道，则"陂""复"之来，自当顺受；在人事上，守正道而度艰辛，故"无咎"。"勿恤其孚"戒问占者不要忧疑"无平不陂，无往不复"之常道之可信；"于食有福"谓如此即可享有其福。这是将全文的哲学意义落在"无平不陂，无往不复"两句上，其他是示问占者应如何行事的话，可以不管。现在我们来专论这两句话。

首先要有的认识是：所谓卦象，是古圣借以表现哲学思想的符号，哲学思想的形成在先，卦象的创作在后，所以"无平不陂，无往不复"的思想是先已建立，然后在泰卦九三的情况下表达出来。那么，我们看这两句话究竟蕴含着什么哲学思想呢？"陂"字同"颇"，为"平"之反对义，与"复"为"往"之反对义同。这两句话之上句言"平""陂"，乃言空间；下句言"往""复"，明言运动，暗合时间（时间由流行、运动而显）。所以这两句话实紧扣"宇"（空间）"宙"（时间）二字义；换句话说，这两句话是古圣心目中的"宇宙观"。用现代话翻译出来，便是：

无平不陂——空间无平面。
无往不复——运动无直线。

试看，周文王这两句话是多么扼要而妥当地说明了爱因斯坦的弯曲宇宙的理论。爱因斯坦以重力场作为他的理论的依据，是采取科学途径；周文王采取哲学途径，故无重力场之说。如果有人认为笔者引录这两句话是断章取义，或者是古人言论之偶然巧合于今日者，则请翻开《易经》，那些触目皆是"反复""往来""周流""进退""刚柔""穷通变化""盈虚消长"等词句，该做何解释呢？这两句话只不过比较最恰切、最具体地将大易哲学"圆道周流"之义表现出来罢了，事实上整个大易哲学从不脱离此一思想。

上面我们举周文王之名，是因为卦、爻辞乃出自他手，其实周文王这一思想是承自比他更早三千五百多年的伏羲氏。伏羲氏时，尚未制作文字，伏羲氏以太极、两仪、四象、八卦的符号表现了他的思想（已见前述"伏羲氏八卦哲学"），"—"与"--"往复流行之中已确认了宇宙万物为"圆道周流"之义。周文王只因为生在文字已创制运用之后，始用文字表达出此思想，故此思想实创发于伏羲氏。

在此，人当然会提出疑问：伏羲氏在那样早的时代何以会有如是高明的思想呢？这是一个大问题，如果说距今六千五百多年前的伏羲氏与三千多年前的周文王，具有比近世的爱因斯坦更高的智慧，当然是荒谬之谈。笔者认为这不是个人智慧高低的问题，而是由于中国人求真理善用"通观"，西方人求真理习用"解析"，乃双方思想方式不同所致。但此事牵涉太广，笔者不欲将话题引得太远，此一问题将仍在本书后文中论及。

现在，我们还可以举出几种上古文化，以证明"圆道周流"的思想早在三代以上已为中国人所普遍接受，例如：

十天干：

甲——象草木戴孚甲始生。

乙——象草木冤曲出土。

丙——炳然著见，言草木逐渐长大。

丁——言臻于丁壮。

戊——义同茂，言枝叶茂盛。

己——茂盛之后，向外生长之势止，反而充实己身。

庚——义同更，言结实而更其生。

辛——同新，实熟成种为新生。

壬——同衽，种子衽养于地下。

癸——同揆，揆度而再生。

十二地支：

子——同孳，草木滋生于地下。

丑——同纽，草木屈纽作势以出土。

寅——同演，草木引演动生。

卯——同茆，茆冒出。

辰——义为震、为伸，言震动而伸舒。

巳——义同"已然"之已，言草木至此已盛。

午——同忤，与生长之势相忤之势力生，即生长之势止。

未——同味，结实而有滋味。

申——伸展松弛。

酉——黍成酴酒。酉字为酒器。

戌——义为灭，言物形将灭。

亥——同核，藏生机于种核，以备再生。

（注：以上干、支之解释乃参考《说文》《释名》《史记》《汉书》等，请参阅拙著《两汉易学史》。）

干、支之发明，史书或言始于黄帝时，或言始于伏羲氏，这里且不管它，但此二者均在"圆道周流"的思想下产生，是无疑问的。此外，如五行生克的思想也由此生。总之，"圆道周流"的宇宙观自伏羲氏画卦时被确认后，普遍而深刻地影响着中国上古文化，后来孔、孟、老、庄的言语中许多处都闪耀着此一思想，这里不须赘举了。

以上言"圆道同流"义为大易哲学的基本理论，那么，此下我们将就大易哲学本身，举出几方面，从不同角度看此一思想的表现，由此认识其重要性：

第一，由"太极生两仪"之义上看。

太极生阴阳，阴阳即太极。太极是一大流行作用，分阴分阳是其流行相。何谓阳？太极流行之刚健进升的一面。何谓阴？太极流行之柔顺退降的一面。所谓"阳动而进，阴动而退"，阴阳之分实由太极之为"圆道周流"而起。如图2-3所示：

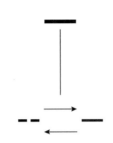

图2-3　太极之为"圆道周流"

阴阳是一太极之流行，下逮四象、八卦、六十四卦，莫不相同。也正因为如此，《易经·系辞传》才言易道"周流六虚"，老子言"周行而不殆"，庄子则言"始卒若环"。

　　虽然，读者切不可误会为"圆道周流"是在一条轨道上循环流转。在前文笔者曾说过，易道之流行，在其法则中有自由活动之余地，而自由活动却不影响其法则。"圆道周流"是法则，在流行中之屈曲变化，绝不可以固定轨道去想象。再者，整个宇宙之为一大周流固非人智所能窥，而就宇宙间万物之周流情状来看，如地球之一面自转，一面公转，此外尚有跟随太阳系之流转，尚有跟随银河系之流转……大小圆道，环环相结，周流不尽，如图2-4：

图2-4 大小圆道，环环相结

图2-4只是勉强形容"圆道周流"中更有"圆道周流"在，实际上宇宙间人事物理的错综复杂之象是无法用任何图样表现的。

第二，由六十四卦序排列上看。

周文王六十四卦序，含义多端，圆道周流是重要义之一。今观其排列，乾坤二卦居首，为先作大纲之揭示；以下六十二卦始屯、蒙，终既济、未济，既济卦为一个圆道周流之告成，而未济卦则为下一周流之始，终而复始，示无穷尽。不止如此，在屯、蒙至既济、未济之间，或义取盛衰，或义取穷通，或义取贵贱，尽天道、物理、人事各方面之变化以形容圆道周流之状，依据《易经·序卦传》之文以观文王卦序，则恍如波浪之滚进，一起一伏，约可区作七次循环。《易经·序卦传》出自孔门后学，其连属间固有牵强之处，然周文王当初有意于在卦序中表现此一思想，是无可置疑的。今就《易经·序卦传》所述六十四卦义做分类，以见其圆道周流如表2-1：

表2-1　　　　《易经·序卦传》六十四卦义表

文王卦序		《易经·序卦传》文
上经三十卦		
乾坤二卦先立大纲	↑☰乾 ☷坤↓	有天地，然后万物生焉。盈天地间唯万物，故受之以屯
第一圆道	䷂屯	屯者，盈也；屯者，物之始生也。物生必蒙，故受之以蒙
	䷃蒙	蒙者，蒙也，物之稚也。物稚不可不养也，故受之以需
	䷄需	需者，饮食之道也。饮食必有讼，故受之以讼
	䷅讼	讼必有众起，故受之以师
	䷆师	师者，众也。众必有所比，故受之以比
	䷇比	比者，比也。比必有所畜，故受之以小畜
	䷈小畜	物畜然后有礼，故受之以履
	䷉履	履而泰，然后安，故受之以泰
	䷊泰	泰者，通也。物不可终通，故受之以否
	䷋否	物不可以终否，故受之以同人

文王卦序		《易经·序卦传》文
第二圆道	同人	与人同者，物必归焉，故受之以大有
	大有	有大者，不可以盈，故受之以谦
	谦	有大而能谦，必豫，故受之以豫
	豫	豫必有随，故受之以随
	随	以喜随人者，必有事，故受之以蛊
	蛊	蛊者，事也。有事而后可大，故受之以临
	临	临者，大也。物大然后可观，故受之以观
	观	可观而后有所合，故受之以噬嗑
	噬嗑	嗑者，合也。物不可以苟合而已，故受之以贲
	贲	贲者，饰也。致饰然后亨，则尽矣，故受之以剥
	剥	剥者，剥也。物不可终尽，剥穷上反下，故受之以复
第三圆道	复	复则不妄矣，故受之以无妄
	无妄	有无妄，然后可畜，故受之以大畜
	大畜	物畜然后可养，故受之以颐
	颐	颐者，养也。不养则不可动，故受之以大过
	大过	物不可以终过，故受之以坎
	坎	坎者，陷也。陷必有所丽，故受之以离
	离	离者，丽也

下经三十四卦

第四圆道	咸	有天地然后有万物，有万物然后有男女，有男女然后有夫妇，有夫妇然后有父子，有父子然后有君臣，有君臣然后有上下，有上下然后礼义有所错。夫妇之道，不可不久也，故受之以恒
	恒	恒者，久也。物不可以久居其所，故受之以遁
	遁	遁者，退也。物不可以终遁，故受之以大壮

文王卦序		《易经·序卦传》文
第四圆道	䷡大壮	物不可以终壮，故受之以晋
	䷢晋	晋者，进也。进必有所伤，故受之以明夷
	䷣明夷	夷者，伤也。伤于外者，必反其家，故受之以家人
	䷤家人	家道穷必乖，故受之以睽
	䷥睽	睽者，乖也。乖必有难，故受之以蹇
	䷦蹇	蹇者，难也。物不可以终难，故受之以解
第五圆道	䷧解	解者，缓也。缓必有所失，故受之以损
	䷨损	损而不已必益，故受之以益
	䷩益	益而不已必决，故受之以夬
	䷪夬	夬者，决也。决必有所遇，故受之以姤
	䷫姤	姤者，遇也。物相遇而后聚，故受之以萃
	䷬萃	萃者，聚也。聚而上者谓之升，故受之以升
	䷭升	升而不已必困，故受之以困
	䷮困	困乎上者必反下，故受之以井
第六圆道	䷯井	井道不可不革，故受之以革
	䷰革	革物者莫若鼎，故受之以鼎
	䷱鼎	主器者莫若长子，故受之以震
	䷲震	震者，动也。物不可以终动，止之，故受之以艮
	䷳艮	艮者，止也，物不可以终止，故受之以渐
	䷴渐	渐者，进也。进必有所归，故受之以归妹
	䷵归妹	得其所归者必大，故受之以丰
	䷶丰	丰者，大也。穷大者必失其居，故受之以旅
	䷷旅	旅而无所容，故受之以巽

文王卦序		《易经·序卦传》文
第七圆道	䷸巽	巽者，入也。入而后说，故受之以兑
	䷹兑	兑者，说也。说而后散之，故受之以涣
	䷺涣	涣者，离也。物不可以终离，故受之以节
	䷻节	节而信之，故受之以中孚
	䷼中孚	有其信者必行之，故受之以小过
	䷽小过	有过者必济，故受之以既济
	䷾既济	物不可穷也，故受之以未济终焉
次一圆道周流之始	䷿未济 ……	

（注：以上依卦名义做大体划分，非为精确，读者可精思而修正之。）

第三，由六爻卦象上看。

六十四卦，每卦六爻，由下而上称名为初、二、三、四、五、上爻。

首先来说"初""上"之称名。初爻居卦之最下位，如果对应于上爻，理应称为"下爻"才是；同理，上爻居卦之变化之终，如果对应于初爻，则应当称为"终爻"或"末爻"。然大易竟不取"上""下"或"初""终"之对应，却以"初""上"之不相应之观念称名，此中实有深义在。今按"初"义为始生，言时间一面；"上"

义为最高位，言空间一面。六爻变化象征万物，故一言时间、一言空间，明卦象为易道之落入时、空中的变化，此其一。

其二，再就实义究之。易道之变化本无始终与上下，言"初"乃谓始现形于现象界，然而聚而散，散而复聚，何有于"终"？言"上"乃谓在形聚的一段中已发展到极盛之位，然而寥落空间，哪里有固定上下之位？是知大易不取"初""终"或"上""下"之对应，而各取其一端，就万物之在时空中言，已兼取二者之义；就易道之实义言，则一言时间流转之无始终，一言空间之无定位。易道变化，始而即终，上而即下，一切在"圆道"中、在"周流"中。

再来看卦象。卦象六爻，同于一爻，无非划分一流行作用为六种变化罢了，故乾卦六爻统以"龙"称之。初九言"潜龙"，喻物之初发生；九二言"见龙"，喻物之渐长；九五言"飞龙"，喻物之盛壮；上九言"亢龙"，喻物之已过盛而将衰。由初九到上九代表时空中任一物自发生、成长到盛壮、趋衰一段历程中的六阶段的变化，乾为太极之刚健进取的一面，故乾卦六爻代表太极圆道周流的一半，如图2-5所示：

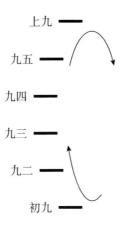

图2-5　乾卦六爻所呈现的圆道周流

对应于乾卦六爻的另一半，当然是坤卦。坤卦六爻代表柔顺反退的一段历程，或者说乾卦是显的一面，坤卦是隐的一面，将坤卦六爻也画出来，便是一个始卒若环的圆道周流图，如图2-6所示：

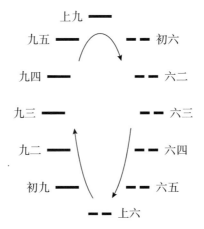

图2-6　坤卦六爻所呈现的始卒若环的圆道周流

在这里，我们最应该引剥、复两卦作说明：剥卦象为 ䷖，卦辞言："不利有攸往。"复卦象为 ䷗，卦辞言："反复其道，七日来复。利有攸往。"剥卦一阳已发展至过盛，再进即将转而反退，故"不利有攸往"。复卦之一阳方生，其前途无穷，生机无限，故"利有攸往"。然而复卦的一阳，仍是剥卦的一阳的回复，剥卦上九自剥尽算起，入坤阴六爻，至复卦初九，正是七个阶段，故云："反复其道，七日来复。"（古人生活在大自然中，日出而作，日入而息，故以"日"做划分段落之代词。）我们将这两卦仍用图2-5的形式表示出来，将更明白，如图2-7所示：

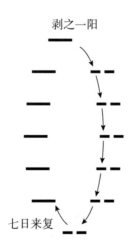

图2-7 剥、复两卦所呈现的圆道周流

由剥、复两卦的一阳上下，可完全明了大易圆道周流之义。也由此可知孔子在《易经·剥卦·象传》与《易经·复卦·象传》中均言"天行也"的原因所在了，因天道运行原是"圆道周流"的。

三、"易无体"及由此所涉诸问题之讨论

叙述过太极"**一**"之为一流行的作用，以及此一作用在流行中表现其圆道周流的律则以后，于是我们遇到的问题是："一"是否即可称为西方哲学上的"本体（Substance）"呢？这是一个非常重要，也非常有意义的问题，一方面可以由对此一问题的讨论，澄清一些错误认识；另一方面更可以看到中西方哲学的一些根本的歧异。

今日习哲学的人，都已熟知于西方哲学中恒不离"本体"一名（近世以来，西方哲学重心移转，此名已比较少见），其义乃指现象界事物所从出之根源。本来，现象界事物变动不居，不能把捉，以理推测，当有根源，但西方人不像中国古圣由观察万物而归其根源于共通之"动"之一性，却在看到万物之变动后，在理性中假立一"不动"的根源，以之为实有的存在，为"本体"。因而一提到"本体"之名，便使人觉得其存在乃超越于现象界事物，或其上或其后，总感非与现象界事物为一，而成互相对立之局。西方哲学因为如此，故自其"本体"提出之始［古希腊埃利

亚学派〔Eleatic〕〕就有了"一与多""动与不动"的辩争。这两个问题都是必然要发生的问题，代表着西方哲学中"本体"与"现象界"的相矛盾对立。而在大易哲学中，因为不离物而言道，不离变化生生而言太极故，上下无间，以动生动，自然无此二问题发生，是以自古迄今，不闻有你一我多或你动我不动之讨论。不唯如此，大易更进一步打破常人分体分用的主张，而立"无体"之义，欲完全泯除有"体"之执着，做到理事无碍的地步。本节乃就此范围展开讨论，首明大易之"无体"义，次就大易立场看西方哲学中"一与多""动与不动"二问题之不必要与空执着（前者为"不必要"，后者为"空执着"），最后再就西方哲学之建立"本体"与大易之"无体"做一比较讨论。

（一）"易无体"之义与分别"体""用"之不当

《易经·系辞传》：

> 神无方而易无体。

这是一句很要紧的话，乃针对人之分"体"分"用"以论易道而言；"神无方"是说易道"有用"，下面则说"无体"。如果在西方哲学，这句话便成了问题，因为既然有"用"，"用"从何来？非有"体"不足以解答此问，言"无体"

便成悖理之论。然而在大易却无此弊，因为，前文已说过，西方哲学是以本体为理智思考中事，其本体乃理智思考中之存在；大易不然，理智思考之事，并行此事之人均在太极之中，为太极功用之呈现。太极者，外无边际而内无征兆，《易经·系辞传》说得好：

> 夫易广矣大矣，以言乎远则不御，以言乎迩则静而正，以言乎天地之间则备矣。

在此情况下，何处是"体"？此其一。其二，宇宙万物之呈现，均在流行变动之中，此流行变动无一刹那之滞碍停息，人虽欲把握其"体"而终无可得。故无论从哪方面说，太极是"无体"可言的。但太极"无体"却"有用"，此"用"即现象界一切之变化，虽是"无方"，却不能抹杀其存在。"神无方而易无体"之论即由此成立。

大易这样明言"无体"，是为了防止若干思想上的混乱与误解；因为"体""用"之分是常识中最为大家所普遍接受的观念，为使人不落入此常识之见，故明确标示"无体"义。大易于此虽未指明，但我们可以理会到如以易为"有体"，则将发生以下的弊端：

第一，就易之有生化万物之功用言，如以"体"名，则太极成了与万物相对，失却了太极与物为一之义。

第二，就易之为流行之作用言，如以"体"名，则极易造成心念上的执着，或执着于太极为一"圆道周流"之迹，或执着于道为"阴阳二力往反"之图象。前者使太极成了客观存在，失其"遍在"义；后者则会造成大易哲学为二元论的误识（事实上，许多人已经是这样）。

第三，然而，最重要的还是违背了中国文化的精神。中国文化是"务实""尚理"的文化，太极无"体"乃由实证所得，如果从"用"之必有根源上建立"体"，则是非由实证，乃由理性中之假使而立，如此则违背了"务实""尚理"的文化精神。中国先秦哲学，绝不容有违背此文化精神之哲学思想（这一方面将于后文中述及）。

由此，我们便可知大易明张"易无体"之帜，是有其深长用心的。

接下来，我们在此可再提出另外两种人的主张：一为"体用合一"说；一为"以用为体"说。这两种主张只是说法有别，立意是相同的，都是由于看到了大易的形上思想不可以分"体"分"用"而产生（如熊十力便是主张后者）。这两种说法将"体"与"用"作为一事来说，为了讲解说明让囿于常识之见的人明白，是可以的；但我们一定要知道这样是强立"体"名的方便法，如果认真地说，仍是不妥当的。因为：第一，即"用"而明"体"，固然未特别分出"体"来，但"体""用"既为一，何须立"体"之名？一立"体"名，虽然是倚"用"而立，总不免掉落到观念的对立上，何必如此？第二，明知"无体"而强立"体"名，对于识悟"无体"义的人，是余事；对于未识悟"无体"义的人，徒自造成因名言而起执着之弊。佛教《涅槃经》中言"常乐我净"，其中"我"字乃由"无我"而立，为大乘真谛，然而引起后世许多争执；人人感受不同，识悟不同，由此节外生枝，殊无好处。所以大易径直道出"易无体"，仔细思量，最是完美之策。

（二）由大易看西方哲学中"一、多"之辩

"一与多"的问题是纵贯古希腊哲学史的大问题，其始也，埃利亚学派在变动世界之上，立一大"存在（Being）"，以之为实有、为不可分、为不变动，而以变动杂多的世界为虚幻、为非存在。后来到了柏拉图，承此思想复结合苏格拉底的概念说，建立其有名的"观念（Idea）"，柏氏是志在贯通埃利亚学派的"存在"与变动世界而成一哲学体系，于是"一"与"多"成了面对着的必须融通的问题。但是不变动、不可分的"一"如何与"多"相调和呢？柏氏提出两点辩证：其一，凡是"一"都在观念上与"多"不相分离，因为若没有"多"的观念在，"一"是无从着想的，所以"一"的建立本身已有"多"与俱；换句话说，"一"中已含有"多"在。其二，柏氏提出了"一是"，谓这话一

提出来，即包含着两重义：本来的"一"的存在与"一是"所指谓的存在，二者是二而一，一而二；也就是说，"一"与"多"是相包含的。柏氏以此理辩融通了"一、多"，以此解释他的"观念（Idea）"虽然是"一"，也是"多"。可是，他这种辩证终究只是理智活动的事，要想说明眼前变化杂多的现象世界从其"观念"中推展出来，仍是难事，所以最后只好乞灵于神力。一加入了神，便破坏了哲学之纯粹，故后来亚里士多德反对其师，另立新说；而亚氏的"物质（Matter）"与"形式（Form）"递进发展的一套学说，能上不能下，仍不能圆通无碍，结果仍落了个上有"形式"，下有"物质"。通贯古希腊哲学，"一、多"的问题未获解决，最后交给中古的神学去了。

可是我们来看大易哲学呢？全然没有这种破绽，"一"与"多"一体相融，天衣无缝。太极之"一"，根本是一大自然流行的作用，纯然流行而无滞碍，不害其为"一"；而以其为流行故，变化生生为本性中事，不害其为"多"。大易哲学的宇宙论，不是从太极到现象世界的对立的互相贯连，而是一体的展开，即现象世界即为太极之"一"。上述柏拉图之"一""多"同体，是理智思考中事，是离物而论理；大易哲学之太极则即物性而立，本不离物。太极以不离物故，能够在现象界事物中得到证验；柏氏之"观念"以离物故，不能够在现象界事物中得到证验，关键在此。

所以如问大易哲学：何以说明"一"与"多"是二而一呢？回答是：你工作、休息便是生活的太极，吐气、吸气便是生命的太极，手掌、手背总是一手，身前、身后总是一身，眼前证验，不由得你不相信。大易哲学便是如此的一个哲学，它不只在"理"上求，同时在"事"上证，它是"理事圆通无碍"的哲学。由此之故，通古今上下，在中国哲学界不闻有"一、多"之辩争。南宋时，朱熹与陆九渊二人治学途径歧异，一主张即物穷理，一主张反求己心，相约论辩于鹅湖不得解决，但朱言"一物一太极"，陆言"人心为一小宇宙"，对"一、多"之融通则无异见。故由大易哲学视西方哲学中执"一"执"多"之争辩，总觉是偏颇、是强词立说、是不必要，宇宙真理原是"一而多""多而一"，何必劈它作两半呢？

（三）由大易看西方哲学中"动、不动"之辩

"动、不动"与"一、多"的问题，同为古希腊哲学中埃利亚学派所提出，齐诺（Zeno）对于否定运动所提出的辩证，近代以来虽已为康德、柏格森等点破，但其为哲学界人士所乐道的兴趣不减。关于齐诺的辩证，西方人乃认为是我们的时空观念中含有根本的矛盾，而齐诺则第一次将此矛盾揭露了出来，这是以西方的思想形式而言，如果以大易哲学的立场看，则这种含有矛盾的时空观念，也许

正可以说明西方哲学任理而不落实之弊。

道理是这样的：时间与空间的本身不应该被视为有矛盾，因为宇宙万物均为时、空中之呈现，站在万物被呈现而言，即使时、空的本身果有矛盾，该矛盾也应被视为"和谐"，这道理是无疑的。那么，上面"我们的时空观念中含有根本的矛盾"的话，便可解释作该"根本的矛盾"并非生于"时空本身"，乃生自人对时、空的观念中。换句话说，是人认为时、空含有矛盾，此矛盾乃由人的理性而生。

既然责任落在人的"理性"上，我们便应当检讨一下理性活动以视其究竟，现在的问题是：

第一，中国大易哲学于其时、空观念中，从未提出过有"矛盾"之论，即在其时、空观念中未见有矛盾存在。

第二，西方哲学之发现其时、空观念中有矛盾，乃因其理性活动中基于时、空所得之理则不能与现象世界相一致（齐诺之辩证）。

事情越来越明显。现在我们只要比较一下中、西双方哲学理性活动途径之异同，便可找出问题的症结了。述之如下：

大易哲学对时、空的看法，是认为乃一自然流行的作用，而且二者是不可分的。卦象中言"时"言"位"，是降落到人事中立言（空间落于人事中而成"位"，故"位"即空间），如向根本处看，则时与空浑然一如。乾卦为六十四卦之首，乃把握易道之大则而立论，故由乾卦之义上看最为明白，潜、见、飞、亢等六龙之变化，不仅言时变，也言位变，故《易经·乾卦·象传》谓"时乘六龙以御天"（"乘六龙"即乘六爻之"位"），时与空原是二而一，同时呈现。时与空为不可分，而且，此不可分之"时空"，实即"道"之自然流行，在其自然流行中也不可分。大易哲学即由此自然流行之不可分之观念，说明现象界万物，于是立"生生"之义，立"变动不居"之义。不可分之"时空"，虽然落到现象界万物上，分作了"时"与"位"，然而本质上仍是一个流行作用，以动应动，故密合无间，毫无"矛盾"存在；这种情形，如实而言，甚至连"谐和"也容不得讲，因为本自一个作用故。由此，我们可以看得出来，大易哲学所以在其时、空观念中不见有矛盾者，实由于无"不动之观念"参与其间，上下一如，同一流行，同一变动，何来"矛盾"？

西方哲学却非如此，自古希腊埃利亚学派肇其始，巴门尼底斯与齐诺见现象界事物之变动不居，不可把握，遂转而任理智思考，在理性中建立其"不动"的存在，以其为真实，反而以"变动"为虚幻不实。如此一来，理性中的"不动的真实"与现象界的"变动的不真实"，便成了两个不相应的世界。然而，人却是变动的现象界中物，其理性中又存有"不动为真实"的观念，因而在讨论"变动"问题时，不自觉地就掺入了对"不动"的肯定，齐诺的辩证便是在此种情况下提出。今观齐诺所举的辩证事例，都是受"不动"观念的影响，在"变动"中假立"不动之点"以成其说：

第一，一物向某一距离外之目的地运动，必先到达其间二分之一之"点"，欲达此"点"，必先到达至该"点"中间二分之一之另一"点"，如此推至无穷，故该物永远不能到达目的地；实际上是根本无运动之可能。

第二，健跑者亚希利斯（Achilles）追乌龟，如让乌龟先行一段距离，则永远追不上；因为当亚氏抵达乌龟原所在之"点"时，乌龟必已又向前移动了一段距离；再追抵其所在"点"时，乌龟又再已移动。

第三，飞矢看来虽是在运动，然根据理智推断，一物不能同时存在于两个"点"上，故矢在飞的历程中永远静止在一个"点"上。

这种立"不动之点"以分割"变动"，在齐诺看来是十分自然的，他甚至不会自觉到他这种思想是理性中的"假立"，因为他的思想已经完全落入任理主义之中了。然而，如以局外者的大易哲学的立场看过去，齐诺的辩证是根本不能成立的，他至少犯了以下三项错误：

第一，齐诺在其所举辩证事例中既以"点"分割变动，则其"点"具不变动之性是无疑的，而不变动之"点"非变动的现象界所有，乃理性中事，以不相应于变动世界的理性中的思想，应用于变动世界的事例中，且用以否定变动，是错误的。

第二，齐诺的亚希利斯也好，乌龟也好，飞矢也好，落在"点"上的一刹那，果然是"不动"的吗？如为"不动"，则与变动世界之义不合；如为"动"，则"点"之义不存。故齐诺之以"点"分割变动，是以无为有而立说。

第三，"不动之点"既然不能成立，则亚希利斯与乌龟之竞逐，只是二力的变化流行。至于二者速度快慢，则是物质滞碍程度大小的差别（此是另一问题，这里姑且不论），速度不同之二力相较，快者越慢者而过之，为必然之事。

此上为笔者站在大易哲学立场视齐诺辩证所提出者，以此三项理由说明齐诺之辩证之不能成立，远比柏格森所提出者为根本。柏氏之批评齐诺之亚希利斯追乌龟一事，在西方哲学家中，算是针对问题最明确、最具理由的，他认为亚希利斯与乌龟的每一脚步均为一单元，而齐诺却据乌龟之脚步数，非据亚希利斯之脚步数计算。[1]此一见解完

---

① 见［法］柏格森《意识之直接与料论》，英译为《时间与自由意志》（*Time and Free Will*）。

全是正确的，但仍不免是依据西方哲学任理分析之老路子，未若上述大易哲学之从根本上指出齐诺之说之不能成立。

上面是以大易哲学视齐诺之辩证的分析，我们由此已看出中西哲学在理智思考活动方面走着不同的路。简单说来，西方哲学是闭起眼睛思考，不顾眼前事象，是纯粹的任理主义；中国大易哲学则是睁着眼睛思考，以眼前事象印证理性所得。由此之故，西方哲学在理性中立"不动"之存在，而大易则无。西方哲学自埃利亚学派以后，"不动"之为真实的思想成了强有力的势力，下贯柏拉图、亚里士多德，均在此一思想控制之中，然而埃利亚学派所留下的问题终究未获解决。埃利亚学派否定了变动的现象界，自然不得人心所赞同，齐诺服人之口而不能服人之心。到柏拉图，尽其全力想贯通理事二界成一大体系，然终找不出一个足够牢固的联结二者的锁环。亚里士多德接过了此一任务，将其师的学说做大规模的修改，另采"物质"（Matter）与"形式"（Form）递变的方式，由下而上一级一级地变动上去，但是到了最后的"第一形式"时（无物质成分的纯粹形式），又不得不成为"不动"的了，因为如果是"动"，就仍要向上推，就不是"第一形式"；今既云"第一形式"，就不能是"动"。"第一形式"既已确定为"不动"，由下而上的递变的动力何由而来呢？亚氏归之于受"第一形式"的诱发，因"第一形式"为一切变动之目的故。这种设想自然是合理的，但问题是：即令这种诱发的说法成立，也只能说明现象界自下向上的变动，而如何说明自上而下的变动生成呢？处于体系最下的"物质"，无端而起，有何理由呢？亚氏则不言。所以亚氏的体系虽成，只是可上不可下的半环，后来人在他这种情形下，当然也无法为他补足充满。希腊哲学神劳心疲，终无法贯通其上"不动"下"动"的哲学体系，这与中国大易哲学比较起来，便觉差距大了，大易哲学于此，极为轻松不费力，上无"不动"之体，则上下一"动"，于是太极→两仪→四象→八卦，恍如舟行下水，一路轻快。然而其根本，也只在于一立"不动"之存在，一不立，如是罢了。

（四）"有体"与"无体"之讨论

上面本体之为"一、多"及"动、不动"之讨论，是由于古希腊哲学中之有此等问题而引起，既已论述如上，现在让我们更进一步讨论另一个更根本的问题，便是古希腊哲学之"有体"（意为建立本体）与大易哲学之"无体"（不建立本体），对于这两种相对立的哲学形态，应当有如何一个客观的评论呢？以中西学术的比较而言，这是一个极为重要而且早应该提出来讨论的问题，然而迄今未见有人提出过，现在我们来做一对比研究。

近世以来，因国人习于西方哲学之故，见大易之"无体"，必起疑问："太极'一'既然是一大流行作用，则此流行之'动'因，何由而生？西方哲学推原'动'始，立'不动'之本体，为现象界之'动'立一根源，今大易哲学却止于此'动'而不更向根本处推求，是否为不彻底的哲学精神？"

这问题是十分有理的，如不针对此一问题做切实思考，而只就常识判断的话，立刻便会觉得大易是不彻底的哲学；然而只要一认真思考，便又会发现情形大异。我们现在且先来检查一下古希腊哲学中之本体是如何建立起来的。

古希腊哲学之建立本体，如前所说，乃理性中事，此乃大体而言，再细审之，其理性活动乃取两条途径：一经由假想；一经由因果观念。前者为埃利亚学派所循之途径，后者在亚里士多德哲学中始见被采用。现分述如下：

首先，说古希腊埃利亚学派之建立其一大"存在"之实体，为由"假想"而立，恐怕会令不少研究西方哲学的人吃惊，因为传统上大家都只说是由于理性而建立，不言"假想"。然而传统的舆论有时候是会蒙蔽人的，我们不妨将此问题从头想起：现象界事物是变动无常的，以其变动无常，故谓之虚妄、谓之"非存在"，这一层思想是对的。然循理性活动之路上推万物之本，变动者当起于变动，无论如何不可能来自"不动"。可知以"不动之存在"为万物之本，非由顺行推理而立，乃为别于"变动"之为"非存在"

才在假想中建立。在假想中立此一"不动之存在"，并以之为"真实"后，再以理性活动护卫此一假想之成果，使之成立，便是前所述齐诺的辩证的由来。齐诺以强词巧辩使"不动的存在"合理化，后来柏拉图更承继此一思想，结合在他的"观念（Idea）"上，作为形上形下宇宙生成的根本，柏拉图学院的师徒们以后便倾其全力在于解决形上形下的连贯的问题，对于"观念"之为"不动"乃来自"假想"，根本就不置疑问了。然后到了中古时期，柏拉图的"观念"隐然合于"上帝"，在教权至上的时代，上帝的存在虽然明言来自"假想"（见下文托马斯之言），也无损于信仰上的必然真实了。

其次，说到本体之建立由因果观念上来，此一途乃立足在"常识认识"的基础上，在常识中，万物之变动，必有使之变动之"动因"，最后的动因一定是本身不动而可使他物变动者。这一思想发自亚里士多德，用以说明他的第一形式（亚氏又称之为上帝）。中古时期，神学家们普遍用此因果观念以作为上帝存在的论证，说得最明白的是托马斯·阿奎那斯（Thomas Aquinas），今且引他的一段话如下：

> 凡运动之物，均系他物运动所致。……他物或者被推动的，或者不是被推动的。如果不是被推动的，那么，我们必须假定一个不动的原动体，我们称它为

神。如果它是被推动的，则系被另一运动之物体所推动，因此，我们或者推至无穷，或者归结于不动的原动体。可是推至无穷是不可能的事，所以需要假定一个不动的原动体。[①]

托马斯的"不动的原动体"，在神学中是"神"，在哲学中就是"本体"。在托马斯这段话中，其为"假想"而立，已经明白说出来。现在，我们来认真看一下托马斯所说的"需要假定一个不动的原动体"，是否真的如他所说，有此"需要"呢？今设有一运动之物，为他物所推动，试问此被推动之物究何所接受而引起运动呢？可能的答案有二：一为动力；一为不动无力。后者不可能，故必为前者。换句话说，一个被推动的运动之物，是永远被"动力"所推动，绝不会被"不动无力"所推动。今托马斯否定了永远被推动，说"推至无穷是不可能的事"，而要"假定一个不动的原动体"，正是否定了"事实"而去相信"非事实"。然而托马斯何以要说"推至无穷是不可能的事"呢？说穿了，无非想得到一个"思想的终点"以合其信仰中的"神"；如果"推至无穷"是"可能的事"，他的"神"便

---

① 原文见阿奎那斯《反英教论》，转引自 Philipp Frank 著，谢力中译：《科学的哲学》。

在哲学思想中没有了立足之地。托马斯的"不动的原动体"，在思想上是承自亚里士多德，亚氏的第一形式称为"不动的动者"，这是一句看来矛盾的话，但在亚里士多德那里，却可以说得通，因为亚氏的第一形式非自身发生动力以推动他物，乃以其为目的因而诱发他物自动向己奔赴。今托马斯的"不动的原动体"不然，乃是能自发动力，能自发动力却又说是"不动的"，便不通了。再者，托马斯说的"推至无穷是不可能的事"，有何凭证呢？只不过是根据于常识之见的最草率的论断，我们只要一寻思，便不会同意这种武断的方式的。

上面就理性中"假想"与"因果观念"两条路说明了西方哲学之由此而建立其本体，那么，我们再来看大易哲学，其不同处便显而易见。第一，大易哲学不用"假想"，伏羲氏仰观俯察，见现象界万物均在变动一义之下，遂而肯定太极"一"即为此动，这是纯粹的由顺行推理而立论。第二，大易哲学并不否定因果观念，但绝不做武断的结论，"推至无穷"的动，虽然在常识中使人生"思想无归宿"之感，但尽人智所及，宇宙万物世界是如此一个状态，便没有理由不肯定它；至于说推极无穷之后，有无"不动的原动体"的事情，非人智所及，是属于不可知，既为不可知，便不应"强不知以为知"。第三，在宇宙万物变动无常之后，有一"不动本体"的思想，并非难以想到的高明思想，大易哲学必早已想到过，我们曾引过的《庄子·天运》的一段文字中不是说过吗：

> 天其运乎？地其处乎？日月其争于所乎？孰主张是？孰维纲是？孰居无事，推而行是？……孰居无事，淫乐而劝是？……孰居无事，而披拂是？

这里庄子即已经惑疑过一切变动的背后，也许会有一个"原动体"，然而庄子的思想终不落在"原动体"上，仍然相信"万物皆种也，以不同形相禅，始卒若环"[1]的天下一大流行的思想，这就看出大易哲学的精神了。

我们可以这样说，依照大易哲学，探求现象界的根源而不得，即假想一个不动的本体作为解决，毋宁说是偷懒的办法。中国人认为人的智慧是有限的，而人的智慧又是向着无限发展的，人固然要尽自己的智力求解决一切问题，也应该谦虚地承认人智之有限。当人在智力上遭遇到不能解决的难题时，依照中国人的看法，应该"存疑"以留待后来人解决，如此才是正道。今西方哲学在探求现象界变动根源的问题上到了"智穷"的地步，却"强不知以为知"，假想建立不动的本体以求解决，何异于在学术研究

---

[1] 《庄子·寓言》。

的道路前头，立起一块"到此止步"的路碑？这一条道路本来还可以由后来人开辟前进的，但由于这块路碑的缘故，这条道路便永远尽于此了。如实说来，这不算是真正的哲学精神。试看西方哲学自古希腊起，一连串的"存在""观念""第一形式""上帝""本体"等，人们只可以对它们做单纯的一体的认识，不能做深入其内的分析研究，这便是阻绝了后人研究之路的明证。而中国大易哲学的太极"一"是"无体"的，在理性中没有一个具体的概念形态，因而它深远不可测，足以鼓励人做无穷无尽的探求研究，老子便是专致力于太极"一"的探求者，老子的玄学思想体系，便是从"一"中展开，开辟出前进的新道路，在西方哲学中是不可能产生像老子那样的玄学思想体系的。然而，老子虽然向前迈进了一大程，仍然不立一块"到此止步"的路碑，他的哲学由"有"推"无"，推到最后，归在"自然"一义之下，绝不立"不动"的本体。中国人这种天生不自限的求知精神，岂是一般人所能知的？

然而，上面还只是就理智一方面说，中国人之不立本体还有更重要的一因素，便是本讲第一节中说过的，另有直觉体悟的一条路；"易无体"实为直觉体悟中的证知境界。且听老子的话："为学日益，为道日损，损之又损，以至于无为，无为而无不为。""无为而无不为"即为"无体"的境界的证知。

上述比较，笔者之意非在于比较中西哲学的优劣，而是因为这是一个值得研究的问题，在一立本体、一不立本体的差别上，我们看到了中西哲学的根本不同点，也看出了中西民族性的不同。西方哲学数千年来十分固执地持守着他们的"有体"的思想方式，中国人也表现出不可动摇的"无体"的思想形态，笔者想这一比较也许有不妥当处，但这一问题的提出，读者当会表示赞同的。

四、易简之义

本节论述太极"**一**"之为一大流行作用，首自认识其动性始，次及于圆道周流的动的法则，再次说到不可执着于此法则而阐明"无体"义，今循此路线下来，将"**一**"落在"无体"上，似是将读者带入广漠无际的虚空中，四无挂搭，思想上必有放散无归之感。现在所要说的，便是寻回此广漠无际的无体的"**一**"的精神，在不可把握中得到把握，使思想不致落于茫然无归宿。人与他物如星球宇宙同为流行之作用，如果哲学思想止于此，自将使人惶惶不可终日，则此一哲学尚有何价值？然而，宇宙万物为一大流行作用，乃真理如是，大易既不欲从假想中立哲学思想之根，那就必得从"无体"中找安身立命之所，其所何在？庄周曰："独与天地精神共往来。""天地精神"便是庄周的安身立命之所，然此"天地精神"又何所指？实即大易哲学的形上思想的无上根本义，老子道家易名之为"自然"，而孔子儒门易则以"易简"称之。老子之"自然"，将述于后文第八、九两讲道家易中，此为儒门易园地，且论"易简"之义。

本书已曾在前言篇中说过，孔子的儒门易思想体系是由太极之动向下展开，朝向人道归趋，故孔子并未专注心力于探究太极"一"之出处由来。然而，太极之动是儒门易大思想体系的起点，孔子虽是未专注心力去向上探求，却不能完全忽略而不提其根本。当我们读《易经》的《彖传》《象传》时（此二传被认为出于孔子手笔），看到的是从乾元、坤元说起，未及言"太极"之自然流行之本来面目，这是因为孔子的《彖传》《象传》乃倚周文王六十四卦而阐述，"述而不作"，故未见专论太极义。但我们一读《易经·系辞传》，便看到了究竟。兹录《易经·系辞传》中该段文如下：

> 乾知大始，坤作成物。乾以易知，坤以简能。易则易知，简则易从……易简而天下之理得矣。

"易简"后来被汉人称为易三义之一，便由此来。今观上面前四句文，"易"与"简"并非一个复合名词，乃是两个分别说明乾与坤的作用的字。乾为万物性命之始，何以故知此而为此？以"易"故。坤为万物形体之生成，何以故而有此能？以"简"故。是"易""简"二字为儒门易探求乾、坤二作用所以然之故之所得。

有关"易简"二字的含义，后来易学家有多种注释，拙著《先秦易学史》中择要引录过若干家，而归其义于《礼记·乐记篇》之"大乐必易，大礼必简"之言为最切当。音乐之事，在乎得于自然，五音十二律由人而制，当其和谐演奏时，不着人工，入于天籁，应于性情身心之流动，听之则觉舒畅顺遂，故言"必易"。礼仪之行，起于人类自原始野蛮生活中生自觉心，制仪法以规范自己的言行，舍野蛮而入文明，所以礼仪之要，在乎逊顺谦让，故言"必简"。是以清朝李道平引《乐记篇》上二句以疏释《易经·系辞传》之言云："盖乐出乎自然，故象乾之易知，而曰必易。礼始于微渺，故象坤之简能，而曰必简。""微渺"即自居于逊顺谦让，是坤的精神。

于是，回到上面《易经·系辞传》的话，便了然其义了。那就是乾之始动，乃自然而知如此；坤之作成物，乃逊顺承乾功而能如此，然坤之逊顺之性也是出乎自然。所以乾、坤二作用之性，实都是发之于"自然"一义。

那么，我们现在便可以把思想拉回到前面所说的"易无体"上。大易哲学固然是没有一个可把握的本体，只讲流行的作用，然而在流行中却有其"自然"之则，此"自然"是大易太极"一"之精神，支配着"一"的流行。这样一来，"一"便不是放散无可把握，而是有"自然"可以作为思想的归趋了。儒门易更把这个"自然"落降到"性命"上讲，"性命"是"一"化身落降到人、物个别分上，人体会到个别分之"一"，正心诚意，缘此而上，便又可返回到"一"之自然流行之大精神，到此境界的人，便是"大人"。孔子说："天何言哉！四时行焉，百物生焉，天何言哉！"①听这话是多么明确地表现出他看到了天道的自然流行啊！又说："吾非斯人之徒与而谁与？"②又是多么积极地表现出他循自然流行之道而实践的精神，因为人生而为人，非人所预知而为此，乃自然流行中事，既生而为人，即当恪尽人事，是即奉行"自然"。孟子曰："予岂好辩哉？予不得已也。"③同样是这种精神。这种精神是大易哲学的无上义，在普遍中得到具体的把握，把握不住的人会觉得这一义是空言，一旦把握得到，便"无入而不自得"，人间世虽然狂涛骇浪，个人遭遇虽然有艰难困顿，但精神是平安顺适的。孔子将死，负杖逍遥于门，见子贡来而叹、而歌、而涕下，

---

① 《论语·阳货篇》。
② 《论语·微子篇》。
③ 《孟子·滕文公下》。

此中有深义，读者诸君，其精思而体味之。

第三节　一物一太极

太极"**一**"之要义，可以大分为二：其一，总宇宙万物为一大太极义，即前所述者；其二，则为一物一太极义，今述于后。

一物一太极之义，为东方中、印哲学所同揭，西方古希腊哲学则对此义未予注意。古希腊哲学之兴，与几何学关系极密切，因而"全体"与"部分"之观念鲜明，"全体"大，"部分"小，"全体"为完全，"部分"为不完全，这种观念对西方人来说，成了必然而不必置疑之事。自古希腊下贯中古，到了近代莱布尼兹（Leibniz）的单子论（Monadologie），唱"每一单子均反映全宇宙"之说，才有类似"一物一太极"的思想。然莱氏之说毕竟与一物一太极之思想不同，莱氏之单子论，谓诸单子各不相交通，无限多的单子，如恒河沙数，是离散的。单子总上统于上帝，而各单子所以有一致的反应，若相互有影响者，乃由于"预定的和谐"（Pre-established Harmony）使然（上帝在创造各单子之初，即注入各单子以一致相应的因素）。大易哲学的"一物一太极"义则不然，宇宙间任何一物不但反映宇宙之全体，且物与物有心性上之互通交感。由此，横而言，物物各为一太极之外，又有在互通交感之结合下而成之太极；纵而言，任一太极都在许多重重叠叠的其他太极之中。这纵、横两方面的关系，便是宇宙现象所呈现的太极图。以下即依此两方面分述：曰"广观物篇"，乃就横的一面言；曰"深观物篇"，乃就纵的一面言。

一、广观物篇

北宋程灏曾留下一联名句：

> 万物静观皆自得，
> 四时佳兴与人同。

这是十分耐人寻味的话，我们可以在一个心情轻松、精神畅快的日子里，在山岭上坐着广览河川林原也好，在花草丛中俯身细寻虫蚁游走也好；或者就今日的时代环境来说，透过天文台望远镜看夜空无极中星球的悠悠运转，架起显微镜看生物体内众细胞的生动活泼，都会体味出大程子此联的意味。

同样，也自然使我们想起庄子与惠施辩鱼乐之事：

庄子与惠子游于濠梁之上。庄子曰："鯈鱼出游从容，是鱼乐也。"惠子曰："子非鱼，安知鱼之乐？"庄子曰："子非我，安知我不知鱼之乐？"惠子曰："我非子，固不知子矣；子固非鱼也，子之不知鱼之乐全矣。"庄子曰："请循其本。子曰'女安知鱼乐云'者，既已知吾知之而问我，我知之濠上也。"①

广宇长宙之内，夫物芸芸，各自有其情趣，各自有其性分，观察万物之动静变化，可见各在其性分内之圆满自足。

　　那么，现在出现了两个问题：

　　第一，大程子何以知道万物皆自得及庄子何以知道鱼乐？

　　第二，万物及鱼异类殊种，何故都能同样地自得其乐？

　　前一问题自然是由于物与物相感通，大程子及庄子都是人，人是万物之一，故能由感通而知万物之"自得"及"乐"，大易哲学称此为"应"。根据大易，太极之生化万物，乾道变化生性命，坤道顺承而益以形体（见本书第三讲），万物乃现；故万物形体之差别是坤道变化中事，至于性命则同出于乾元。乾道变化之发生性命，因时因位，时、位均为流行义，故因其流行而生差别，是以人、马、犬、牛、草、木均

――――――――――――

　　① 《庄子·秋水》。

有灵知，而灵知之高低不同，实由性分之不同。同理，人与人之性分也各不相同，乃有才智庸愚之分。但性之"分"不同，性之"质"则一，以同出于乾元之故。因为性之"质"一如，故人与物或物与物间可以互相感通；因为性之"分"不同，故万物感通之程度或敏或钝，视其灵知之高低以别。大程子知万物之"皆自得"，乃大程子与万物性命相应故；庄子知"鱼乐"，乃庄子与鱼在性命上相应故。一个"应"字将宇宙万物之离散个别体联结在一起，便是大易哲学。记得前文笔者曾说过，两仪、四象、八卦均为太极之"化身"，所谓"化身"者，非别有所生，乃即其本身而分化，换句话说，太极之性即阴阳之性，即万物之性，在此一"性"之下建立起万物的"平等"义。儒家说"人皆可以为尧舜"，佛家说"狗子也有佛性"，都是在此同一道理下展开来。

关于后一问题：万物异类殊种，何故都能同样地自得其乐呢？这一问题与上面所述是相关的，万物在乾道变化中已定其所受之"性分"，经坤道变化益以形体之后，其性分更分离为个别体，然以万物性分之"质"同出于一如之大太极故，无论性分之差别如何，各有其"质性"之圆满自足之状态。质性圆满自足，形体随之而乐，是即此一问题之答案。然而，又因万物之性可相互感通故，个别体之一物固有其圆满自足，物物相感通后所成之结合体，更为一太极，也圆满自足。举例言之，一粒微尘，可与其他微尘结合而成一土块石块之太极，或与再多微尘结合而成一堵墙一座山之太极，或与更多微尘结合而成一地球一其他星球之太极。一滴水，可与其他滴水结合而成一冰一雹之太极，或与再多滴水结合而成一池塘一湖泊之太极，或与更多滴水结合而成一江河一海洋之太极。微尘与滴水也可以彼此结合而成大大小小之太极。尽管如是，当一微尘之为一微尘或一滴水之为一滴水之际，其所具备之太极"一"之性，就"质"上言，同于一土块石块、一堵墙一座山、一地球一其他星球所具之性，同于一冰一雹、一池塘一湖泊、一江河一海洋所具之性。这就是说，一微尘或一滴水，尽管在性分的"量"上十分小，而在"质"上却是活泼生动地圆满自足。君不闻击壤老人之歌？一介小民，其乐也，尧有天下何以过之？君不见林间鸟雀之噪舞？其自得也，万里鹏飞何以过之？宇宙万物，恢恑憰怪，各以其不同形态不同方式表现其圆满自足之性，各自得其乐，庄子与大程子是明于此道者。那么，再从卦象上看，便更为分明了，六十四卦总而言为一大太极，分而言为六十四太极，每卦六爻又各为一太极。如乾卦初九爻辞为"潜龙，勿用"。知"潜龙"之时位，行其"勿用"，即为得乾初爻之圆满自足；整个乾卦之用在于用九："见群龙无首，吉。"做到了"见群龙无首"，便是得整个乾道的圆满自足。其他各卦均如此，卦卦爻爻各有自性，而性性是平等的。

二、深观物篇

广观物篇乃放眼四顾，做平面的观察万物，所见者为森然并列的相错相结的无数的太极。深观物篇则是做立体的观察万物，所见者为任一物之太极均在重重叠叠之许多连环相套结之太极中。今就一人之身为一单位之太极言，《大学》上说："身修而后家齐，家齐而后国治，国治而后天下平。"一身固为一太极，一家也是一太极，而身在家中；国与天下也各是一太极，身与家在国中，而身与家与国之太极在天下之太极中，是身、家、国、天下为环环相套结之太极图。更推天下而上，假使天下指此一整个地球言，则地球一太极之上有太阳系之太极，太阳系之上有银河系之太极，银河系之上更有统若干银河系之宇宙之太极，其外更有大宇宙之太极，尚非今日人智所能知。复推人身而下，身之一太极之内有无数个细胞之太极，每一细胞之内有许多分子、原子之太极，原子之内又有电子、质子之太极，而更趋微妙则尚非人智所能知。

从人事上看，同样真切，老子说："祸兮福之所倚，福兮祸之所伏。"福之事与祸之事各为一太极，而互相倚伏；即从福中可展开祸，从祸中可滋生福。太史公作《史记》成，名垂千古，推其坚定成该书之志，自受腐刑一事中展开；唐玄宗天宝之岁，宴游终日，乐尽人寰，而安禄山叛乱，天下乱离之灾，由之展出。邯郸道中，黄粱一梦之顷罢了，而卢生历尽一生富贵；大好山河，六朝繁华，到头来全付一江东流。再就眼前时代而言，西亚国家石油禁运，欧美之主妇炊爨为难；大规模杀伤性武器成，炮灰蚁民尸横战场。近世以来，大小太极相套结关联之义，更为人类所深切领悟到，个人的太极的作为，莫不与由之推展出的无数太极的休咎息息相关。此一太极图可以无尽的事例举证，却难以图示。

虽如此，我们在这里所要说的，却非止于上述环环相套结之太极图，重要的是各太极均有其圆满自足之性，而纵贯于各圆满自足之性中，尚有上趋于大太极之"向道"之倾向与下趋于小太极之"向欲"之倾向。

"向道"与"向欲"二词，乃据我国传统思想撰立，含义指上行与下行的两种趋势。如前面所述，宇宙是无穷多的太极重叠错综而成，任一太极均在上下之中，而上下两无穷。然而我们不能忘却，括宇宙一切太极之大作用是圆道周流的，所谓无穷多之太极者，只是此大作用在流行中的现象；此等现象一方面做如是如是之呈现，一方面又不息地做如彼如彼之流行，而流行之势用表现在错综复杂之物物太极上则或上或下。"上""下"的立名，当然是以人为立场而言，依大易哲学的宇宙生成论，太极生阴阳，阴阳生万物，由一大太极到万物之一的人，是下行化生之流行；而人以其灵智，自觉而反，逆溯而上，精神回于一大太极之本，是为上行反本之流行。于是站在"人"的立场，因灵智之不齐，便有了"上行"与"下行"之分。儒家思想于此特别着力，孔子谓："君子上达，小人下达。"[1]孟子谓："从其大体为大人，从其小体为小人。"[2]即"向道"与"向欲"之分，孟子谓："独乐乐，与人乐乐孰乐？"[3]也是勉人上行"向道"。关于儒家这一部分的思想，后文将详述。

总之，一物一太极之义，是一方面物物各有其圆满自足之性，一方面又极尽其活泼生动，做上下左右的感应、结合、流行。从性之"质"上言，性性平等互通；从性之"分"上言，有小大晦明之别。而人之处身于如是之太极图中，贵在通一己太极之性，与其他纵横大小之太极之性合。通乎此，则可各随其性而得其圆满自足：

夫子抚然曰：鸟兽不可与同群，吾非斯人之徒与而谁与？[4]

是孔子通一己之太极于人类之太极，于此求得其圆满自足。

---

[1] 《论语·宪问篇》。
[2] 《孟子·告子上》。
[3] 《孟子·梁惠王下》。
[4] 《论语·微子篇》。

不出户，知天下；不窥牖，见天道。①

是老子收天下之太极于一己之太极，于此求得其圆满自足。关于一物一太极及其交感互通、重叠错综之义，繁复难描，笔者才思不逮，言者少而遗者多，甚望慧识读者，来日有以唱发大义。

---

① 《老子》四十七章。

第三讲　乾阳坤阴，化生万物

扫一扫，
进入课程

第一节　天地之大德曰生

一、生命之第一层次——乾道变化

《易经·乾卦·彖传》：

> 　　大哉乾元，万物资始，乃统天。云行雨施，品物
> 流形，大明终始，六位时成。时乘六龙以御天。乾道
> 变化，各正性命。保合太和，乃利贞。首出庶物，万
> 国咸宁。

　　上为孔子解释文王乾卦卦辞（又称《彖辞》）之文，称
《彖传》。文王乾卦卦辞为："乾，元、亨、利、贞。"后人
依字立注为：元，大也；亨，通也；利，和也、宜也；贞，

正也、固也。此四字乃说明乾之作用大通至正而利物。然而我们看上面孔子的乾卦《彖传》，很显然不是呆板的依字义而作解，而是以乾之作用之起用为始，向下展开一个变化生生的思想体系。应该注意的有以下五点：

第一，以"乾"合"元"字，立"乾元"名。

第二，以"乾元"合"天"（"统"义为合），借天道以明乾道。

第三，"云""雨""品物"为物；"大明"（日、月）言时间，"六位"（六爻之位）言空间。是物质、时间、空间均起于乾道变化中。

第四，乾道变化，创生"性命"。

第五，此一思想体系最后归趋于人道，故以"首出庶物，万国咸宁"做结。

《易经》之乾、坤二卦《彖传》是孔子哲学思想之根源，而乾卦《彖传》尤为"大始"[①]。孔子之哲学，重心在"人"，而精神在"行"，读《论语》，往往不见孔子形上思想的理论根据，今读乾、坤二卦《彖传》，乃知孔子之形上思想不仅有本有源，且层次分明。在简而能赅的少数字句中，扼要描述出宇宙万物生成的系统程序。了解孔子哲学，必须由此始，方不至于失却根据。

---

① 《易经·乾卦·彖传》："大哉乾元，万物资始。"

（一）乾元始动

我们先来问：孔子何以立"乾元"一名？

按许慎《说文解字》："乾，上出也，从乙。乙，物之达也。倝声。"是乾字乃取倝之声，取乙之义。乙为象形字，甲骨文已有此字，作 $\textbf{)}$；《说文》释乙字云："象春艸木冤曲而出，含气尚强，其出乙乙也。"《史记·律书》也说："乙者，言万物生轧轧也。"故乾字乃紧扣住"生"之义而来。六十四卦之乾象☰，即八卦之乾象☰，即两仪之"—"，为万物所由生之大作用大动能，古人乃取象"春艸木冤曲而出"的乙字为义，造乾字。"元"字甲骨文中作 $\overline{\overline{\mathcal{T}}}$，"上"与"人"之合体字，义为"人之上"，为"首"（头）义，《孟子·滕文公篇》所谓"勇士不忘丧其元"，是其本义。由"首"义引申，乃又为始、为大。故"乾元"二字的含义为"生之始"。于是，在这里我们看到了孔子的用心，本来一个"乾"字，只不过说出了含有生成宇宙万物的生机的大作用，该作用尚未有动而生的意味，今在"乾"下着一"元"字，便觉乾的作用已开始起用，"元"字的含义像是一个"→"，明确地将乾的作用指向生化万物的方向。所以"乾元"一名的定立，是孔子为其哲学思想体系取一始点，犹之于赛跑者开始起跑的第一步。

但是，讨论到这里产生了新的问题：宇宙万物均为来自太极，今孔子不用"太极"名，而别立"乾元"，二者必有差异处，其差异何在？

这是需要分辨清楚的事。应知"太极"是一个总名称，括宇宙万物一切变化作用而言，我们曾在上一讲中多次指出，太极非客观的存在，它是"无体"的绝对无待的自然流行的作用。如言宇宙万物生于太极，在广泛感觉上并无不可，因为宇宙万物均为太极的化身，但是如就宇宙万物生成的思想程序上说，则觉不妥，因为宇宙万物虽生于太极，但并未离太极而别在，仍在太极中而为太极之本身。今所述之思想体系为太极中事，乃剖开太极而观察其间宇宙万物变化发生之先后程序，如此则理应有一个较"太极"之名更具限定义的名称，孔子遂由此立"乾元"名。那么"乾元"究竟何所指呢？从上引乾卦《象传》之"乃统天"三字可见，"天"与"地"相对，今"乾元"合"天"，则知"乾元"已落入了与"坤元"的相对之义。由此，我们也就很容易明白"太极"与"乾元"的区别了：

第一，太极只言自然流行之作用，未有"生生"之意向，而乾元则始有"生生"之意向。

第二，太极绝对而无待，不就其作用之"分"上言，而乾元则为太极之作用之刚健进取一面，与坤元之柔顺反退一面为相对。

第三，太极为无始无终，故不言始或终；乾元则为生物之始。

到此，孔子在乾卦《象传》中极赞"大哉乾元，万物资始"的意义也就十分清楚了，他是就其思想体系的立场而言，"乾元"是一切变化生生的最开始的一动之微，整个宇宙万物由此一动之微而展开。

"大哉乾元"一句，充分表现出大易哲学肯定"生生"的精神。在思想体系展开之初，先唱出一声"大哉"，就如大队人马将登台之际，先举出一面代表性的旗帜一般。印度佛学以变动生生为假、为幻者，不会如此；古希腊哲学中以变动生生为非实在者，也不会如此。一个哲学的精神表现在遣词用句中，都是自然的，大易是重"生"的哲学，所以一开始便散发出生气洋溢的气息，高唱出"生之赞颂"之歌。

（二）物原质、时间与空间之呈现

大易是用世之学，其对于如何因时因位（位即空间之落于用）以得人道物理之正，见解精辟，议论详审，尽人皆知（本书将于第五讲中详述）。至于论及物质、时、空之发生的问题，则为人所忽略，这有两方面的原因：一是大易不像西方哲学那样，标出时、空做独立问题讨论，故未引起人之注意；二是大易对于物质、时、空之发生的问题，只在乾卦《象传》中简要论述过，且此合于天道以言，一般人多不从哲学形上思想观点去看，故未予注意。然而，今日我们以极客观立场来评论，大易哲学论及时、空、物质之发生的问题，虽然文字不多，但见地之高，令人叹服；尤其是思想层次分明，西方哲学中论及此问题者，不能过之。

今且分析前引乾卦《象传》之文，为了详细说明起见，做逐句解释于下：

"大哉乾元，万物资始，乃统天。"——"乾元"为生化万物之始，已见上述，兹不论，需要一说的是"乃统天"三字。"乾元"与"坤元"原都是纯粹而精的作用，是不着象的，二者相对而成"太极"之全。然以"一物一太极"故，任何物象均可显示乾、坤二元之作用。于是就整个宇宙之大象而言，"天""地"二象即"乾元""坤元"二作用之具体显现，孔子于是乃借"天道"以言"乾元"，借"地道"以言"坤元"。此段文字中之"天"与坤卦《象传》中之"地"，均为着象之天、地，"统"义为合。

"云行雨施，品物流形。"——既以乾元合天，于是思想由抽象转为具体，这两句即为天道的具体呈现。云、雨发生于天，天所生成者不止云、雨，故言"品物"。但此处之品物，非指现象界已生成之众物象，现象界众物象乃乾元与坤元共同变化后所生，而此时尚在坤元起变化之前，形象未具。故此时之"品物"，是精神体，正由此故，其下用"流形"二字。我们不可忘记孔子是借天道以言乾元之功能，故云、雨等流形之品物，实指具体物质出现以前的初未成形的物质状态，笔者称之为"物原质"（现在物理学上称为"能"者是）。这两句话说明了在乾元起用之初，万物的前身——"物原质"即已发生。

"大明终始，六位时成。"——"大明"谓日月，言"终始"不言"始终"，是表现易之圆道周流、终而复始之义；古人喜欢如此倒转次序用字以表现思想，如言"阴阳"不言"阳阴"，当也是此意。"六位"指六爻之位，乾卦以"龙"言爻，又称六龙之位；"位"乃指空间之落入人间物界而言，人及万物各在空间中有其位置，故以"位"名。一卦六爻，自初至上，划分为六个段落之"时""位"不同，故言"六位时成"。这两句，上借日月之运转，言时间之发生，下言与时间发生之同时，空间之"位"也呈现出来。而且"六位时成"一语，也表现了时、空的一体不可分性，位因时成，位在时在。

"时乘六龙以御天。"——此句乃站在"人"的立场说话，也是"云行雨施，品物流形；大明终始，六位时成"一节的结语。上面乾元的功能已借天道说明了三事：一产生了物原质，一产生了时间，一产生了空间。那么所谓天道，也便是这三桩事的相应合，物原质在其流转中自然得其时、乘其位，此便是天道。人是万物中有灵性之一物，应当"时乘六龙"以驾驭天道而行事，故这一句表示大易哲学乃用心于人道的哲学。

看过上面乾卦《象传》中这一小节文字的解释，读者当可知道大易对时间、空间与物质初发生的见解了。归纳起来，略为下面三点：

第一，自乾元之始动，物原质、时间与空间即已发生，而此时在坤元变化之前，一切物形体尚未呈现。

第二，物原质、时间与空间，为同时呈现，三者实际上是不可分的。

第三，所谓天道，即物原质与时、空之应合流转。

然而，在这物原质与时、空初发生的问题上，我们必然还要有些话说：我们是否可以说在太极中，物原质与时、空即已存在呢？当然可以这样说，因为乾元即太极的流行作用的一面；但由于太极为一片自然，尚未表现其生化万物之功能，而乾元则开始显现其生化之功能故，乃谓物原质与时、空生于乾元。是知就太极而言，实已含有物原质及时、空之因，只是未显现；而乾元也正由于显现了物原质与时、空故，才有"乾元"之命名，否则"乾元"之名也就毫无意义了。那么，我们也便可以说物原质与时、空在大易哲学，乃亘古的存在，无始无终的存在，只是始而混沌未分，未现其用，渐而现其用，人方区之为物原质、为时、为空。那么，我们更可以进一步推想：物原质、时、空三者，当其为未分之混沌状态时，虽混沌未分，但不可谓"无"，总当是"有"；既已言"有"，更推此混沌之"有"而上，即当有"无"。此即老子玄学思想体系之建立。故孔、老二氏之思想领域，紧密相接，中无间隙。但由此推"有"入"无"而上，毕竟已入于老氏之域，故此处不做陈述，敢烦读者诸君，翻阅本书第八讲道家易得之。

（此外，尚有数语欲提出者，尝见我国学者著论，谓中国哲学中不讨论时、空问题，这不只表示其个人未窥大易哲学，也表示了今日中国哲学之衰。《易经》文本，彰然俱在，岂可随意抹杀？今日治哲学者，大多熟知于西方，而对中国哲学则极陌生，有些人一知而半解，有些人以未闻为无有，此均失做学问之真诚态度。因论时、空问题，有感于此，望有志于哲学思想者，共同勉励，我们不但要认识人家，也要认识自己，如此比较创发，方有中西融合之实。谨附。）

（三）性命之发生

说过了物原质、时间与空间的发生以后，乾卦《象传》接下来更落降一层，提出了"性命"。孔子着笔是有次序的，先言物原质，次言时、空，因为时、空乃依物原质而显现。有物原质，有时间，有空间，遂有"变化"，在变化中产生"性命"，故下文是："乾道变化，各正性命。"

此处应说明一下"变化"的意义。大易中言"变化"，绝大多数用以指由阴阳往复而起生生之功，即《易经·系辞传》所谓之"刚柔相推而生变化……变化者，进退之象也""刚柔相推，变在其中矣"等。但现在所说的"乾道变化"，则非谓阴阳互变，乃指乾阳作用中先行所起之变化，即上面所说物原质、时间与空间三者的流行化合。但不管乾道变化也好，或乾阳坤阴往复变化也好，凡言变化，都由"动"所生，乾阳是动的作用，坤阴也是。"变化"是就生生之发生过程上说，而"生生"是就变化之成效上说，二者在本质上为同义。

乾道变化的三元素——物原质、时间、空间都是形而上的作用，则变化而生的"性命"、自然也是形而上的精神。但这里应当注意"各正性命"中的"各""正"两个字，它们均代表着重要的意义：

言"各"正性命，意味着在乾道变化、发生性命之初，性命已具有了分别义。这是可以理解的，因为乾道变化既然是物原质、时间、空间三者的化合，则三者在流行化合中自有差别，此差别也就造成了性命的"差别相"（形而上的相）。然后，由坤元承受此差别相的"性命"，各赋予相应的形体，此即现象世界异类殊种、各具风姿的渊源。这一理论，无论如何考究都是合理的。

然后再看"各正性命"中的"正"字，物原质、时间与空间出于太极自然之流行，此时它们虽有了生化的志向，并无形体的滞碍，故三者的由合而分，复由分而化合，都仍是"自然的"。既然是自然的，则三者的化合就是各得其宜；也就是说物原质虽有了差别相，却是各得其时、各得其位，此差别是自然而生的差别，是"正"。故由此而生的性命是"正性命"。

"乾道变化，各正性命。"然而落入现象界以后，人、物的性命大多失去了原来的"正"，可知其"失正"的原因不在根源一层的乾道变化，而在于乾道变化之后（坤道变化见下文）。知此缘由，则有灵智的人类便当努力于以乾道变化所生之"正性命"为典范，做人行事力求得时、得位、得乎自然，故乾卦《象传》言"保合太和，乃利贞"。"太和"即指乾道变化中之自然化合，"保"之，"合"之，乃孔子极力勉励人持守此"太和"之乾道；"乃利贞"，为再明文王卦辞之言。

于是，我们总结以上乾卦《象传》的思想，"性命"的来源实来自乾道变化，而乾道变化乃指物原质、时间、空间三者的化合，故第一个认识便是"性命"不是一个单一的精神体。其次，性命中含有"灵智"，也必然是来自物原质、时间与空间的化合，因此三者化合而生性命为真，而性命之有灵智也为真故。因而，我们也可以说在物原质、时间与空间中原已包含"灵智"之因素，而此三者又出于太极自然之流行，故"灵智"原是太极自然流行作用之所有。追根探本，性命灵智之源，远入无始终之太极而不可致诘，老子"玄之又玄"之言，我们于此得其意味。

二、生命之第二层次——坤道变化

《易经·坤卦·象传》：

> 至哉坤元，万物资生，乃顺承天。坤厚载物，德合无疆，含弘光大，品物咸亨。牝马地类，行地无疆，柔顺利贞，君子攸行。先迷失道，后顺得常。西南得朋，乃与类行；东北丧朋，乃终有庆。安贞之吉，应地无疆。

文王为坤卦所作之卦辞是："坤，元、亨、利牝马之贞，君子有攸往。先迷；后得主，利。西南得朋，东北丧朋，安贞吉。"坤与乾所不同者，在于"利牝马之贞"，即坤具柔顺之德，卦辞主要在于说明坤之此一德性，并未明显透露坤道生物之意。然而我们看上面孔子的坤卦《象传》，除了依卦辞称述坤之柔顺之德性外，则大赞颂坤元之生化万物。孔子的用心很显然是继乾道变化之创生"性命"，更降落一层到"形体"之生，思想体系向下开展，十分明白。所以我们解析孔子坤卦《象传》之辞，重点也只包括以下两项，已足阐明，并将分述于后：

第一，坤元之顺承之德。

第二，坤道变化之生成形体。

（一）坤顺承乾

孔子于乾称"元"，乃由其为万物性命之始，于坤也称"元"，则由其为万物造形之始。万物莫不有"性命"与"形体"两部分，缺一不得为"物"；换句话说，乾、坤之作用在生化万物上，缺一不可，故坤虽后起，与乾同以"元"名。

孔子称赞坤元"至哉"，正以其"造形"之故。有坤元之造形，万物得以现形而生，故言"万物资生"。

言坤元之"顺承"，其义有二：一、顺承乾功，对乾道变化所产生之"性命"，含养之，保任之，使勿丧失，而更益以形体。二、松弛调和乾之刚健进取之势用，使一往无前之乾之势用，松弛而反退。这方面骤然看来，像是阻碍了乾之健进，实际上却是助长，因为乾之刚健如不获松弛，势必过刚而崩、过健而绝，故坤之作用乃适时之调剂，使乾在刚健至极，得其休养蓄势，待下一段落之健进。今从"坤"之字义上即可见，坤字从申，"申"义为舒展、松弛，与"屈"字为相对，屈为乾之刚健进取之势，申则为坤之舒展松弛之作用。乾与坤在太极而言，无先无后，只是一大自然流行，但在思想程序上，自从有了生化万物之趋向以后，有乾之刚健先发，而后才有坤之继起承接，故以乾象天，以坤象地。云、雨、日、月等均为天道之呈现，云、雨降落于地面，日、月照射于地面，此天道下施犹乾道之先发；地顺承天道下施之功能，含蕴之而孳生万物。孔子在乾卦《象传》中已将乾元统天，故坤卦《象传》自以坤元合地而言。

（二）造形伊始

子夏《易传》云：

> 坤，承乾也，造形始也，女之道也，专其命而不失其作者也。

这几句话写坤道之功用非常好，所谓"专其命"，意谓对于所承于乾者，专诚致意而保任勿失，在坤道"顺承"之上加一"专"字，似觉格外尽意。

前引孔子坤卦《象传》言坤之生物云："坤厚载物，德合无疆，含弘光大，品物咸亨。"坤元合地，故以地道言。地广厚无极，载重无限，"无疆"即是无边广大、无限负载之意。坤卦《象传》这几句话包括的坤德有：一、承载；二、容藏；三、造形。承载与容藏是顺承乾的条件，而造形则为坤道变化的创作。

我们在此当感谢近世以来西方科学的发展，时至今日我们已完全相信"质""能"的互相转化；实际上，质与能只是人眼睛中可见与不可见的区分，二者原是一显一隐的作用表现。西方古代在哲学问题讨论上恒将质料来源视为一重要问题，曾百思不得其解，自伊阿尼亚学派（Ionics）诸哲之学说中，此一问题即横梗其间〔安纳西曼德（Anaximander）不同意泰勒斯（Thales）之"水"为万物之原，而以万物之原为"无限者"，当为此一问题之不获解决所致〕，后来柏拉图也在这一问题上遭遇困难，亚里士多德也被人批评对质料来源问题没有交代清楚。大易哲学则自始即主张"质""能"互变，前述乾道变化中之"物原质"，即今日科学上所谓之"能"，坤元承受了由物原质、时间、空间化合而成的"性命"之后，"含弘光大"，于是"品物咸亨"，一切物类呈现。此是由"能"到"质"的转变，在于"含弘"之中，大易虽未更进一步详细说出"含弘"中的程序，但由"能"到"质"的转变却表现得顺理成章。很显然，大易哲学根本没有把物质看作突如其来的不速之客，它是由"能"加上时、空的条件，进入坤道变化而自然生成。自大易以后，也从来没有中国人提出这一问题做质询讨论，大家都以"质""能"互变为必然；也就是说，对于今日科学的成果，大易哲学似乎是早得此理。然而，我们当然不能说在距今数千年前，中国古圣已先知道了今日科学上的研究成果，就笔者的意见，是因为中国人与西方人走着不同的学术研究的途径：中国古圣在实地广泛观察以后，继以默识体悟以证知；西方之科学则纯走分析观察的路。换句话说，大易用"神会"而科学则以"目视"。这二者当然各有短长，用神会可早知而不能得其详，以目视可得其详而不能早知。但不论如何，以大易哲学看近数百年来的科学发展，俨然是为大易做求证工作，"质""能"互变的肯定仅是其中之一项。

坤元顺承乾道变化之性命，益之以形体，遂而万物产生，这一过程，称之为坤道变化。自坤道变化造形以后，乃落入"形而下者谓之器"的现象世界。所以我们反顾上述，一个生命的起源，在它未现形之先，已经过"乾道"与"坤道"两个层次的变化，而每一层次中又有其变化进程，一个生命体是在连续变化中呈现出来的。由此而看，方看到一个生命的神圣性，大易哲学之肯定"生生"之德，言"天地之大德曰生"，即基于此。

三、生生之谓易

笔者读西方哲学，总觉得不能落实到实际人生社会中。西方哲学是思想中的学问，与实际人生有隔，而事实上其哲学主张不只与实际人生不一致，且相抵触。例如就"生"之问题上说，古希腊哲学视变动生生之世界为非实在，而以不动无生的形上世界为实在；然而其社会生活正与此相反，古希腊人生动、活泼而乐观，其艺术、其文学、其运动、其政治，都充满了"生之喜悦"。中国则不然，全没有这种哲学思想与社会人生相矛盾的情事，中国大易哲学一开始便赞颂生命，肯定"生生"之为善，实际社会人生与哲学思想全然一致。大易哲学至孔、老分为儒、道二家，再下散为诸子百家之学，无不赞扬"生生"之德，这实在是中国哲学最让人感觉亲切之处。

孔子在乾、坤二卦《彖传》中赞乾元曰"大哉"，赞坤元曰"至哉"，我们上文已经说过，便是站在"生生"之义上发此赞颂，这是人类所能够想到的最高的赞颂词。现在我们再来看一看大易在卦、爻象上及其他处文字上如何表现其对"生生"之义的重视。当然，如实来说，六十四卦三百八十四爻中每一卦每一爻均不离生之赞颂，但在这里我们自不能做普遍的叙述，只能举出几方面以显其义。

第一，由八卦卦象上看。

八卦的画成源于哲学思想，其理论以阴阳相生为原则，这在本书第一讲伏羲氏八卦哲学一节中已说过。依此，笔者认为伏羲氏初画成的八卦排列次序，应是《易经·说卦传》最后数章所载之排列次序，即☰乾、☷坤、☳震、☴巽、☵坎、☲离、☶艮、☱兑。

乾与坤是宇宙万物所以化生的两大作用，故一象天、一象地，二卦居首。然而自震、巽以下的六卦，有何理由说明其做如上之排列呢？其理由便在"生"之一义上，《易经·说卦传》第十章之文指明了这一义：

> 乾，天也，故称乎父。坤，地也，故称乎母。震一索而得男，故谓之长男。巽一索而得女，故谓之长女。坎再索而得男，故谓之中男。离再索而得女，故谓之中女。艮三索而得男，故谓之少男。兑三索而得女，故谓之少女。

万物由下向上生长，故卦象也由下生。原来古人以乾、坤二卦象父母后，其他六卦取其阳爻与阴爻自下而上的先后次序，各代表长幼男女，于是，八卦含"生"之义，盎然出现。后人复将上说卦传之文绘成图，名之为"乾坤父母生六子"，见图3-1：

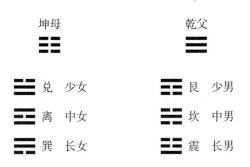

图3-1　乾坤父母生六子

第二，由六十四卦排列上看。

六十四卦的排列次序，前已引录于第一讲周文王的六十四卦哲学一节中，并已略道及其中具"生生"之义，今再述之。

按文王六十四卦排列明显表示出"生"之含义者，有两端：

一、乾、坤二卦居首，象宇宙万物所从生之两大作用。以下六十二卦则自屯、蒙、需、讼、师……一路辗转相生展开。"屯"字甲骨文作，象草木之方萌芽出土，故义为始生。"蒙"为昏昧，物始生昏昧无知，故儿童称童蒙。"需"义为须待，童稚不能自立，必待养育而长，故《易经·序卦传》言需为"饮食之道"。"讼"则由争饮食而生讼事。"师"则由争讼而聚众动兵……此一义已由《易经·序卦传》作者逐卦做说明，读者可参阅《易经·序卦传》。

二、上经三十卦始乾、坤，下经三十四卦则始咸、恒。乾、坤二卦为天道生化万物之始，咸、恒二卦象取少男少女之相感应，为人道之始。文王此一安排不只意味着"人法天"的思想，实更有深义在。今日人类生理学研究生命之起源，穷极于精子细胞与卵子细胞之结合，更进一步向精、卵细胞中求分析。然大易哲学则不由此途，精细胞出于父，卵细胞出于母，故溯人之生命及其所具之特性，不得不远溯于其父母，而父精母血之含蕴及结合之始，则当自少男少女时之相感应。这也就是说追溯一个生命的开始，应该直溯到少男少女之相悦相感，彼时之一念相感，即为新生命的开始。咸、恒二卦之为下经之首，实义在此。

第三，由卦象称谓上看。

六十四卦每卦六爻，取"物由下生"之义，第一爻称初，依次向上为二、三、四、五、上爻，构成一桩事物的整个发展过程。内卦为本，故称"贞"；外卦为重而生，故称"悔"。本卦为主，故称"贞"；之卦为客，故称"悔"。天地交而万物生，故名"泰"；夫地不交而万物不生，故名"否"。水上火下称"既济"，言二气上下相交，相交则生；火上水下称"未济"，言二气各为上下不相交，不相交则不生。屯卦动乎险中，言"元亨"，以其生机旺盛故；既济卦六爻正位，言"终乱"，以其生机表现已至极。凡此等等，都是从"生"之义上立名。

第四，由《象传》文字中看。

文王卦、爻辞及孔子与其门下所作之"十翼"中，赞"生生"之义者，触目皆是，不胜枚举。兹仅以孔子《象传》来看，孔子对于凡有阴阳相交以生物之卦，每举出"天地"二字以为赞颂，例如：

　　䷊泰卦之乾下坤上。

　　象曰："则是天地交而万物通也。"

☷☳ 复卦之一阳来复。

象曰："复其见天地之心乎。"

☱☶ 咸卦之少男少女相感。

象曰："天地感而万物化生，圣人感人心而天下和平，观其所感而天地万物之情可见矣。"

☰☴ 姤卦之一阴交阳。

象曰："天地相遇品物咸章。"

☳☱ 归妹之少女从长男。

象曰："归妹，天地之大义也，天地不交而万物不兴。归妹，人之终始也。"

看了孔子这些赞颂，则知大易哲学是如何重视"生生"之义；然后也就明了孔子删诗定礼，《诗》三百以《关雎》居首，《礼》三千以冠、昏礼居首，是多么饶有深意了。

四、性善说之理论基础

笔者在此忽然提出儒家之性善之说，是因为这一说的理论基础乃建筑在"生生"之义上。自秦汉以降，孔、孟真儒之面目晦而不明，后人多以"性善"与"性恶"二说相对，视之为孟、荀二人各偏于一面之主张，不知孟子的"性善"为得大易"性命"之真谛，而荀子之"性恶"乃由人之后天而立说。论大易"生生"义至此，觉得有提出做一澄清的必要。

《孟子·滕文公篇》云："孟子道性善，言必称尧舜。"《荀子·性恶篇》也言："孟子曰：人之性善。"可知性善说为孟子学说中的重要组成部分。再看孟子与当时学者告子的辩论（《孟子·告子篇》，见后文），其对性善的主张坚定不疑，绝不容有丝毫改变，何以故？孟子何故而有如是之肯定态度？

今兹从"善"的字义说起。

大易中言"善"，有两层含义：一层为相对义，即"善"与"恶"或"善"与"不善"之相对，如《易经·系辞传》："善不积，不足以成名；恶不积，不足以灭身。"又如坤卦《文言》："积善之家，必有余庆；积不善之家，必有余殃。"另一层则为绝对义，纯然一"善"，无"恶"或"不善"之对立，如《易经·系辞传》："一阴一阳之谓道，继之者善也，成之者性也。"以及乾卦《文言》："元者，善之长也。"均是。此两层义，前者为形下世界中常识之见，后者则为形上之思想理论，孟子之性善说，乃从后者绝对义上建立，这是第一步认识。

接着，让我们先来看《易经·系辞传》里的话：

一阴一阳之谓道，继之者善也，成之者性也。

这是大易正面为"善"字所下的定义。阴阳二作用往复化生万物，名之为"道"；此阴阳化生之道继续不断，万物由此而生生不息，此之为"善"。在这里我们便体会出了"善"的含义，"善"既为形容阴阳化生的功用，而阴阳化生的功用唯是一个"生"，并无"不生"之对待，所以"善"也是绝对无待的。再照下面一句"成之者性也"，就更为清楚了，"性"言万物生之所具，今生之作用既为善，则生所成之性自是"善性"。这几句话，毋庸多解说已很明白，我们所领会到的有以下两点认识：

第一，"善"之义由"生生"上来。

第二，"善性"是绝对无待的。

再其次，看乾卦《文言》之文："元者，善之长也。……君子体仁足以长人。"这里是为"元"字下定义，而表现善之为"生生"义，更为深刻，但需要追究一下文句的渊源。按乾卦《文言》为孔子解释乾卦之言，由弟子所记录者，孔子为"元"字所下的这一定义，并非出于孔子创见，乃承袭前人之说。早于孔子之生十三年，鲁成公之母穆姜曾说过："元，体之长也。……体仁足以长人。"[①]而在孔子二十一岁那年，鲁大夫子服惠伯也说过："元，善之长

---

① 《左传·襄公九年》。

也。"①孔子对"元"字的解释，是舍穆姜的"体之长"，而采用了子服惠伯的"善之长"。

说起来，"体之长"与"善之长"不过一字之差，但这一字却至关重要。记得前文在解释"乾元"之义时，我们已说过，"元"字的本义是"首"，为"始"、为"大"乃后来的引申义。穆姜的"体之长"，就是用元字的本义，意谓乾卦是六十四卦的首卦，犹如人体的首部；所以如依穆姜的解释，则乾之为"元"字并未包含"生生"义，只说出了"为首卦"的状态。可是一变为"善之长"，意义便不同了，"善"是形容阴阳化生之德的，这一字之改变使乾卦成了"始生"之卦，"生生"之义毕然呈现。同时，穆姜的"体之长"，与接下来的"体仁足以长人"，在含义上也不融通，"仁"的意义包含着生之、育之、长之、养之的爱心，与"体之长"义不衔接。而一改为"善之长"，则阴阳生化万物的大慈大爱都表现了出来，与"体仁足以长人"句，便融通无碍了。所以，孔子这个取舍，不是轻易的。

以上由《易经·系辞传》及《易经·文言传》中两处文字，看出了"善"之含义与"生生"之义密切相关。然而我们再进一步问：何以故名阴阳生生之德为善呢？即以生生之为善必有其理由，而其理由何在呢？这便得回到本节第一小节

---

① 《左传·昭公十二年》。

所述的乾卦《彖传》"乾道变化，各正性命"上。所谓"正性命"，意谓由乾道变化所发生的性命，乃得变化之正，也即是得生之正。何谓得生之正？因为在乾道变化中，物原质、时间与空间为自然化合，一无滞碍，此之为"正"（已述于前文）。由此一"正"字，实生"善"义。于此我们看到孔子遣词立义，真是一丝不苟，当会通其思想时，则见左右前后，丝丝入扣，而这正代表着古圣思想之深邃周密。

乾道变化，有"正性命"，没有"不正之性命"；故性有"善性"，没有"不善之性"。所以性善之说实植根于大易哲学之最根本处，其说关系着大易哲学阴阳生生之根本原理，岂可随意将"性不善""性恶"掺杂其间？

以上纯粹由形上思想理论而言。另外，也可以从形下思想中注目于万物生生之景象以为印证，大易哲学是理事融通无碍的哲学。人间物界如果站在人与人、物与物的彼此关系上看，固然免不了有许多丑陋事，然而如果神游于大化流行中，看万物之生生不息，于穆不已，实在是弥足可爱的一片新鲜景色。宇宙间一切物，当其新生，都充满着令人喜悦的气质，何以故？以其秉"性命之正"故。而事实上，中国古人早已把握到这"新生"之义且将其应用到政治思想中，《大学》曾引古训云："汤之盘铭曰：'苟日新，日日新，又日新。'康诰曰：'作新民。'诗曰：'周虽旧邦，其命维新。'"政治思想上"新民""维新"之义，即哲学思想上"生生"之义，所以朱熹主张《大学》三纲领之"在亲民"为"在新民"之误。朱熹这一见解极有见地，"亲民"之义仅限于政治一面，而"新民"之义则远为广大而深刻。何谓"新民"？即使人民生活时时新鲜，紧扣住大易生生不息的思想而来。人民的生活如时时在新鲜中，新鲜则生喜悦、生乐趣，治国家能如此，也就是为人民谋幸福，不是"善"是什么？西方哲学家曾说："太阳之下没有新鲜的事物。"可是大易哲学却说："太阳之下没有不新鲜的事物。"大易哲学之可贵即在于此，注目于"生生"之处，则宇宙之间处处时时在生生，这一"生之为善"的肯定，试问对人心的鼓舞力量有多么大？给人间社会注入了多少生气？从一个学说之对人类贡献做价值评断上来说，还有什么其他的学说堪与大易哲学相比侔的呢？

那么，现在我们便充分知道孟子主张"性善"的根由了，它实以大易哲学的根本理论为依据，它是孔子儒门易的心法，自孔子死后，《大学》言"明德"，中庸言"天命之谓性"，是这一脉心法的继承，孟子即为《大学》《中庸》思想的嫡传。于是我们可以看一看孟子如何与告子辩论的事了。

根据《孟子·告子篇》的记载，告子是主张"性无善无不善"的，他向孟子表示的见解是：

其一，性犹杞柳也，义犹桮棬也。以人性为仁义，犹以杞柳为桮棬。

其二，性犹湍水也，决诸东方则东流，决诸西方则西流。人性之无分于善不善也，犹水之无分于东西也。

细味告子这两段话，知他并非从性之所由生而立言，而是由已生之性之可染性、可塑性而立言，这便是离开了从性之"根源"，而落降到性之"用"上展开讨论了；一降落到"用"上，自然生"善""不善"之相对。孟子闻其言而知其弊，所以折告子"性犹杞柳"之论曰：

子能顺杞柳之性而以为桮棬乎？将戕贼杞柳而后以为桮棬也？

杞柳之用以为桮棬，乃顺杞柳之生性而来，孟子一句话便将杞柳之性由"用"扭回到"生"上。然后孟子折告子"性犹湍水"之论曰：

水信无分于东西，无分于上下乎？人性之善也，犹水之就下也，人无有不善，水无有不下。今夫水，搏而跃之，可使过颡，激而行之，可使在山，是岂水之性哉？其势则然也。人之可使为不善，其性亦犹是也。

一番话又将告子水之性由"用"扭回到"生"上。只要把性扭回到"生"上，从"生"看性，便看到了"性无不善"。

然后，告子又提出他的主张，说：

生之谓性。

告子之意是说凡物之生，其性相同。这一问题不是论性之善不善，而是论性之有无差别相。告子主张物之生，性无差别。孟子反对无差别，于是两人展开了一场辩论：

孟子曰："生之谓性也，犹白之谓白与？"

曰："然。"

"白羽之白也，犹白雪之白；白雪之白，犹白玉之白与？"

曰："然。"

"然则犬之性犹牛之性，牛之性犹人之性与？"[①]

至此不闻告子有答复，则知告子又陷于词穷（按：本书下文"告子曰：食色性也……"是论另一问题）。孟子何以反对告子之"性无差别"而主张"性有差别"？也是从大易哲

① 《孟子·告子上》。

学来。我们前文已经说过乾卦《象传》中"乾道变化，各正性命"之言，自乾道变化而生性命之初，便有了差别相，故用"各"字；孟子此番话正是由此根据来的。由此，我们可以看到，孟子的话都有他的坚实的理论基础，他主张"性善"与"性有差别"都是从孔子的"乾道变化，各正性命"而来。孟子正因为对孔子的思想透彻了解，才发为议论，辩才无碍；后来人只知赞赏孟子才思敏捷，言辩汪洋，不知这乃是因为他的思想深透高远所致。如无思想上根本认识的实力，只从捷辩巧思上下功夫，怎么可能呢？

关于"性善"的问题，孟子的弟子公都子又引了告子以外的一些主张："性可以为善，可以为不善""有性善，有性不善"等，请教孟子。孟子的回答是：

> 乃若其情，则可以为善矣，乃所谓善也。若夫为不善，非才之罪也。（按："若"，顺也。"才"同材，质之义。）

这话更讲得简洁扼要，明白爽快。"情"为"性"之发动于心，顺其情即顺其性，即顺"乾道变化，各正性命"，即顺"一阴一阳之谓道，继之者善也，成之者性也"。归源于本，落到太极、乾坤之本义上，这便是"乃所谓善也"。

儒门之学自孟子以后，晦暗不明。荀子倡"性恶"之说，完全是立论于后天"教"与"学"上，言之理直气壮，却不自知是降落到形下思想中讲话。他根本没有领会到孟子的"性善"思想乃根于变化生生的先天绝对义，却大言"人之性恶，其善者伪也"①。不了解孟子，即不了解孔子，笔者常以为荀子幸而生在孟子之后，未及见孟子，否则我们将必然听到孟子予以正言驳斥之，若驳斥告子者然。

第二节　乾坤之对立而统一

易道的大法则有二：一为圆道周流，一为对立而统一。圆道周流一义不必待乾坤之分，即太极之绝对可言，故本书置于前太极一讲中述之；至于对立而统一一义，则必以乾坤之已分为条件，方便于论述，故于此讲中述之。然而，二义原为相偕而生，有圆道之周流，斯有乾阳坤阴之往复；有乾阳坤阴之往复，斯有对立；对立而仍以圆道周流为规范，故虽对立而统一。所以，如就根本上讲，圆道周流与对立统一实为一个自然大法则，而以人采不同观点以论述易道故，乃有二者之分。今述易之对立而统一义。

先言对立，对立之义有二：一为反对，一为相对。

---

① 《荀子·性恶篇》。

何谓反对？即易道之流行作用而现其正、反二性之谓。有流行即有"往"，由此观之为"往"，自彼观之则为"来"，故反对义非生于流行作用之本身，乃生于观察者立场之相反对。地球绕日转动，中国昼时，于美国为夜；反言之，昼夜也相反，以中、美地位相反对故。但此仍需一提及者，反对义之发生，无先后，唯同时，此方之往，即彼方之来，中国昼时，即美国夜时。《老子》云："天下皆知美之为美，斯恶已。皆知善之为善，斯不善已。故有无相生，难易相成，长短相较，高下相倾，音声相和，前后相随。"[①]美与恶，善与不善，有与无，难与易，长短，高下，前后等，均为同时出现，其义相反，其出同源，有此即有彼，失此即失彼，柏拉图之"一"与"非一"之辩是已。宇宙间任一事任一物，无不具有相反对之两面性，大易哲学为明此义，特于六十四卦排列次序上表现出来。六十四卦除少数无反对义之卦外（乾、坤、颐、大过、坎、离、中孚、小过八个卦，正反相同），其他均以反对卦次序排列，其含反对义之明显者，如泰与否、剥与复、晋与明夷、损与益、革与鼎、既济与未济等（详见后文所列卦象）。

何谓相对？指乾阳与坤阴之相对立而言，又称相错。阴阳原是一太极之流转，以其流转中有往有来，故分阴分

---

① 《老子》第二章。

阳，是以阴阳之相对，非太极自性之差别，乃流转作用之移位而生。阴阳以其互相流转，故阳变入阴，阴变入阳，正如水蒸化气，气凝复为水，一顺一逆，一显一隐，表面不同形而本质为一。这意义在睽卦《象传》中说得最好，睽卦的卦象是䷥，下兑泽，上离火，泽水润下，火性炎上，水火之性相违；以人言，下兑为少女，上离为中女，二女异志，故为睽。然而孔子在睽卦《象传》中却引申其义曰："天地睽而其事同也，男女睽而其志通也，万物睽而其事类也，睽之时用大矣哉！"察孔子之言，可知宇宙间无绝对睽违之事，水与火异性之睽，女与女异志之睽，就其为源出于一太极而言，根本上是一个作用之流行。文王六十四卦排列为了表示此一义，便是将八个无反对义之卦，依相错排列一起，乾之后次坤，颐之后次大过，坎与离，中孚与小过，均相连接。易学家本此义发为"旁通"之说，如蒙卦六五象曰："童蒙之吉，顺以巽也。"谓五爻变则上卦成巽义。又如讼卦初六爻辞曰："小有言。"谓变初爻则下卦成兑，兑为口舌故。汉易中虞翻最重旁通义。

次言统一，统一之义自是依对立而起，因为如无对立，便谈不上说统一。对立中反对与相对之言统一，也有差别，仍分别言之：

反对与统一之关系，在于分辨客观的"境"与主观的"体"上。任何时、空中物，均为有限之"体"，既为有限，即有其限外之"境"，而"境""境"不同，从而以"境"观"体"，遂生反对义。任何"体"，本身是一太极，故立足于"体"而泯除分别之"境"，则为统一。今且以例言之：川岸观水，或兴逝者如斯之叹，或羡鲦鱼出游之乐；枝头花发，或动赏心悦目之情，或吟感时溅泪之诗。就水与花之"体"言，水自水，花自花，水、花本自依旧，何有于叹羡忧乐之情？而人由不同之"境"观之，异情乃生。又如苏东坡诗："横看成岭侧成峰"，为岭或峰乃随看之人之横看或侧看之"境"而异，至于山之"体"，则山自是山，何有于为岭为峰？大易表现此一体两面之关系，便是反对卦，如 ䷊，此看为泰，彼看为否，一卦象上具反对与统一二义。

相对间的统一，表现在"感应"之道上。阴阳二性，相异而相感。以相异故，有相对；以相感故，虽相对而趋合为一。《易经·系辞传》言此，谓："旁行而不流"，"旁行"即言相对，"不流"即言虽相对而交感。这也就是第二讲圆道周流一节中说过的阴阳往复之义（见图3-2）：

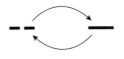

图3-2　阴阳往复

欲了解六十四卦辞义，必得不离此一认识，因为这是流行于宇宙万物间的普遍势用，例如屯卦之六二、六四与上六三处爻辞，均言"乘马班如"，六二虽上有九五之应而下邻初九，六四虽下有初九之应而上比九五，上六则下与九五为邻，阴阳近而感悦，由是而生情外之情，平添人间、物界诸多趣味（或言烦恼），便是在相对而又统一之义下产生。

对立与统一原不可分，二者是易道一而多本来面目的表现。于统一义上而见整体，故古人于此取一"圆"字；于对立义上显其不同趋向（以流行义故），故古人于此取一"方"字。"方"与"圆"之不相谐和而相谐和，早在中国文化中被注重运用，所谓"不相谐和"，指二者各尽其用；所谓"相谐和"，指二者互相为用。在我国新疆吐鲁番古冢中，曾发现有唐代之彩色绢画，上绘有伏羲氏执圆规、女娲氏执方矩之图像，①圆规即代表乾阳之德，方矩则代表坤阴之德。何以乾阳之德圆？因乾道为万物生化之大始，彼时坤阴之顺承尚未显（见前文"天地之大德曰生"小节），乾阳之流行合于太极之"一"故。何以坤阴之德方？因坤道顺承乾功而生物，其功能指向已定故。然"方""圆"之用，又相谐和而成，乾失坤则功能不显，坤无乾则无功可承。女娲氏相传为伏羲氏之后，故二人一执圆规、一执方矩之义，即在乾阳坤阴之对立而统一上。然后，推此"方""圆"之义以观中国文化之各方面，如古人以天为圆、以地为方，

①　今藏台北故宫博物院。

宇宙为"方圆"之合（"断鳌足以立四极"之神话，由此观念产生）；如建筑形式之上圆顶而下方隅；如人生行履之德圆而行方；其他在政治上、艺术上、军事上，以至于书法上，均以"方圆"之谐和运用为尚，此一义读者可省察而发之。另外，《易经·系辞传》中言："蓍之德圆而神，卦之德方以知。"乃是从筮术上讲，当命筮行术时，五十蓍策尚未动用之时，其神全而未生指向，故"圆而神"；及十八变成卦之后，吉凶已判，事之指向已定，故"方以知"。二者一先一后，即乾、坤对立而统一、相辅相成之义。

文王六十四卦排列，真不愧是最完善的一种排列方式，前在第二讲"圆道周流"小节中，我们已据《易经·序卦传》揭发彼一义；而同样明显的是也表现着"对立而统一"之义，此一义则由《易经·杂卦传》作者举发。今以下再引录文王六十四卦序，而以《易经·杂卦传》之解释附于下，其义之明显者不问，不明显者予以必要之说明（括号中文字乃是），以供读者玩索体味：

序卦传文　　文王卦序　　杂卦传文

上经三十卦：

┌─ ䷀乾：刚。
└─ ䷁坤：柔。

屯：物之始生。　　䷂屯：见而不失其居也。

（屯义为草木始萌芽出土，生命体仍在地下，故"不失其居"；蒙则草木渐长，生命体已明著于地上，与屯有地之上、地之下之对立。）

䷄ 需：不进也。

（需为须待，有云在天上，相亲不离之义；讼则云化雨而降于天，不亲而离，故义相对立。）

䷆ 师：忧。

䷈ 小畜：寡也。

[小畜一阴畜五阳，故所畜者"寡"，四虽不当二、五之中，以阴居阴位，尚可处。履则为阴居阳位，虽体兑而悦，不为虎伤（按：履卦辞：履虎尾，不咥人。亨），终非所宜处。一畜寡而可处，一不可处，有对立义。]

䷊ 泰：反其类也。

䷌ 同人：亲也。

（同人一阴居六二中正之位，己下同于人，亲众之象。大有一阴居六五之尊，众听命而悦服。一为己下亲于众，一为众上亲于己，相对义。）

䷏ 谦：轻。

（谦之轻，以心虚故；豫之怠，以志满故。相对待。）

䷐ 随：无故也。

（无事，故随；有事，故饬。二者相对。）

☷☱ 临：与。

☶☳ 噬嗑：食也。

（按：刘百闵《周易事理通义》云："古书疑义举例：噬嗑，食也；贲，其色也。盖以'食''色'相对成文，加'其'字以足句也。其，从古文作兀，学者不识，遂改作'无'字，虽曲为之说，而不可通矣。"刘说为是。）

☶☷ 剥：烂也。

（烂为腐烂，生机已尽；反之为新生，生机复始。为相对。）

☳☶ 无妄：灾也。

（灾害之生，以不得时，得时则无灾。故二卦相对待。）

┌ ☶☳ 颐：养正也。
└ ☱☴ 大过：颠也。

（颐之养正，谓德行之养心，心德全则不颠仆，故二义相对。）

┌ ☵ 坎，下也。
└ ☲ 离，上也。

下经三十四卦：

☱☶ 咸：速也。

（咸即感，感应之事，不疾而速，不行而至，故言速。）

遁：退也。

（大壮刚以动，而止于六五之前，不登六五以免招过刚之议，为进而知止，故与遁之退相对待。）

晋：昼也。

[晋象火出地上，故为画；明夷则明入地下，故为诛（言明受诛害）。二义相对。]

家人：内也。

蹇：难也。

（蹇象水流山中，险难而流急。解象出险主动，故流缓。二义相对。）

损：盛衰之始也。

（损为盛之始，益为衰之始，义相对待。）

夬：决也，刚决柔也，君子道长，
小人道消也。

（夬象一阴在剥，五阳方升，阴将被决去，故言"夬"；姤象五阳正盛，一阴未归，为阳所悦，故言"遇"。此二卦之一遇一离，一去一来，为易道自然流行之旨。）

萃：聚。

（来归为聚，与"不来"相对。）

困：相遇也。

（相遇，即相抵触，即不通。）

䷰ 革：去故也。

䷲ 震：起也。

䷴ 渐：女归待男行。

䷶ 丰：多故亲。

（寡言寡故亲。按《杂卦传》原文为"丰多故亲寡旅也"。此句或断为："丰，多；故亲寡，旅也。"今依"丰，多故亲；寡，旅也"为断。二义相通。）

䷸ 巽：伏也。

䷺ 涣：离也。

䷼ 中孚：信也。

䷽ 小过：过也。

（中有诚信则无过，故二义相对。）

䷾ 既济：定也。

（既济六爻当位，故言定。未济六爻不当位，故言穷；然谓"男之穷"而不谓"女之穷"者，以阳性刚健而阴性柔顺故。）

第三节　不均衡之大用

公元前6世纪时，古希腊伊阿尼亚学派（Ionics）的哲学家安纳西曼德（Anaximander）对万物的流转变化曾提出过意见，他认为万物是互相转变的，他留下了几句不易为后人理解的话：

> 变成那个了。一切东西由之而兴起，而又再度消逝，一如预定。盖，一切东西，按照时间的吩咐，为它们的不公道（Injustice）故，彼此之间，互相取偿，互求满足。①

这句话的难理解处，在于"不公道"的观念究何所指。我们读古代希腊历史，知道古希腊人很重视公平的权利，在政治上主张人人有参政权，在奥林匹克竞技会中公开竞争比赛，而希腊是海上贸易立国的，贸易中也重在讲求公道。然而在此处，安纳西曼德所说的不是人事，而是宇宙万物流转变化之道。依照安氏当时的哲学思想而论，是将宇宙作"物质性"看的，稍前于他，泰利士（Thales）曾提出宇宙的本质是水；稍后于他，安纳西美尼斯（Anaximenes）又提出宇宙的本质是气。但安氏并不接受泰利士以宇宙本质为水之说，也不主张为其他某种物质，他认为比水等物质更根本的，是一种无形的不定的本质，他称之为"无限

---

① 转引自［英］罗素著，钟建闳译：《西方哲学史》。

者"。"无限"的含义有两方面：一言在质与量上的无限（Infinity）；一言无界限（boundless）。前者可取之不尽用之不竭变化成万物，而后者则可以变化为任何物质而无阻隔。然而"无限者"何以要变成这种物质？又要变成哪种物质？安氏说是由于"不公道"之故。

这个"不公道"的含义的确是不容易说明的，笔者就其学说之为主张万物流转变化之精神上，认为它的含义是这样的：例如"无限者"已变为水了，则对于其他物质（如气或火）而言，为"不公道"，于是其他物质便要向水"取偿""求满足"，从而有水之变为其他物质之事发生；同理，如"无限者"变为气了，则水及火等其他物质又以其为"不公道"，而向气"取偿""求满足"，从而气再变为水及火等其他物质。万物就是在这种"不公道"的情况下，"互相取偿""互求满足"，而成变化。

安氏提出了"不公道"，当然骨子里有一个"公道"的观念在。依安氏看来，各种物质既然同在大自然之中，理应如参加奥林匹克竞技会的运动员一般，各享有公平的权利，如果各种物质为均衡的公道的存在，则当各安其位，不会有变动。今万物的流转变化既为眼前的事实，则知为宇宙本质的"无限者"，并非均衡的公道的变为各种物质，乃不均衡的不公道的变成这多，又变成那少，由此遂引起万物的流转变化。

以上我们并没有把话题扯远，笔者的意思是想把安氏这个"不公道"的观念探讨清楚，然后才可以看出他的缺点在什么地方。从而在比照之下，可看出大易哲学虽然也是主张万物流转变化的，却没有这些缺点。

安氏的缺点是很明显的：第一，为宇宙本质的"无限者"，既然可以变为任何物，何以"不公道"地变为一切物，使万物各得均衡？可见安氏对于"不公道"的来源，并未说出其故。第二，如果万物的流转变化仅是由于"不公道"而"取偿"、而"求满足"，则你争我夺，一定不能成为有规律有和谐的变化运动，今观宇宙万物的变化，和谐而有规律，哪里像是万物"彼此之间互相取偿，互求满足"而成呢？安氏的学说，早已失传，今所知者只是残文断句，但就今所知者而论，以上两项缺点是没有做交代的。

尽管如此，笔者仍十分佩服安氏的才高思精。在伊阿尼亚学派三大哲学家中，笔者认为安氏是最突出的一个。由他的"无限者"为无界限的一义看来，他的思想已超越了"物"的滞碍而进入"精神"界。我们固不能说他的"无限者"即同于大易的"太极"，但就他这一"超越物"的意义以及万物由"变"而生的主张上说，"无限者"已隐约合于"太极"。所不同者："太极"明揭自然流行一义，由流行而生变，则变化有了来由，此其一；"太极"分化为"阴""阳"二作用，阳始阴承，阳往阴复，在此往复流行之下，"不公道"有了着落，故大易无上述之第一缺点，此其二；"阴""阳"二作用既为"太极"之分化，则二者往而复，复而往，虽分而合，虽合而分，旁行不流，乃成为一种和谐、一种规律，由是而无上述之第二个缺点，此其三。

由此看来，安氏以"无限者"为宇宙之本质，以"不公道"为万物流转变化的原因，都是很高明的见解，只是他道出了模糊的认识，没有为他的认识立下圆通稳定的依据，因而别人不能了解。不久，安纳西美尼斯便又提出宇宙的本质是气的主张，将思想又拉回到"物"上。又不久，埃利亚学派提出宇宙的本体是全然的不变动、不可分，古希腊哲学的主流终于走上与安氏学说相反的路。

然而以大易哲学看安氏之说，颇觉亲切可称道，这个"不公道"的提出，是大易哲学中阴阳往复流转所呈现的必然现象。读者当还记得在本书第一讲中述及伏羲氏八卦哲学时，笔者曾谓由四象到八卦之所以在卦象上增加一画，是因为四象所表现的阴阳各半的情状，不合于万物所具阴阳不均衡的实情。彼处所言之"不均衡"，在含义上即近于安氏的"不公道"（自然仍是不同，"不均衡"谓阴阳流转中的不对待相等，而"不公道"则着重在分配状态），大易哲学的阴阳往复，是两个作用相对流行，以其为"相对"，我们说它们有均衡的条件；但以其为"流行"，则永无均衡的状态。这一理解非常非常重要，因为有"均衡的条件",所以阴阳二作用永远有"求均衡"的意向;因为永远没有"均衡的状态",所以二作用永远在"求均衡"的志向下流行不息。笔者这样说仍恐读者含糊不明,且以昼夜时刻为例,阳复为昼,交阴为夜,当昼之时,阳盛而阴衰,阴阳不均衡;当夜之时,阴盛而阳衰,也是不均衡。或有人于此发问:当昼夜交替之际,总当有一瞬时为阴阳均衡之时间点吧!不然,阴阳二作用何以相过而交互盛衰呢?这是没有进一步思考,如果稍一静心思考,很快便能了然其实情:

第一,阴阳二者的流行,变动不居,不容有任何滞碍的时间点存在,二者之交会,说在即不在,说有即无。

第二,即令思想中有此一时间点,仍不可忽视掉空间因素。物物各为太极,各在流行,当昼夜之交的瞬间,宇宙间无穷之万物之太极,其流行千差万别,不可能有共同之阴阳之均衡。也就是说:即令有阴阳均衡的时间点,也不会有阴阳均衡的空间面。

第三,阴阳既是流行中的作用的存在,在其流行中当有其趋进的势用,此趋进的势用将不允许作用之止于某一点。所以我们虽可以想象阴阳在流行中有某一交会点,但实际上永远没有那一点。

可是,宇宙如是一个不均衡的存在,依常识,何以会表现得如此有秩序而和谐,不倾覆溃散呢?关键便在于一方面此不均衡是"流行"中的不均衡，受流行的趋力控制着；另一方面阴阳二作用都向着"求均衡"流行。所以，如实说来，"均衡"或者"公道"都永远是万物流转中的一个期望，而宇宙存在的实情是永远向着这个期望奔赴的不均衡的状态。

大易哲学这种"不均衡"的理论，验之物理人事，无不密合。近代科学发达，使此义更为分明，大者如地球转动中地轴之有偏角，如地球公转轨道之非正圆等；小者如原子、电子在流转中有无法解释的跳动情形等，都十足证明了"不均衡"理论之正确。而在人事中，此理论早为古人所揭示，最得此道妙用的是孟子。孟子说：

> 天将降大任于斯人也，必先苦其心志，劳其筋骨，饿其体肤，空乏其身，行拂乱其所为。所以动心忍性，曾益其所不能。①

孟子的话就是说一个人要想"曾益其所不能"，必得身心多受折磨。"受折磨"是不均衡之道，正因为将人推入"不均衡"中，人才奋其"求均衡"的天性，正所谓"曾益其所不能"。孟子又说：

---

① 《孟子·告子下》。

人之有德慧术知者，恒存乎疢疾。①

"疢疾"的人是生活不得均衡的人，可是人有"求均衡"的天性。因此遂增加了另一面的"德慧术知"。由此推理而验之于历史，凡是为人所尊敬的有成就的文学家、艺术家、政治家、宗教家等，大多是未受良好教育，或遭受挫折摧残，在艰苦中挣扎而出，处"不均衡"之环境中奋其"求均衡"的精神而后得成就；而那些身心状态正常、生活均衡无忧无虑的人，却难有成就，所谓"宴安鸩毒"者是。所以，依照大易哲学，人生的意义不在于享受均衡的生活，而在于以均衡的生活为理想而向之奔赴，这一理想永远不要，也不可能达到，幸福便在此奔赴的途中。

第四节　动与静

现在我们将讨论另一个由乾、坤之分而引起的问题，这一问题非常普遍地被人们所误解，有提出来进行讨论的必要。

今日一般人对"动"与"静"的观念，认为"动"就

────────────

① 《孟子·尽心上》。

是日常所见的运动变化，而"静"是停止不动。这种常识之见用于日常生活中是无碍的，可是如用以理解大易哲学，便成了错误。何以言之？因为如前文所述，在大易哲学中无"不动"的存在，太极是一大流行作用，自太极展开的宇宙万事万物，完全是一个"动的世界"，变动不居，周流六虚，又哪里去寻找一个"不动"呢？但是这并不是说大易哲学与日常生活脱了节，"动"与"静"为大易中所讲，而且二者含义相对，只是所讲的"动"与"静"，乃是透过日常生活面做深一层认识而立哲学义。

下面笔者想采用时下一些人在学术研究上喜欢用的统计方法，将《易经》中所见的"静"字全部列举出来，以究明其义。因为《易经》中"动"字所见极多，随手即可拈来，且"动"之一义，为大易所肯定，已不需列举。今只需将少数有"静"字的文句列出，便可以看出"动"与"静"的界域。

总《易经》文本中，"静"字不多见，且不在卦爻辞中，所见者仅有以下数处：

《易经·坤卦·文言》："坤至柔而动也刚，至静而德方。"

《易经·艮卦·象传》："时止则止，时行则行，动静不失其时，其道光明。"

《易经·系辞传》："动静有常，刚柔断矣。"

又："夫易广矣大矣，以言乎远则不御，以言乎迩则静而正，以言乎天地之间则备矣。夫乾，其静也专，其动也直，是以大生焉；夫坤，其静也翕，其动也辟，是以广生焉。"

这里有两点值得注意：一是凡言"静"之处，均与"动"相对待以见义；二是乾有"动""静"，坤也有"动""静"。由第一点，我们固然可以解释作"静"为"动"之相反义，即是"静"为"不动"；但由第二点的乾、坤均有"动""静"，立刻便知道以"静"为"不动"是错误的。乾全然是一个流行动生的作用，"大哉乾元，万物资始"。如果乾有"不动"之性，万物还如何资之而始呢？可见"静"的含义并非"不动"。"静"既非"不动"，而又与"动"义相对待，那么究竟何以说明这个"静"呢？

《易经·系辞传》曾为许多名词下定义，独无"动"与"静"义，骤然看来，觉得奇怪，但想一下之后，即知道并不奇怪，因为太极本是一大流行作用，宇宙万物均为此流行作用动生之象；既然宇宙间没有"不动"的存在，则所谓"动"，随言即是，又何用下定义呢？下定义岂非成了无意义的事了吗？然而，"动"是如此，"静"呢？

今且先从乾卦说起。前引《易经·系辞传》之文，言乾有"动"也有"静"，是关键认识，六十四卦的乾☰，即是八卦的乾☰，也即是两仪的一，其本身为"万物资始"的动的作用，今乾既有"动"也有"静"，这意义便不难理会，可知是在乾的"动"中有了"动""静"之分。这里需要回头来一探究竟的是所谓乾之动，在本质上原为太极之自然流行，以其有了化生万物的意向，始着力于化生万物，离开了原来太极的"自然流行"状态，故名为"动"；言乾有"刚健"之性，正指其在"自然流行"之上"着力"而言。然乾的刚健的势力，并非一往不反地永远如是，到了盛极的时候，便势衰力弛，刚健的势力休歇，又回复到未"着力"前的"自然流行"的状态。而乾在刚健着力时所做之动，却在这一段势力休歇的阶段得到培育而生成物，这一段乾势力休歇的阶段，是名为坤；所谓坤，便是顺承乾功，含弘光大而生物。然后，坤的功用势衰，乾的刚健又起，如此反复不息。但在这里，我们需要体会到，笔者说乾在刚健势衰之后又回到"自然流行"的状态，只是就乾而言，事实上是乾的作用转化为坤而延续起用，乾道变化转化成了坤道变化；而就坤而言，则此时仍非太极之"自然流行"。于是，在这里我们可以知道：乾的功用有"起用"与"休歇"之时，坤的功用也有"起用"与"休歇"之时，即此便是乾、坤各有"动""静"的缘由。乾之"动"，指其刚健之性起用而言，其"静"，指其刚健之势用衰而休歇，坤之势用起；坤之动，指其顺承生物之性起用而言，其"静"，指其顺承生物之势用衰而休歇，乾之势用兴。二者交互为用，交互为"动""静"，这便是上引《易经·系辞传》的"夫乾，其静也专，其动也直，是以大生焉；夫坤，其静也翕，其动也辟，是以广生焉"之义。乾之刚健之势用起，动而进，故言"直"，刚健之势用歇，归诚于一，故言"专"；坤之势用起，动而生物，故言"辟"，势用歇，闭而含藏，故言"翕"。那么，由这里我们得到了"动"与"静"的意义，何谓"动"？对照于太极之自然流行，"动"为在自然流行之上着了力（无论乾之刚健或坤之生物），故"动"为"着力的流行"。何谓"静"？为"动"之力尽而弛（无论乾之刚健或坤之生物），故"静"为"不着力的流行"。所以"动"与"静"二者的对待，唯在于"着力"与"不着力"之别，可以说二者都是"动"（绝对的动，即"流行"义），"动"为"着力的动"，而"静"为"不着力的动"。

但这里尚有一点计较，既然乾、坤都是一"动"，何以坤卦《文言》云"至静而德方"？这是因为在乾、坤生化万物的思想程序上，乾为始动而坤为顺承，就其顺承乾而言，为"不着力的动"，为"静"。但顺承之后，紧接着下来的便是生物，生物便成了"着力的动"，故坤卦《文言》又云："至柔而动也刚。"乾、坤二作用之均为"动"，《易纬·乾凿度》的话倒是说得非常好：

> 阳动而进，
> 阴动而退。

由此我们知道乾阳坤阴之各为"动""静"，实都是一大流行的"动"中的事了。

至于上引《易经·艮卦·象传》"时止则上，时行则行"之文，"止"即"静"，"行"即"动"，"止"非绝对之"不动"，乃相对义。八卦中艮为止，凡六十四卦中内外卦有艮象的，都有止义，如《易经·蒙卦·象传》："险而止"，《易经·贲卦·象传》："文明以止"，《易经·旅卦·象传》："止而丽乎明"，《易经·渐卦·象传》："止而巽"，《易经·蹇卦·象传》："见险而能止"等，都是太极大化流行中的相对的"止"义，宇宙间并没有绝对的"止"。最足以明此义的是☶遁卦，下卦象为艮，《易经·遁卦·象传》不言"止"，而言"与时行也"，当遁之时，与时偕行即"止"。何谓"与时行"，即"不着力"于有所作为，顺大化之流行而动，即"静"。

最后，我们尚可以举《易经·说卦传》中言八卦之性一章为例以观，俾更加深对"动""静"二义的认识，《易经·说卦传》之文是："乾，健也。坤，顺也。震，动也。巽，入也。坎，陷也。离，丽也。艮，止也。兑，说也。"在这里，乾言"健"，坤言"顺"，二者都不言"动"，为"动"的是震卦，这中间饶有意味。乾何以不言"动"？因乾有"动"有"静"。坤何以不言"动"，因坤也有"动"有"静"。至于震，则全然为"动"，在太极自然流行之中，雷震发声，乃"着力的动"，此时无"静"可言。读者至此，当已了然于"动""静"二义之区别了。

第四讲　首出庶物，建立人道

扫一扫，
进入课程

第一节　一条拾级上升的路

乾元统天，坤元配地，天地絪缊而万物化生，所以自万物之现形始，宇宙便成了三分之局——天一、地二、物三。夫物芸芸，各赋性不同，有些物块然无知，有些物虽有知而懵懂不灵，万物中最具有灵智的，厥唯人类，这就自然地"人"踊跃而出，代表了"物"，大易称天、地、人为"三才"，称天道、地道、人道为"三才之道"或"三极之道"，便由此故。

关于人如何从芸芸众物中脱颖而出的事，大易哲学并未直接讲，大易是应人道建立之运而生，它是站在人已超脱于万物之后的基础上立言，因而它的主要精神乃贯注在经营人道上，如何对人类世界做妥当安排是它的中心任务。然而如我们所已经说过的，大易不是出于一时一人之手的哲学，它由伏羲氏画八卦到孔、老的完成思想体系，上下亘四千余年之久，在这一长久的发展历程中，哲学思想与历史时代一致前进，从中也就看出了人的地位冉冉上升的情势。对于这一情势的认识是重要的，在前文，除了在前言篇中略提及之外，无暇述及此，现在论述大易思想体系至此人道之建立一章，正可以对这一情势做较清楚的说明。以下两节，一以《易经》为依据，从大易哲学之思想形态发展上看人的进步历程；一以其他史册为依据，从人的气质变化上看人的进步历程。这两个观点自然都是以中国人为立场，就中国历史为活动背景而言，不足以概括"人类"，但由中国推及他国，世界各地区人类的进步，实都不离这一大趋向。

一、由思想形态的改变上看人的进步历程

天道思想 ——→ 神道思想 ——→ 人道思想

图4-1 从思想形态的改变看人的进步历程

"易道深矣，人更三圣，世历三古。"这是班固《汉书·艺文志》中的话，班氏以大史家的眼光，上探易学的发展，将孔子以上的易学分为三个阶段，即上古伏羲氏、中古周文王、近古孔子（以东汉初年望孔子时代为近古，或言下

古）。后来人都相信班氏之论断，但由于班氏的话太简约而未道出原委，故后来引用班氏之说者，也便止于此，究竟"三圣"之易如何更？"三古"之易如何历？彼"三圣""三古"之易之所以"更""历"之历史因素何在？问题则无人道及。

笔者于此实叹服班氏如炬的史家眼光，当笔者将孔子以上易学的发展情形用心研究过之后，便不得不承认班氏的论断下得完全正确无误，只可惜他没有多说一些。

班氏的论断是可以证验的，我们只要抛弃易学研究中后先时代混淆的习惯，合理地依循历史时代思想演进的路线探求，便不难发现就在《易经》书中已经明白划分出"三圣""三古"之易的界限，那就是：

八卦部分——上古伏羲氏之易。

六十四卦及卦爻辞部分——中古周文王之易。

十翼部分——近古孔子之易（十翼非尽出孔子之手，但就哲学思想言，说十翼出于孔子，是不错的）。

这三部分易学合成《易经》一书，由伏羲氏到周文王约三千五百年，由周文王到孔子六百余年，正是古史中三个不同的历史时代。

然而，我们的认识绝不止于此，"三圣"与"三古"更有着密切的关联，那就是伏羲氏、周文王与孔子各以其卓绝的智慧，留下了他们哲学思想的制作，使他们分别成为三个历史时代的代表人物，上面《易经》书中的三部分，也就是"三圣"之所以成圣、"三古"之所以划分的原因。换句话说，"三古"的划分，乃是依据于时代思想的不同，而三个历史时代思想的不同何在？便在周易书中"三圣"的制作上见。周易中三部分各代表的思想时代如图4-2：

图4-2　周易中三部分所代表的思想时代

（按："天道""神道""人道"之名，自然是根据于中国人的意识形态，如以西方哲学称名，则当分别为"自然思想""宗教思想"与"人事思想"。）

以伏羲氏的时代为"天道思想时代"，意指当时人的中心思想是以天地大自然现象为主。这话听起来似觉武断，因为近代以来，历史考据之学对此颇多疑难，重要的意见有两方面：第一，史学中事，贵乎实证，伏羲氏其人在疑信之间，今日考据之学无由得其实证。第二，伏羲氏画八卦之事，系根据于古籍记载，而古籍载此，乃根据于古代人传说，在今人心目中，传说自不可靠。笔者非志在考究史实，故不拟对上述两个疑问做太多解说（详细情形，请参阅拙著《先秦易学史》），只是觉得近代人对伏羲氏其人与其画八卦一事的疑难，殊觉失理。就上面第一个疑难来说，史事固然贵乎实证，但实证有其限度，伏羲氏生当远古，传说为"畜牧时代"的开创者（"伏羲"之意为驯伏牺牛），于地质学上为"新石器时代"，其时器物之制作未兴，即有原始之器物，今日也早已湮没无存，于此情况下要求实证伏羲氏之生存，岂非背理？再说上面第二个疑难，伏羲氏之时尚未有文字，无文字之历史自然借助于口传，"传说"之事固然多有失实者，但欲求文字史以上之史事，传说之价值当不可忽视。于是我们来看画八卦一事，八卦既有其象，必有画成之人，此无疑问之一；再察八卦之象之整体性及其所代表之哲学思想之一贯性（已见前文第一讲"伏羲氏八卦哲学"一节），画成者当为"一个人"，不当是异时代多人之作，此无疑问之二；再考各种古籍所载，言八卦之画成之人，唯是伏羲氏，更无他人，此无疑问之三；然而更重要的，还是以八卦本身所表现的思想来决定它产生的时代，八卦☰为天、☷为地、☳为雷、☴为风、☵为水、☲为火、☶为山、☱为泽，天、地、雷、风、水、火、山、泽为八种自然现象，哲学思想不能离开时代，这证明八卦的画成是在远古以天地自然为中心思想的时代，正是历史传说中伏羲氏生存的畜牧时代的中心思想。

以古籍中之传说记载，印证情理，笔者认为"伏羲氏画八卦"一事是无疑的。我们应知中华民族的文化源远流长，古代中国人在今日中国这块土地上已有许多万年的发展历史（"北京人"的发现，即证明已有五十万年以上），到了伏羲氏时代，这地区的人智已发展到理性之光发露之时，开始对许多万年以来生活于其中的大自然起了探讨之心，伏羲氏灵智初发，得风气之先，以当时无文字故，乃画八卦符号以代表思想。我们看八卦之取象，不取器物制作，不取人际关系，不取社会国家之制度设施，便知道那时候这一切尚未产生。那时候，人尚在大自然的卵翼下生活，天之高远，地之广厚，雷风之疾厉，水火之灾害，山泽之深藏，这些自然现象直接关系着人的生存，关系生存的事情当然不能忘怀于心，于是表现于八卦上，这便是所谓的"思想不能脱离时代"。

由八卦的取象纯为大自然现象，证明它是"天道思想时代"下的产物，同时也表明在当时人的地位尚未在时代思想中受重视。伏羲氏只是以突出于时代的圣智者的姿态画下八卦，而当时一般人的中心思想则仍为大自然的思想所控制；也就是说，"人道思想"此时尚未兴起。

由八卦到六十四卦，所表现的时代思想便截然不同了。

第一，六十四卦名称已不再是自然现象，如讼、师、比、同人等言社会关系，谦、豫、随等言个人道德，咸、恒等言男女爱情，家人、归妹等言家庭，鼎、革等言国家。很显然，这时代人事社会已交往频繁，道德观念已兴起，家庭组织与国家制度均已建立。第二，六十四卦与卦爻辞的应用在于行使筮术，假鬼神的启示以占断吉、凶、悔、吝，此时鬼神的权威至上，人事在鬼神权势指使之下；读六十四卦之卦爻辞，使我们感到一方面人固然在努力筹划自己立身处世的法则，另一方面却严受着冥冥中鬼神的监视。这正是周文王的时代，此时的时代人心已脱离了天道思想，转进到"神道思想时代"；此时人道思想的信息始现，但整个社会是在神道思想气氛笼罩之下，而天道思想的气氛则已经淡薄。

在这里，我们需扼要说明一下神道思想发生的原因。在天道思想时代，人只是懵懂地寄生在大自然的势力之下，最早期的人，未意识到自己与大自然的对立，在逐渐意识到与大自然的对立之后，又因人智不能解释大自然现象的神秘而生惊奇敬畏之感。伏羲氏的八卦哲学，便是人在与大自然对立的意识下，以惊奇敬畏之心观察分析大自然现象而建立。时代愈降，人智愈进步，大自然现象中如水、火、山、泽等虽已逐渐为人所熟悉，但天地之高远广厚以及雷、风灾害之由来，仍非人智所及，在谋求改善生存保障的心理驱使下，乃设想天地是一种有意志的超越势力，能够支配宇宙万物，能够降祸福于人。于是，天神、地祇、人鬼的思想兴起。

对于鬼神之义，我们不妨引古书中的解释。何谓"鬼"？《说文》云："人所归为鬼。"《礼记·祭法》云："人死曰鬼。"又《祭义》："众生必死，死必归土，此之谓鬼。"也就是说，"鬼"是由人而来，人有肉体与精神两方面，死而精神脱离肉体，是为"鬼"。何谓"神"？《说文》："天神，引出万物者也。"徐灏笺云："天地生万物，物有主之者曰神。"《说苑·修文篇》："神者，天地之本，而为万物之始也。"凡言"神"，则不离天地，可见"神"是由天地一方面所立（至于"祇"，为"地之神"，见《玉篇》）。简单说来，"鬼"近于人而"神"近于天地，"鬼"是精神化了的人而"神"是具体化了的天地，"鬼"乃介乎人与天地之间，作为桥梁以沟通二者的情感。这种关系可表示为：天地—神、鬼—人。

有一则史实最足以说明这种情形，这便是《尚书·金縢篇》所载周公之事：武王有疾，周公祈祷请以身代，但他祈祷的对象不是天地，而是已死的太王、王季与文王，请他们的灵魂转告于天地之神。由此可以看出"鬼神"的意义何在了。

所以，"神道思想时代"的来临，即表示着人智的进步，过去在"天道思想时代"，人无由通情于天地，只有顺受大自然势力的拨弄，现在却想出了一种方法输诚于天地，求天地鬼神祛祸降福。同时，这也等于说人的地位提高了，过去在八卦哲学中不见人的影子，现在六十四卦哲学中虽以鬼神的权势为至上，但鬼神的意志终究落在人事上。万物虽均为天地所生，而人独能在与天地之间筑起一道桥梁，与之交通往来，人明显地"首出"万物了。

周文王之世，并非"神道思想时代"之鼎盛，神道思想之鼎盛，当为殷商天下未衰之时，今所见之甲骨卜辞，为殷帝盘庚以后之物，那时候才是神道思想之盛世（商朝以前已有卜法，山东城子崖发现之卜辞即是，只是那里的发现是仅用牛羊的肩胛骨，可见神道思想自商朝以前已开始）。至周文王，乃殷商最后一代暴君辛纣在位，当时神道思想虽然仍笼罩着一般的社会，但人智已显示出不甘受鬼神压制的模样。周文王是迎合一般社会人心而用六十四卦于筮术，而事实上筮术的吉、凶、悔、吝之断，乃是假鬼神之名，其标准完全在于人心共通之理。孔子后来称赞周文王云："圣人以神道设教而天下服矣。"①"神道"指当时的时代思想，"设教"言人智之用，孔子的话是非常正确的。

自周文王以后，人智迅速发皇，从上引《尚书·金縢篇》周公之事上也可以看出来。周公之祈祷太王、王季、文王，可说是一片纯诚，这表示他仍深受神道思想的束缚，但同

① 《易经·观卦·象传》。

时周初的一切大设施——制礼、作乐等人智之事，也出于他；换句话说，周公是身处于神道思想与人道思想消长之交，故而表现出双重色彩。而更为明显的，是《尚书·洪范篇》一文，《尚书·洪范》九畴传说为纣臣箕子向武王所陈述，这篇文字被后人认为已经周人修改，作为周初的治国大法，类似于今日的宪法。在《洪范》九畴之七"明用稽疑"下，记载着天子如遭逢大疑难时应该如何处理，原文为：

> 汝则有大疑，谋及乃心，谋及卿士，谋及庶人，谋及卜筮。
>
> 汝则从，龟从，筮从，卿士从，庶民从，是之谓大同。身其康强，子孙其逢吉。
>
> 汝则从，龟从，筮从，卿士逆，庶民逆，吉。
>
> 卿士从，龟从，筮从，汝则逆，庶民逆，吉。
>
> 庶民从，龟从，筮从，汝则逆，卿士逆，吉。
>
> 汝则从，龟从，筮逆，卿士逆，庶民逆，作内吉，作外凶。
>
> 龟筮共违于人，用静吉，用作凶。

这是很明白、很科学的规定，上面规定天子在治理国事中解决大疑难的参考条件有五：第一，"乃心"，即天子的心意；第二，"卿士"，即大臣们的见解；第三，"庶人"，即人民的意见；第四，"卜"，即龟卜（"骨卜"除外，周人行卜，用龟不用骨，理由见笔者《先秦易学史》）；第五，"筮"，即以六十四卦象及卦爻辞行筮术。以上五项决疑条件，代表神道思想的"卜"与"筮"只占两席，其他三项均为人智决断，可见这时候人道思想方兴之势。而这种情形在殷商甲骨卜辞时代是绝不允许的，那时候一切听命于天地鬼神的启示，没有人智用武之地。

于是，时代愈降，人道思想愈盛，到了春秋时，在《左传》《国语》《史记》等书中，便随处可以看到人道思想已酝酿到了饱和状态，周朝廷及各诸侯国中有见识之士，常公开发表贬鬼神而崇人道之论，例如：

> 桓公六年，季梁对隋侯言："夫民，神之主也，是以圣王先成民，而后致力于神。"
>
> 庄公三十二年，史嚚闻虢公享神，神赐之土田，遂言："虢其亡乎！吾闻之：国将兴，听于民，将亡，听于神。神，聪明正直而一者也，依人而行，虢乡凉德，其何土之能得？"
>
> 僖公五年，宫之奇对虞公言："臣闻之：鬼神非人实亲，惟德是依……如是则非德，民不和，神不享矣。神所凭依，将在德矣。"

又十九年，司马子鱼言："祭祀，以为人也；民，神之主也。"①

这些话都是时代思想的代表，而就在人道思想蓬勃生起之时，孔子应运而生。

孔子之生，带着十足的"为人道献身"的精神，他的思想时时刻刻落在"人"上，冀以发扬"人道"。例如：子路请问他"事鬼神"的事，他回答说："未能事人，焉能事鬼？"②长沮、桀溺讽刺他不知避世，他说："鸟兽不可与同群，吾非斯人之徒与而谁与？天下有道，丘不与易也。"③而他对"道"的主张是："道不远人，人之为道而远人，不可以为道。"④对于孔子一生的工作，笔者认为可做两方面论：一是他如何致力于清除旧时代的神道思想，转化人心使信仰人道思想；二是他如何致力于为新的"人道思想时代"建立一套做人的法则。兹扼要述于下：

对于消除神道思想、转化人心使信仰人道思想方面，孔子的做法是：

第一，孔子抛弃了自西周以来的筮术占断，以理智思

① 《左传》。
② 《论语·先进篇》。
③ 《论语·微子篇》。
④ 《中庸》。

考说明吉、凶、悔、吝之所以然之故，这便是他在《彖传》《象传》《文言传》中所做的。

第二，对"天""地""神"等原有神道思想含义的字，转变之使成哲学义，如：

> 天行健，君子以自强不息。①
> 地势坤，君子以厚德载物。②
> 泰，小往大来，吉亨，则是天地交而万物通也。③
> 范围天地之化而不过，曲成万物而不遗，通乎昼夜之道而知，故神无方而易无体。④
> 阴阳不测之谓神。⑤
> 子曰：知几其神乎！⑥

第三，孔子以身作则，在言行上对鬼神表现疏远，如：

> 樊迟问仁。子曰：务民之义，敬鬼神而远之，可

---

① 《易经·乾卦·象传》。
② 《易经·坤卦·象传》。
③ 《易经·泰卦·彖传》。
④ 《易经·系辞传》。
⑤ 同上。
⑥ 同上。

谓知矣。①

子不语：怪、力、乱、神。②

祭如在，祭神如神在。子曰：吾不与祭，如不祭。③

子曰：生事之以礼，死葬之以礼，祭之以礼。④

对于为新来临的人道思想时代建立法则，可以说耗费了孔子大部分的精力。他告诉人如何行仁道，他指示人对父母、兄弟、朋友、长者应持何种态度，他揭示君臣之义、臣民之义、夫妇之义、君子小人之义等，他勉励人做君子、做大人，并不厌其详地指出在各种生活方式下应采取的途径，等等。凡此，都是我们读《论语》、读《礼记》、读《春秋》、读《周易》所熟知的，此处不拟举例说明，笔者在本书的第六、第七讲将述及此。

总之，到了孔子时，"人道思想时代"算是真正开始了。自此以后，人对自己的理智能力有了信心；立身处世，宁愿取决于理智判断，在理智之光照射下安排人生。这是人继神道思想之后，又升了一级。在"神道思想时代"，人的"首出庶物"，尚仰赖于鬼神的提携，现在完全靠自

----

① 《论语·雍也篇》。

② 《论语·述而篇》。

③ 《论语·八佾篇》。

④ 《论语·为政篇》。

己的独立能力了，奋进的人！

二、由气质变化上看人的进步历程

$$野 \longrightarrow 质 \longrightarrow 文$$

图4-3 从气质变化上看人的进步历程

第一小节由思想形态的改变上看人的进步历程，是就人智方面说，"天道""神道""人道"三种思想形态，是由人智进步而起。现在，我们再换一个角度，由人的气质变化上看人的进步历程，人的气质变化是人在进步途中随人性的自觉而起，人之"首出庶物"者，此一"自觉心"极为重要，由此而表现出的进步历程，也可以作为三级划分，便是：由"野"而"质"而"文"。

第一小节所依据的是大易哲学的发展史，即从伏羲氏、周文王、孔子的思想上做划分。此一小节笔者将截取中国历史的一段，引史册之文以为依据。

话说公元前1122年，周武王兴师伐殷纣，大会诸侯于孟津，传说当时诸侯不期而会者八百。武王在誓师词中，一开始便说出了两句震撼人心的话：

惟天地，万物父母；惟人，万物之灵。

武王首揭这两句话的用意，是要明告天下诸侯，这场伐纣的战争，乃是为了维护人类灵性的尊严而战。武王既以此为号召，当然是"人为万物之灵"的观念已经在人心中建立起来。当时的天子殷纣，居天下人仰望之位，亵渎人类灵性而行事，惹得众怨沸腾，人心叛离，武王应天下人心之召唤，才发起正义之师。今且看《尚书·泰誓》三篇中，武王如何数殷纣之罪：

《尚书·泰誓上》：

今商王受弗，敬上天，降灾下民，沉湎冒色，敢行暴虐，罪人以族，官人以世，惟宫室、台榭、陂池、侈服以残害于尔万姓。焚炙忠良，刳剔孕妇。

《尚书·泰誓中》：

今商王受，力行无度，播弃犁老，昵比罪人，淫酗肆虐，臣下化之。朋家作仇，胁权相灭，无辜吁天，秽德彰闻。惟天惠民，惟辟奉天，有夏桀弗克若天，流毒下国，天乃佑命成汤，降黜夏命。惟受罪浮于桀，剥丧元良，贼虐谏辅，谓己有天命，谓敬不足行，谓祭无益，谓暴无伤。

《尚书·泰誓下》：

> 今商王受，狎侮五常，荒怠弗敬，自绝于天，结怨于民。斫朝涉之胫，剖贤人之心，作威杀戮，毒痛四海，崇信奸回，放黜师保，屏弃典刑，囚奴正士。郊社不修，宗庙不享，作奇技淫巧以悦妇人。

我们在前文中已说过，殷周之际虽是神道思想支配人心的时代，但已至强弩之末，此时人道思想已在酝酿发生。殷纣的不敬天地，实际上便是神道思想衰落的符号。然而，他毕竟身居天子之位，为天下人的代表，在神道思想尚笼罩着广大社会人心之时，他率先不敬鬼神，这就成了叛逆天下人的信仰。再说神道思想的形成，是人由天道思想时代进步而来，表现着人的灵智的进升。在天道思想时代，人与万物同受天地自然的拨弄而无力自救，到了神道思想时代，则是人设想出交通天地鬼神以谋求自救，此时人已显然表现出"为万物之灵"，那么殷纣的公然不敬天地而又肆行物欲，岂不是亵渎了已进步了的人的灵智而又走回头路，回到"同于物"的地位上？换句话说，殷纣是抹杀掉人的灵智，抛弃掉人的"首出庶物"的境界，如此便不只是自甘堕落的事，而是伤害到了所有人的尊严，更何况他身为天子，怎么能容他这样做呢？上面周武王指责他的罪，主要即在于此，而武王必胜、殷纣必败的契机，也就于此决定了。

上面这么一大段，旨在说明到了殷周之际，中国历史已经演进到人的灵性的尊严不允许遭轻侮的阶段，谁不尊重人的灵性，谁就会失败。然后，我们再从殷商之际向上看，司马迁作《史记》断自黄帝，为信史之始，我们且先看《史记·五帝本纪》中对黄帝的记载：

> 轩辕之时，神农氏世衰，诸侯相侵伐，暴虐百姓，而神农氏弗能征，于是轩辕乃习用干戈，以征不享，诸侯咸来宾从，而蚩尤最为暴，莫能伐。炎帝欲侵陵诸侯，诸侯咸归轩辕，轩辕乃修德振兵，治五气，执五种，抚万民，度四方，教熊罴貔貅貙虎，以与炎帝战于阪泉之野，三战然后得其志。蚩尤作乱，不用帝命，于是黄帝乃征师诸侯，与蚩尤战于涿鹿之野，遂禽杀蚩尤。而诸侯咸尊轩辕为天子，代神农氏，是为黄帝。天下有不顺者，黄帝从而征之，平者去之。

通观这一篇黄帝得天下的经过，除了少数几句话以外，全篇是武力征战，尤其是"天下有不顺者，黄帝从而征之，平者去之"的话，使人充分意识到那个时候是"以力服人"的时代。黄帝以上，没有系统的史料记述，但我们有理由相信以往的时代更是专于武力杀伐，因为司马迁之述黄帝，乃合帝颛顼、帝喾、帝尧、帝舜为一本纪，他一方面根据于帝系，同时也根据于帝德（见《史记·五帝本纪》之"太史公曰"文）；也就是说，黄帝在古帝王中是有德者。有德者尚如是从事于征伐，则黄帝以上的情形可知。但我们将上引述黄帝之文与《史记·五帝本纪》中述帝尧、帝舜之文做比较，便显然不同了，以下是《史记·五帝本纪》中记述尧、舜之治天下，文长，不便多引，兹摘引数段：

> 帝尧者，放勋。其仁如天，其知如神，就之如日，望之如云。富而不骄，贵而不舒，黄收纯衣，彤车，乘白马。能明驯德，以亲九族；九族既睦，便章百姓；百姓昭明，合和万国。乃命羲和，敬顺昊天，数法日月星辰，敬授民时。……信饬百官，众功皆兴。尧曰："谁可顺此事？"放齐曰："嗣子丹朱开明。"尧曰："吁！顽凶；不用。"尧又曰："谁可者？"谨兜曰："共工旁聚布功，可用。"尧曰："共工善言，其用僻，似恭，漫天；不可。"尧又曰："嗟！四岳，汤汤洪水滔天，浩浩怀山襄陵，下民其忧，有能使治者？"皆曰："鲧可。"尧曰："鲧负命毁族，不可。"岳曰："异哉！试不可用而已。"尧于是听岳用鲧，九载，功用不成。尧曰："嗟！四岳，朕在位七十载，汝能庸命践朕位。"岳应曰："鄙德，忝

帝位。"尧曰："悉举贵戚及疏远隐匿者。"众皆言于尧曰："有矜在民间，曰虞舜。"尧曰："然。朕闻之，其何如？"岳曰："盲者子，父顽，母嚣，弟傲，能和以孝，烝烝治不至奸。"尧曰："吾其试哉。"……

舜年二十，以孝闻。三十而帝尧问可用者，四岳咸荐虞舜。曰："可。"于是尧乃以二女妻舜，以观其内，使九男与处，以观其外。舜居妫汭，内行弥谨，尧二女不敢以骄贵事舜亲戚，甚有妇道；尧九男皆益笃。舜耕历山，历山之人皆让畔。渔雷泽，雷泽之人皆让居。陶河滨，河滨器皆不苦窳。一年而所居成聚，二年成邑，三年成都。……舜入于大麓，烈风雷雨不迷，尧乃知舜之足授天下。尧老，使舜摄行天子政，巡狩。舜得举用事二十年，而尧使摄政；摄政八年而尧崩。三年丧毕，让丹朱，天下归舜。而禹、皋陶、契、后稷、伯夷、夔龙、倕、益、彭祖自尧时而皆举用，未有分职，于是舜乃至于文祖，谋于四岳，辟四门，明通四方耳目。命十二牧论帝德，行厚德，远佞人，则蛮夷率服。……四海之内，咸戴帝舜之功，于是禹乃兴九招之乐，致异物，凤凰来翔，天下明德皆自虞帝始。

《史记·五帝本纪》之文，出于司马迁一人之手，但观尧、舜之治天下，一片德化，其兴起以德，其治天下也以德，与黄帝的力征以服天下全然不同。当然，在这里我们可以说黄帝是开创局面，凡开创之君少不掉力征；尧、舜是继承已有，凡守成之君多勉力于德化。然而观尧、舜之作为行事，总给人以另一种感受，那就是他们积极地向着人性之高尚奔赴。尤其在尧选择继位人一事上的表现，他不选择己子丹朱，不选择共工、四岳，不选择其他孔武有力的人，却选择在民间以孝闻的舜，这必是已体会到人性之本，体会到人类社会的存在不当以武力征伐、自相残杀为手段，因而才弃"力"而尚"德"。我们再看黄帝与尧、舜时代的任用贤臣，中国文字历史上最早的两个人才鼎盛的时代，第一是黄帝时代，其次便是尧、舜时代，但两个时代的人物给人的感觉不同。黄帝建国以后，他的臣下发明文字、发明舟车、发明用蚕丝制作衣裳、创制历法等，给人的感觉是"才"盛，不是"德"盛；然尧、舜时代的群臣，治山林、治水、兴教化、兴农事、明司法等，虽然也在创造发明上大有作为，但史册上却特别强调他们的协和之德，这个时代的人才济济，留给人的印象是"德"盛。所以笔者认为自黄帝到尧舜，是中国历史上一个大重要的时代，人性的自觉开始于此时，道德思想建立于此时。黄帝建国在公元前27世纪末叶，尧、舜时代在公元前24世纪至公元前23世纪，黄帝时代可视作人性自觉之始，而尧、舜时代则卓著表现出人性之光。黄帝以上尚武力，人的气质尚在

"野"的阶段，以后则逐渐改变了"野"的气质，向着人与人互信互爱、推诚相处发展，这便是所谓的"质"的气质，尧、舜时见其成。后来儒家极力推尊尧、舜，原因即在此。

舜后来让天下与禹，同于尧之让，都是采取"禅让"的方式。自禹夏以后，政治进入家天下的局面，天子之治国免不了有了一家一族的私念，但我们从历史上看夏人的作为，仍觉朴质有余，本于尧、舜、禹以来的流风余韵，唯本书已不宜再广作牵连征引，好史读者，当于夏代朝野风气上索得之。笔者觉得孔子的话是不错的，孔子在《礼记·表记篇》中说：

> 虞夏之质，殷周之文，至矣。虞夏之文，不胜其质；殷周之质，不胜其文。

"质"与"文"之间，本没有截然的分界线，只是人在进步中的逐渐变化，由孔子之言对照上面引《史记》之文，我们则可以肯定地说尧、舜、禹时为"质"胜之最，夏、商两代则为由"质"变向"文"的过渡，到了西周兴，入于"文"胜之最。言西周初年为"文"胜之最，主要是指文、武、周公之不止躬身依人性之正而实践，且将人之正性正情纳入礼、乐、制度之中，使天下人有所知、有所见、有所守而行。尤应一提者，西周初年之"文"，只见其利，不见其弊；

只见其善，不见其恶。后世承西周之"文"，而流入邪僻，狡诈诡骗之心生，则已入于"文"衰之域。孔子尝言："郁郁乎文哉，吾从周！"所指的是文、武、周公时代的人"文"，非东周春秋时的人"文"。

由上面自黄帝到西周初年这一段历史的检讨，于是我们便不妨列出下面一个三级层的次序，是中国人在气质上所表现的（见图4-4）：

（黄帝以上）　　（尧、舜、禹以下）　　（周以下）
野 ─────→ 质 ─────→ 文

图4-4　黄帝至西周中国人气质上的次序

"野"意味着人尚且具有相当的"物性"的成分；"质"则为"物性"消退而"人性"发露；"文"则为"人"表现其性于设施制作上而见文采。三阶段代表着人"首出庶物"的进步历程。

本小节由"野"而"质"而"文"的三级历程，与第一小节由"天道"而"神道"而"人道"的三级历程，只不过从两种不同观点看人之进步；我们也可以从其他许多观点看，更得看出人的进步的其他形式，当然，那是读者的事了。上两种人的演进历程不必在时代上互相对应密合，但大方向必然相同，而步骤也约略相一致。整个说来，都表现着人从"同于庶物"的地位进向"首出庶物"，而这是世界人类演进的总方向。历史的演化，以人的立场看，便是一部"人的地位"的逐步上升史，由同于物而进到出乎物而与天地比高；今日，人的气焰更高，我们盈耳听到的，不是人将征服天地的话吗？那么，我们问：循着这样的一个方向，人如果一任其"霸道"的心理奔赴下去，究竟伊于胡底呢？宇宙无穷，天地无穷，人只是无穷地超越升进，又有什么意义呢？而且，人能够如此永无休止地一味向上吗？这些问题都是至关重要的，大易哲学就在这些方面用心着力，认为人不应该唯求地位的超越万物，不应该存霸道心理，那样没有意义，也不可能；人应该在灵智的自觉下，随着地位的升进，逐渐蜕去小我，化身大我，关怀万物，爱万物，偕万物以俱进。

第二节　天、地、人三才并立之义

《易经·乾卦·文言》：

> 夫大人者，与天地合其德。

《易经·系辞传》：

> 易之为书也，广大悉备，有天道焉，有人道焉，有地道焉，兼三才而两之，故六,六者非它也，三才之道也。

又：

> 六爻之动，三极之道也。

《易经·说卦传》：

> 是以立天之道，曰阴与阳；立地之道，曰柔与刚；立人之道，曰仁与义。

"三才"同于"三极"。"极"字本义指屋之最高处，此取"高"义，言天、地、人三者居宇宙之最高地位。"才"字同"材"，材质之义，言宇宙间万物万事均由天、地、人三者所成。不管言"三才"或言"三极"，都在于强调"人"的地位的重要。乾卦《文言》《系辞传》与《说卦传》之文均出孔门，乃绍述孔子的思想，前文已说过在人道思想时代来临后，人直上与天、地并立，所以"三才"或"三极"口号的提出，同于"首出庶物"，都表示着"人道思想时代"已来临的里程碑。

人类由"天道"而"神道"而"人道"，终于从芸芸万物中超脱而出，与天、地并立而三，这一段历程正如子女之在父母养育下逐渐长大成人。最早，当子女还在婴儿时期，只知有父母，不知自己，便是"天道思想时代"，父母即是天地。后来长大了一点儿，小心灵里产生了许多幻想，编织成许多神话以解释周围的新奇世界，便是"神道思想时代"。现在，长成人了，发育成熟了，可以独立生活了，自觉到应该代替父母做一点儿事了，当然也就成了家庭中重要的一分子。所以人与天、地之并立而三，质言之，是不能将其看作人急求冒进，要与天、地争胜，而是要意识到三者是在内在的和谐的情感下造成，哪有父母不希望自己的子女长大成人的呢？这是透过宇宙演化的现象而做深入的观察，大易哲学对于这一寻常看不见而非常重要的认识，牢固地把握住了。后世一些人乘人类为万物之灵的盛气，高叫"制天""征服天地"等口号，在大易哲学看来，实在是狂妄、是无知。宇宙是一个和谐的整体，人如生心欲做宇宙的暴君，想控制整个宇宙于指使之下，便是违反了"宇宙维系在和谐关系上"这一事实，这一生心是不吉祥的。大易哲学教人不取偏激之道，一面改善人本身进于更高明，一面也致力于谐和天、地、万物不事分裂，融融和和，中道而进。所以，我们论人与天、地并立之义，应该有以下几方面的认识。

一、大孝法天地

笔者每读《孝经·开宗明义章》至"夫孝，始于事亲，中于事君，终于立身"句，常觉唐玄宗注不当，玄宗注此句云："言行孝以事亲为始，事君为中，忠孝道著，乃能扬名荣亲，故曰终于立身也。"①察原文之"始""中""终"为三阶段，则"事亲""事君""立身"之义也应该是三阶段相对应，今玄宗注"终于立身"义，非由"事亲""事君"而上，乃依于"事亲""事君"而立，实觉不妥。笔者认为孝道之分"始""中""终"三阶段，乃明其含义逐次扩大之三层境界言："事亲"乃对父母之孝，"事君"乃对君王之孝，"立身"乃对天地之孝；"事亲"是站在为子女的立场言，"事君"是站在为臣属的立场言，"立身"则是站在为人类的立场言。这三层义是十分明显的，而唐玄宗的注"立身"则取消了对天地尽大孝义，而将孝道止于"事亲""事君"上。这其中也许因为他身为天子，不欲强调人为天地尽孝之义，是一点私心在作祟，且不管它；但这样一来，却失掉了古圣言大孝之义。我们就以《孝经》的文本为证吧，开宗明义章后，紧接着是天子章、诸侯章、卿大夫章、士章、庶人章，这是将孝道由"事亲"说到"事君"，而紧接着庶人章的后面，便是三才章，三才章的原文是：

曾子曰："甚哉！孝之大也。"子曰："夫孝，天之

---

① 《十三经注疏》本《孝经》。

经也，地之义也，民之行也。"天地之经而民是则之，则天之明，因地之利，以顺天下，是以其教不肃而成，其政不严而治。……

一读便知是孝道在"事君"之上更扩大，扩大到"事天地"的境界，此一扩大才是孝道之"终"，故特于章首加"曾子曰：甚哉！孝之大也"。而这一义只有圣人治天下者才能理会得，故后半章以治天下之圣王为立场而言。

大易哲学中，少谈及"事亲""事君"之孝道，最着重的便是对天地尽大孝之义。前文已说过，人在天地的孕育中逐渐成长，犹如子女受父母之养，当子女心智发育成熟之时，会突然警觉到父母往日的一言一行，无非出于爱己之一念，此时便思对父母有以报答、有以帮助。人对天地也是如此，"人道思想时代"之来，即人智的发育成熟，此时环顾天地之于万物，才发现原来是一团大仁大爱。人固然有死，有死复有生；物固然有毁，有毁更有成。由个别相上看，生死成毁，怨天地之不仁；由普遍相上看，则生不已、成无尽，这才是天地大仁大爱的精神。于是人对天地的亲和感油然而生，思有以报答天地、帮助天地之念油然而生。我们有此理会，然后翻开《易经》，便自然感到字里行间沛然流行着"三才"的精神，如前文已引过的：

天行健，君子以自强不息。

　　地势坤，君子以厚德载物。

大易并非要勉强人去效法天地，而是基于人性的自觉，在天地之孕育中长成以后，自然而生地要对天地尽大孝。尽大孝便要效法天地，以天地之德为人之德，所以孔子说："大人者，与天地合其德。"实行此天地之德，便是帮助天地行事，便是"参赞天地之化育"。

　　效法天地，对天地尽大孝，并不表示人将永远屈居于天地之下，那是病态的想法，为子女的岂有永远屈居于父母之下的思想？父母与子女是一个和谐的家庭，天地与人是一个和谐的宇宙，人在效法天地中求进步，正如子女之在父母教导下求进步一样。所以天、地、人三才之并立，并不表示人要与天、地三分天下，只是由于人长大了，有了"参赞天地"的能力，乃开始要分担天地之道，然而基本思想仍落在"与天地合一"上。

二、由小我到大我

　　大易哲学之以八卦象父母子女，是这样的：

　　　　乾，天也，故称乎父。坤，地也，故称乎母。震一索而得男，故谓之长男。巽一索而得女，故谓之长女。坎再索而得男，故谓之中男。离再索而得女，故谓之中女。艮三索而得男，故谓之少男。兑三索而得女，故谓之少女。[①]

浓缩整个宇宙为一个家庭，并非只是卦象上阴阳爻位的比附配合，而实际上包含着人的心性扩大的深义，乃人对宇宙真面目的更进一层的认知。前此，在"天道思想时代"的早期，人以个人活命为主要意识，"饥则求食，饱则弃余"[②]。那种生活方式是个人主义的。后来到了"神道思想时代"，一个家族有祖先宗庙祭祖，一个国家社会有社稷之祭祖，比之前已由个人主义扩大到团体人群。到了"人道思想时代"，由于人的灵智的觉醒，认识到人与万物同出于一源，天、地、人、万物原是一体，此一念之转，心府豁然开阔，正如阴霾散去，晴空万里，于是人回顾左右，凡一草一木，一虫一兽，一山一水，莫不情牵意连，一切的一切都与自己有了切身关系，世界成了有情的世界。如此一来，个人孤立的生活方式与家族乡国的团体情感相形见小，此时，感到个人与宇宙同样大，个人是小我，宇宙是大我，宇宙中万物无非是大

①《易经·说卦传》。
②《白虎通》。

我的一肢一体，"天、地、人"三才的大义即在于此。

在上一小节"大孝法天地"中，我们指出的是"天、地、人为一整体的和谐"一义，今此义所不同的是人不止感到天地的大仁大爱而自己在被覆育爱护之中，竟是直接感受到人与天地不能分割，天地间不能少却人——无"天""地"，"人"固然不能立；无"人"，"天""地"也同样不能成立。何以言之？今仍以父母子女为喻，在一个家庭中，父母为能生，子女为所生，子女地位之取得固然来自父母之能生，然父母之所以为父母者，正以其能生子女之故，如果无子女之所生，则父母能生之义亡，父母之名义也将不存在。今天、地间如无人（三才之"人"，代表万物），则天地能生之性无；天地无能生之性，即天地不交；不交即不变化；不变化即不存在；既不存在，则何有"天""地"之名？这不是玩弄辞辩之事，也不是情感中事，而是如实之理。所以"天""地""人"三者，是一体中之相对待、相依托而存在，存则俱存，亡则俱亡，三者的地位实同等重要。这一认识对人而言，真是莫大的鼓舞，放眼天地，感到无处非我在，于是由一己之心而见天地之心，由一己之意而知天地之意，由一己之情而念天地之情，人从此拆除了一己小我的私心、私念的藩篱，这真是人类史上一大心理革命！

读《易经》，笔者相信每一读者都会有一个明显的感受，即：没有个别孤立的人。纵而言，人在天地之中，横而言，人在万物之中，人与天、地、万物须臾不能分离。这种上下贯通天地，四方贯通万物的化小我为大我的精神，便是"道"。由此，在《易经》中，找不出赞扬违天地之和的话，也找不出赞扬骄狂傲物的话，如☰☵讼卦象违天地之和，言"终凶"①，如☷☳豫卦初六爻之恃强而鸣乐，言"凶"②。上不尊敬天地，下不关怀同情万物，在《易经》中是绝无"吉""利"可言的。

由此，自然地，人尊敬天地的最终理由，也便不落在天地对小我一己之降福赐惠上，而是因为人是天地大体之一环故，人如不尊敬天地，便是不正视人道，不郑重自己的生存。同理，人同情关怀万物，也绝不是因为它们于人有利，而是在本质上就是人的自爱，因万物与人原是一体故。总之，在天地万物一体之体认下，人只有默默地致其忠诚，体会内心所已具的与天地万物共通的精神，身体力行。孔子说："天何言哉！四时行焉，百物生焉，天何言哉！"③是体会中的话。老子说："生而不有，为而不恃，长而不宰。"④也是体会中的话。此之谓"大我"。

---

① 《易经·讼卦·卦辞》。
② 《易经·豫卦·初六·爻辞》。
③ 《论语·阳货篇》。
④ 《老子》第十章。

三、建树起新的人生奋斗的目标

人的作为，可以作两方面看：一回顾，一前瞻。回顾来路，看到已经历的艰苦途径，思今日得来之不易，不由生振奋之心。前瞻未来，在遥远处憧憬于一光明的目标，也自然鼓舞振奋，向前奔赴。总本讲前文所述，可说是回顾来路，概述人已走过的历程以及心智上的进步，的确给人带来极大的振奋。现在，我们将向前看，看"天、地、人三才"的建立对人的未来会有什么影响。这一方面更具有重要的意义。

人与其他万物的差别，如实而言，在未来，不在过去；在理想，不在回忆。人回溯过去，至最穷极处，底于与万物为一；而向未来看，则因与万物之理想目标不同，而渐趋途远。孟子曰："人之所以异于禽兽者几希，庶民去之，君子存之。舜明于庶物察于人伦，由仁义行非行仁义也。"[①]禽兽与人从来路上说，同是生命；所不同者，人发现了生命中的"仁义"之德，禽兽愚暗无知。人发现了生命中的"仁义"之德，以此为理想而实行，是为人性；禽兽愚暗无知，则仍为物性所支使。人之所以代表万物而成"万物之灵"者，即在此。孟子口中的"仁义"，便是从大易哲学中来，大易

---

① 《孟子·离娄下》。

的话是这样的：

> 昔者圣人之作易也，将以顺性命之理，是以立天之道，曰阴与阳；立地之道，曰柔与刚；立人之道，曰仁与义。①

"阴"与"阳"是天道流行的法则，无此二者，便无天道可言；"柔"与"刚"是地道变化的法则，无此二者，便无地道可言；"仁"与"义"是人生行事的法则，无此二者，也便无人道可言。但是重要的，还是前面两句话，说圣人之揭示此天、地、人之道，非随意拟订，乃是"顺性命之理"。

本书在第三讲曾说过，"性命"之生，乃生于乾道变化，此时虽坤道未现，然已非太极之"一"，而落入了乾坤之始相对立；乾之始，必有坤之继承，故此时已入于乾坤流行的法则中，有法则，故言"理"。此乾阳坤阴之直接出于太极者，分别表现在天道上，是"阴"与"阳"；表现在地道上，是"柔"与"刚"；表现在人道上，是"仁"与"义"。由此把人道的"仁义"之德，直上系结于出自太极的乾坤，也就是说，"天""地"之"阴阳""刚柔"之道，与"人"道之"仁义"为一个法则，这真是一面高尚伟大的旗帜，

---

① 《易经·说卦传》。

把人的光明前途建立在与天地之道的合一上。

"仁"与"义"标出了"首出庶物"后的新人生的奋斗目标，同时也划出了人与万物的界限，那就是说做到"仁"与"义"的人才是德配天地的"三才"的人，做不到的，虽具人形，却不是"三才"的人，而仍是物性中的人，即孟子口中的"禽兽"，因为缺乏"几希"之人性。

由此，我们想到西方人常惊奇于中国人的不信仰宗教，实不知中国人乃是"哲学信仰"的民族。中国人也曾有"神道思想时代"，视天地鬼神为外在而信仰之，但随着历史思潮的演变，神道思想即被淘汰，天、地、鬼、神等名词即转变成哲学义，而中国人的信仰也就跟着转变成为哲学的信仰。大易哲学便是使中国人成为"哲学信仰的民族"的最大推动力。西方宗教信仰中之"神"，乃远离人而高高在上，人在信仰中起向上攀附之心，赖此攀附心以鼓舞人生，产生动力。中国人哲学信仰中的"仁"与"义"，与性命为一，在人心中，故不需向外攀附而内省自觉可得，如向外求，反而求不到了，这便是前面孟子所说的："由仁义行，非行仁义。"这一义，大多数西方人不了解，但若一旦了解，便会发现中国人哲学信仰之坚强，实不亚于西方人宗教信仰之坚强。大易哲学为中国人建树的这一"哲学信仰"形态，建树的"仁""义"的理想目标，千百年来使中国人沐其恩惠。

第三节　顺天与爱物

周武王克商，数纣之罪，有"暴殄天物"之言，何谓暴殄天？谓逆天；何谓暴殄物？谓虐乱物。武王一方面宣言"惟人万物之灵"，一方面宣言"暴殄天物"之罪大恶极，可知人之所以"为万物之灵"者，不在逆天而在顺天，不在暴物而在爱物。周武王这种号召便是依从大易哲学思想行事。大易认为"顺天"与"爱物"是人对上对下的两种态度，因为人既为万物之灵，则在天地与万物之间居中而立，上瞻天地而下临万物，顺上而爱下才配得上"为万物之灵"的资格。

这种顺上而爱下的思想，随着大易哲学的巨大影响力，形成了中国人自然普遍的人生意识，希贤希圣的知识分子固然是以此为准则，政治上、社会上、家庭中也莫不普遍接受这一思想。政治上，朝廷大臣上顺天子而下爱僚属，地方官吏上顺朝廷而下爱百姓；社会上，上顺耆老而下爱后生；家庭中，上顺父兄而下爱子弟。今日中华民族的精神仍可说是建立在这种思想上，从这种精神的普遍开展来看大易哲学的价值，才能看出一种哲学思想对人类文化影响有多深远。

此以下分两小节述之。

一、顺天而不逆天

先来简要地说明一下"天"的含义。近世以来，研究中国古代"天"的观念的人不少，时见有学者提出此一问题做讨论，而且所采之途径，几千篇一律，搬出某几部古籍寻找出其中所有"天"字以后，再解析其含义，归纳其类别，从而得出结论，谓某时代之"天"字是某义某义。此种研究方法，在其他学科方面，自然也有它的适用价值，但对于哲学研究方面，笔者则认为殊不适当，因为就哲学立场而言，对"天"字的研究，不仅要说出它的含义，还要说出何以故而有此含义。上述方法显然只能满足前者，而不能满足后者。要彻底了解古代的"天"，笔者认为不得不从历史时代思想的演变上去求，任何一事物之生，一名言之立，都离不开时代，"天"字循着历史的演变，一路贯穿下来，它的含义也自然跟着历史时代思想而变，那么，历史的各时代思想不同，"天"字的含义也跟着有差别，实在是应理的事。

"天"字的含义，从历史时代上看，凡历三个思想时代，有四重含义。所谓三个时代，即本讲前文叙述过的："天道思想时代""神道思想时代"与"人道思想时代"。所谓四重含义，乃依循着上三个思想时代而产生——"天道思想时代"的"天"，是大自然的天，头顶上苍苍茫茫的浑然大象，八卦中"☰为天"与《说文解字》中的"从一大"，均此时的"天"义，"神道思想时代"的"天"，则假想天为有意志者，能降人吉凶祸福，祭祀中与卜筮中作为祈求祷告之对象的"天"属之。"人道思想时代"的"天"，则因人智进步之故，分作二义：一是外而言，"天"为宇宙运行的法则，《周易》十翼中的"天"字，大多属之，如"天行健，君子以自强不息"便是。另一是内而言，"天"由心性体悟而得，这是由于乾道变化生性命，故性命与宇宙法则为一，内体性命之理，即得宇宙之法则，由是外在的"天"，一转而为内在于心性，孟子谓："尽其心者，知其性也，知其性则知天矣。存其心，养其性，所以事天也。"①由心性之途而达于天，是为心性之天；此一义自孔、孟、老、庄而后，中古时期更由于佛教之来而益昌，宋明儒者多讲此心性中之天。综上所述，可知古代"天"的含义，不能一例视之，应做如图4-5的划分：

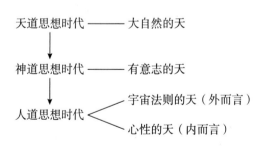

图4-5　古代"天"的含义

---

① 《孟子·尽心上》。

"宇宙法则的天"与"心性的天"在古籍中，许多地方与"道"义相合，例如《左传》上有言"违天不祥"，此"天"即与"道"义通，又如《论语·阳货篇》中孔子说："天何言哉！四时行焉，百物生焉，天何言战！"也是"道"义。

上述"天"的含义虽有四种，但贯穿此四种含义之中的，却是一种共通的精神，即无论任何含义之下，"天"均为可"顺"不可"逆"。这理由很容易明白，即四种含义的"天"，均具有"普遍存在"之性，"大自然的天"虽与"地"为对立，但高高在上，光照万物，无人逃得过"天之下"的处境；"有意志的天"能生死人、能祸福人，冥冥中随时随地监视着人的一切；"宇宙法则的天"与"心性的天"则更与人密切，人谁不是由宇宙法则而生？谁不具心性？故人生中一言一行，无论巨细，莫不由之而见天道。"天"既然如此使人无能摆脱，而人又是由之而生，那么人便只有"顺天"一条路可行了。《尚书·大禹谟》："惠迪吉，从逆凶。"与《左传》"违天不祥"是一个意思。

中国古人从来把"人"的力量看得小，把"天"的势力看得大，"人"在"天"中，正如春晖普照中草木发荣，某一株草一棵树尽管生长得非常茂盛，终仍在春晖普照之中，以自己生长茂盛而弃春晖之润养，几何不枯槁而死？这在今日科学发达的时代，更容易明白此理。今天，人们整日叫着要征服太空、征服宇宙，然而即令人有一天历尽了太空星球，也仍然脱不开宇宙运行的法则，"天"仍是"人"不得不"顺"的。还是庄子讲得好：

> 今大冶铸金，金踊跃曰：我且必为镆铘，大冶必以为不祥之金。今一犯人之形，而曰人耳人耳，夫造化者必以为不祥之人。[①]

人类再进步千古，仍将不脱此理。

于是，我们在这里便更清楚地知道了周武王伐纣，何以要以"逆天"数纣之罪了，因为殷纣犯了中国人的大忌，在"逆天"的罪名下，所有中国人都将起而诛之。不只武王伐纣如此，当初商汤伐桀，也是在"顺天应人"的口号下成功的。三代以下，虽然人心诡诈，也仍不能不借"顺天命行事"的招牌，历朝新王兴起，无一例外。于是我们想起了孟子论政治王霸之说，孟子给王道下的定义是"以德行仁"，给霸道下的定义是"以力假仁"；前者是顺天行事，后者为尚人力假天命。尚人力虽然未至于"逆天"的程度，但已表现出人之骄傲狂妄，故孟子不取。中国古人之特重谦德，原因也在此。

---

① 《庄子·大宗师》。

二、爱物而不暴物

人类经过长期奋斗至"首出庶物"后，不纵情傲物，反兴爱物惜物之念，真是光彩的表现。正如两个人打斗争胜，及至胜负已判，胜的一方不惟不乘胜凌辱负者，反而扶之起，为之疗治伤势，这样自更增加了胜者的光彩。人之高尚品格，还有什么能超过这一表现呢？

中国人爱物惜物的观念是内在的、是真情的，原因便是受了大易哲学太极生阴阳、生万物的影响，在物我一体的认识下，自然地流露出对万物的爱。孟子举齐宣王不忍杀牛衅钟的小事，而告诉他："是心足以王矣。"[1]孟子称此为"不忍人之心"，这种"不忍人之心"是整个中国人所认可的，因而孟子才拿来作为他的学说的理论依据，我们听他的话：

> 人皆有不忍人之心。先王有不忍人之心，斯有不忍人之政矣，以不忍人之心，行不忍人之政，治天下可运之掌上。[2]

---

[1] 《孟子·梁惠王上》。
[2] 《孟子·公孙丑上》。

"不忍人之心"小而言，以人类为范围；大而言，推及万物。商汤网开三面，孔子弋不射宿，这种心是做人、处世、治国、平天下，是真正的人之为人的根本。

笔者读西洋史，常觉西方人对物的观念不同于中国。当然，我们今日就事实上看，西方人对动植物的爱护，对古器物的保存，较中国人做得好，然而循其本则可知出于功利主义价值观念者多。稀有动植物之受到爱护，以其将绝灭故；古器物之受到妥善保存，以失而不可复得故。由于其爱物动机之生不是生于"本然之应该爱物"，故西方人见高山思征服高山，见海洋思征服海洋，见事物之当前，恒先兴"征服之"之念（近世以来，西方人发现新陆地、探险南北极、远航太空星际等作为，统由此一念生）。中国人则不然，见高山大海、广野林原之时，第一念恒兴赏心娱目之感，然后以我之精神驰入物之光景中，乐享"物我一如"之趣，极少兴"征服之"之念。对中国人而言，物情同于人情，"有情世界"之领悟，以中国人最得其法门。且以中西绘画之不同为例，西洋画以人物为主，其所画多倚托于历史上某一名人为表现，中国画至今仍醉心于山、水、石、竹、亭、溪等景物中，而中国人日常寄托心情者，也大多在这些物上。中国人这种微妙的"感物心"，写起来可以成一本书，但依然不能说得明白，因为这是属于意会的事，非言可传。笔者在本书第二讲中曾引过庄子与惠子游濠梁辩鱼乐的故事，二人辩论的主要关键便是一通物情、一不通物情，庄子写下这个故事的深义，即在于告诉人对于周围的物世界，应该"循其本"地去体会互相感通之情。后来邵雍注释这段文字云："此尽己之性，能尽物之性也。非鱼则然，天下之物皆然。若庄子者，可谓善通物矣。"邵子的注文注得也好。

庄子的"知鱼乐"与孟子的"不忍人之心"，同出一源，只不过一以闲情出之，一以治事出之，与爱山、爱水、爱亭、爱台、爱花、爱木也均是同出一源，说明了人性与物性中相感通的那一点灵犀。但是，人的爱物惜物不能舍弃物理而落入纵情；如将爱物惜物之心放到纵情中去，便成了"傲物"的不高尚情操，人与万物毕竟是理性中事，依于理则而存在。万物既然各有其性，人当着眼于物之正用，使万物"各适其性，各致其用"。这就将爱物惜物之意归于道德心中，老子说："生之，畜之，生而不有，为而不恃，长而不宰，是谓玄德。"①孔子说："货恶其弃于地也，不必藏于己；力恶其不出于身也，不必为己。"②都是从根本心性中立道德之义。《易经·系辞传》则将爱物惜物之意括于一句话中，谓："开物成务。"此"开"字含有发展、解析、

---

① 《老子》第十章。
② 《礼记·礼运篇》。

透视、分别等义，即因物之性而致其用。人对万物的态度便当如此，一方面制用它们，一方面心存爱惜，却无一丝"傲物""暴物"之意在其中。

本节述"顺天"与"爱物"之义，且止于此，读者已可见此两义为立人道之大端。然而犹须一提及者，此两义自孟子以下，已非昔日之明朗，荀子言"天"，只看作外在自然的天，而不识心性之天，故对孟子性善之说，攻击不遗余力；其言"物"，也有过分主张人力宰制之意，因而人对天对物，均失亲和感。荀子的主张，可以《荀子·天论篇》中的一段话做代表：

> 大天而思之，孰与物畜而制之？从天而颂之，孰与制天命而用之？望时而待之，孰与应时而使之？因物而多之，孰与骋能而化之？思物而物之，孰与理物而勿失之也？愿于物之所以生，孰与有物之所以成？故错人而思天，则失万物之情。

荀子之论"天"与"物"，均未从根本义上讲，孔、孟之以心性相通言天及物义，从此晦暗。直到宋儒，才又恢复心性之天，但宋儒唯专致力于心性之天之"思"及"养"，却忽于"行"，对"物用"方面尤"行"所不及。故宋儒之学使人感到疲倦无生气，没有孔、孟、老、庄那种圆通调和、生机活泼的气象。例如张载《西铭》："乾称父，坤称母，予兹藐焉，乃混然中处。故天地之塞吾其体，天地之帅吾其性，民吾同胞，物吾与也。"话说得出来，而验之行事，则乏孔、孟之周游以行道之精神。

中国人深受大易哲学之惠，对"顺天""爱物"之意，早自然熏习于民族性中。近代以来，眼见西方物质文明之高度发展，人焰高张，上发"逆天"之狂论，下为"暴物"之傲行，人多已失去高尚的自我约束之德，笔者常因此觉心悸；少数人之祸尚可用法律制裁，而大多数人所造成的狂傲之祸，如佛教所谓"共业"，已使人担心到无法制裁了。写到这里，笔者真感觉到应速把大易哲学公之于世，向世界人类阐明"人道"的正义。

第五讲 人间易道之流行

扫一扫，
进入课程

第一节 乾、坤二卦及二用

　　总宇宙万物，大化流行，无非一"道"，所谓"立天之道""立地之道""立人之道"，乃分就天、地、人而立言，名虽三分，神用一如。天、地之道，乃行其自然，非人力所能左右，至于人道，乃人以其天生灵觉，体会天、地之道而立做人之则，俾与天、地合一，入于大化之流。所以对于大易哲学来说，人间世不妨说成人致力于破除"不道"[①]的场所。人的性命出于乾道变化，原是自然流行所生，可是自从性命被界定，落坤元，成形体以后，每个人成了个别单位体的存在，从而人与人之间遂有了隔离，而人又为了维系个别体生存下去的要求，不得不经之营之，一方面

---

　　① 《左传·僖公二年》："今虢为不道。"又，《老子》第五十五章："物壮则老，谓之不道，不道早已。"

防范为他人所侵害，一方面又想多获得一份生存保障，这样一来，恐惧、自私、贪欲、愤嫉、夺取、诡诈等心念竞生。这些心念不是出于性命之正，不是从"乾道变化，各正性命"上来，乃生自形体已具之后天，对先天的道之流行而言，是滞碍、是不道；但这些滞碍不道的邪念，却是适合于每个人物质形体的欲望，物形重浊，欲趋下流，故而邪念一生，辗转愈厉，终至于继生增长，结习成根，庄子所谓"其寐也魂交，其觉也形开""与物相刃双相靡，其行尽如驰"者①，孟子所谓"放其心而不知求"者②，即此邪念物欲之势力。当然，我们也可以说，人既为天地所生，则一切所思所念，或正或邪，均为来自天地，既如此，人即可以撒手不管，一股脑儿任他正则正，邪则邪去，岂不轻松？这话说来容易，无奈"道"力强大，不容许人如此自甘堕落何？人尽可以有如此之颓废思想，却不能如此实行，勉强去实行，将会食不甘味，睡不安寝，性命之在人心，绝无丧尽之时，佛家谓"一阐提也有佛性"之义在此，老子则谓："天网恢恢，疏而不失。"易道之下，无一漏网的性命。持此认识以观大易哲学，便洞然于何以乾元之义要落在一个"善"字上，一阴一阳之道，也要落在一个"善"

---

① 《庄子·齐物论》。
② 《孟子·告子上》。

字上的缘故了，因为人不只是自觉其应该循正道行事，也的确不得不如此，全体宇宙是一大和谐的势用，不循此大势用偕行，则别无选择。所以到头来，人实在只有一条路好走，那便是发挥人的灵智，消除大道流行中的滞碍不道，使邪念不生，归心于性命之正。本讲名曰"人间易道之流行"，便是叙述大易所提示出来的易道在人间世流行的法则，人应该如何行事方能把握易道而不失其正。一个幸福和平的人间由此建立。

整个宇宙为一大流行作用，人人各为一小流行作用，人能体会宇宙大流行作用之脉搏跳动而使己之小流行作用与之应合为一，是即得易道之正。大流行作用之脉搏跳动有二性：一曰乾，一曰坤；小流行作用也各有乾、坤二性。于是大易便从乾、坤二卦建立原则，先立大本，然后屯、蒙、需、讼……以下六十二卦各以不同的人事情况，示人如何作应合。现在我们先来看乾、坤二卦及其二用。

一、乾卦六爻及用九

经文：

☰ 乾　元亨利贞。

初九　潜龙，勿用。

九二　见龙在田，利见大人。

九三　君子终日乾乾，夕惕若，厉，无咎。

九四　或跃在渊，无咎。

九五　飞龙在天，利见大人。

上九　亢龙，有悔。

用九　见群龙无首，吉。

　　乾卦卦辞"元亨利贞"，"元"义为大、为始，"亨"义为通，"利"义为和、为宜，"贞"义为正、为固。此四字乃形容乾之大作用之性。乾的作用，为动生万物之始，孔子乾卦《彖传》言："大哉乾元，万物资始，乃统天。"故为大、为始。乾道变化生性命，其作用内在于万物而流通变化，故为通。乾之作用为太极起用之自然流行，时、空、物原质自然和合而生性命，故为和、为宜。由乾之作用所生之性命，纯然先天之自然，无丝毫后天之滞碍，故为正；此一大作用之流行，其势力强大，顺之则吉，逆之则凶，故为固。"元""亨""利""贞"四字，乃周文王就乾之流行作用，撮出此四字以形容之，含义无穷。同时，此四字也分作"元亨""利贞"两词用，"元亨"谓大亨，如大有卦、蛊卦均言"元亨"，旅卦、巽卦均言"小亨"；"利贞"谓宜于正，如坤卦"利牝马之贞"，否卦"不利君子贞"，同人卦"利君子贞"等，乾卦《文言传》："乾元者，始而亨者也，利贞者，性情也。"也作如此用。古代文字少，贵简约，故即原义而活用，这情形是常有的。至于乾卦《文言传》中也将"元亨利贞"分别合"仁礼义智"四德，乃以人道应合天道立义。后人或以"春夏秋冬"四时配合之。这些都是由乾之根本义上发挥引申，读者当不难思而得之。

六爻之爻辞，言乾之流行作用落入时、空后之历程，六爻可视为一个生命体之成长或任何一桩事物之发展，其义如下：

"初九　潜龙，勿用。"乾卦六爻以龙为喻，因在远古传说中龙为变化之物，能飞、能潜、能跃，且凶猛，具阳刚之性故。初九爻居全卦之最下，象潜藏而未彰，人见此象，即当思及时、位未至，非施展抱负之时机，故言"勿用"。爻辞一般情形，上句示象，下句示意，要人见象而知意，间也有省却示象或省却示意者，此爻辞"潜龙"即为示象，"勿用"为示意。乾卦《文言传》："初九曰：'潜龙，勿用。'何谓也？子曰：'龙德而隐者也，不易乎世，不成乎名，遁世无闷，不见是而无闷，乐则行之，忧则违之，确乎其不可拔，潜龙也。'"是说人见初九潜龙之象，知此时此位之不宜有所施展，便当安于此时此位，守其韬光养晦、独善其德，无怨无尤，以待时机。

"九二　见龙在田，利见大人。"两"见"字均同今"现"字，九二爻居初九之上，如龙之已出潜离隐，现身于田野间，故"见龙在田"为示象。九二爻位居下卦之中，如人之依中道行事、得上下之拥护，有"大人"之德，故示意云："利见大人。"即此时此位已至施展抱负之时机，宜于表现大人之德而行事。按九五爻辞也言"利见大人"，因九五为上卦之中，居全卦之最尊位；而此爻居下卦中，喻青年而有大器者。乾卦《文言传》："九二曰：'见龙在田，利见大人。'何谓也？子曰：'龙德而正中者也，庸言之信，庸行之谨，闲邪存其诚，善世而不伐，德博而化，易曰"见龙在田，利见大人"，君德也。'""大人"为德之最盛者，德盛者治人，故言君德，九二虽未居尊位，有君德之象，故人处此时位，当砥砺言行，存养心性以自勉。乾卦《文言传》又言："见龙在田，时舍也。""舍"字作动词用，即因时而安住之意，九二爻乃在下卦得中，良机幸至，自当乘时位而兴，是为"时舍"。

"九三　君子终日乾乾，夕惕若，厉，无咎。"此爻辞省去示象，仅有示意。九三爻居下卦之上，为下卦之最高位，古以诸侯之位为喻。诸侯为一国之长，动辄为下民所仰视，而上又有天子之尊，一不慎易招猜疑，故九三爻为危位。避危之道，唯当戒慎修省，"乾乾"为勤奋不息貌，能朝夕以危道警惕于心，勤奋不息，则位虽危厉，可以无咎。此爻言得志行事之后，身有声誉，更当修习不懈。乾卦《文言传》："九三曰：'君子终日乾乾，夕惕若，厉，无咎。'何谓也？子曰：'君子进德修业，忠信所以进德也，修辞立其诚，所以居业也。知至至之，可与几也，知终终之，可与存义也。是故居上位而不骄，在下位而不忧，故乾乾因其时而惕，虽危无咎矣。'"九三爻处上下卦之交，对下卦为居上位，故戒以"不骄"；对上卦为居下位，故戒以"不忧"。然而如何不骄不忧呢？当勉力于进德修业。是以此爻一方面当明于"时""位"，一方面当敬于"事"；明于时位则或上或下，不忧不惧，敬于事则虽危而无咎。乾卦《文言传》又言："终日乾乾，行事也。""终日乾乾，与时偕行。""九三重刚而不中，上不在天，下不在田，故乾乾因其事而惕，虽危无咎矣。"义均在此。

"九四　或跃在渊，无咎。"九四爻居上卦之下，其跃居上卦，乃由下卦而来，故云"跃在渊"。"或"者，言九四之跃，非必然，乃因时而然，故九四为疑位。然有此疑惧，乃能一方面离下卦而不弃下卦，一方面慎守时义，故无咎。乾卦《文言传》："九四曰：'或跃在渊，无咎。'何谓也？子曰：'上下无常，非为邪也，进退无恒，非离群也，君子进德修业，欲及时也。'"九四爻上比九五之尊，乃九三之进德修业，于此得时而升者，然非钻营以求，乃发于正念，因于及时，当行之事耳。所以乾卦《文言传》又言："或跃在渊，自试也。""九四重刚而不中，上不在天，下不在田，中不在人，故或之。或之者，疑之也，故无咎。"至于说：

"或跃在渊，乾道乃革。"是言自下卦跃升上卦，乃一大变革之事，原为"进德修业"，今乃得时而试用之意。

"九五　飞龙在天，利见大人。"九五爻得乾卦之尊位，刚健中正，乃圣王大人得志行事之象。故乾卦《文言传》云："九五曰：'飞龙在天，利见大人。'何谓也？子曰：'同声相应，同气相求，水流湿，火就燥，云从龙，风从虎，圣人作而万物睹，本乎天者亲上，本乎地者亲下，则各从其类也。'"孔子此处之释九五，已借此把"圣人"之义显露出来，所谓圣人，乃人中之圣，众人之从圣人，犹云从龙、风从虎，各从其类。故下再特明大人之德，云："夫大人者，与天地合其德，与日月合其明，与四时合其序，与鬼神合其吉凶，先天而天弗违，后天而奉天时，天且弗违，而况于人乎？况于鬼神乎？"乾卦《文言传》又言："飞龙在天，乃位乎天德。"总之，九五爻乃人天合德之位，象人道之大成。

"上九　亢龙，有悔。"上九爻已臻卦象之极，过高，故言"亢"。"有悔"言心有悔过之意，何以有悔过之意？第一，全卦尊位属九五，上九虽居九五上，然失中而无民，乾卦《文言传》："上九曰：'亢龙，有悔。'何谓也？子曰：'贵而无位，高而无民，贤人在下位而无辅，是以动而有悔也。'"第二，上九已进至卦象之穷极，动而趋衰，而阳道健进，又不得不动进，故乾卦《文言传》又云："亢龙有悔，穷之灾也。"第三，上九越九五而至穷极，有冒进忘险、贪得忘身之象，故乾卦《文言传》又云："亢之为言也，知进而不知退，知存而不知亡，知得而不知丧。"上九爻在卦象上启示人的，有此数失，故言"有悔"。但必须一提者，在大易中，"悔"与"吝"均言已犯过失，然"悔"近吉而"吝"趋凶，爻辞于此言"悔"不言"吝"，正有深意在。再者，大易教人，并不期于必不犯过，而期于犯过后知悔而改；人孰无过，改之为贵，所以乾卦《文言传》再特申言："其唯圣人乎！知进退存亡而不失其正者，其唯圣人乎！"可说得上是"语重心长"了。

以上乾卦六爻义，可适用于一切事、一切物、一切人，重要者在于认识在易道流行之中，每一爻均有其不同之时、位，因时因位而行，方为正道。而大易哲学犹恐人之不识大体，更在乾、坤二卦之后，益以"用九""用六"，其意在于分言六爻之义后，更综合言六爻变化之要。今看乾卦之用九义：

　　　　用九　见群龙无首，吉。

前于第一讲"数"一节中，我们已叙述过，"九"为老阳之数，阳动而进，变七之九，及九则变阴，故九为"变"义，"用九"即"用变"。

"见"同"现"字。

"群龙"指六爻。

"无首"二字最关重要，此二字，古来注释多未得其义，如王弼注云："夫以刚健而居人之首，则物之所不与也。"隐然与老子"不敢为天下先"之义合。殊不知乾之德正在刚健、进取、为首之性上，失去为首之德，还成其为乾吗？此王弼被人指病为以老解易之处。今按"首"字原义为"头"（见《广韵》），引申为先、为始、为尚等义。乾卦六爻，时位不同，各有不同之行事之首尚，当初九之时位，以"勿用"为首尚，当九二之时位，以"利见大人"为首尚，六爻变化中，无任一爻固定为首而不变，是即"无首"之义。也就是说，乾道之要，在于因时因位而变行其宜，《易经·系辞传》："不可为典要，唯变所适。"即此"无首"义。因而孔子在乾卦《象传》中的解释是："用九，天德不可为首也。"在乾卦《文言传》中又说："乾元用九，乃见天则。"因为天道是以变为则，没有固定不变的。如何把握"无首"之义，孔子在乾卦《象传》中尤其讲得好，就是："时乘六龙以御天。"因时乘位，在变中得道之正。

最后的"吉"字是断语，谓如此行事才行得通。

综上所述，我们看到"用九"的含义真是扼要而切实，简单六个字，说尽大易变道之大原则。

二、坤卦六爻及用六

经文：

䷁坤　元亨，利牝马之贞。君子有攸往，先迷，后得主，利。西南得朋，东北丧朋。安贞，吉。

初六　履霜，坚冰至。

六二　直、方、大，不习，无不利。

六三　含章可贞。或从王事，无成有终。

六四　括囊，无咎无誉。

六五　黄裳，元吉。

上六　龙战于野，其血玄黄。

用六　利永贞。

坤同样具"元亨利贞"之性，只是坤继乾而起，以顺承乾为性，故其"贞"乃利在守"牝马之贞"，在顺德之下施用其作为。以坤性顺承，故不宜先而宜后，故"先迷，后得主，利"。卦辞为文王所作，文王西周在岐，望殷都，一在西南，一在东北。当时殷纣暴虐，天下人心叛离，贤能之士多逃离东北之殷，归向西南之周，"西南得朋，东北丧朋"二句，即言此。"安贞，吉。"谓归顺周，则能安于正道而吉也，坤顺之德乃臣道，故以臣言。

"初六　履霜，坚冰至。"初六爻位在全卦之下，阴气始凝，故以霜为喻。阴阳消长，乃自然流行，阳极阴始，故阴道必将继续增长，由今日之"履霜"可推知来日之"坚冰至"。此自然顺至之流行作用，于人事上也是如此，故孔子在坤卦《文言传》中云："积善之家必有余庆，积不善之家必有余殃。臣弑其君，子弑其父，非一朝一夕之故，其所由来者渐矣，由辩之不早辩也。易曰履霜坚冰至，盖言顺也。"（按："辩"同辨字。）

"六二　直、方、大，不习，无不利。""直""方"与"大"为坤之性，子夏《易传》云："坤，承乾也，造形始也，女之道也；专其命而不失其作者也。""专其命"三字即言坤之"直"德，谓顺承乾而不丧乾功。"方"言坤之作用自其承乾而起，即指向生物之定向，无他犹疑。"大"则指坤之"厚载物，德合无疆"。此三者为坤道自然之性，不待学习而能行，故言："不习，无不利。"坤卦《文言传》则引申其义到人事上，谓人当"敬以直内，义以方外"。将直、方之德落在"敬""义"二字上。六二爻为坤之正位，得中，故以坤德之大发挥言之。

"六三　含章可贞。或从王事，无成有终。"六三爻居下卦之上，在象上乃出人头地之征。然六三爻位高而危，而坤又先行则迷，故不可以高位先人存心。应该内含其章美之德，守其牝马之贞，遇时机之至，佐君王以成事（《易经·坤卦·象传》："含章可贞，以时发也。"），"终"言终事之成。此则爻辞省去示象，唯以示意言。坤卦《文言传》则明言其为"地道""妻道""臣道"。

"六四　括囊，无咎无誉。"六四爻为疑惧之位，由下卦擢升而上比天子，此等锐进情形非坤阴之正道，然六四爻之至此，乃时至而不得不如是，既然如是，则所当行者，亦唯有如括囊之慎密含藏；否则，将招作威作福之议，甚者或由近君故被疑而受害，是"无咎无誉"为唯一善途。此爻辞也省却示象，唯有示意。坤卦《文言传》云："天地变化，草木蕃；天地闭，贤人隐。易曰：'括囊无咎无誉，盖言谨也。'"谓"天地变化""天地闭"，乃指得时与失时，六四爻居重阴之内，为失时之际，故当"括囊"而谨慎从事。

"六五　黄裳，元吉。""黄"为中色，"裳"为下饰，六五爻居尊得中，喻虽居高位而不失其顺德，谦恭容下，采纳嘉言而行事，以此治事，何事不善，故曰"元吉"，即大吉。坤卦《文言传》云："君子黄中通理，正位居体，美在其中而畅于四支，发于事业，美之至也。""黄中通理"之"理"，指万物受于易道之理路法则，六五爻虽居尊位，而不忘己身之顺德，故能一切美好。

"上六　龙战于野，其血玄黄。"上六爻臻坤卦之极，冒进争先，逞强好胜，违坤顺之德。坤进至极，则招阳嫌，再进必遇阳而战，故言"龙战于野"。《阴符经》谓坤上六之地为"地发杀机，龙蛇起陆"者是。用于人事社会，即恶势力一味伸张，至极，必将招善势力起而对抗，终至善恶势力不免一战。"玄黄"分别为天地之色，天玄而地黄，"其血玄黄"极言阴阳交战之惨烈。此爻之义，充分表现在坤卦《文言传》"为其嫌于无阳也"一语，乃违坤顺之德而招致。

"用六　利永贞。"坤六爻之后有"用六"，同于乾六爻之后有"用九"。"六"为老阴之数，阴及老则变阳，故"用六"也即"用变"，意为在坤卦六爻之后，揭示坤六爻变化之大则。然坤与乾不同，乾性健进，以因时因位、"见群龙无首"为吉；坤性顺承，不宜先，宜后，故无论处任何时位，均应谨守顺德，是以坤卦用六，只著"利永贞"三字已尽意。"贞"指"牝马之贞"，"永贞"谓永守牝马之贞之顺德。此意由坤卦六爻义上看，十分明白，初六爻之由履霜知坚冰，六二爻之"不习"，六三爻之"从王事"，六四爻之"括囊"，六五爻之"黄裳"，均紧紧把握住坤顺之德而立，上六爻因违坤顺之德，故有"龙战"之凶事。由此可见坤道虽也是随六爻而变化，只是行事方法之不同，而基本操守之"牝马之贞"，则不应有违。

第二节　吉、凶、悔、吝、无咎

在今天来说，"吉、凶、悔、吝、无咎"这一组名词，已经被人认为是命学（算命之学）中的东西，与哲学有了相当的距离，可是对于大易，却不能存此观念。本书前文已说过，大易哲学的表现方式之一是"术"，吉、凶等名词虽然当初是在筮术中产生，但其本质是哲学生命，它们代表着易道流行在人事中的顺逆通塞；也就是说，一个人行事之是否合乎道，以及合乎道的程度如何，这几个字便是评定。所以，在论及易道在人间流行的时候，我们实不得不把这几个名词的意义交代清楚。

当然，大易中对人事否塞的断语不止这几个，除了这几个最主要的以外，尚有"厉""利有攸往""不利有攸往""利涉大川""不利涉大川""利见大人""无攸利""无不利"等，以及吉、凶等程度的不同，如"元吉""终吉""小事吉""终凶""悔亡""小吝""无大咎"等，但这些都容易了解，不必要特作说明。至于吉、凶、悔、吝、无咎五个基本的断语，则不容有含糊认识。

首先要说的，便是这几个断语都是根于易道之流行义而来，《易经·系辞传》对此说得最为明白：

> 吉凶悔吝者，生乎动者也。
>
> 是故易者，象也；象也者，像也。彖者，材也。
> 爻也者，效天下之动者也。是故吉凶生而悔吝著也。

吉、凶、悔、吝等的背后是流行的易道，"彖""象""爻"等是表现易道的符号，人们透过这些符号体认出易道流行的情状（吉、凶、悔、吝等的差别相）。《易经·系辞传》又说：

> 变动以利言，吉凶以情迁，是故爱恶相攻而吉凶生，远近相取而悔吝生，情伪相感而利害生。凡易之情，近而不相得则凶；或害之，悔且吝。

这段话就词句上看来，颇觉句义含混，要从易道的基本处去了解，才容易分辨。"变动以利言"中"变动"二字，指阴、阳二性之变动，易道就绝对言，浑然为一，就大分言，为阴与阳，阴阳二者变动相交而生物，故《易经·系辞传》又言："变而通之以尽利。""吉凶以情迁"中之"情"字，指阴阳之实性，在阴阳变动交流之中，吉凶之义立，此一"情"字即《文言传》"六爻发挥，旁通情也"中之"情"字。以下"是故爱恶相攻而吉凶生"，即《易经·系辞传》的"刚柔相摩，八卦相荡"。"远近相取而悔吝生"指阴阳的"有应""无应""当位""不当位"及"乘""承""比""与"间的摩荡。"情伪相感而利害生","情"言阴阳之实性,"伪"言违阴阳之自然之发于后天的人为作用,顺乎前者为"利",依乎后者为"害"。"凡易之情,近而不相得则凶;或害之,悔且吝。"阴阳变动,自然调和顺适则相得,"不相得"即二者违逆,不相调和顺适,是谓"凶";既不相调和顺适,则或多或少互相伤害侵犯,即所谓"悔""吝"。以上逐句扼要解释《易经·系辞传》的这一节话,读者深思而统会之,即可了然"吉、凶、悔、吝、无咎"等断语之哲学性所在。

然而,在深思统会中认识这几个断语的意义,仍只是理论的、笼统的,当这几个断语在应用上落实到人事物理中的时候,更需要精察、活用、善推、广演,此中理趣,深远难描,引《易经·系辞传》的话以显其凡:

> 子曰:夫易,何为者也?夫易,开物成务,冒天下之道,如斯而已者也。是故圣人以通天下之志,以定天下之业,以断天下之疑。是故蓍之德圆而神,卦之德方以知,六爻之义易以贡,圣人以此洗心,退藏于密,吉凶与民同患,神以知来,知以藏往,其孰能与于此哉?古之聪明睿知神武而不杀者夫!

> 夫易,彰往而察来,而微显阐幽,开而当名辨物,正言断辞则备矣。其称名也小,其取类也大,其旨远,

其辞文，其言曲而中，其事肆而隐，因贰以济民行，
以明失得之报。

再分别做以下之说明。

第一，吉与凶。

对于"吉""凶"的含义，《易经·系辞传》有如下的
几处记载：

> 是故吉凶者，失得之象也。
> 吉凶者，言乎其失得也。
> 吉凶者，贞胜者也。
> 是故爱恶相攻而吉凶生。

后两处不是为"吉""凶"下定义，而是说明其由来，谓阴
阳二者相摩荡相争胜，因而有调和、有违逆，从而有"吉"
有"凶"。故"吉""凶"的含义，应是前两处的以"失得"
言。以"失得"言"吉""凶"，当然是"得"言"吉"而"失"
言"凶"。

后世人言"吉""凶"，多从《说文解字》以"善""恶"
为解，然在大易却言"得""失"，这是有道理的：其一，
大易中言"善"，乃以"生生"为义（见本书第三讲第一节
的第四小节"性善说之理论基础"），易道无"不生"，故大

易不言与善相对之"恶"。其二，言"吉"或"凶"，非以易道为立场，乃以人为立场（道之流行无"吉"无"凶"，人之行事始有），既以人为立场，如以"善""恶"言"吉""凶"，则与"易道生生"之义相混淆。由此我们也可以看到古人立名定义之谨慎。今言"吉"之为"得"，意为"有所得"，人顺乎易道行事则行得通，行得通即有所得；言"凶"之为"失"，意为"有所失"，人违于易道行事则行不通，行不通即意愿不能达成，即有所失。我们只要看《易经·系辞传》中曾几次说到"自天佑之，吉无不利"的话，便可理会得，"吉无不利"上面何以要说"自天佑之"呢？因为是顺从易道之故。由此可见大易之言"吉""凶"，乃从"顺"或"违"于易道之根本处立论，意义十分明确实在，并非如《说文解字》;《说文解字》之以"善""恶"释"吉""凶"，已非古人"吉""凶"之本义。

"吉"与"凶"，一言顺易道行事，一言违易道行事，是相反的两个极端，前者是人应当力求做到的，后者是人应当力求避免的。现在，我们且举几则卦例来看：

䷊ 泰六五："帝乙归妹，以祉，元吉。"

泰卦乾下坤上，天地交。六五以柔居尊位，下应九二之刚，男下女，内健而外顺，且卦象二至五互体归妹卦，各方面均合于王姬下嫁之义，故言"帝乙归妹"。天地交是天道，也是人道，此乃顺乎易道之正，故有福祉，故元吉。

☰ 履九四："履虎尾，愬愬，终吉。"

履卦以行为践履为尚。九四原为进退疑惧之位，当此尚践履之时，尤觉临深履薄（"愬愬"，警惧于心貌）。即此一念之"愬愬"，杀其过刚之气，乃能化险为夷，获"终吉"。在象上论，九四以阳居阴，位不正，但由于警惧之故，此失位即可解作知敛而退，不以刚用刚。失道而知戒惧，故"终吉"。

☶ 蒙六五："童蒙，吉。"

蒙卦阴四爻象蒙昧之人，而九二、上九两阳爻象启蒙者。六五以柔居尊，乃蒙卦之主，待启蒙者，故以"童蒙"言。此爻下应九二，上承上九，本身复具柔顺之性（三至五互体坤顺），正虚心近贤受教之象，故"吉"。

☲ 噬嗑上九："何校灭耳，凶。"

噬嗑为明罚敕法之卦。"何"同荷，"校"为刑具，上九一阳过极在上，下阴爻两分象耳（或三至五互体坎，为耳），故言"何校灭耳"。断罪用刑至于荷刑具灭耳，是罪大恶极已至不可赦地步（上九以阳居阴，失正位），故孔子在《易经·系辞传》中特申此爻之义云："善不积不足以成名，恶不积不足以灭身，小人以小善为无益而弗为也，以小恶为无伤而弗去也，故恶积而不可掩，罪大而不可解。易曰：何校灭耳，凶。"

䷟恒六五："恒其德，贞，妇人吉，夫子凶。"

此一爻辞，最足以说明"吉""凶"之义，前文在解说乾、坤二用时已经说过，乾之吉在"见群龙无首"，坤之利在"永贞"。恒卦乃就男女之道言恒久之义，妇人秉坤德，夫子秉乾德，故妇人永守其贞（牝马之贞），恒久不渝，从夫而终，则"吉"。若夫子，则以刚健为德，如固守一式，不知时位之变，则失"群龙无首"之义，故"凶"。所以本爻《象传》云："妇人贞吉，从一而终也；夫子制义，从妇，凶也。"

䷋否六二："包承，小人吉，大人否亨。"

"包"言容，"承"谓承上卦之阳，六二以阴居下卦之中，能包容下卦群阴以承阳，于小人之唯知利己，已可谓"吉"。

然时当否塞，天地不变，上下不通，为大人者不能行其"与天地合其德"之志，故"否亨"（按否卦为天地不交之卦，不当从"应"上讲）。

䷠遁九四："好遁，君子吉，小人否。"

遁之卦象阳消而阴长，为君子道衰，小人道长之时，依理当"君子否，小人吉"。然惟君子始知时，九四以阳居阴位，象不得志之时，知不用刚，退而安于遁，正"遁世无闷，不见是而无闷"之义，故"吉"。若小人，则不知安于遁，孔子所谓"小人穷斯滥矣"，故"小人否"。

第二，悔与吝。

《易经·系辞传》言"悔""吝"之义，谓：

> 悔吝者，忧虞之象也。
> 悔吝者，言乎其小疵也。
> 忧悔吝者，存乎介。

"悔"与"吝"均言已犯过失，非大过失，故言"小疵"。知已犯过失，乃生忧虞，故为"忧虞之象"。但"悔"与"吝"二者不同，悔字从心，吝字从口，犯了过失后，心忧虞而思补过向善，是为"悔"；犯了过失后，情知当补过而不诚心去做，只是口头宣称要补过，或文之以口以自饰其过，如此不但继续犯过，且更使小过成为大过，是为"吝"。所以"悔"与"吝"虽然同是"小疵"，却是一趋吉、一趋凶，四者的关系如图5-1：

吉 ←——— 悔、吝 ———→ 凶

图5-1　吉、凶、悔、吝四者关系

"悔"与"吝"固然是小过失，但小过失往往是大过失的前奏；而且越是小过失，越易被忽略，所以要想不造成后来的大过失，便要在小过失上下功夫。如何能使小过失不生呢？便在于"忧悔吝者存乎介"，"介"为分义，意谓人当小心谨慎，在正邪初动之几微处分辨清楚，初无毫厘之差，则后无千里之失，这也就是大易所强调的"知几"之义。

且仍举例以明"悔""吝"之不同情况：

☰ 乾上九："亢龙，有悔。"

此爻义已见前节，上九已臻刚健进取之极，动而反阴，然易道周流，又不得不动，过失已成，故"有悔"。

☷ 豫六三："盱豫，悔迟，有悔。"

豫卦五阴一阳，故九四为豫卦之主爻。今六三阴柔而失正位，上比九四取悦于卦主，下据群阴而居下卦之上，媚上傲下而沉溺于豫中，自当有悔。然六三以阴柔承阳，乃易道之正，如知改悔，即可无悔，故大易劝其改悔，言如"悔迟"则"有悔"。

䷑蛊九三："干父之蛊，小有悔，无大咎。"

蛊卦言事之已败坏而干治。九三爻当下卦之上，以刚居刚，又上有敌应之刚，故有过刚用事之嫌。又三至五互体震卦，震为长子，故九三以"干父之蛊"言。以过刚用事而干父之蛊，难免"小有悔"，但因才刚而位正，于情于理均不悖，故虽小有悔，终"无大咎"。

䷤家人初九："闲有家，悔亡。"

"闲"字从门从木，原为横于门口之木，义为防止、限制。初九以刚居刚，当家人之始，意谓治家严正。家道之不治，往往失于宽情，严正治家，虽有伤情之时，然可防止后来家道败坏之悔，故言"悔亡"。

䷿未济初六："濡其尾，吝。"

初六以柔居刚，失位。当未济之时而身复在坎险之中，虽上应九四之离明，徒有心而无力，必不成。此正如小狐之济河（卦辞以"小狐汔济"为喻），濡湿其尾，力不足曳其沉重，终不能济。故为"吝"道。本爻《象传》云："濡其尾，亦不知极也。"言不知自量其力。

䷞咸九三："咸其股，执其随，往吝。"

咸卦二至四互体巽，巽为股。九三阳居正位，又体乾健（三至五互体乾），其应且在上，故为动爻。然今九三之动非自动而上，乃执于六二，依于六二而动，则违阳刚之性，故言"往吝"。"往"谓如此依于六二之动以往。本爻《象传》云："咸其股，亦不处也。志在随人，所执下也。"

䷓观初六："童观，小人无咎，君子吝。"

观卦就上言，九五中正，下临万民；就下言，则大观在上，为万民瞻仰。今初六一阴在下，去九五之大观远而不相应，故不能观五，此犹小人之不能亲圣贤之道。如此，于不得正位之小人（初六失位）固"无咎"，然对于希圣希贤之君子则"吝"。所以本爻《象传》云："初六童观，小人道也。"

第三，无咎。

"无咎"之义，《易经·系辞传》云：

> 无咎者，善补过也。
> 震无咎者存乎悔。

"咎"为过失，"悔""吝""凶"均可谓"咎"，只是程度不同而已。大易特提出"无咎"一名，隐约中可使人意会到大易并不严于一个人必不犯过，而着力于应在犯过后"补过"，能"善补过"，便是"无咎"。事实上，作为一个人，是难免过失的；人生在世，如果想有所作为，犯过是不可避免的，犯过在某种情况下是经验的吸收，是有益的。但犯过而不知补过，或知过而故意犯过，便成了对人格的戕害。《论语·卫灵公篇》中孔子说："过而不改，是谓过矣。""改过"即"补过"，大易更在"补过"之上加一"善"字，愈发含义深远。但补过的起点在哪里呢？便在于一点"悔"心，悔己之犯过，就自然会做到"善补过"，故《易经·系辞传》言"震无咎者存乎悔"。

对于"无咎"之义，王弼讲得非常好，他说：

> 凡言无咎者，本皆有咎也，防得其道，故得无咎也。言吉无咎者，本亦有咎，因吉故得免也。无咎吉

者，先免于咎而后吉从之也；或亦处得其时，吉不待功，不犯于咎，则获吉也。或有罪自己招，无所怨咎，亦曰无咎，故 ䷻ 节六三曰："不节若，则嗟若，无咎。"象曰："不节之嗟，又谁咎也？此之谓矣。"[1]

以下再举例以言之：

　　䷔ 噬嗑初九："屦校灭趾，无咎。"

初九居噬嗑卦之最下，以刚居刚，上无正应，体震动（下卦震），故为刚而盲动之下民。又一阳在二阴之下，象刑具之加于足，故言"屦校灭趾"。以刑具加足乃恶事，然对刚而盲动之下民言，则可借以惩戒，令其改悔，故"无咎"，即王弼所言"防得其道，故得无咎也"。孔子在《易经·系辞传》中曾对此爻申言其义，谓："小人不耻不仁，不畏不义，不见利不劝，不威不惩，小惩而大戒，此小人之福也。易曰：屦校灭趾，无咎。此之谓也。"

　　䷔ 噬嗑六三："噬腊肉遇毒，小吝，无咎。"

---

① 王弼:《周易略例》。

六三爻以阴居阳，失位，上比一阳之刚。噬嗑卦象口中噬物，今六三近与所噬之物相接，物刚而己柔，不能即噬断之，故言"噬腊肉遇毒"，于事为"小吝"。但噬嗑之卦义为明罚断狱，虽暂遇难以断理之事，终将断决之，故言"无咎"。

䷡萃九四："大吉，无咎。"

文既言"大吉"，当然"无咎"，所以如此者，正如王弼所说："本皆有咎，因吉故得免也。"今按九四爻以阳居阴，上承九五，当萃之时，下坤顺之民（下卦坤），相聚而归九五，九四近九五之尊，为九五接纳众民，逊让而得时，故为"大吉"。有此大吉，遂免失位之失，故又言"无咎"。

䷛大过上六："过涉灭顶，凶，无咎。"

大易六十四卦三百八十四爻中，言"凶，无咎"者，只此一处。何以既言"凶"，复又"无咎"？以大过卦一象棺椁、二象大坎，而上六以柔居大过之极，才不足而冒险涉水，乃有"过涉灭顶"之难，是为"凶"。但上六以阴居阴，下有正应，其灭顶之凶犹如忠臣义士之为国家民族而捐躯，为正位行事，非己之过。故于灭顶之事虽为"凶"，而于行事之义则为"无咎"，他人也不得以此事咎之。是"无咎"
的又一义。

第三节　论位

中国人讲时间与空间，习惯上用"宇宙"二字，最早
者见于《庄子·庚桑楚》：

> 出无本，入无窍。有实而无乎处，有长而无乎本
> 剽，有所出而无窍者有实。有实而无乎处者宇也，有
> 长而无乎本剽者宙也。

另本：

> 出无本，入无窍。有所出而无本者有实，有所入
> 而无窍者有长。有实而无乎处，有长而无乎本剽。有
> 实而无乎处者宇也，有长而无乎本剽者宙也。[①]

后来又有《淮南子》高诱注之说，据说出于秦时之三苍，云：

---

① 另本为马叙伦校本。

四方上下谓之宇，古往今来谓之宙。

二者都非常精要，庄子所言尤为深透，但二者都可以说是对时间与空间做客观观察而立定义，至于真正入于时、空之内，阐明时、空之用的，则是大易。大易不言"时、空"，而言"时、位"，"位"乃指空间之落于人间物界，根据大易哲学，时间、空间与物原质为同时之呈现（见本书第三讲），无"物"（物原质）则"时""空"不显，有"物"后则"时""空"借之而现。但既有"物"，尽管说是"物"的最初形态"物原质"，已是落入了有限的存在，"时"与"空"也就跟着呈现其有限性，于是时间有了某一固定时，空间有了某一固定位。所以，大易哲学的"位"，即是"空间"，其所以不言"空间"而言"位"者，乃表示着两方面的含义：第一，"空间"与"物"为不可分的存在；第二，大易中所讨论的"空间"，非指对空间的纯理性思考，而是指向"空间之用"，即与"物"合一的空间性。

　　"时"与"位"是物世界变化流通的两大条件，物物不离此二者。虽然，由于万物殊类异形之繁，"位"的变化尤使人感到复杂。万物之现形，有同"时"而无同"位"，以无同"位"故，物物有其立场；以物物有其立场故，物物有其生存活动之道；由此可以理会到"位"的重要。换言之，万物要想各适其性、安其道，必须顾及"位"的当与不当，即立场的是否正确。

《论语·子路篇》载子路问孔子："卫君待子而为政，子将奚先？"孔子回答他说："必也正名乎！"此言"正名"，也可以说是"正位"。何以言之？君君，臣臣，父父，子子，"名"不同，实以"位"不同故，由于名位之不同，乃有不同之行事准则。分清楚了君、臣、父、子、夫、妇、兄、弟、长、幼、尊、卑等之名位，然后循名责实，使天下各安其位，各尽其职，国家社会便自然治得好。反之，如果君不君、臣不臣、父不父、子不子，名一乱，位位相侵，国家社会自然就会混乱。孔子的话是深有道理的。

由此，我们便明白了何以《易经·系辞传》一开始就要先立"天地之位"了，《易经·系辞传》之文如下：

> 天尊地卑，乾坤定矣。卑高以陈，贵贱位矣。动静有常，刚柔断矣。方以类聚，物以群分，吉凶生矣。在天成象，在地成形，变化见矣。

由天地、乾坤见天道之位，由卑高、贵贱见人道之位，由动静、刚柔见地道之位，先正"位"，然后再说到变化，所以《易经·系辞传》接下去是"是故刚柔相摩，八卦相荡……"这一次第，是孔门思想的大原则。

但是，在这里需要指出的是，刚才我们说过，万物位位不同，如果要先定位分，位分无穷，如何一个定法呢？那就是上面《易经·系辞传》说的"方以类聚，物以群分"的办法，万物虽各不同位，但性不离阴阳二者，即此二性，视其所表现之道之方而分其群类。君与君彼此个位虽不同，臣与臣彼此个位虽不同，然而君与臣之大位则同，臣敬君则天下一如；父与父彼此不同，子与子也彼此不同，然而子孝父则同，天下不出此道。

大易是借"象"以表现位分，每一卦由下而上依次为初、二、三、四、五、上六位，如果将全卦看作人生的发展历程，则六爻之位代表六个阶段的境遇。人生历程当然不止于六个阶段，但"象者，像也"。卦象不过是象征符号，人衡量自身的处境，见象知义，斟酌损益，从而"引而申之，触类而长之，天下之能事毕矣"①。

大易哲学定位的基本准则是分阴分阳，一卦六爻，初、三、五为阳位，二、四、上为阴位。于阳位中，五爻居上卦之中，为阳位之最尊；于阴位中，二爻居下卦之中，为阴位之最贵。五爻阳与二爻阴各得正位，上下相应，通常以天子与后相况。其他，初爻为下民之位；三爻在下卦之上，为诸侯之位；四爻近天子，故为公卿之位；上爻则为宗庙或太上皇之位。以阳爻居阳位或阴爻居阴位者，谓之

---

① 《易经·系辞传》。

"当位""得位"或"正位"；反之，如以阳爻居阴位或阴爻居阳位，则谓之"不当位""失位"或"非其位"。"当位"之爻，自然于义为吉，但不必一定吉，因为还要受其他"时""应""承""乘"等的影响；同理，"不当位"之爻，虽然于义为凶，也不必一定凶。这情形正是人事社会的实情，一个人正身行事固然是君子之行，但不必一定事事行得通；一个人虽为小人之行，有时候也有得意亨通之时机。此中复杂变化，无法空言叙述，将于后面举卦例以明之。

此外，在解易时，尚有八卦之定位，乃根据于上述阴阳爻之当位、不当位而立，八卦之定位是：

☰乾卦　正位在五（以阳爻当阳之尊位）

☷坤卦　正位在二（以阴爻当阴之尊位）

☳震卦　正位在初（震为阳卦，初以阳爻当阳位）

☴巽卦　正位在四（巽为阴卦，四以阴爻当阴位）

☵坎卦　正位在五（坎为阳卦，五以阳爻当阳位）

☲离卦　正位在二（离为阴卦，二以阴爻当阴位）

☶艮卦　正位在三（艮为阳卦，三以阳爻当阳位）

☱兑卦　正位在上（兑为阴卦，上以阴爻当阴位）

以下将分就"当位""不当位""乘""承"四主要位别，举卦爻象及辞之实例，说明其或吉或凶之各种不同情况。

一、当位卦例

第一，当位而吉者。

䷕ 贲九三："贲如，濡如，永贞，吉。"

贲义为饰（《易经·序卦传》："贲者，饰也"）。九三居下卦之上，以阳爻当阳位，为上下群阴所比，益见光耀（下卦离为明）。然二至四爻互体坎险，隐有溺于群阴之虞，故爻辞先言"贲如"，次言"濡如"，而后以"永贞"相戒，勉其在群阴包围下，应固守其阳刚之正，不被陷溺，如此则"吉"，本爻《象传》更申此义，云："永贞之吉，终莫之陵也。"言如能固守其阳刚之正，则群阴终莫能溺其志，九三以阳爻当阳位，能如此做，故本爻《象传》如此言。

䷤ 家人六二："无攸遂，在中馈，贞吉。"

家人卦九五刚健中正，所谓"男正位乎外"者，六二则以柔顺居下卦之中，象"女正位乎内"。外事既由九五专责，而六二所比内卦之初九、九三，均为当位之阳爻，各正身行事，故六二能"无攸遂"。"无攸遂"非行事无成，乃安于自然无事故而无所成，"无攸遂"为坤道之正，即坤卦六三"无成"之义。既"无攸遂",乃能专于"中馈"之内事,"贞吉"之"贞",为"牝马之贞",六二能守牝马柔顺之妇德,自"吉"。

☷☴ 涣九五:"涣汗其大号,涣王居,无咎。"

涣义为离散。当天下离散之时,九五以刚健之才,居中正之位,此时则宜于宣告大号(汗义为发出,此处当为宣告),定天下离散之人心,使天下人知有天子之中心领导。此等自宣告"大号"之事,于平时为有咎,然在天下人心涣散之时,有雄才大略如汉光武帝者,为收拾天下人心而即天子位,则为"无咎"。故本爻《象传》云:"王居无咎,正位也。"

第二,虽当位,因失时而不吉者。

☵☳ 屯九五:"屯其膏,小贞吉,大贞凶。"

屯为始生冒险之卦,卦之重心在于初九一阳之冒险难而生,故卦辞及初九爻辞均言"利建侯"。九五就象上看,居中正之尊位,下应六二,依理当大有为于天下,然而时逢大难,困于坎险(上卦坎),德泽难以施于民,而时运之机,在于初九之始生。九五虽居尊位,不能违时,故此际只宜行坤顺之道,如逞阳刚行事则凶。

☷☰ 泰上六："城复于隍，勿用师，自邑告命，贞吝。"

泰卦天地交、上下和，象天下之承平。上六爻以阴居阴，正位，然已至卦象之极，承平日久，祸乱将生，故言"城复于隍"。处此际，见天下之趋向败乱，虽己身正位有德，也不当用师以平乱，那样将由于兴师动众、劳民伤财而加速祸乱之兴起，唯当谨慎从事，自亲近之辖区，播告民众，晓以道义。虽然，治久则乱，乃易道流行之大则，安抚之功也只能收一时之效，不能弥乱于永久，时如此，故言"贞吝"。

☰☲ 同人六二："同人于宗，吝。"

同人卦乾天在上、离火在下，日月上同于天，以人道言，故名同人。六二以阴居阴，得中而上应九五之尊，依理当吉，何以言"吝"？因卦虽以人道立名，然九五乃上卦乾之中爻，义当取乾天，不应取九五一爻，六二之上同，当以天德为大，如仅同九五一爻，则入于我私，失却"大同"之义。故六二虽居正位，以不明"时"故，乃为"吝"。

第三，虽当位，因无应而不吉者。

☶☵ 蒙六四："困蒙，吝。"

蒙卦山下泉出，蒙昧不明，于人道象童蒙之未涉事理，故卦以启蒙为旨。六四以阴居阴，虽当位，然上下比于阴，下又无阳爻之应（阳爻喻启蒙者），是困于蒙昧而不得贤明以启者，故"吝"。本爻《象传》云："困蒙吝，独远实也。"言远于阳。

▤ 颐六二："颠颐，拂经。于丘颐，征凶。"

颐卦象口，上止下动，如口之嚼食物，故以养为义。六二虽居中正之位，然阴柔不能自养，待阳以养，而无正应。欲进而求养于上，上非己应，违于常道（"颠"为顶，指上爻。"拂经"为违于常道），故"征凶"（二至五互体坤卦，上九居坤之上，故以"丘"言）。本爻《象传》则云："六二征凶，行失类也。""类"字指六三、六四、六五，二与三、四、五虽俱为阴爻，然六三应于上九，六四应于初九，六五承上九，均得其养，唯六二无着落，故言"失类"。

▤ 夬初九："壮于前趾，往，不胜为咎。"

夬卦一阴在上，五阳升进以决之，初九卑居下位，虽正位而无上应，恃其刚正而往，不知阴虽势衰，仍在高位，且有其应，其余势犹厉，非初九之下民所能决，故往必不胜。知不胜而往，是为"咎"。

第四，其他当位不吉者。

当位而不吉，受"时"与"应"的影响者最大，观上面卦例已明。此外，尚有许多其他因素也不可不知。人事社会，复杂万端，且再举数则，借以明白其情况之多变。

≣ 履九五："夬履，贞厉。"

履者礼也，以人之行为实践为义。九五以刚健居中正之位，下无正应，且上下所比均阳爻，是才高志刚之主挟其势位以行事者，虽然下临兑卦，为臣下者均能和悦顺从，终有过刚之失。如此行事，虽持正也属危道，故言"贞厉"。"厉"为危，虽不及"吝""悔"，然非"吉"。

≣ 剥六二："剥床以辨，蔑贞，凶。"

剥卦象五阴势长，一阳将消，"小人道长，君子道消"之时。"辨"者，床之干，六二消阳至于床足之上（剥全卦象如床，故以床言），此时之六二，上无正应而上下相比俱阴，是居身于重阴之中，得不到一点正道的消息。"蔑"同灭，"蔑贞"即灭却正道，故"凶"。本爻《象传》云："剥床以辨，未有与也。""未有与"即指相应与相比均无阳爻。

☰☴ 大过九三："栋桡，凶。"

大过之卦，四阳在中，二阴上下，阳重阴轻，阳过盛而本末弱，故以栋为喻，言"栋桡"。九三居栋之中，以刚居刚，为最重而桡曲之部分，虽得位而应上，然上弱不足以承担救助之责，桡曲之势已成，房屋有倾覆之虞，故言"凶"。本爻《象传》云："栋桡之凶，不可以有辅也。"言九三虽有应无能辅助。

☳☱ 归妹上六："女承筐无实，士刲羊无血，无攸利。"

归妹卦以嫁女为义。上六虽居正位，然居卦之极，上无所承，故言"女承筐无实"（上卦☳，如筐形，有底而中虚）；下无正应，故言"士刲羊无血"（下卦☱，为羊，六三亦阴，与上六为敌应）。上下不得，故言"无攸利"。

二、不当位卦例

☰☵ 讼上九："或锡之鞶带，终朝三褫之。"

讼卦象坎下乾上，天水违行，不能相合，故讼。又内险而外健，亦讼者之行。上九以阳居阴位，至于讼之极，为好讼斗狠之人，以其刚健，故讼而能胜。但其位失正，由讼所得之宠锡，将不能长久保持，故言："或锡之鞶带，终朝三褫之。"本爻《象传》则云："以讼受服，亦不足敬也。"

䷆师六三："师或舆尸，凶。"

师卦帅师之人为九二，六三以阴柔先迷之才，失位居下卦之上，是才弱而志刚，乘刚用事，又上无正应，以之帅师，则战败舆尸为必然之结果，故言"凶"。

䷜坎初六："习坎，入于坎窞，凶。"

坎为险，初六以阴爻居阳位，不正。在上下重险之下，故言"入于坎窞"。以柔弱失位之身而深陷险中，上复无应，实难脱险，故言"凶"。本爻《象传》云："习坎入坎，失道凶也。""失道"谓失出险之道，位不当是主要原因。

䷝离九四："突如其来如，焚如，死如，弃如。"

离卦下上皆火，而九四身陷火窟之中，居不得其位，故无所容身，爻辞虽不着"凶"字，其凶可望文而知。"突如其来如"言下火之炎上；"焚如"言上下火之交燃；"死如"者，以二至五互体大过为棺椁，九四居其中；"弃如"则言下无正应。而主要凶因，在于不当位，故本爻《象传》云："突如其来如，无所容也。"

䷏ 豫六三："盱豫，悔迟，有悔。"

豫卦一阳出于地上，雷震发声（下卦坤地，上卦震雷），顺以动，和悦之象。卦中仅一阳爻，众阴悦集，故九四为卦主爻。六三以阴居下卦之上，才弱而志刚，失正位，上亲顺九四，有傲下媚上之象，理应有悔。故爻辞戒其速悔，如"悔迟"则"有悔"。本爻《象传》云："盱豫有悔，位不当也。"言其失位而上亲比于九四之卦主。

上所举例，均为不当位而非吉者，至于不当位而吉者，也多多，乃因得"时"得"应"或得"中"之故，将述于后文论时、论应、论中诸节中，故此处不再举例。

三、承刚与乘刚卦例

爻位除了"当"与"不当"外，尚有"承刚"与"乘刚"，简称"承"与"乘"。"承"与"乘"产生于爻与爻的相比，易道阳先阴后，阳健阴顺，故阳居上、阴在下承，为正，名"承刚"，多吉；反之，阳在下，阴居上，为非正，名"乘刚"，多凶。这一义也是人间物界最为普遍的现象，缘宇宙间万物与人，不能离群而独存，阴阳二性相亲为必然之事；既相亲，则二性"主从""先后"之位不得不分，否则将万物失位，正道不存。以下仍举例明之：

第一，承刚者多吉。

䷴渐六四："鸿渐于木，或得其桷，无咎。"

渐义为进，鸿知时序，随时序而渐进，南翔北归，故以鸿为喻。六四爻渐进至于上卦巽，巽为木，故言"鸿渐于木"。巽又为顺，六四正位而体顺（八卦定位，巽在六四），上承九五之阳，故下虽无正应，可得九五之信任而"无咎"。"得其桷"即得其栖居之所之义。

䷐旅六二："旅即次，怀其资，得童仆贞。"

旅卦山上有火，羁旅之象。六二虽无正应，然居中得正，上承九三之刚，非旅中失照顾者。居下卦艮止之中，故言"旅即次"（"即次"谓就舍）。二至四互体巽卦，为近利市三倍之取象，故言"怀其资"。艮为少男，六二有柔中之德，所承之九三又为当位者，故言"得童仆贞"。

䷺涣初六："用拯马壮，吉。"

卦当涣散之时，初六阴柔在下，既不得位，又上无正应，无能济涣散之局可知。所幸上比九二之刚中（坎为马之美脊者，见《易经·说卦传》），初六顺承九二以共济时难，故"吉"。本爻《象传》云："初六之吉，顺也。"

䷻节六四："安节，亨。"

节言节制。六四以阴居阴，得正位，乃知节制而安于节道者。以柔顺之性上承九五，故"亨"。本爻《象传》云："安节之亨，承上道也。"按六四下有初九为正应，本爻《象传》何以不言初应而言承上呢？因初应为私情而承上九五为公义，不因私而废公，是为节制之德。

䷼中孚六四："月几望，马匹亡，无咎。"

中孚言中有孚信，卦象阳刚在外，阴柔在内，若果核之内含柔质之仁，故名中孚（《老子》第二十一章："其精甚真，其中有信。""信"即孚）。六四爻以阴居阴，得巽体之正位，上承九五之尊，中心诚信以顺事之。"月几望"，赞其诚信事君之德几臻于全德，以阴爻故以"月"为况。"马匹亡"，言其不系于初九正应之私情，以近君居卿士之位，公而忘私是可称道的，故"无咎"（初九阳爻刚健，故以"马"为喻）。本爻《象传》云："马匹亡，绝类上也。"谓绝其类应而顺事其上。此爻与上举节六四同德。

䷽小过六二爻辞："过其祖，遇其妣；不及其君，遇其臣。无咎。"

六二位中正，上承九三之阳刚。"其祖"谓九三、九四；"其妣"谓六五。六五也是阴爻，非六二之正应，故言"不及其君"；然九三之阳刚，得位而有应，为正道健能者，己得承之，三为诸侯位，故言"过其臣"。如此，虽无应而中正有承，可以"无咎"。

䷎谦六二："鸣谦，贞吉。"

谦卦艮下坤上，山下于地，象卑以下人，故名谦。六二居中正之位，上无正应，顺承于九三。九三阳刚得位，为"劳谦之君子"（见九三爻辞）。故二者各以正道相得而吉。本爻《象传》云："鸣谦之吉，中心得也。"谓六二与九三之相得，乃发于内心之谦诚。谦卦略同于小过，有飞鸟之象，故言"鸣"。

第二，乘刚者多凶。

䷏ 豫六五："贞疾，恒，不死。"

豫卦以九四阳爻为主，六五虽居尊位，然众阴豫悦之情，钟于九四，是六五有虚位而无权，虽君臣相处和豫，终以权臣在侧为疾。然六五毕竟以柔而得中之德，得不为权臣废弃而死，"恒"即坤用六"利永贞"之"永"，谓六五能永恒守其柔中之德，方能为九四所容，六五之危可知。本爻《象传》云："六五贞疾，乘刚也。恒，不死，中未亡也。"所谓"中"，即知"时"知"位"，能肆应权臣。

䷮ 困六三："困于石，据于蒺藜，入于其宫，不见其妻，凶。"

困卦坎下兑上，水在泽下则泽中无水而干涸，以象困穷。又此卦三阳爻为三阴所掩，乃君子遭困之时。六三阴柔小人，不中不正，乘此君子之道衰之时，冒进位至下卦之上，自以为得时逞志，却反陷入上下阳刚之不利势力中。"困于石"指困于九四；"据于蒺藜"指乘九二之刚，九二虽处困时，有中德，非六三所可劫持；"入于其宫，不见其妻"，谓六三与上六不相应，而三至上互体大过，为棺椁，已入死地，其凶可知。本爻《象传》云："据于蒺藜，乘刚也，入于其宫，不见其妻，不祥也。"

☳☳ 震六二："震来厉，亿丧贝，跻于九陵，勿逐，七日得。"

震为动，上下震象，是动之甚。六二虽居中正之位，以阴柔故，又无正应，当此天下大动乱之际，大丧其财货为当然之事（"亿丧贝"，"亿"为多，"贝"为财，古以贝为交易之物）。但六二既不能抗御丧贝之祸，只有守中正之德以待时，"跻于九陵，勿逐，七日得"数句，必须从易道流行上着想，易道原为一大流行作用，"得"与"丧"无非易道之流行，而易道之流行为圆道之周流（见本书第二讲第二节的第二小节"圆道周流"），六二本身柔顺中正，乃全然顺从易道自然流行者，既如此，则否或泰至于极时即反动而复，其复之历程为旁通卦之六爻，至于原处，数为七，即否转为泰或泰转为否之数。"跻于九陵"言否运至于极；"勿逐，七日得"言六二既以柔顺中正自然处之，则不须追寻其"丧贝"，"七日"之后，易道反复，泰运将再来，"丧贝"将再得。此一爻辞饶有深义，为大易哲学本义所在，与复卦之"反复其道，七日来复"同义。本爻《象传》云："震来厉，乘刚也。"震为动，初九之阳为动之主，六二乘初九，故言。

☷ 解六三："负且乘，致寇至，贞吝。"

解卦坎下震上，"险以动，动而免乎险"[①]。故以险难解除为义。然六三于此难解之时，贪而忘险，以弱才居不正之位，上负九四而下乘九二之刚，卦象初至五互体习坎，六三已陷身于重险之中而不自知（于难解时而有险，大易用心在警戒不知居安思危者）。六三上承九四而九四不正，下乘九二而九二有应于六五，不为所操持。且无正应，是六三之处境孤立无助，如此虽守正也是吝道，况非正位？本爻《象传》云："负且乘，亦可丑也。自我致戎，又谁咎也？"谓咎由自取。《易经·系辞传》又引孔子申论此爻之义云："子曰：'作《易》者，其知盗乎！'《易》曰：'负且乘，致寇至。'负也者，小人之事也，乘也者，君子之器也。小人而乘君子之器，盗思夺之矣。上慢下暴，盗思伐之矣。慢藏诲盗，冶容诲淫。《易》曰：'负且乘，致寇至。'盗之招也。"也言六三由本身不正而致寇。

---

① 《易经·解卦·象传》。

所谓"承刚"多吉、"乘刚"多凶，当然也只是就一般而言，因受"时""应""中"等的影响，不必一定如此，全视当时各该爻所处之各因素条件而定。

"位"的叙述，大体如上。总上，"当位""不当位""承""乘"等义，都是对现实世界"拟诸其形容"而立，故读易者切不可将卦爻之位看得过于死板。易道迁流，永无止息之一点，故"位"的变化也是时时在变动着。六十四卦三百八十四爻，卦卦不同，爻爻不同，只是告诉人位变之不可执着，明乎此，在断解卦爻辞义时，才能灵活运思，得大易哲学之本意。爻之得位固吉，有不以得位论者；失位固凶，有不以失位论者；承、乘如之。实以人间物界之变化无穷，因素多多，不能一式包括。这情形正如一个人在生命过程中，同时一身具有父、子、兄、弟、长官、属僚、朋友、公民等位分，要看在何种场合中做论断，在家庭以家庭关系为主，在社会以社会关系为主，这种变化是述之不尽的。所以上述"当位""不当位""承""乘"的当"吉"当"凶"，只是圣人统观人间物界的现象变化而立概然义，非必然义。

但对整个的"位"来说，大易却也提供了一个基本的把握要领，那就是《易经·系辞传》说的："天地之大德曰生，圣人之大宝曰位，何以守位？曰仁。"

"位"是"圣人之大宝"的意思，是说圣人行事，随时随地不离其为圣人的位分。圣人与天地同德，故天地生生之德也就是圣人位分中事。圣人不能像天地般生万物，却能像天地般爱万物，就是在于"仁"心。无论居任何人间之位，"仁"是普遍必具之德。这话虽是指圣人而言，也是人人应该体会实行的。

第四节　论时

"时"与"位"是一体的存在（借"物"言体），虽然在人间物界看来，"时"的变动若为一大流而"位"的变化无穷复杂，然而，无"位"不因"时"，"位"之所在即"时"之所在，甚至在一般人的思想中，可离"位"而思"时"，却不能离"时"而思"位"，此"时"在人心中的影响力更大于"位"的原因之一。再者，一个人行事失"位"，总觉尚可挽救，移位迁善，或未为失；但如违时而行事，则回头之顷，时已过往，欲待挽救已无及。而且，大化迁流，"时"的势用表现得大于"位"，"时"如大江水之东流，而"位"如江水中漂流之什物，故"位"可视为"时"的横切面的呈现相，在"时"中展开。基于以上三点，"时"与"位"虽然表现于一体而恒不离，但大易尤重"时"义。六十四卦三百八十四爻，在断决吉凶时，卦义多于"时"

而爻义多于"位";也就是说,对各爻的吉凶论断是以该卦的"时"义为背景(后文将详述)。以下且就卦义与爻义两方面看大易之"时"。

一、大矣哉十二卦

大易哲学之特重"时",一读孔子《易经·象传》之文,立可感受到,六十四卦中特提出"时""时义"或"时用"而赞叹"大矣哉"的,有十二卦之多,它们是:

䷏豫:"豫之时义大矣哉!"

䷐随:"随时之义大矣哉!"

䷚颐:"颐之时大矣哉!"

䷛大过:"大过之时大矣哉!"

䷜坎:"险之时用大矣哉!"

䷠遁:"遁之时义大矣哉!"

䷥睽:"睽之时用大矣哉!"

䷦蹇:"蹇之时用大矣哉!"

䷧解:"解之时大矣哉!"

䷫姤:"姤之时义大矣哉!"

䷰革:"革之时大矣哉!"

䷡旅:"旅之时义大矣哉!"

此外，在其他卦《象传》文中，如乾卦《象传》之"时乘六龙以御天"，蒙卦《象传》之"以亨行时中也"，大有卦《象传》之"应乎天而时行"，损、益二卦的《象传》之"与时偕行"，升卦《象传》之"柔以时升"，艮卦《象传》之"动静不失其时"，丰卦《象传》之"天地盈虚，与时消息"，小过卦《象传》之"与时行也"等，都是指明"时"义之要。看了孔子如此对"时"的重视，使我们想到孟子评赞孔子为"圣之时者"之言之不虚。同时，看到孔子如此重视"时"，也可知"时"在大易哲学中占据如何重要的地位了。

以下笔者想就上所引十二卦，各依其"时义""时""时用"之不同，分别举其卦辞及《象传》之全文做一解说，以见三者同中之异；古圣立言不同是有道理的。

第一，言"时义"者四卦。

䷏ 豫："利建侯行师。"

彖曰："豫，刚应而志行，顺以动，豫。豫顺以动，故天地如之，而况建侯行师乎？天地以顺动，故日月不过而四时不忒；圣人以顺动，则刑罚清而民服。豫之时义大矣哉！"

"刚应而志行"之"应"，非指一爻之应，乃就全卦而言。豫卦五爻阴，如无六四之一阳，则五阴不相得而众志不行，今有六四之阳刚，五阴之顺动有所从，众志由此得行；且只此一阳，众阴顺而不乱，故豫。再就上下象言，下坤顺而上震动，顺以动，与上述全卦象之义合，是"顺以动"为豫卦之大义。卦辞"利建侯行师"，"建侯"与"行师"二事都要靠"顺以动"才能成功。豫卦《彖传》则更做发挥，谓不仅人事如此，宇宙一大秩序，"日月不过""四时不忒"都靠"顺以动"维系，而圣人之治天下、化万民，也是由于"顺以动"才能推行有效。孔子由此赞叹"时义"之大，那就是不管天道也好、人道也好，都不能失却"顺以动"，把握此"顺以动"之时为一切行事成功的关键。此一"时义"之重要性，越推思越觉其普遍深刻，孔子言"大矣哉"，实已透露了卦外不尽之义。

☷ 遁："亨，小利贞。"

彖曰："遁亨，遁而亨也。刚当位而应，与时行也。小利贞，浸而长也。遁之时义大矣哉！"

遁为阴方长而阳趋消之卦，于人事，小人道长、君子道衰之时。然而，九五阳刚居尊位而下应六二，此中含义有二：第一，遁卦之阳消阴长为易道流行之常理，君子知天命不可违，故于趋衰之时运中不以刚行刚，而与方长之六二相应，此"君子而时中"之旨。第二，虽处遁时，君子仍正其位而行事，不以得时而夺位，也不以失时而弃位，随时消长，不失正道。此卦之主要理解处，在于"刚当位"而能"与时行"。见小人之道长，为君子难以自处之时，此时之君子，应以仍在位之势力，和交小人，导之入正道，是即九五下应六二之旨，卦辞"小利贞"之"小"，即指下卦二阴爻。遁卦之"遁"，非隐居避世者之遁，乃在位君子之处遁时，甚不易处。思之愈多，故孔子言："时义大矣哉！"

☰ 姤："女壮，勿用取女。"

象曰："姤，遇也，柔遇刚也。勿用取女，不可与长也。天地相遇，品物咸章也。刚遇中正，天下大行也。姤之时义大矣哉！"

文王卦辞，纯就人事上言，一阴初入卦而遇五阳，非壮女，自不如此。且阴柔，以"顺""后"为德，今初六率先而来，也是壮女之象。再者，一阴而遇五阳，何以为顺从？文王卦辞就此立言，乃曰："女壮，勿用取女。"姤卦《象传》更做扩大推想：一从姤之为"柔遇刚"上理论，一从九五、九二之"遇中正"之位上理论。前者谓姤之一阴遇五阳固如卦辞所言，然从宇宙万物之根本义上说，"品物成章"即在于此阴阳之"遇"。后者谓九五、九二之一得中正、一得中，也是"遇"（传统以"刚得中正"指九五爻，笔者则认为孔子之意应指九五、九二两爻），九五刚健中正而居尊，固然可以大行其道；九二得下卦之中，比于阴，也是难得的"际遇"。所以文王、孔子二人对姤卦的系辞，乃一就卦象言人事，道出姤卦当警惕的一面，一就卦象言哲学根本义，道出姤卦可赞叹的一面。体会上两方面义，才算得阴阳相遇之全义，而孔子再就刚健得中正的际遇上说，为"天下大行"的关键，此"遇"岂同小可？所以孔子赞叹："姤之时义大矣哉！"

旅："小亨，旅贞吉。"

象曰："旅，小亨，柔得中乎外而顺乎刚，止而丽乎明，是以小亨，旅贞吉也。旅之时义大矣哉！"

"小亨"之"小"，指六五。六五以柔居尊位，下无正应，依理不当言"亨"，所以"亨"者，一得"时"，二得"中"。当旅之时，六五持柔以顺乎刚，止于明体（居上卦离明之中），乃明于"时"之旅者，如此行事，自然亨通。旅卦之引申义在其《象传》中看更有领会，象曰："山上有火，旅，君子以明慎用刑而不留狱。"以"刑""狱"为言者，因旅卦为丰卦之反对卦，丰卦以"折狱致刑"立言故。人应当将在旅途中之"明慎"用于断事上，用刑明慎则狱中无滞留久监之罪犯，所谓"刑罚清而民服"；"不留狱"即旅义。人生又何尝不是一段旅程？故人生行事应该时时刻刻保持"止而丽乎明"的"明慎"，能时刻体会到"在旅中"的时义，自然不敢胡作妄为，自然会朝向"止而丽乎明"的"明慎"处去行。由旅卦象上的"柔得中乎外而顺乎刚，止而丽乎明"推论到"明慎用刑而不留狱"，再向人生旅程处推想，旅之时义自然深远了。

第二，言"随时"者一卦。

䷐随："元亨，利贞，无咎。"

彖曰："随，刚来而下柔，动而说，随。大亨贞，无咎，而天下随时。随时之义大矣哉！"

随之卦旨在"动而说"三字，卦震下兑上，震动而兑说，如何能"动而说"呢？唯有"随时"而动。按王肃易本将"随时之义"作"随之时义"，是不对的。"随时之义"言随自然易道之流行，不假人力，故卦辞同于乾、坤，用"元亨利贞"。如改为"随之时义"则讲不通了，因为既随于自然易道之流，则无时而非时，何必再指出"随"之"时义"呢？我们在前文曾解释过豫卦《象传》的"豫之时义"，在豫卦，言人心顺而动，为建侯行师之一大契机，故当明其时而深会其义；而在随卦，非指某一特定之时，乃言随时之自然流行而动，从而得"动而说"之结果。二者不同，王肃本不可从，读者细思索即知。且卦名为随，如动以人力，则成为自着力，不得为随，唯"随时"二字连结，才构成随自然而动之不着力，孔子赞叹"随时"之义，在感受上同于其在论语中的"天何言哉！四时行焉，百物生焉，天何言哉！"①

第三，言"时"者四卦。

䷚ 颐："贞吉，观颐，自求口实。"

象曰："颐，贞吉，养正则吉也。观颐，观其所养也。自求口实，观其自养也。天地养万物，圣人养贤以及万民，颐之时大矣哉！"

颐卦象口，以养为义，重要的是"自求口实"，即其《象传》所谓的"自养"。天地为一大颐卦，天地之养万物为自养。圣人德合天地，视万民如己，故其"养贤以及万民"，也是发于自养之念。一个人的德行存养，贵乎自养，人能自养，依正道而行，未有不日进高明者，故孔子赞叹"颐之时大"。赞叹"颐之时大"，等于赞叹"颐之时"之重要，有此颐养之时，乃有进步繁昌。

---

① 《论语·阳货篇》。

䷛大过："栋桡。利有攸往，亨。"

彖曰："大过，大者过也。栋桡，本末弱也。刚过而中，巽而说行，利有攸往，乃亨。大过之时大矣哉！"

"栋桡"是就全卦象上看，中四阳，阳为大、为强、为重，上下二阴，阴为小、为弱、为轻，以卦比栋，故言"栋桡"。"利有攸往"不应与"栋桡"连义，乃就阳之过盛一面讲。大易哲学以阳况君子，以阴况个人，故阳过盛非失，阴过盛才值得忧虑。今阳四爻居卦之中坚，就阴阳之调和上论，固然阳过盛而阴过衰，但九五大有为之君居中正之尊位，九二健才之臣知行中道，九三、九四一体同道，天下得此提倡，"巽而说行"（下卦巽，上卦兑），这正是君臣一心，雷厉风行以推行治道之时，阴柔小人退居卑末之位。此乃天下向治之大时代，故孔子赞叹此时之大。

䷧解："利西南。无所往，其来复，吉。有攸往，夙吉。"

彖曰："解，利西南，往得众也。其来复，吉，乃得中也。有攸往，夙吉，往有功也。天地解而雷雨作，雷雨作而百果草木皆甲坼。解之时大矣哉！"

由解卦卦辞看文王当时招纳天下贤士之意，最为明显。

解卦象下坎险而上震动，动而脱乎险，解义之一；下坎雨而上震雷，"雷雨作而百果草木皆甲坼"，解义之二。文王乃因此卦而宣布其意志，应天下人心之不堪殷纣之暴虐，发出号召，如果我们把这则卦辞译成白话，那就是：

> 来呀！西南方的岐周在欢迎你们呀！（利西南）
>
> 没有拿定主意的，到岐周来，一切好！（无所往，其来复，吉。）
>
> 已经决定要来的，越早来越好！（有攸往，夙吉。）

对于文王的这则卦辞的含义，孔子是十分了解的，所以他在解卦《彖传》中说："其来复，吉。乃得中也。"借九二之得中，言贤士之归周之得吉。"有攸往，夙吉。往有功也。"隐言归周者之所以得吉，以能得任用而有施展才能之机会。前圣后圣，心心相通。文王以"为天下解难"为心，立解卦之卦辞，是一伟大号召，殷纣之臣民在此号召下，遂相率归周，《史记·周本纪》载当时殷贤士归周的情形云："伯夷、叔齐在孤竹，闻西伯善养老，盍往归之。太颠、闳夭、散宜生、鬻子、辛甲大夫之徒，皆往归之。"可见当时殷贤士归周已成为一大洪流，这是文王为天下人解难的大时代，是善恶势力消长的大时代，所以孔子赞叹说："解之时大矣哉！"

䷰革："革，己日乃孚，元亨利贞，悔亡。"

彖曰："革，水火相息，二女同居，其志不相得，曰革。己日乃孚，革而信之。文明以说，大亨以正，革而当，其悔乃亡。天地革而四时成，汤武革命顺乎天而应乎人，革之时大矣哉！"

革言变，本来宇宙万物莫不在变中，革之言变可以说是突变，即在短时间内起大变化之谓。卦象上泽水而下离火，水倾火灭，火燃水沸，均生突变。又上少女而下中女，二女同居，其志不相得，必生变革，此革名之起。变革之事，可分两种：革而当与革而不当。革而不当，势必再革，必至革而当始可；革而当，也由于突变之故，不能马上为环境所接受，故言"己日乃孚"。"己"字为天干第六位数，居过中之位，意谓当变革之初起，人不之信，必待过中之时，人看清了变革之真相，才肯相信，此乃历史革命故事之常情。孙中山先生等革命之初，人以"四大寇"称之，后来，人始信其爱国爱民之志。历代革命多如此。由卦象上看革卦之革，是革而当的革，下离明而上兑说，九五刚健中正，下应六二之柔顺中正，故孔子以"天地革而四时成，汤武革命顺乎天而应乎人"为喻。但既言"革而当"，理应无"悔"，何以言"悔亡"呢？因为变革之事，非宇宙之常情，应有"悔"，然所以变革者，乃由于正道不明，革而使正道明，故就革之事言为"有悔"，而就革之义言为"悔亡"。文王用"元亨利贞"正因为革而归于正道故。革为使不正道转为正道的一大时变，故孔子赞叹其"时大"。

第四，言"时用"者三卦。

䷜坎："习坎，有孚，维心亨，行有尚。"

彖曰："习坎，重险也。水流而不盈，行险而不失其信。维心亨，乃以刚中也。行有尚，往有功也。天险，不可升也；地险，山川丘陵也。王公设险以守其国。险之时用大矣哉！"

坎卦重险。如心存诡诈而行险，则入邪道；今坎卦二、五两爻均以阳居中位，象心存诚信而行险，是用险于正道。用险于正道，乃能发挥险之正用，无害而有功。故险的本身无善恶，视如何用险而定。天、地、人三极均用险道，天之险不可升，地之险为山川丘陵，人设险以守其国。天无不可升之险，则天之尊不存；地无山川丘陵之深藏，则地之存不贵；王公不设险以守其国，则人无以自保。所以险为常设之道，可以常设而不遇其用，却不可以当用时而无险。

䷥睽："睽，小事吉。"

彖曰："睽，火动而上，泽动而下，二女同居，其志不同行。说而丽乎明，柔进而上行，得中而应乎刚，是以小事吉。天地睽而其事同也，男女睽而其志通也，万物睽而其事类也。睽之时用大矣哉！"

睽卦火上炎而泽下渗，中、少二女同居而其志不同，因名睽。但下兑说而上丽明，六五居中位，而下应九二之刚，以柔得位有应，故卦辞言"小事吉"。睽卦《彖传》则推其哲理于天地万物之生成，睽卦象所表现的睽违义在日常人事上固然可见其志不同、道不合，但万物之所以生，正由于天、地之睽，人类之所以繁衍，正由于男、女之睽；换言之，天、地不睽则万物乌有，男、女不睽则两情不相悦。是知宇宙间并无绝对的睽，这道理正是大易哲学"对立而统一"之义，阴与阳有睽之对立，乃有相合相通之统一，对立而后统一，统一而后复对立，分合不息，变化乃见。我们在日常人事中执于某一事的成败，有时仅见睽之为非是，而实在，易道是以睽为用，睽之用非明道之人不能，故孔子赞其"大矣哉"！

䷦蹇："蹇，利西南，不利东北。利见大人，贞吉。"

彖曰："蹇，难也，险在前也，见险而能止，知矣哉。蹇利西南，往得中也。不利东北，其道穷也。利见大人，往有功也。当位贞吉，以正邦也。蹇之时用大矣哉！"

蹇卦艮下坎上，见险在前而止，故孔子赞以"知矣哉"（"知"同"智"字）。智者处蹇难之时，能明辨时势，持守正道，文王卦辞即就此立言，同解卦而号召天下明智之士归周。"利西南"谓归岐周有利，孔子以"往得中"言。"不利东北"谓在殷不利，孔子以"其道穷"言。"利见大人"谓归周者以周行正道，故利于现大人之德（"见"同"现"字），孔子以"往有功"言。察孔子之解释文王卦辞，逐句紧扣住文王心意而言，令人心折。最后赞叹蹇之"时用"，意谓蹇难之时对一般人而言，为难处之时，然对智者而言，则正是善用之秋，智者处蹇难而用蹇难，身显而道尊，故叹其"时用大矣哉"！

二、得时而吉卦例

前述十二卦为孔子所特别赞叹，故单独为一节，其他卦爻象中之"时"，正如"位"一样变化情状不一。但"时"的势用较强，违之则凶、顺之则吉的决定力量也较大，以下仍举例明之，兹分作三类："得时而吉者"，也包括"不当位""无位"之得时而吉；"失时而凶者"，也包括"当

位""有应"之失时而凶;"安于时变者"则是安于时之流行变动,虽失时而安然处之,或不言吉,实乃大吉之义。兹先言前者:

　　䷂屯初九:"磐桓,利居贞,利建侯。"

　　屯为犯险难而始生之卦,初九虽居卑下,然以阳刚居阳位,有破险难之才与志,且身居坤下(二至四互体坤),有得民之象。又上有正应。主客观条件既如此具备,当始生犯险难之大时代,自可一展抱负。"磐桓"为犯险难之初之必然现象,只要依正道而行,建侯之功可成。《孟子·公孙丑篇》谓:"虽有智慧,不如乘势。"初九正是乘时势而兴。

　　䷻节初九:"不出户庭,无咎。"

　　节初九之得位有应,同于上述屯卦初九,然屯卦初九利于冒险犯难,建侯立功,而节初九则戒以不出户庭者,全由于节之时不同于屯之时故。节卦以限制,不妄为为义,当此之时,初九位卑在下,往而阻于九二而应在坎险之中,故应知节而安于位,如此方得"无咎"。本爻《象传》云:"不出户庭,知通塞也。"即谓时逢闭塞,当知节制。

䷌同人九四："乘其墉，弗克攻，吉。"

同人卦以"与人同"为义。九四爻失位而无应，见六二之上应九五，故欲与九五为敌。"乘其墉"，"墉"指城墙，下卦离中虚，象城，九四在离上，故言。但九五刚健中正，位乎天德，九四自知不敌，终不之攻，退而随时，行"与人同"之义，故"吉"。本爻《象传》云："乘其墉，义弗克也。其吉，则困而反则也。""困而反则"言自知不敌九五，乃退而反于"与人同"之正道，即困而知时，与时偕行之意。

䷏豫九四："由豫，大有得，勿疑，朋盍簪。"

九四以一阳居五阴之中，为豫之主爻，故言"由豫"（由九四之一阳而得豫悦）。当此之时，众阴乐而从之，九四在"大有得"之下，更不当惑疑众阴之聚合于己。九四原为失位之爻，得时之利使然。

䷉履九二："履道坦坦，幽人贞吉。"

履卦言行为实践，九二失位而无应，在离明之下（二至四互体离），故为"幽人"。但九二有中德，体兑说，虽

在幽而刚中说行，不失正道，故"吉"。本爻《象传》云："幽
人贞吉，中不自乱也。"言处幽之时而不失中，正是知通塞
之人。

☲ 大畜六五："豮豕之牙，吉。"

"豮豕"，去势之豕，有奔突难制之意。"牙"为枝牙，
此处为系豮豕之木桩上之权牙。权牙虽小，有其管制，系
豮豕之绳索得以不脱离，此以小制大，合大畜之义。六五
以阴柔居尊位，下畜乾体之刚健，且六五居艮体止，以静
制动，如"牙"之制"豮豕"。能制是为能畜，六五知用时，
得能做到以小畜大，故"吉"。

三、失时而凶卦例

☵ 恒初六："浚恒，贞凶，无攸利。"

恒卦言男女相处恒久之道。初六在下，上应九四，为
男女始交之时男女之交，宜初以情，后入理，今初六始交
九四，即深求（浚义为深）夫妇恒久之道，所求虽正，也
将"凶"而"无攸利"。孔子"欲速则不达"之言，孟子"揠

苗助长"之喻，正是此爻义，由不明时而然。

☶ 艮九三："艮其限，列其夤，厉熏心。"

"限"言界限，九三处上下体之交，故言限。"夤"或作"臏"，脊里肉，"列"同裂，"列其夤"意为一体分裂。艮卦之大义言止，但应当如艮卦《象传》所言："时止则止，时行则行，动静不失其时，其道光明。艮其止，上其所也。"今九三以阳之刚健居上下象之交，止则艮分上下，且九三居动体（三至五互体震为动），此客观形势与主观条件均不当止，虽艮义为止，也当认清目前情况，如果止于此，则是不当止而止，止非其所，自然心不能安，故言"厉熏心"。由此爻例，可见大易之教人，变通最重要，将"时"视为必然之则，也是不应该的，"曲成万物"之义在此。

☵ 节九二："不出门庭，凶。"

前文举节卦初九之"不出户庭，无咎"，乃知时之当节而节，今九二则为不当节而节，故"凶"。九二之所处虽居中，非其正位，其一；体震之动（二至四互体震，为动），其二；前临艮门（艮为门），无蔽塞在前，其三。在此情况下，虽上无应，也不当饮其刚健之性而安于门庭之内，故

"凶"。本爻《象传》云："不出门庭凶，失时极也。"

䷽ 小过初六："飞鸟以凶。"

小过卦有飞鸟之象，故以"飞鸟"言。四阴上下而得二、五之中位，二阳迫聚于内而不得施展，故又为小人得势、君子失意之时，卦辞言"可小事，不可大事""不宜上，宜下"者，由此。初六以阴居阳位，上应九四，象小人而存君子之志，欲上从君子之道，违"不宜上，宜下"之小人之道，在小人群中而为此，自然为众小人所不容，故"凶"。本爻《象传》云："飞鸟以凶，不可如何也。"孔子叹初六之"不可如何"，隐有"见小人之欲向善而不能"之惋惜，此中寓有深切之同情感。

䷽ 小过九三："弗过，防之。从或戕之，凶。"

九三虽阳得正位，然迫阴，势不能过于阴，处此时，唯有居正位而惧作防备。如失正而从阴或逞意气之刚而戕害之，也必然不敌而取辱。小人道盛，故君子只有"独善其身"，迫于时故。

䷾ 既济九三："高宗伐鬼方，三年克之，小人勿用。"

既济义为完成，就治道言，天下于此时已太平统一。然九三以刚居刚，前临坎险，此太平之世遇兵革之象（九三体离，离为戈兵）。高宗即殷帝武丁，殷商中兴之主，曾用傅说为相者。言以高宗之雄才，伐鬼方，尚须三年克之，况平常人乎？太平之世，天子多沉于宴乐，最易于有事时用小人，大易故作此戒。

四、安于时变卦例

☷☰ 泰九三："无平不陂，无往不复，艰贞，无咎。勿恤其孚，于食有福。"

"无平不陂，无往不复"两句，言易道流行之常则，前者言空间之为圆道，后者言时间之为圆道，其义已述于本书第二讲"圆道周流"一节中。九三处下卦之上，动而入阴，而易道不居，不得不动，故九三所处之时，为由泰入否之艰难时期。但阴阳泰否之周流变动，为易道之本来面目，九三只要守其"贞"而与道偕往，可"无咎"。"勿恤其孚"中"其"字，指上文"无平不陂，无往不复"之常则，戒九三不要动摇对此常则之信心，则泰去否来，否去泰当再来，如此，则心不为泰否所牵，与时偕行，吉凶于我勿涉，才会永保福祉。

䷋否九五："休否，大人吉。其亡，其亡，系于苞桑。"

上泰九三言将由泰而转否，否九五则已入否时。此时之九五，虽以刚健而居中正之尊位，然天地不交，上下不通，上惠下不达而下情不上知，为九五者，处此莫可奈何之秋，唯有安于否道，顺时而安位，然此非大人不能，故言"大人吉"。但九五以在尊位故，不能一刻或忘于下民，应时时本大人之德，念正道之"其亡"。孔子又在《易经·系辞传》中转引此爻以解释之，以明大人不忘"其亡，其亡"之意，曰："危者安其位者也，亡者保其存者也，乱者有其治者也；是故君子安而不忘危，存而不忘亡，治而不忘乱，是以身安而国家可保也。"

䷥睽初九："悔亡。丧马勿逐，自复。见恶人。无咎。"

初九以阳刚自守其正位，卑居幽隐（二至上互重离，初九在离下，故为幽。见履九二"幽人"），且上无正应。此等情势，似乎有"悔"，却"悔亡"，何以故？以处睽时故。时当睽违，动辄得咎，故初九之卑居幽隐，正为明于时的态度。不唯如此，即所丧之马（初变阴成坎，为马。或上敌应九四在坎中。二者均可解），也勿追逐，任其自复。有恶人来见（上比离、坎，离为戈兵，坎为盗），也勿拒绝。如此安时而守正以处睽，故"无咎"。

　　䷾既济六二："妇丧其茀，勿逐，七日得。"

　　六二上应九五，居阴正位，故为九五之妇。"茀"为车蔽，六二体离，离中虚，故以车蔽言。六二又体坎（二至四互坎），坎为盗。六二欲往会九五，以车蔽丧失而不能行，然当既济之时，不宜再以人力谋求，安于中顺自然之道，听其自复。"七日"乃易道极而后变之数，阴变阳或阳变阴，历六爻而复反，故至"七"而复。此处之"勿逐，七日得"，言当事济功成之后，理当休养顺治，历史上汉文、景之治是已。（按震卦六二之"勿逐，七日得"同此义。）

第五节　论应

　　除了"位"与"时"以外，宇宙间还有一个规范万物的大势力，这一势力在西洋哲学中迄今未明白提出，而中国大易哲学则自始就大力提倡的，便是"应"；一般人所谓的"感应"即是。

"应"的势力看不见，但任何人不能否认其存在。我们曾经在前文中说过，整个宇宙的本来面目为一太极，分阴分阳，虽二而一。何以说明阴阳之二而一呢？"应"便是最有力的证明。天与地为二，但"天地纲缊，万物化醇"，天与地之二而一，由"应"上见；男与女为二，但"男女构精，万物化生"，男与女之二而一，由"应"上见；推此以观，刚之于柔，寒之于暑，动之于静，往之于反，分开来看，虽为异相，合而观之，相"应"为一。所以天地之大，万物之繁，大化迁流中恍若乱流交错之复杂情状，而在一"应"之下融通起来。我们可以说"应"的势力是宇宙间的大奥秘之一，也可以说它是宇宙一大太极的最有力的权杖，有此权杖，则宇宙万物不虞其复杂纷纭，终维系着至高的统一性。

试举例言之：东海圣人，西海圣人，其心同，其理同，是人与人间之相应。闻猿鸣而感泣，笑青山之妩媚，是人与物之相应。枝头花发，蜂蝶来戏；珍木异草，龙蛇伏守，是物与物之相应。春雷发声而蛰虫起伏，东风扇和而百花吐蕊，是天与物之相应。见丽日晴天而心情感发，闻疾风迅雷而怵然惊悸，是天与人之相应。是天、地、人、物貌虽异而神相通，"应"的势力贯穿其间，其真实性不亚于时间与空间。

"应"与"时""空"的区别，我们不妨这样说："时""空"彰显出万物的存在，而"应"则彰显出万物间相互的关系。万物的生而有，一方面是存在，一方面是与他物的关系。"时"与"空"结合着万物的存在，使之不消灭，而"应"则规范着万物的行踪，使之动而有向。我们所生存的这个大千世界是依"时""空"而立，然而使这个世界成为有秩序、有法则，却是"应"的力量。

因为"应"的势力是如此一种真实的存在，所以大易哲学对"应"表现着根本的、内在的肯定。阴与阳的相感而应，成为必然的趋向，如是则吉，不如是则凶。我们且举几个明白表现阴阳之义的卦，看孔子《象传》对它们如何说。如：

䷊泰："小往大来，吉，亨。则是天地交而万物通也。上下交而其志同也。"

䷋否："大往小来，则是天地不交而万物不通也，上下不交而天下无邦也。"

䷎谦："谦，亨。天道下济而光明，地道卑而上行。"

䷗复："反复其道，七日来复，天行也。利有攸往，刚长也。复其见天地之心乎！"

䷛咸："咸，感也。柔上而刚下，二气感应以相与。……天地感而万物化生，圣人感人心而天下和平，观其所感而天地万物之情可见矣。"

☰☰ 暌："天地暌而其事同也，男女暌而其志通也，万物暌而其事类也。"

☰☰ 姤："姤，遇也，柔遇刚也。……天地相遇，品物咸章也。"

☰☰ 归妹："归妹，天地之大义也。天地不交而万物不兴。归妹，人之终始也。"

对这些较明显表现出阴阳之义的卦，孔子在《象传》文中，无不抬出"天地"来，实以感应之道为宇宙间一等大事。读上引《象传》之文，我们可以认识到大易哲学对"应"的肯定是如何坚实了。

从周文王六十四卦序中看"应"，尤给人以深刻的感受。卦序上经言大道始乾坤，下经言人道始咸恒。万物化生，依于乾坤两大作用的感应相交；而人类繁衍则依于男女两性的相感相悦。于是在这里我们不得不为大易这种观点做进一步说明，今日心理学、生理学之追究生命起源，最终归结到对父母精子与卵子的剖析，这是取物理科学的观点，然而中国古圣却不同，不止于父精母血而更上溯到父母的相感应，上溯到父母相感应之初的一念之动。当男女之相遇而悦，一念之诚，倾心相爱，从此后两个生命便在"相应为一"的共通心理下活动，父精母血已是两情相悦中后起的事，所以追溯生命之大本，当从少年男女相感应之顷开始。这种思想，我们虽不能以今日科学方法证明其为正确；但据理以论，也不能认为其不正确。古代科学不发达，古圣是以哲思为基础而立论。文王卦序之以咸、恒二卦首下经之真义在此。

"应"的势力用卦爻象表现出来，当然是阳爻"—"与阴爻"--"的趋合力，但"应"不比"位""时"之依爻位上下即可分明表现出来，如仅以阴、阳爻相应为法则，则卦中阴、阳爻数非一，将失于滥漫。同时人间物界的实情，"应"的势力也有其自然的规范。于是古圣遂区分爻位，定立规则，那就是：

初、四爻相应。
二、五爻相应。
三、上爻相应。

这种规则当然是建立在"大体如此"上，以人间物界的纷纭复杂，不可能死死限制于某一规则下而无有例外，但古圣这种规则的定立，是经过细心观察、体验而来，自有其稳固的立场。放眼宇宙，物之异种殊类固多不胜数，而种类近似者毕竟易于相应。大而言：人与人，鸟兽与鸟兽，草木与草木，类近易感。小而言：人类之中，少男与少女，士人与士人，农工与农工，凡生活处境、年龄、职业、志趣相近者易感。故下卦之初应上卦之初，下卦之中应上卦之中，下卦之上应上卦之上。孔子在《易经·乾卦·文言传》中说的，正是这种实情，他说：

> 同声相应，同气相求，水流湿，火就燥，云从龙，风从虎，圣人作而万物睹，本乎天者亲上，本乎地者亲下，则各从其类也。

衡诸理念，参以物情，卦爻象上初与四、二与五、三与上的相应，是有道理的。

然而，阴阳感应为先天性命中声，而卦爻象上的相应是人所拟定的大体法则，故在解易时，千万不可拘泥于初与四、二与五、三与上以外，便绝无阴阳感应之情在，上下爻相比之间，近而相悦，是十分普遍的事，这里且举屯卦为例以明此情形：

☷ 屯

六二："屯如道如，乘马班如，匪寇，婚媾。女子贞不字，十年乃字。"

六四："乘马班如，求婚媾，往吉，无不利。"

上六："乘马班如，泣血涟如。"

上屯卦三阴爻之"时""位"不同,从而,"吉""凶"不同,姑无论,然其所以同有"乘马班如"(徘徊留恋不进之意)者,实均因与阳爻相比邻故。六二虽有九五之正应,然九五在坎险中,而初九方挟其始生之势,锐进而及于己,感应之情,在所离免。六四虽有初九为正应,然上承九五之尊,也未免情牵。上六下无正应而系恋于九五,自也是常情。由此卦例可知阴阳感应之情之状。不过,上三阴爻虽然都由近而感悦而言"乘马班如",毕竟仍将各就其正应,是以六二言:"女子贞不字,十年乃字。"六四言:"往吉,无不利。"(往就初九)上六无正应而言:"泣血涟如"。这种由"应"上所造成的烦恼,随时随地在我们周围发生,大易正是鲜明而生动地道出了这种实情。

"应"的势力落在个人身上,并不只限于阴阳,也是个人与他人心性感通的一切联系。人生在世,有如蜘蛛在网中,为周围许多种类的感应势力牵涉着,因此,在人生行事中,"应"便成了成功与否的重要因素之一。有时候,人行事不得"时"不得"位",因有强"应"之故,可以成功;有时候,虽得"时"得"位",因孤立乏"应"之故,终归失败。《易经·系辞传》引孔子之言曰:"二人同心,其利断金。"即言"应"的重要。"时"与"位"可归于一个人行事时所占的主观条件,"应"则比较上是客观条件,客观条件缺乏也是会影响到主观条件的。

此下也分类各举例数则，以见"应"在吉、凶、悔、吝间的变化情状。

一、得应而吉卦例

䷄需上六："入于穴，有不速之客三人来，敬之，终吉。"

需卦水在天上，未降于地，有所须待之意。虽坎险在前，乾健而往，义不困穷。上六居于坎险之极，故云"入于穴"。然上六与九三为正应，九三居下卦之上，三阳同体，合力上进，足以破除险难。对上六而言，正应唯九三，而九二与初九联袂而来，非所预料，故言"不速之客三人来"。本爻《象传》云："不速之客来，敬之，终吉。虽不当位，未大失也。"按上六以阴当阴，未失位，正应九三，也不当言"不当位"，故知"不当位"乃指九二与初九。上六原寄望于九三来救，未意料到九二与初九同来，对九二与初九而言，入于上六之穴虽不当位，然因与九三向来故，未为逆理；而对上六而言，九二与初九虽与己无应，以来救己故，自当"敬之"。这中间隐含因时权变之义，正是大易不固执的精神。

☰ 履上九："视履，考祥，其旋，元吉。"

履者礼也，言行为实践。上九居履之极，有严守礼仪，动静中规矩之义。且居乾体之首，勇于践履。而更重要者为下应六三，六三为离明中爻（二至四互体离明），有反视己履之行是否光明之象。人能勇于礼仪之行而能反省，自然"元吉"。

☷ 剥六三："剥之，无咎。"

剥卦群阴剥阳，君子道消，小人道长之时。而六三在群阴之中，独与上九为应，是小人群中独向往君子之道者，故"无咎"。但六三如此，势必得罪于周围之小人，故本爻《象传》云："剥之，无咎。失上下也。"指失上下群阴。

☷ 复六四："中行独复。"

此爻与剥卦六三相似，五阴之中，唯此一阴与阳相应。"中行"之义为"中道之行"，言于群阴之中，此爻独与初九相应，为明于"中道之行"者，故本爻《象传》云："中行独复，以从道也。""道"指初九，不曰"阳"而曰"道"，是因为剥尽复来，易道本如此，复卦《象传》中也说："反复其道，七日来复，天行也。"

䷞咸初六："咸其拇。"

咸即感，卦言少年男女之相感。初六在下，上应九四。"拇"为足大趾，此言感应之初，体虽止而心悦（下卦艮为止，上卦兑为悦），描绘少年男女初恋之状甚切。本爻《象传》云："感其拇，志在外也。""外"指九四。

䷮困九四："来徐徐，困于金车，吝，有终。"

九四位虽不正，然有初六之应，当困之时，初六受困于九二（"金车"言九二），不能即相遇，故言"来徐徐"、言"吝"。但阴阳正应，终当相合，故"有终"。

二、得应而不吉卦例

䷏豫初六："鸣豫，凶。"

当豫之时，初六与九四为正应。九四为全卦唯一之阳，近君之权臣（上比六五尊位），势盛而望高，为众阴所悦近。

而初六位既卑，且不正，借与九四之应，假虎威而鸣其豫，此乃倚人为贵而忘形于己，为人中之最下品，故曰"凶"。本爻《象传》云："鸣豫，志穷，凶也。""志穷"即一般人说的无志气。

　　　　　☲☴鼎九四："鼎折足，覆公餗，其形渥，凶。"

　　鼎卦象鼎形，故名鼎。鼎以烹饪致养为用，由此生义。九四爻以阳居阴，位不正，然六五柔弱，九四以阳刚近臣，权势在身，下应之初六也是阴柔不正。本身不正而又委任非人，遭倾覆是必然的后果。本爻《象传》云："覆公餗，信如何也。"言初六为不当信之人，而信之，致有覆餗之事。

　　　　　☰☲同人六二："同人于宗，吝。"

　　卦象日月光明，上同于天，于人道，乃以与人同为义。六二爻以阴居中正，上应九五之刚健中正，本不当有"吝"，然就本卦之大义上讲，全卦五阳一阴，六二如有大同于人之志，不当仅应九五一爻。今六二上应九五，于义虽正，但方诸大同于人之义，则溺于私爱，故"吝"。本爻《象传》云："同人于宗，吝道也。"用"宗"字即可见六二之同人，落入了我私，落入了小。

☶☴ 蛊九二："干母之蛊，不可贞。"

事有败坏为蛊，故卦以干蛊为义（干，治义）。九二以阳刚居柔中之位，上应六五，乃"干母之蛊"之象。然九二阳刚之性，以刚承柔旨，必得慎于中道，不可过用其刚正，是以爻辞戒以"不可贞"。

三、无应之应卦例

☰☳ 无妄初九："无妄，往，吉。"

无妄卦震下乾上，动以天，即无丝毫之人为而动合天道之纯然自然，于人言，为至诚无虚妄之念。初九以阳居阳，得震卦之正位，为动之主。如以应言，则九四非应，但大而观，上卦乾阳，天道元亨，正为初九动往之所冀，是谓无私应而有天应，一念合天，胜于私应远矣。故"往，吉"。本爻《象传》云："无妄之往，得志也。"言初九上应乾天，得其阳刚之本性。

☴☵ 涣六四："涣其群，元吉。涣有丘，匪夷所思。"

涣为离散，卦以聚天下之离散为义。九四爻以阴居阴，得正位而近君。当天下涣散之时，群雄结党，各不相下，九四则居正位而下无私应，顺承九五，为之收拾涣散之群，一本大公，故"元吉"。下"涣有丘，匪夷所思"句，乃赞九四之卓识。九四虽不树私党，然有其为天子收拾人心之立场，"丘"为古代氏族部落时人民聚居之高地，此言有其立场之意，九四这种大认识，非一般人所思及也。此例虽无应，而应在天下人心，是为无应之应。

䷼中孚九二："鸣鹤在阴，其子和之，我有好爵，吾与尔靡之。"

中孚卦以中心诚信相感为义。卦象飞鸟，乃以"鸣鹤"为喻。九二虽失位无应，然居中，与中孚之义合，故九二虽在象上无阴阳之应，义当有应，以中心诚故。"爵"为酒杯，此言酒。具好酒，聚嘉朋共饮，也是相应之乐。九二、九五同为阳爻，本非应，但"德不孤，必有邻"[1]，诚信在心，自有应与，并不以象为拘限。孔子在《易经·系辞传》中更进一步申明此爻之义云："君子居其室，出其言善，则千里之外应之，况其迩者乎？居其室，出其言不善，则千

[1] 《论语·里仁篇》。

里之外违之，况其迩者乎？言出乎身，加乎民，行发乎迩，见乎远。言行，君子之枢机，枢机之发，荣辱之主也；言行，君子之所以动天地也，可不慎乎？"孔子这段话，把"应"的作用直归到一个人主观的言行上，只问言行的善与不善，不必问有应无应；言行善，自然有应；言行不善，自然无应。孔子这段话正是儒家"反求诸己"的真精神，而由孔子这段话，我们更可以知道卦象上的有应与无应，只是说明事理的符号，而真正"应"的势力是不能拘泥于象的。

䷞履九二："履道坦坦，幽人贞吉。"

履卦言践履行为。九二以阳刚之质居阴位，上无正应而在离明之下（二至四互体离），故言"幽人"。但九二身居下卦之中，以阳刚之质而具中道之行，上虽无私应，有乾天以合刚健之性，故九二坦坦然以天道为法。上卦乾天之刚健，也就是九二之应，是无应之应。

"应"的变化特多，无法尽举，以上一、二、三节之分类举例，只是希望读者借以知道其梗概，但于此，笔者再作申述，即感应之事属于"情"，情易泛滥，若任由阴阳自由感应悦爱，则人类社会将秩序紊乱。因之，古圣不得不加以理智规范，卦爻象上的初与四、二与五、三与上相应也就是实际社会中的各种礼法制度，使人一方面不失先天之情，一方面免去情感的纵横泛滥，导情入理，使情理相应。由此之故，我们看大易对"应"的解释上，每有道德意味，此道德意味实为防止"应"之泛滥而不得不如此者。这一认识是必要的，兹再举数例以见此意：

䷵归妹九四："归妹愆期，迟归有时。"

归妹为嫁女之卦，九四阳爻无正应，故"愆期"。然从象上看，六三也无正应，上承九四，阴阳相近而悦，则六三与九四为何不可婚？而爻辞却不做此解，云"迟归有时"，本爻《象传》云："愆期之志，有待而行也。"六三与九四之相比而不婚，宁待时迟归，于此可见道德力量所在。

䷼中孚初九："虞吉，有他不燕。"

初九，本身以阳居阳，得正位，上应之六四，也得巽体之正，故言"虞吉"。然六四上承无应之九五，六三又较六四近于初九，初九位卑在下，在此情况下，初九有可能弃六四而向六三，爻辞虑及此，乃明白提出"有他不燕"。本爻《象传》云："初九虞吉，志未变也。"即指以九四为正应之志未变。

䷂屯六二："屯如邅如，乘马班如，匪寇，婚媾。女子贞不字，十年乃字。"

本爻辞上文已举作例，但此处最宜于说明"应"中之道德力量，故再举出。六二受初九之扰，乃势所必然，然六二为居中得正之女子，待其险中之九五（九五在坎中），宁"十年乃字"，归向正应力量之大可以见了。

然而有时候，也有反常则的，那是因为遭遇特殊情况，例如：

䷫姤九二："包有鱼，无咎。不利宾。"

初六上应九四，依理当与九四合，但姤卦五阳一阴，而卦以阴阳姤遇为义，初六之始来，九二得先遇，此其一。其二，初六失位，为不正之女子，而正应悬隔过远，无能相合。因此，九二之遇初六，言"无咎"，而"不利宾"。

总之，"应"的变化繁而杂，人间物界为有情世界，在左右情牵中建立理性法则，读者明此意，再玩索卦爻象而揣摩之，庶乎几矣！

第六节　论中

　　"中"之一义，是中国文化的大精彩处，从中国人讲"中道"上看中国文化，具见中国文化的高度风格。

　　古希腊哲学里亚里士多德也讲"中"，是西方哲学唯一讲此说者，但亚氏的讲"中"终属理论中事，其说系以其形而上学主张为根据，谓人具有高级之理性与低级之情欲，徒有理性则人失其实存，徒有情欲则人沦为一般动物，二者不可或缺，故人的幸福生活应该是以理性驾驭情欲，不使情欲陷入或为过度或为缺乏之两种。于是他说：勇敢是怯懦和凶暴的中，慷慨是鄙吝和滥费的中，文雅是粗野和卑屈的中，等等。亚氏这种说法骤然看来倒是应理，然而稍一寻思，便觉不妥：第一，"中"的意义经如此一界定，近乎成为死板的规定。若在"怯懦"与"凶暴"的两点间取其中间便是"勇敢"，则失去了"勇敢"的活用。第二，何谓"怯懦"，何谓"凶暴"呢？亚历山大大帝死，亚氏惧雅典人加害于己，逃离他的吕克昂（Lykeion）学院，为自己解嘲说："我不再让雅典人有机会获罪于哲学，如对付苏格拉底者然。"这算不算是"怯懦"呢？爱国志士战场杀敌以保障生存，算不算是"凶暴"

呢？所以这种定义的本身便下得不明确。第三，亚氏如此对"中"的意义的界定，只能说是学理中的泛论，无法应用到实际人生中，一个人的行为是有意或无意中（下意识之义）选择的结果，小偷、强盗都有为他的行为辩护的理由，"怯懦""不怯懦"或"凶暴""不凶暴"是外人的评价，即上例，当亚氏逃离雅典时，他必不以为自己是"怯懦"，而雅典人必以为他是"怯懦"，这种摇摆不定的定义，是无法作为人生行为的遵循的，亚氏的"中道"学说未在西方社会中发生影响，便是最好的说明。

所以，亚氏虽曾提出过"中道"的学说，但以中国人看起来，实在了无精义，只不过说出了一般性的笼统的原则，在中国，"无过与不及"一句话已经尽其意。而中国人讲"中"，早已超过了这一认识，进入灵通的领悟境界。中国人对"中"的解说，大体上强调两方面：第一，对"中"的活用——"执中用权"。第二，对"中"的大用——"建中立极"。如从时间上说，见于文字记载的，如《论语·尧曰篇》载尧让天下予舜时，说："咨，尔舜！天之历数在尔躬，允执其中……"《尚书·大禹谟》载舜让天下予禹时，也说："天之历数在汝躬，汝终陟元后，人心惟危，道心惟微，惟精惟一，允执厥中。"这时间早于亚里士多德两千年。

一、中的活用——执中用权

何谓"中"的活用——"执中用权"？即不以"中"为一固定点。依照大易哲学，宇宙万物为流行不息的作用，从不曾有，也永不会有任何固定不变之点。在万物流转中，因时乘位，得其自然，于"道"无忤，是为"中"。"执中用权"是古人的一个比喻，"权"为称量物品轻重时秤杆上所悬挂的秤锤，秤锤是随物轻重而移动的，如果固定不动，便将失去称物的功能，古人乃借此以说明"中"的活用。由此例，我们可以知道"中"的活用的意义，因为秤锤在秤杆上的移动，固然通常是移动在轻重两极之间，但有时候遇到最重之物，它便必须放置于最重一极的位置；反之，它有时候也必须放置到另一极最轻的位置。放置的位置并不能避免必不在轻重两极，而是以平衡轻重之物尽其功能为准。因而有时候怯懦也是"中"，如韩信胯下之受辱；有时候凶暴也是"中"，如保卫生存而杀敌，要紧的是要看"时""位"等因素。

今且再举一例以说明，如平时一般规定汽车速度不得超过每小时六十公里，为了避免车祸；但忽然敌人犯境，急待赶赴抗敌之时，便不必一定遵守旧规，此时每小时百公里为"中"。"中"是一种最适当的情况的称名，不能使它在人的思想中变成固定的执着。亚里士多德固然也说过，所谓"中"，绝非指画一直线之平分为二，得其中点，乃是靠个人的明智判断、精敏感受而得，亚氏称之为"识见（Insight）"。但只是这样说，是无法指导人去行"中道"的，而他的勇敢为怯懦与凶暴之"中"等的话，却易使人起思想上的执着。

大易哲学在卦象上的"中"，是二、五两爻。一般人都以为这两爻是各位居上、下卦的中间，而以之命名。这思想当然也是对的，可是事实上大易以二、五之中爻位名"中"，只不过是借以立名，而"中"的意义绝不主要依托在"取其上下之中"的固定位置上。"中"的意义在哪里呢？主要是在"时"与"位"上，其他"应""承""乘"等也都有关系，也就是说一个人行事能够因"时"因"位"，也能够善用"应""承""乘"等关系，便是"中"，在卦象上只是借二、五两爻以称名此一含义罢了。今且举卦例说明如下，例如：

䷃蒙 《彖传》："蒙亨，以亨行时中也。"

孔子这句话，是解释文王卦辞中的"蒙亨"，言"蒙"之所以"亨"，是因为依乎"时中"而行。何谓"时中"？就是"与时偕行"，就是"动静不失其时"。蒙卦是以童蒙无知、开启蒙昧为义，对童蒙之开启，应因时制宜，如初六之"利用刑人"是，如果不能"时中"而行，则"蒙亨"之义将不存。可知此"时中"的"中"字，就是把握时机，适当利用时间，大易别处又言"君子而时中"，同于此义。后人解释蒙卦，将此"时中"向卦象上讲，说成九二、六五两爻刚柔居中相应，那只是借象而言，却不可泥于象而失却大义。

　　䷦蹇 《彖传》："蹇利西南，往得中也；不利东北，其道穷也。"

　　蹇卦《彖传》中此数句之义，前于"论时"一节中已说过，今为说明"往得中"的"中"字，乃再提出。此一"中"字义最为明白，往西南而"得中"，在东北而"道穷"，此一"得中"实际等于得宜、得当。这是周文王当时号召天下贤士的话，要大家认清当时是蹇难的时代，应该明辨去留，寻找适宜的安身之所。从卦象上讲九五、六二之相应，终不应失却此一本义。解卦《彖传》之"其来复，吉，乃得中也"同此义，不另举。

　　䷗复六四："中行独复。"

　　卦象上言"中"，依例都在二、五两爻，三、四两爻言

"中行"者，此卦外，尚有益卦的六三与六四。此卦的"中"，通常解作"在群阴之中"①，如此解释当然可通，但了无深义，笔者以为不妥。实在此"中行"即中道之行，当群阴尚盛，一阳来复之时，六四爻独与初九相应，这表示六四审于时变，知阳道之将兴，弃邪从善，正是"时中"之君子，"中"字用于此处十分恰当。由此可见大易之言"中"，有其因时制宜之本义，并不一定拘泥于卦象之二、五两爻上，我们研究大易，当以明此本义为尚。益卦六三及六四之"中行"，同为"中道之行"义，不另举。

以上为非明言二、五两爻或以三、四爻言"中"之例，其义落在"时中"上。至于"位中"（得位之中，即正位或得位），则特多，如从文字上计算，六十四卦仅《象传》之辞中，言刚得中或柔得中者就有三十六卦之多。这些得"中"有两种情形：一是阳爻居五或阴爻居二，得其正位；另一是阳爻居二或阴爻居五，非居其正位。前者得其正位而称"中"，凡阳居九五，《象传》多以"中正"或"正中"言之；阴居六二，则多言"得位、得中"或仅言"得中"，例如：

䷄ 需："位乎天位，以正中也。"（指九五）

---

① 朱熹：《周易本义》之注。

☲ 讼："利见大人，尚中正也。"（指九五）

☲ 同人："柔得位得中而应乎乾。"（指六二）

☲ 既济："柔得中也。"（指六二）

后者，为阳爻居二或阴爻居五，就"位"上论，非得正位，但许多卦言"中"者，是因为就该卦所处之"时"，适于如是之"位"。例如：

☲ 蒙 《象传》："初筮告，以刚中也。"

"刚中"指九二，二非阳位，但当启蒙之时，刚居二以教授非正位之初六，是"中道之行"。

☲ 临 《象传》："刚中而应，大亨以正，天之道也。"

"刚中"也是指九二，临卦阳浸长而逼阴，阴阳盛衰消长乃自然之道，卦象上表现得非常明白。九二于此阳长之时，率先健进而消阴，虽进居阴位，是明"时"之举，故言"中"。

☲ 大有 《象传》："柔得尊位大中而上下应之。"

大有之意为所有者大，凡有大者本身必不自以为大，如本身自大，虽大有也不得为大有。今六五以一阴居尊位，五阳上下相应，是有大而不自大，如此方能表现出"大有"之义。六五之言"中"者，以此。

䷷旅 《象传》："小亨，柔得中乎外而顺乎刚。"

"柔得中乎外"指六五，六五以阴居阳，非正位，但在旅时，尚柔道行事，故六五之以柔居尊称"中"。

总之，"中"的意义在大易中是"活用"的，绝不可由卦象而起执着——古来易学家如是起执着者太多太多——昔庄周深有见于此，曾设喻以言，曰：

> 荃者所以在鱼，得鱼而忘荃。蹄者所以在兔，得兔而忘蹄。言者所以在意，得意而忘言。[1]

由荃而得鱼，由蹄而得兔，由言而得意是不错的，但必须知道鱼在荃外，兔在蹄外，意在言外。大易"中"之义虽由象而得，也同样在象之外，能在象外求"中"义，得"中"之活用矣。

---

[1] 《庄子·外物》。

二、中的大用——建中立极

先从"极"字说起,"极"字本义作"栋"解(见《说文解字》),为屋顶正中最高处之梁栋,故字从木,是"极"之字义原由"中"上建立。然后看"中"字,甲骨文中有"中"字,作 🜔 或 🜕 之形,其游或左或右,或二或一,游为示风信之物,古人借此以反衬中间一画之正立不偏倚。方形之"口"音围,象四方界域。中间之一竖画"丨",则通上彻下,平分"口"而中立。于是,由字形象可知"中"的意义如下:

第一,中直之一画上下贯通无际,巍然竖立。就上通无际而言,显示其高明超举,透射出精神上进之势;就下贯无际而言,显示其稳固而落实,下同而不傲倪于万物。

第二,四方形之"口",表示天下国家,言"中道"之推行有地;也表示着"中"有包容之德,"中道之形"非孤立挺拔,只求独善,乃纳民容众共进于道。同时,也是"德不孤,必有邻"之意,"中道"之所在,天下国家依之而建立,"大中"之义在此。

第三,不偏于左,不偏于右,独立于正道,中立而不倚。

由上,我们便可以得知何以"中"之一义自尧、舜以下,一直在政治思想上占无比重要地位的原因了。中国人将"中"的信念与治道结合,天子便是天下之"极",天子之"极"

是由天下之"皇"中建立的（"皇"训大），但天子之"极"不是脱离人民而高高在上，乃是上贯通天下贯通人，上下一"极"相贯通，这正是上面所说的"中"字的写法：由天子之"极"到人民是中间的一竖画，天下之"皇"是四方形的"口"。在这里，我们有必要将《尚书·洪范》九畴之五的"皇极"一节引录出来，这是一篇论"治道的中道"的大文章，是"中道"的大用，录如下：

> 五，皇极。皇建其有极，敛时五福，用敷锡厥庶民。惟时厥庶民于汝极，锡汝保极。凡厥庶民，无有淫朋人，无有比德，惟皇作极。凡厥庶民，有猷有为有守，汝则念之；不协于极，不罹于咎，皇则受之。而康而色，曰："予攸好德。"汝则锡之福。时人斯其惟皇之极。无虐茕独而畏高明。人之有能有为，使羞其行而邦其昌。凡厥正人，既富方谷。汝弗能使有好于而家，时人斯其辜。于其无好德，汝虽锡之福，其作汝用，咎。无偏无陂，遵王之义。无有作好，遵王之道。无有作恶，遵王之路。无偏无党，王道荡荡。无党无偏，王道平平。无反无侧，王道正直。会其有极，归其有极。曰：皇极之敷言，是彝是训，于帝其训。凡厥庶民，极之敷言，是训是行，以近天子之光，曰：天子作民父母，以为天下王。

这篇文章大体说来，做两方面发挥：一方面，天子站在为天下之"极"的立场，如何勉力行"中道"与教民行"中道"；一方面，庶民如何视天子为天下之"极"而遵行"中道"。这样，将整个天下君民纳于一"中"之中，叫作"建用皇极"。"中道"这一大用，是全世界任何哲学所不曾有过的。

上面所说的这些，未涉及卦象，却是卦象上言"中"的思想背景。因为六爻卦象是周文王所重，六十四卦之言"中"义始于文王，而上引《尚书·洪范》之文则是箕子对文王之子武王的陈述，箕子是殷商大臣，所以在周文王重六十四卦之先，"中"的思想早已建立，周文王只是将上述的"中"的思想拿来合在卦象上表现罢了。现在我们来看卦象上的"中"。

卦象上的"中"位有二：五爻与二爻。也就是说，上卦的中爻与下卦的中爻。所以要设两"中"的原因，是因为六十四卦所表示的是落入阴阳二作用相交生物以后的事，既如是，则"阴"与"阳"二作用各有其"中"是必然的。五爻为阳位，以阳爻居之为最尊；二爻为阴位，以阴爻居之为最贵。所以在同一卦象上虽设两"中"，实际上仍是一"中"。但这里我们必须知道，有时候阳爻居二，也称"刚中"，有时候阴爻居五，也称"柔中"，那是变道之用，因"时"因"位"因"事"而各有所指，例如：

䷃蒙　《象传》："以刚中也。"

指九二，任启蒙之责。

䷅讼　《象传》："刚来而得中也。"

指九二，自悔其健于讼而惕中。

䷆师　《象传》："刚中而应。"

指九二，言将军率师。

䷍大有　《象传》："柔得尊位大中而上下应之。"

指六五，刚健过盛，济以柔德。

䷷旅　《象传》："柔得中乎外而顺乎刚。"

指六五，旅中宜用柔德。

䷿未济　《象传》："柔得中也。"

指六五，当未济之时，宜于守柔。

六十四卦中，此等例甚多，不必多举，读者可自参照。换句话说，"刚中"之正位虽在"五"爻位，但可下行而致其用；"柔中"之正位虽在"二"爻位，但可上行而致其用。"九五"是阳之"极"，"六二"是阴之"极"，阴阳上下而致其用，便是上文所述"中"字一竖画贯通上下之义。

然而，五爻之位因为是阳之正位，又是上卦之中故，在全卦为最尊。二爻之位固为阴之"极"，但以阴性柔顺而后从故，尊阳之五。卦象是代表人间物界的显的一面，故五爻位为全卦之"极"。六十四卦，五爻位无言"凶"者，这情形我们可以合理地给它一个理由，那便是五爻位既是天子之尊位，居此位之人无论刚或柔，能行"中道"，便不致落入过刚用事或柔弱不振。五爻位的不言"凶"，可以说全然是由于"中道"之故。二爻位明文"凶"者，也只有剥、颐、节三卦，都是情况特殊：☶剥卦六二闭锢于群阴之中，上下既不比阳，又无正应，是丝毫不得阳之消息。☶颐卦六二上无正应，三、四、五爻均为不能致养之阴，而上九非已应，当养之时，故不宜于"征"。☵节卦九二为拘泥于"时"，不知变通，有背刚健之性，过泥于"守时"，适造成"失时"（以上三卦均已举于前文，故不详言）。

另一个现象，便是二、五两爻言"无悔"或"悔亡"

之处特多。"无悔"是理当有悔，因某故而消失其悔；"悔亡"是已将有悔，因某故而悔除去。前者距"悔"稍远，后者稍近，二者义相若。二、五两爻的多言"无悔"或"悔亡"，便是由于得"中"之故，这些卦如：

　　☷☳复六五："敦复，无悔。"《象传》曰："敦复无悔，中以自考也。"

　　☱☴恒九二："悔亡。"《象传》曰："九二悔亡，能久中也。"

　　☳☰大壮六五："丧羊于易，无悔。"《象传》曰："丧羊于易，位不当也。"（既"丧羊于易"而复言"无悔"，由"位"虽不当而得"中"。）

　　☲☷晋六五："悔亡，失得勿恤。往吉，无不利。"（此爻《象传》不言"中"，实六五之"悔"为乘刚，而"悔亡"以得中故。）

　　☲☴睽六五："悔亡，厥宗噬肤，往，何咎。"（乘刚有"悔"，得中故"悔亡"。）

　　☶☶艮六五："艮其辅，言有序，悔亡。"《象传》曰："艮其辅，以中正也。"

　　☱☱兑九二："孚兑，吉。悔亡。"《象传》曰："孚兑之吉，信志也。"（"信志"即中心诚。）

　　☴☵涣九二："涣奔其机，悔亡。"《象传》曰："涣奔其机，得愿也。"（居中得愿。）

䷿ 未济六五："贞吉，无悔，君子之光。有孚，吉。"《象传》曰："君子之光，其晖吉也。"（六五上比下比及应均为阳爻，而自居中，故言"君子之光"，故"无悔"。）

䷞ 咸九五："咸其脢，无悔。"《象传》曰："咸其脢，志末也。"［当咸（感）之时，六二体艮止不动，九五居尊而上比上六，故与上六相感。然以中正故，终从正应而"无悔"。］

䷬ 萃九五："萃有位，无咎。匪孚，元永贞，悔亡。"（当天下人心方萃聚之时，九五居兑体，上比上六而下比权臣，是有悔，能"元永贞"，振其阳刚之德，则"悔亡"。）

䷸ 巽九五："贞吉，悔亡，无不利，无初有终，先庚三日，后庚三日。吉。"《象传》曰："九五之吉，位正中也。"（九五刚健中正，不当有悔，所以言"悔亡"者，因巽卦大义在于申命行事，而九五下无正应，命令不能下达，故"悔"。然中正之德，终"悔亡"而"无不利"。"先庚三日"言无初，"后庚三日"言有终。）

何以理当有悔，因"中"故而"无悔"？何以已然有悔，因"中"故而"悔亡"呢？"中"的力量何以如此重要呢？这里有一个极为重要的认识，便是"中"与"时""位"不同，"时"与"位"对于人来说，客观性大，人不能充分把握自己的"时"与"位"，只可以尽其在我地去求乘"时"因"位"。但"中"不同，对人来说，主观性强，人可以勉力去行"中道"，做到在自己能力可及的范围内的最大限度，不得"时"，无妨于"中道"行事，不得"位"，也无妨于"中道"行事。所以"中道"乃是人勉力求上进的一种努力，只要得乎"中道"，虽不得"时""位"而致凶，也自己心安了；心安即"无悔"，即"悔亡"。

同时，因为"中道"之行，人自己可以着力，所以在卦象上二、五两爻之辞，最多吉、凶并举，目的是要人择"中"而行，例如：

䷂ 屯九五："屯其膏，小贞吉，大贞凶。"

䷋ 否六二："包承，小人吉，大人否亨。"

䷞ 咸六二："咸其腓，凶。居，吉。"

䷟ 恒六五："恒其德，贞。妇人吉，夫子凶。"

䷨ 损九二："利贞。征凶。弗损益之。"

䷬ 萃九五："萃有位，无咎。匪孚，元永贞，悔亡。"

䷮ 困九二："困于酒食，朱绂方来，利用享祀。征凶。无咎。"

爻辞中做如此吉、凶对举的思想背景，便是肯定在人的心中，有一个"中"的认识存在，这个"中"的认识是人生之"极"，人衡量自己的处境，看了卦爻辞所提供的或吉或凶的意见，自然会趋吉避凶。

"中"的含义深远难描述，上所述者少，所遗者多，读者应深思而体味之。于是，在这里笔者不禁想到古籍中的几处话，且引录并做解释以为本节之结束。先看《大学》所言：

> 大学之道，在明明德，在亲民，在止于至善。

"止于至善"一句，后世不少人解释为"到达而停止于一固定的至善的境地"，那是大错误。宇宙一大流行，何处是"至善"的境地？又何处有一固定的至善的境地？应知"至善"之意，即是得"时"、得"位"、因"事"、因"人"，一切妥当；简言之，于"道"无违。此"止于至善"，也就是"保持中道"，《大学》这句话正是直承孔子"中道"之义而来。《中庸》里说：

> 喜怒哀乐之未发谓之中，发而皆中节谓之和。中也者，天下之大本也；和也者，天下之达道也。致中和，天地位焉，万物育焉。

《中庸》作者将"中"归于人之性情之先天自然状态，即"道"之本来面目；而将"和"名后天之人之性情合于"道"之状态。"致中和，天地位焉，万物育焉。"质言之，即贯通先天后天，无非一"中"。《孟子·尽心篇》说：

　　　　孟子曰："孔子不得中道而与之，必也狂狷乎！狂者进取，狷者有所不为也。"

　　孔子岂不欲中道哉？不可必得，故思其次也。（按：孟子之言系来自《论语》，《论语·子路篇》："子曰：不得中行而与之，必也狂狷乎，狂者进取，狷者有所不为也。"）

　　"中道"之义，于理已难尽，于行为更不易做到，有大智慧、大认识，握得"道"之枢机后，以"道"为纲，而领导日常行为方可。是以孔门才智之士虽多，孔子均不以"中道"许之。这并不是孔子论人的标准太高，而是因为人是有身心滞碍的存在，以滞碍存在的"人"，希望上合于自然流通而无滞碍的"道"，当然不是容易的事。"中道"也许永远是人类努力求做到的精神目标，也许永远没有人能够完全达到"中道"，可是这"永远达不到"也便是"中道"的无上价值。

第六讲　人性的觉醒，归根复命

扫一扫，
进入课程

第一节　道德人格的提出

世界人类文化史上有一个早已受到注意的现象，即中国、印度、希腊三地曾经几乎可说是同时地发生过一次革命性的道德自觉运动。在中国方面，以孔子为表率，当孔子在泰岳之麓提倡仁道，推行德化的时候，也正是印度释迦牟尼在恒河流域行化说法，宣扬佛法度人的时候；此后稍晚，希腊苏格拉底在雅典街头逞其雄辩，倡"知识即道德"之说。孔子的提倡仁道乃走入世的路，就人类社会的实际生活而立说，学与行合一，故其说最平易也最切实，明确地指出一个人身心两方面行为修养的要道，并提出道德人格的具体榜样——君子与大人，鼓励人奔赴。释迦牟尼的宣扬佛法乃走出世的路，借宗教信仰开示人彻底破除人为欲念，精进向佛，到达纯净无染的最高精神境界。苏格拉底则走理辩的路，以智服人，纠正当时善恶是非混乱的世风，他虽没有在实际生活上开创出一道供人奔赴的具体的大道，却也在人类理性的前面悬挂出一个"德"的共通概念，而他最后却以自己的死表现出一个道德人格的典范。孔子的生卒年代，历史上有明文记载，释迦牟尼与苏格拉底的生卒年代都不能十分确定，但经过后来人的研究考证，大体上三个人的生年或卒年相差不及百年。根据《辞海·年表》依年次列出：

释迦牟尼　公元前557—前477年

孔　　子　公元前551—前479年

苏格拉底　公元前469—前399年

百年的时间，以历史眼光看，实在不能算是差距，所以上面三位东西方鼓吹建树道德人格的导师，应该说是同时现身在这世界上。

由于人智有限，我们不能武断地就肯定这件事是偶然的巧合；但同样的，我们也无法说出这件事的所以然。如想依照科学分析研究，广泛归纳与古代人类相关的一切学科求得结论，不是一件容易的事，无已，我们只好采取哲学的看法，看在大易哲学的理论下，这件事该当如何解说。

如依照大易哲学的理论，上面这件事该有两种看法：

第一，从太极生阴阳，阴阳生万物之义上说，万物与人均源自一源之太极，所以不管东方人也好，西方人也好，受生之"性命"同为一源，在性命中已有自然共通之感应，此其一。其二，就人所居处的环境而言，东方西方虽有种种不同的差异，可是举地球上的一切物事，无非一"道"之流行，即一太极中事，包围在地球表面的气体，生长在地球上的一切物类，时刻在调和变化，故人类虽有地区性的差别，而实际上是生活在一个相互交通的环境中。其三，且人与人为同类，不管东方或西方，生理组织雷同，心理活动雷同，思想能力雷同。于是，我们归纳上面三条件，人既然彼此雷同，同受性命于一源，有共通之感应，且生活在交流共通的环境中，在此情况下，心智发展的步调协同也就不足奇怪了。换句话说，孔子、释迦牟尼、苏格拉底三人的方向是一致的，他们只不过没有在一条路上走，而他们却在不约而同地执行着共同的使命。

第二，从易道之为圆道周流之义上说，宇宙万物即为道之周流之表现，无生物之生、成、毁、灭，生物之生、长、衰、死，无非一大作用之往反来去，物如是，事如是，有形之物事如是，无形之精神状态也如是，这一根本义已述于第二讲第二节的第二小节"圆道周流"中。由此，我们看人的生命历程，也就自然寻找到了孔、释、苏三氏何以不约而同提倡道德人格的来源。记得笔者曾在拙著《先秦易学史》中说过，由太极之动落降到人为"由道化生器"的历程；人自觉到物性重浊后，淬砺奋发，存养心性，反于太极动生之初，为"由器反于道"的历程。言"器"与"道"，系根据《易经·系辞传》"形而上者谓之道，形而下者谓之器"之言，名称不论如何拟订，易道一往一反的常则是肯定的。然而，这里需要注意的是人的灵智，"人为万物之灵"，就一般生命来说，人同于一般生物的生死圆道，但人自有"为万物之灵"的灵智之性的圆道。由太极之动发展到人的灵智成熟，为"由道化生器"的历程的极致，就在人的灵智成熟之际，人自觉到此一落降的历程到了复反的时候。由易道之为圆道周流之义上说，我们说这是自然的反应，无足以怪，但就人本身而言，却是一桩大事，人之所以为人者，在此一点灵智之性的自觉。孔子、释迦牟尼、苏格拉底实际上是应此易道周流之运而兴。

笔者如此简略地以上面两点解释孔、释、苏三氏之同时现身提倡道德，真不知道会引起读者如何的批评，因为遗漏的事项太多，但笔者也知道，即令再多费笔墨，也仍然不能明晰地解说此一问题。此一问题，事实上，似乎已是只能有原则性的解答，而不能做"如数珠掌上"式的解答，以原则性的解答来说，笔者认为上面说的也就够了。下面附加的几项，是用来对此一问题提供参考的：

第一，人本身是无所有的，所谓"人"，原是"道"的变化现象之一。

第二，人的意念大分有二：一为性命中受之于自然之势用，一为由自然所生之形体而派起的势用。前者为轻清之精神，具有随时复反上升的趋势；后者为重浊之物欲，只有向下坠落的趋势。此"上升"与"下降"的趋势，即通常所说的"善""恶"，孔子说："君子上达，小人下达。"正是由此而言。

第三，人受之于性命的精神势用，普遍具备于各人心中，故为人人共通的、交感的；而由形体派生的物欲势用，则因人而异，故为个别的，不相共通交感的。这也就是说，对善念，人有同感；对恶念，则各有生心。

第四，由此可知，人不能同时反向于"道"，实由于物欲势用不齐之故。唯精神势用盛者，能自觉而反。

关于孔子、释迦牟尼和苏格拉底三位东西方圣哲何以故而同时出现于世，又同时向道德人格奔赴的问题，笔者拟以一个比喻来作结，那就是：大道流行，变化生生，正如春晖普照，遍野花发，运会所至，花发为自然现象，然而迟速不同，孔、释、苏三氏也只是得风气之先，枝头初绽罢了。以下我们当速转而讨论"道德人格"的实质意义。

"道"之意义，本书在第一讲已说得相当详细，而且在前面数讲中均时有提到，相信读者已有甚明白的认识。"德"

之义与"道"相通，《老子》曰："道生之，德畜之，物形之，势成之，是以万物莫不尊道而贵德。"下王弼注云："道者物之所由也，德者物之所得也。"①可知"德"之义为"得"，物由"道"生而得于"道"者为"德"，所以"道"与"德"在本质上相同，"道"是就其全、就其一而言，"德"是就其分、就其多而言。在思想层次上，当然"道"是第一层义，"德"是第二层义。于是我们看《易经》十翼之文，如乾卦用九之《象传》云："天德不可为首也。""天德"即"天道"，但以天道落入六爻之位后，成了分散之多，故言"天德"。又如乾卦《文言传》："君子进德修业。""德"即指"道"之在人者。所以"道德"一词，实指人生而禀受的那一份精神，人人均由"道"而生，故人人有此一份精神，人人禀受的一份精神内在于人人心中，是为"道德心"。但人心所有的不止此"道德心"，也有由形体而派生的"欲念"（物欲）。人与一般动物不同者，一般动物"欲念"深重，不知其内心有"道德心"，而"人为万物之灵"，在动物中欲念较轻，能自觉到"道德心"的内在于心，即此一念之自觉，划分了人与一般动物的界限。人由自觉其"道德心"之存在，进而再减少欲念，使"道德心"的势用更盛、更活泼生动，"道德心"的势用自然应合于大化流行之"道"，这时候的人，

---

① 《老子》第五十一章王弼注。

便成了"道德人"。

然而，一个人由自觉其"道德心"到进入"道德之域"而成为"道德人"，是一段存养修为的经历，"人格"之义由此而起。关于"格"字的解释，宋明以来，都依于《大学》"格物"一名作解，诸家释义不同。笔者则认为"格"字从木从各，其本义当从"木"上来，今日我们犹以"格子""第×格"等言木橱柜、木窗门，实为"格"之本义。故"格"字乃含划分为等级的意思，凡有高下等级之别者，均不妨用"格"字，"人格"便是用在人对"道德"的存养修为上，"道德人"是有道德修养的人，但有道德修养的人，其道德修养有高下深浅之差别，乃有"道德人格"，"士希贤，贤希圣，圣希天"，均是"道德人"，而"道德人"有高下之"格"。

人自觉其"道德心"，发扬此"道德心"而成为"道德人"，复为"道德人"划分高下等级立"道德人格"，是人内在性命觉醒后奋力复反于本源之"道"的一番努力，"为万物之灵"的"人"的名称，便立在这一基础上，而所谓"人生的意义"也便是指的这一番努力。于是，在这一认识下，我们了解了孔子、释迦牟尼和苏格拉底三氏的重要地位，他们使人们明确地认识到"道德"的价值，使人们认识到"道德人"之可贵，而努力以高尚的"道德人格"为目标而奔赴。三位人类道德导师，异地同心，以不同方式倡导道德自觉运动。当然，他们的工作是艰苦的，他们必须劝勉人从亿万年以来的欲念的习性中超脱出来，脱胎换骨，重新做人；孔子在中国的遭遇，释迦牟尼在印度的遭遇，苏格拉底在希腊的遭遇，都充分地说明了这种情形，而他们三个人所处的那个时代，也就成了历史上有文字记载以来最扣人心弦的时代。就笔者的个人感受来说，历史上没有任何时代比那个时代更火花迸射、更生动活泼、更精彩。

第二节　存养

大易哲学指示人"反于道"的路，简单地说，是"道生人"的逆转。但在这一往一反之间，变化不同，归纳起来，以下两点是不可不知的：

第一，由太极、阴阳化生万物及人，是自然的"道的流行"，无人为力量参与；而由人反于"道"则不能少却人力。

第二，由太极、阴阳化生万物及人，是先产生纯粹精神的"性命"，次有"形体"，次有由形体派生的"欲念"，人是"性命"之纯与"欲念"之杂同居于"形体"之内的生物。而人反于"道"则是消除"欲念"，摆脱"形体"之累，再入于纯粹精神的"性命"之域。所以我们可以说：人之生是"益"而成，而"反于道"是"损"而成。

人自己如何行推助之力而自我提升呢？大易曾告诉我们最具体扼要的两句话，一为《易经·系辞传》中的：

> 成性存存，道义之门。

一为《易经·说卦传》中的：

> 穷理，尽性，以至于命。

这两句话含义近似，差别是：前者径就心性存养上说，而后者则在心性存养之前，更益以观察、思考。而事实上，这两句话到了后来，竟发展成中国思想界的两大派别，所以我们不得不分开来说。但首先，我们当先将句中几个名词——"性""命""理""道""义"的意义弄清楚。

先从"性"说起，《易经·系辞传》为"性"字下的定义是："一阴一阳之谓道，继之者善也，成之者性也。"这中间说明了两点：一是"性"来自阴阳化生；二是"性"为万物所共具，因为阴阳化生万物。不过，这样说不够明确，"性"的含义必须配合着"命"一起讲才清楚，这就要回到第三讲我们曾讲过的《易经·乾卦·象传》上。依据乾卦《象传》："乾道变化，各正性命。""性命"之起，起自乾道变化。由乾道变化生"性命"，下变于坤，坤顺承乾，接受乾道变化所生之"性命"，再变化而益以形体，于此才万物发生（按此一历程已详述于第三讲第一节"天地之大德曰生"）。所以《易经·系辞传》中所说的一阴一阳变而成性，乃就物生以后而言，详细分别，当追溯到坤道变化之前的乾道变化。然乾卦《象传》合言"性命"，而实际上"性"与"命"是有分别的，"性"字从生从心，"命"字从口从令，从生、心乃就下所受而言，从口、令乃就上所与而言。故知乾卦《象传》之言"性命"，实只是一个"命"，所以也言"性"者，是因为"性"就本质上说，同于"命"，为"命"之下落降于万物者；物生以前称"命"，物生以后称"性"。而乾卦《象传》将"性命"一起用，且置"性"字于"命"之上，实由于采取人的立场而上溯，溯"人性"之初至于坤道变化之前之乾道变化，以见"人性"之根之深远。这正是孔子之精到处，对照于孔子立言不苟之恒常态度，我们越发感觉到区区两字之应用，其间含蕴着无限圣人爱人之心，真令人佩服感叹！于是我们知道了"性""命"的分别，"命"是第一层义，"性"是第二层义；在"天"言"命"，在"人"言"性"（"天"是未生前，"人"在已生后），《中庸》谓"天命之谓性"，是简别二者义最扼要的说明。"命"字义也可以从《易经》中其他许多地方知道，如革卦九四的"有孚改命"，《易经·无妄卦·象传》"大亨以正，天之命也"，《易经·鼎卦·大象传》"君子以正位凝命"等都是。

再说到"理"，朱熹注引《易经·说卦传》"穷理尽性"之言曰："理谓随事得其条理。"又注《中庸》"天命之谓性"曰："性即理也。""理"字原由治玉而生，[①]玉有纹路，故"理"字用作纹理、条理、理路，推广而用为事理、道理等。万物既具有天赋之性，自然有顺性而变化之"理"，故"理"即万物顺乎性，也就是顺乎道而变化之法则，朱熹谓"性即理"是对的。"性"与"理"之区别，在于"性"是指内在于物之本然之质，而"理"是"性"之表现于外之迹，所以由万物之"理"可以察见万物之"性"。

再说到"义"。"义者宜也"，行事得宜为"义"。《易经·系辞传》中对"义"字有解释，为站在治民的立场言，文曰："圣人之大宝曰位，何以守位？曰仁。何以聚人？曰财。理财正辞，禁民为非曰义。""理财正辞，禁民为非"不是"义"的字义，而是圣人治民应该做的事，但这也就是"义"，"义"就是"做应该做的事"。"义"与"仁"有区别，这可以从《易经·说卦传》文中明白看出来，《易经·说卦传》云："是以立天之道，曰阴与阳；立地之道，曰柔与刚；立人之

---

① 见《说文解字》。

道，曰仁与义。"可见"仁"与阴性、柔性一面合，而"义"与阳性、刚性一面合。阴性柔性是静态的作用，阳性刚性是动态的作用，故"仁"的功能多表现在感化之德上，"义"的功能多表现在假力以行事上。"仁"近于"道"之自然，不着力发挥其功能；"义"近于人为，乃立意去做某样事，故老子说："上仁为之而无以为，上义为之而有以为。"①《易经·文言传》中言"君子体仁足以长人……利物足以和义"，也是这种分别。"义"与"理"也有区别，《孟子·告子篇》说："理义之悦我心，犹刍豢之悦我口。"孙奭疏云："盖理出于性命，天之所为也；义出于道德，人之所为也。"言"义出于道德"，指出于人之应合天道而得宜之心，孙氏疏文是对的。

以上对"性""命"等含义的说明，该是相当清楚了，现在分别来看前引《易经·系辞传》及《易经·说卦传》的"成性"及"穷理"两句话。

一、成性存存，道义之门

"道"字与"义"字合为一词，这里仍需要说明一下，依上所述，"道"是太极流行的自然作用，"义"则起于后

① 《老子》第三十八章。

天人为，二字合作一词似不相称。但应知古人造此一词乃是站在"人"的立场上立言，意谓"合乎自然之道之人为行事"；言人如果能够"成性存存"，则一切行事就合乎自然之"道"了。"成性"当然是来自前引《易经·系辞传》之"一阴一阳之谓道，继之者善也，成之者性也"。"存存"二字叠用，为"存之又存"之意，亟言存养心性之功夫之不容稍懈。人体会到内心受自先天之"性"，把握不失，时日既久，此"性"遂成为人生行为的导引，人的行为也就逐渐合乎"道"之自然，故云"道义之门"。于是，在这里我们看到了以下几种功夫。

第一，内省。

有内省，才能发现受之于先天的"成性"，这也就是后来孔门重视内省的原因：

> 子曰："吾与回言终日，不违如愚，退而省其私，亦足以发，回也不愚。"①
> 子曰："古之学者为己，今之学者为人。"②
> 子曰："君子求诸己，小人求诸人。"③

---

① 《论语·为政篇》。
② 《论语·宪问篇》。
③ 《论语·卫灵公篇》。

类此的话，孔子说过不少，"为己"也好，"求诸己"也好，都离不开内省功夫。孔子在平日并没有正面向弟子们讲过许多存养心性的话，但我们发现每逢他遭遇到别人批评时，便把他内省所得讲了出来。

长沮、桀溺批评孔子徒劳奔波。孔子叹道："鸟兽不可与同群，吾非斯人之徒与而谁与？天下有道，丘不与易也！"①他乃是真正内省到自己的"性"与天下人的"性"共通为一，才如此舍不得天下之人。

荷蓧丈人批评孔子不事劳动而到处奔波求仕。孔子让子路去传话，说："不仕无义。长幼之节不可废也，君臣之义如之何其废之？欲洁其身而乱大伦。君子之仕也，行其义也，道之不行已知之矣。"②他只是为了"行其义"，就是行人之所当行之事，内省功夫隐然在言语中。

荷蓧者暗示孔子应该见道不行而止。孔子叹道："果哉，末之难矣！"③六个字虽未说出心里的话，但已充分表明他不能接受对方的意见。他实在已经过深切内省的功夫，入于"道"，不能停止救人济世的工作。

《论语》中还有一段最发人深省的话，有一天，孔子告

---

① 《论语·微子篇》。
② 同上。
③ 《论语·宪问篇》。

诉子贡说："予欲无言。"子贡听了，不知究竟，当然心急起来，就说："子如不言，则小子何述焉？"孔子回答说："天何言哉！四时行焉，百物生焉，天何言哉！"[①]这是发自一己之性命深合于天道之言，其中含有甚深的内省、存养之功。

上引这些，笔者意在借孔子的故事说明内省功夫的重要。事实上，自孔子以后，内省已成为儒门学者的一门重要功课，拨开欲念之蒙蔽，直从内心中找出天性一点之灵明，然后扩充此灵明之性，拾级而上，向道德人格之高尚处迈进。孟子在这一方面用力最多，也讲得最精，"人之四端"的分析[②]，"平旦之气"的提出[③]等处，都证明他在反省上下过切实的功夫，他说："万物皆备于我矣，反身而诚，乐莫大焉。"[④]从内省中到达"万物皆备于我"的认识，是"入于道"的境界，他自然感到"乐莫大焉"。

大易主要是借"象"言哲学，较少直接讲"心性"，但我们由卦爻象之吉凶上，也很容易看出来，凡是有内省的含义的卦或爻，都是吉的，例如：乾卦九三之"夕惕若，厉，无咎"，讼卦之"惕中，吉"，同人九四之"乘其墉，

---

① 《论语·阳货篇》。
② 《孟子·公孙丑上》。
③ 《孟子·告子上》。
④ 《孟子·尽心上》。

弗克攻，吉"等，例多不烦举。《易经·系辞传》中"忧悔吝者存乎介"，便是内省功夫；"几者，动之微，吉之先见者也。君子见几而作，不俟终日。"不只指观察事物之"几"，也包括内省心性之"几"。

内省之所以重要，是因为人要想反于"道"，非循先天所受之性而上不为功，而欲把握此"性"，便只有向自己内心中省察。所以内省的功夫是不可少的。

第二，操持。

操持是继内省而来的功夫，由内省之体会到心中之"性"，操持使之常灵明而不失。

操持之要，在于顺性之自然，因为"性"原是先天流行之"道"之落降于人，本自有它流行之则，人由于欲念纷生之故，障蔽了它的本来面目，也失去了他的自然流行之则。今既由内省中发现了它，便当小心翼翼，不要再让人为欲念去戕伤它、去干扰它。不悉心呵护，使它再丧失在欲念之海中，固然不对；过分望子成龙，要它立刻扩大发扬，领导人速进于"道"，也是错误。这一段操持的功夫，是最不易的，这正是《论语》中孔子说的："无欲速……欲速则不达。"[1]后来孟子又提出"勿忘勿助"之言，且举例以说明其情形。孟子的例子举得十分恰当，

---

[1] 《论语·子路篇》。

引之如下：

> 必有事焉而勿正，心勿忘，勿助长也。无若宋人
> 然，宋人有闵其苗之不长而揠之者，芒芒然归，谓其
> 人曰："今日病矣，予助苗长矣。"其子趋而往视之，
> 苗则槁矣。天下之不助苗长者寡矣，以为无益而舍之
> 者，不耕苗者也；助之长者，揠苗者也，非徒无益，
> 而又害之。①

孟子这段话讲得精彩中肯，将操持心性之要昭然笔揭于纸
上，使人望而了然。

孟子的领悟，实际上，是由孔子到曾子、到子思的一
脉儒学正统之传。《大学》释"明明德"，特重"自明"，"自
明"便是不加人力去干预心性之明；《中庸》从名称上便透
出"勿忘勿助"之义，文中如"君子居易以俟命"之义之
言多多。宋代学者论定《大学》为曾子所作，《中庸》为子
思所作，是很高明的见解，由孔子到孟子，心性之学逐渐
深入研究，而孟子是孔子以后体会最深者。

操持之功，总括一句话，是要顺性之自然。依此自然
之性存于心发于外，于是一个人"德业"日盛。这里特别

---

① 《孟子·公孙丑上》。

指出的，大易哲学之讲"成性存存"，与后来宋明儒者之言心性不同，大易是将"性"合于"德""业"而言。因为"性"之根源虽起于乾道变化，而"性"之呈现却由坤道变化而证知，人为乾、坤之合，故不能取乾而遗坤。笔者现将《易经·系辞传》"成性存存"的一节与"乾知大始"一节文字并列录在下面，读者一看，便知大易对"性"的操持如何落在"德""业"之上：

乾知大始，坤作成物。乾以易知，坤以简能。易则易知，简则易从。易知则有亲，易从则有功，有亲则可久，有功则可大。可久则贤人之德，可大则贤人之业。易简而天下之理得矣。天下之理得，而成位乎其中矣。[①]

子曰："易其至矣乎！"夫易，圣人所以崇德而广业也。知崇礼卑，崇效天，卑法地，天地设位，而易行乎其中矣。成性存存，道义之门。[②]

这两段话在哲学思想上有着密切得无法分离的关系，乾、坤之"性"原出于太极之一，只是落在乾、坤之分上，别

---

① 《易经·系辞传》第一章朱熹注。
② 《易经·系辞传》第七章朱熹注。

以"易""简"二名形容之，于是"易知"成了乾之性之表现，"简能"成了坤之性之表现，一路推下来，由乾之"易知"而落到人为"德"；由坤之"简能"而落到人为"业"。后一段文字是承前一段而更指明了人的努力的途径——"成性存存，道义之门"。此"性"是有"德"有"业"之"性"，而不只是闭目养神，枯坐内观之"性"。孔子和孟子都是"明心见性"的人（借用佛家名词），而他们都周游列国以求仕，这是先秦以上的操持心性，是大易哲学的真精神。到了中古以下，由于受佛学的影响，宋儒所讲的心性，已是多于"德"而寡于"业"了。

第三，存诚。

在"成性存存"的功夫中，有一个绝不可少的条件，便是"诚"。

《易经·乾卦·文言传》云："闲邪存其诚。"言一个人如诚于存性之功，则欲念自然不生。又云："修辞立其诚。"言一个人发于外之言事，当诚合于内心之性。

这两句话在乾卦《文言传》中虽是一释乾九二、一释乾九三，但正是分言"德""业"两面，说明性之"存于内"与"用于外"，均不离一"诚"。由乾卦《文言传》提出这一心性存养的要诀，于是到了《中庸》，大加发挥，《中庸》之文云：

唯天下至诚，为能尽其性；能尽其性，则能尽人

之性；能尽人之性，则能尽物之性；能尽物之性，则
可以赞天地之化育；可以赞天地之化育，则可以与天
地参矣。

　　唯天下至诚，为能经纶天下之大经，立天下之大本，
知天地之化育，夫焉有所倚？肫肫其仁，渊渊其渊，
浩浩其天，苟不固聪明圣知达天德者，其孰能知之？

前者言"崇德"，后者言"广业"，《中庸》的思想为承《易传》
而来，十分明白。

　　"诚"之所以可贵，在于它的单纯而专一，"单纯"则
内实而无杂，"专一"则外不二求。这事必须从根本上去了
解，当乾元之初动于太极，一动之微，精纯难描，为至单
纯之作用，故易中称"几"，动而取向于坤元，不他散失，
故易中称"旁行而不流"，是乾元之始动，为一"诚"的精
神。至坤元之顺承乾元，厚载含弘，专而不失，同样是一
个"诚"的精神。乾坤由其"诚"，万物才得生，所以"诚"
一义的揭示，是《易传》对易道的深入探讨，"诚"非为道
之生人与人反于道之过程中的某一阶段，乃是通贯全程的
精神，这一精神由形上到形下，是内在的、决定性的要素，
《中庸》由此见义，故言"不诚无物"，又言"至诚如神"。
孟子也把他的存养心性功夫归到一个"诚"字上，云："反
身而诚，乐莫大焉。""诚"字后来一直是儒家思想中一个

地位极其重要的字。

二、穷理，尽性，以至于命

"穷理，尽性，以至于命"之言，出于《易经·说卦传》，笔者曾在拙著《先秦易学史》中，对《易经·说卦传》做过分析，认为此一篇文字成于《易经·系辞传》之后，大约是在战国中期五行思想盛行之时。但《易经·说卦传》中思想重心有三：前面两章言义理，中间四章言卦图，后面五章言象。前面言义理的两章，思想及文字均近于《易经·系辞传》，而"穷理，尽性，以至于命"之言，即载在第一章中。

如果仅就大易哲学来说，"成性存存，道义之门"与"穷理，尽性，以至于命"，是没有必要分作两节来论述的，因为二者在文字上虽有不同，也不过是前者言约、后者析精罢了。然而学术的演变，总是后学转精，开始时毫厘之差，多会造成后日千里之别，上两句话由于前者统言一"性"，而后者在"性"之前复着一"理"之故，竟演成后世宋明间的两大学术思想的派别，朱、陆之争辩，溯其源头，实出于此。

从文字表面看，"穷理，尽性，以至于命"之言，自然较明晰而有次第，将人的道德进程区为"理""性""命"

三级，循序而进。可是，我们也不能就此而言"成性存存，道义之门"仅有"性"而无"理"，就在《易经·系辞传》第一章第一小节我们引录过的一节文中，"乾以易知，坤以简能……易简而天下之理得矣。天下之理得，而成位乎其中矣"，已经相当明白地表示出尽"性"则知"理"。"易"与"简"是乾、坤之性，人能体会到乾易坤简之性，由此向下推降，天下之理都在其中。故就《易经·系辞传》此一节文字看来，是要人"尽性"在先，由"性"而得"理"，因为所谓"理"是由"性"而现。

但是，"穷理，尽性，以至于命"之将"理"从"性"中析出，成一层义，当然有其理由，笔者认为这是由《易经·系辞传》到《易经·说卦传》一段时间中的思想的进展（《易经·系辞传》当为孔子弟子所作，时间近于孔子生时）。今试论之。

第一，《易经·系辞传》言"易简而天下之理得矣"，将"理"含于乾坤之"性"中，乃由上而下的讲法，而事实上，如以人为立场而认识易道，首先接触感受到的，应是对万物的观察；观察万物的程序是由外而内，故外得万物之"理"在先（"理"为"性"之呈现于外之理路，已见前文）。伏羲氏当初之"仰观""俯察""近取""远取"，便是由观察开始，观察万物之理，归纳出万物之性。然后再回头向下开展，由乾坤之性反照万物之理，一览无遗，所在俱了然。所以《易经·系辞传》"易简而天下之理得矣"之言，乃由"理"得"性"之后复由"性"反"理"之言，今《易经·说卦传》乃初由人开始，自是先从"理"上起，由外之"理"进入内之"性"，再由人、物之"性"进入天之"命"。这一程序易于为一般人所领会。

第二，由"理"而"性"而"命"，我们举伏羲氏为例，是因为《易经·系辞传》中有如是记载之文。而伏羲氏乃中国哲思初发之第一人，自他后"性命"之门径已启，则上根利智之人即直下而把握心性。故《易经·系辞传》之"成性存存，道义之门"不言"理"，乃径从"性"上用功夫；而《易经·说卦传》之"穷理，尽性，以至于命"为一般人从事之存养之道。《易经·说卦传》作者当是认为《易经·系辞传》之径从"性"上起，未若由"理"上起易于着力，故提出"理"先之论。这一分别与佛家"顿悟""渐悟"之义合，而事实上宋儒朱、陆之一主由穷理始，一主直下把握心性，正是受了佛家之说的影响，因为当时正在佛学大发展之后，"顿""渐"之论争给人印象极深，取佛学中之观点用以检视中国古学，是极自然的事。

第三，另一问题则是从"性"的本身所生：直下把握心中之"性"，固然称便，可是如何识明心中之"性"之正与不正呢？人之正性受自先天之乾道变化，但自坤道变化之益以形体之后，由形体生欲念，熏习日久，则久"欲"

成"性"，"性"与"欲"之界限早已在人心中不能自分辨。上根利智之人，凭其直觉灵光舍"欲"而取"性"，然中下智者必将以"欲""性"不分，如此而存养之，不唯不能反于"道"，且将入于魔而不自悟。《易经·说卦传》作者有见于此，乃在"性"之前加一"理"，"理"既是"性"的外在表现，那么人在识明"性"之前，先察明事事物物之"理"，从其"理"之表现得自然或不自然、应合于心或不应合于心、顺适或不顺适等现象上，证知"性"之正或不正，这一理论虽未若直下把握心性捷便，却是稳妥的方法。所以《易经·说卦传》"穷理"一句的提出，该说是教育方法上的进步。

以上三项讨论自是笔者推言，但均非妄言，所以如此讨论的思想背景是认为《易经·系辞传》的"成性存存，道义之门"与《易经·说卦传》的"穷理，尽性，以至于命"是两个段落的思想，此一思想上的差别有其可述之理由。那么，我们现在证诸《大学》《中庸》及《孟子》之言，看一看这两句话的影响力。我们上面说过，由孔子到《大学》、到《中庸》、到《孟子》，是儒门思想的正统；有关"性命"之学是儒门思想的主要部分，不会置而不论的，果然，在上述三书中，我们不但看到对此一问题的主张，且看到此一问题逐渐发展成两条思想路线的较为鲜明的迹象。先看《大学》中所说。

《大学》的纲要在首章，文曰：

> 大学之道，在明明德，在亲民，在止于至善。
>
> 知止而后有定，定而后能静，静而后能安，安而后能虑，虑而后能得。物有本末，事有终始，知所先后，则近道矣。
>
> 古之欲明明德于天下者，先治其国；欲治其国者，先齐其家；欲齐其家者，先修其身；欲修其身者，先正其心；欲正其心者，先诚其意；欲诚其意者，先致其知；致知在格物。物格而后知至，知至而后意诚，意诚而后心正，心正而后身修，身修而后家齐，家齐而后国治，国治而后天下平。
>
> ……

以上第一段是总纲，第二、三段是析论。在第一段总纲中指出"大学之道"有三个方针：一"明明德"，是内明心性，为"崇德"；二"在亲民"，是心性之外用，为"广业"；三"止于至善"，是内外并修之下，"德""业"皆盛的理想。这一纲领的提出，一看便知是大易哲学的嫡传。

第二段更要注意了，文从"知止"开始，"止"是"止于至善"，先"知止"是先从"理"上始，然后"定""静""安"转入内心，然后"虑"与"得"是由内心又发为外用（"虑"

是虑事。"得"是得事之宜，即得"止于至善"之理）。这一次序是由"理"入"心性"，再外出于事理。

第三段更清楚，"诚意""正心"是内养，"修身""齐家""治国""平天下"是外用，而在"诚""正"之前立"格物""致知"，是明显不主张由直下心性开始，而从"穷理"开始。这一次序与第二段一样，由"理"上起，然后转入内心，然后再外发到用事上。

如果《大学》为曾子所作为可信，则曾子是属于《易经·说卦传》"穷理，尽性，以至于命"的思想一脉。

再看《中庸》,《中庸》一落笔先说明"性""道"与"教"之义：

> 天命之谓性，率性之谓道，修道之谓教。

"性"是先天所受，"教"是后天所起，由此揭起先后天相应之"中庸"义。书之第二十章以前，多引孔子之言，自第二十一章起，正式入作者的议论，于是第二十一章一开始，便以"诚"为思想重心，再说明"性"与"教"的区别，文曰：

> 自诚明，谓之性。自明诚，谓之教。诚则明矣，明则诚矣。

《中庸》作者最重视"诚"，该书之大价值也在于对"诚"一义的发挥。"自诚明"乃直下把握到乾坤生万物的精神，入其精神，道理自明。"自明诚"乃由明理开始，逐渐进入精神之里。这两条路虽则最后抵于一如——"诚则明矣，明则诚矣。"但毕竟是两条路。自《易传》《大学》下来，至此实已十分明确地区别开来。

《中庸》由于揭出一个"诚"字，很自然走上直下把握心性之路；我们也可以倒过来说，正因为直下心性之故，才如此甚深体会出"诚"义。第二十二章的"唯天下至诚，为能尽其性"，第二十四章的"至诚之道，可以前知"，第二十五章的"诚者，自成也；而道，自道也"，第二十六章的"故至诚无息，不息则久，久则征……"都是十足的证明。《中庸》据说为子思所作，则子思的主张显然不同于曾子，乃属于《易经·系辞传》"成性存存，道义之门"的一脉。

由子思到孟子，孟子才气飞扬，承子思走直下把握心性之路。他说："万物皆备于我矣，反身而诚，乐莫大焉。"将万物之理纳入我心，而以一"诚"直入心中去认知，最明白的，尤其是《孟子·尽心篇》开始的几句话：

> 孟子曰："尽其心者，知其性也；知其性则知天矣。存其心，养其性，所以事天也。"

由"心性"直上知"天"，"天"即"命"。"心性"之前不着"理"，是孟子与子思同调。

于是，到孟子为止，我们便可以看到在孔子以后，对于人从事于道德修养的方式上，确然有着这两种主张。这两种主张归趣于一，只是起点不同，后来宋明时代程、朱与陆、王两派，实遥接于此。如图6-1所示：

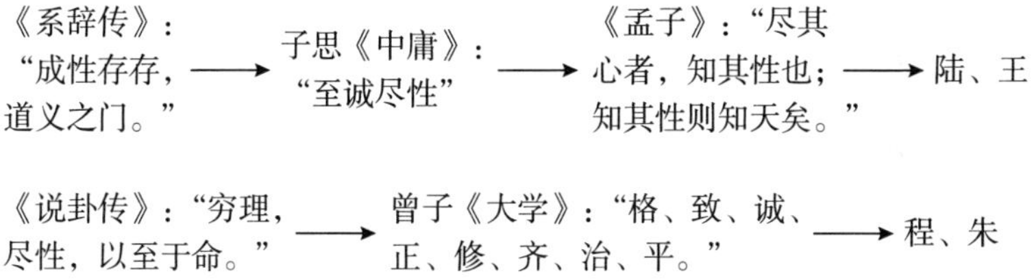

《系辞传》："成性存存，道义之门。" → 子思《中庸》："至诚尽性" → 《孟子》："尽其心者，知其性也；知其性则知天矣。" → 陆、王

《说卦传》："穷理，尽性，以至于命。" → 曾子《大学》："格、致、诚、正、修、齐、治、平。" → 程、朱

图6-1　陆、王与程、朱所承之脉

上两种思想无分轩轾，也不可以比较高下，只是随个人方便而行。直下把握心性也好，或从穷理而入于心性也好，都是循"性命"而反于"道"，一个人的道德人格由此而建立。

第三节　法天地

存养的功夫多于内修，从"性命"的根本处寻出人生的归向。然而人事纷杂，一个人立身处世、言行交接之间，

如处处时时事事诉诸心性指导，将常觉不够明确具体，不足应付多变速变的人事。尤其大易，是以教化所有人为旨，存养心性对一般人而言，难能做到。由是，在日常生活行事上立下些具体可把握的法则，以作为一个人外行的指导，是必要的。本节的"法天地"与后文的"善补过""知几""守谦"即是最主要的几项，经过这些法则的梳理，人的外行与内修相应为一，共进于道。我们不妨这样说："存养"的功夫使人心性健全，得到"正念"；"法天地""善补过"等法则使人行为健全，得到"正行"。正念与正行双轨前进，以正念导正行，以正行辅正念，人于是日进高明。

放开来说，大易所示人的，可以说都包括在"法天地"一义之下，因为天地即乾坤，由乾坤而成的宇宙万物，本身即自然在乾阳坤阴之流行法则之中。人为万物之一，也必须顺此法则而生存。所以，如果说人是为了维系宇宙的一致谐和而效法天地，认真说来是不对的，而应该说是人"不得不"效法天地，"不得不"维系与宇宙相一致和谐。滔滔江水东流，一滴水之微欲顽抗巨流，是做不到的。大易哲学即基于此思想，坚定主张人当以天地为法，天道地道即人道，人取天地自然之道之具体可察见者，即义效法，如此则人随时随地得到行为上的指导。大易哲学于此用心良多，而事实上人类社会在"法天地"一义之下受惠也最多。

《易经》六十四卦三百八十四爻，无一不是象天地之道，吉、凶、悔、吝之断的标准，可以说即在"法"与"不法"天地之间，但最明白指出"法天地"之义的，要算大象之辞。六十四卦大象之辞均采同一语法：先示卦象，次勉人应如何行事以法此象之义。天地之道当然不可指数，人事之繁也无法尽列，六十四条《大象传》也不过是借以启人会通，尽圣人爱民之心罢了。但在六十四条《大象传》中，我们确也体会出圣人的苦心，从身心各方面、各种情况之下指出一个高尚人格的应有作为。这六十四条《大象传》，笔者认为可以称为"做人守则"，条条重要，本节即引录此六十四条"做人守则"以见大易勉人"法天地"之义，笔者对此做扼要说明以助了解。先看《易经》上经三十卦的《大象传》：

▤乾："天行健，君子以自强不息。"

乾的作用刚健动进，为生生之始，以之配天。君子见天道之运行不息，即当思及人生的自强不息。

▤坤："地势坤，君子以厚德载物。"

此用"势"字，因地本为一势用故。此处"坤"字，作广厚延伸解。君子见此，当自勉于广厚容载之德。

䷂屯："云雷，屯；君子以经纶。"

水在天上为云，卦坎上震下，故言云雷。屯为冒险始生之卦，为有志之士创业建侯之时，故言"经纶"。

䷃蒙："山下出泉，蒙；君子以果行育德。"

蒙卦艮上坎下，乃以泉始出喻人之童蒙时期。童蒙之教，宜于以果决之行以育养其德，初六爻辞："发蒙，利用刑人，用说桎梏。以往，吝。"

䷄需："云上于天，需；君子以饮食宴乐。"

需义为须待。卦坎上乾下，云在天上，未能成雨，故以之喻人事之时机未至，有所须待。君子时中，与时偕行，见时未至，乃居易以俟命。"饮食宴乐"含不忧不惧、待时勿闷之意。

䷅讼："天与水违行，讼；君子以做事谋始。"

讼卦乾上坎下，天气上升，水性润下，故违行，乃以之象讼事。因讼之已生，思及做事应好谋于始，始好谋则无讼事之发生。

䷆ 师："地中有水，师；君子以容民畜众。"

师卦以九二一爻统众阴，九二居下卦之中，有将军帅师之象。师得士卒聚则强，国得民聚则昌，故君子由师卦而思及治天下国家。

䷇ 比："地上有水，比；先王以建万国亲诸侯。"

比卦上坎下地，水在地上，亲比无间，故名。九五一阳居天子之尊位，五阴亲附。此言"先王"不言"君子"，因九五天子位。

䷈ 小畜："风行天上，小畜；君子以懿文德。"

小畜卦巽上乾下，风在天上，知其有而不见其形，流行而不久驻，且一阴畜五阳，故言"小畜"、言"德"。"懿文德"乃勉以更进求文德之美。

☰☱履："上天下泽，履；君子以辨上下、定民志。"

履，礼也，礼明上下。卦乾天在上，民悦于下（兑为悦），上下安乐于位，故为履。君子于此象当思及上下位分之明辨及稳定民心之所向。"民志"之"志"字用得极好，言使民心定于悦上。

☷☰泰："天地交，泰；后以财成天地之道，辅相天地之宜，以左右民。"

"后"古与"司"为一字，故后稷即司稷，后二字义乃分；此处之"后"，乃言职司天下之治者，与后文复卦"后不省方"之"后"义同。"财"同裁。泰卦天地交而万物通，上下交而志同，故治天下者见泰象，即当思及己身应如何裁制以合天地之道，应如何教化人民以参赞天地之化育。

☰☷否："天地不交，否；君子以俭德辟难，不可荣以禄。"

否与泰反，此时天地不交，上下异志，君子处此时，则当收敛其德以远小人之害。"禄"言致仕，"荣以禄"乃天下向治之时之所尚，今时运否塞，荣以禄则徒自招忌，故"不可荣以禄"。

☲ 同人："天与火，同人；君子以类族辨物。"

同人卦乾上离下，火性炎上，上同于天，方于人道，故名"同人"。"辨物"即辨别善恶是非，方以类聚，物以群分，远恶迁善，为君子同人之行。

☲ 大有："火在天上，大有；君子以遏恶扬善，顺天休命。"

大有卦离上乾下，明耀天上，照射万有，故名"大有"。此时邪恶无所遁形，唯一体天命之善，"休"义为美，顺天命之美，遏恶扬善，是君子得志行事之时。

☶ 谦："地中有山，谦；君子以裒多益寡，称物平施。"

山高于地，今谦卦山在地中，喻人不自高而卑以下人。君子见谦之象，当思及取己之多以益人之寡（"裒"义为取），德厚者勉人与己同德，财丰者施人不使穷绝，才高者教人进于才能，故云"称物平施"。

☳☷豫："雷出地奋，豫；先王以作乐崇德，殷荐之上帝，以配祖考。"

豫卦上震下坤，震为雷、为动，坤为民、为顺，万民顺从，欢声雷动，乃王者之治，天下和乐之象。然卦象无九五之尊，唯是一片和乐，故以"殷荐之上帝，以配祖考"为言。

☱☳随："泽中有雷，随；君子以向晦入宴息。"

随卦上兑下震，动而悦，随道之自然而动者。"向晦入宴息"正随天道之自然而动。

☶☴蛊："山下有风，蛊；君子以振民育德。"

事败坏为蛊，山下有风，则是山有裂谷穴洞，以寓败坏之义。且下顺而止正，凡事必衰颓腐败。君子于此，当思振兴之道，故言"振民育德"。

☷☱临："泽上有地，临；君子以教思无穷，容保民无疆。"

临卦上坤下兑，二阳在下，四阴在上，喻行事以民众为尚，教民、容民、保民而思无穷、无疆，极言对民众之关切爱护。

䷓观："风行地上，观；先生以省方、观民、设教。"

观卦象风行地上，有王者巡狩四方、观察民俗，敷布教化之义，故言"先王"。

䷔噬嗑："雷电，噬嗑；先王以明罚敕法。"

噬嗑卦上离明为电，下震为雷，雷电天威，故以明罚敕法言。此王者之事，故言"先王"。

䷕贲："山下有火，贲；君子以明庶政，无敢折狱。"

"庶政"为日常事务等小事，"折狱"为重大事。卦内明而外止。庶务多内事，而折狱则号令于外者，故言"明庶政，无敢折狱"。

䷖剥："山附于地，剥；上以厚下安宅。"

山附于地，犹如宅安地上，此就剥卦象之一阳在上，众阴在下言。"上"为为民上者。

☷☳ 复："雷在地中，复；先王以至日闭关，商旅不行，后不省方。"

一阳初复，势用尚未盛，治民者示敬于治事之将兴，故闭关止省，养阳之盛。

☰☳ 无妄："天下雷行，物与无妄；先王以茂对时育万物。"

乾道变化，各正性命，无妄卦乾上震下，动而合乾天，治天下者乃乘其盛而因时育物。"对"义为配，见《诗·皇矣》毛传。

☶☰ 大畜："天在山中，大畜；君子以多识前言往行，以畜其德。"

大畜卦以山况人，以天况德，天在山中，所畜者大，君子于此当自勉德之不足，努力进修。

☶☳颐："山下有雷，颐；君子以惧言语、节饮食。"

言语、饮食出入于口，颐卦象上艮止而下震动，口之象，饮食不节则伤身，言语不节则败德。

☱☴大过："泽灭木，大过；君子以独立不惧，遁世无闷。"

大过卦上兑泽而下巽木，泽灭木，为时遭颠覆无助者。然君子处世，贵在守善道，正身而行则随遇而安，故虽志穷无遇，不惧无闷。

☵☵坎："水洊至，习坎；君子以常德行、习教事。"

"洊"义为相仍、为再，"洊至"即至而又至，上坎下坎之象故。君子体水之不绝于流，乃思及德行之持恒不懈。又水性下润，故也当自勉于教事之不倦。

☲☲离："明两作，离；大人以继明照于四方。"

离卦上下离明，故言"明两作"。《易经·乾卦·文言传》："夫大人者，与天地合其德，与日月合其明。"德已臻日月之明，故言"大人"。

再看《易经》下经三十四卦的《大象传》：

≣咸："山上有泽，咸；君子以虚受人。"

山高于地，上且有泽，则位高德厚之人也不当贡高，而当时存"以虚受人"之心。

≣恒："雷风，恒，君子以立不易方。"

恒卦上震动而下巽顺，顺而动为天地自然之道，故"恒"。"立不易方"即择善固执，取恒久义。

≣遁："天下有山，遁；君子以远小人，不恶而严。"

艮山止于乾天之下，故言"遁"。但山仍高于地，止于其所，俨然威仪，君子之风范。

≣大壮："雷在天上，大壮；君子以非礼弗履。"

大壮卦上震下乾，刚正而动，故"非礼弗履"。

☷☲晋："明出地上，晋；君子以自昭明德。"

"晋"义为进，日月离地上升，将进乎大明，故君子当思及"自昭明德"。

☷☲明夷："明入地中，明夷；君子以莅众，用晦而明。"

日月落降地中，于人道有"莅众"义。日月落降为晦，然因莅众而得民心，则为"用晦而明"，大象之发明此一义极佳。

☴☲家人："风自火出，家人；君子以言有物而行有恒。"

家人卦上巽风而下离火，火动风生，故言"风自火出"。大象此辞着重在"所自出"一义，天下之本在家，而家之本在人，人之要在"言"与"行"，孔子曰："言行，君子之枢机；枢机之发，荣辱之主也。言行，君子之所以动天地也，可不慎乎？"①

---

① 《易经·系辞传》。

☲ 睽：“上火下泽，睽；君子以同而异。”

火性炎上，泽水润下；又上离中女下兑少女，二女同居，其志不相得，故“睽”。虽然，“天地睽而其事同也；男女睽而其志通也；万物睽而其事类也”。①君子当辨其异而知其同。

☶ 蹇：“山上有水，蹇；君子以反身修德。”

水在山上行，自是流行蹇难。君子遇事之有阻滞不通，即当思德行之不足而“反身修德”。孔子曰：“君子求诸己。”

☳ 解：“雷雨作，解；君子以赦过宥罪。”

《易经·解卦·象传》：“雷雨作而百果草木皆甲坼”，乃言天道之解。于人道，“赦过宥罪”则人得以生。

☶ 损：“山下有泽，损；君子以惩忿窒欲。”

“忿”与“欲”均非先天性命之正，是君子所当损者。

---

① 《易经·睽卦·象传》。

君子见泽之损山，即当思及损人欲而存性命。

䷩益："风雷，益；君子以见善则迁，有过则改。"

"见善则迁"与"有过则改"是一回事，都是益人之道德，使人得性命之正。

䷪夬："泽上于天，夬；君子以施禄及下，居德则忌。"

夬卦象泽在天上，未施于下，故君子以此为戒而行事。但"施禄"与"居德"不同，施禄于下，不为下忌；如以已有德而下施，则落于"有其德"之讥，老子曰："下德不失德，是以无德。"①

䷫姤："天下有风，姤；后以施命告四方。"

天下风行，为治天下者诏告四方吏民之象。

䷬萃："泽上于地，萃；君子以除戒器，戒不虞。"

---

① 《老子》第三十八章。

萃卦上兑泽下坤地，地上泽，喻民有聚集之意。"除"言去旧取新，即修治义。"戒"为戒备。治民之事，爱民固为重要；戒不虞之祸也不可忽略。

升："地中生木，升；君子以顺德积小以高大。"

地本顺德，木生地中，顺而渐长，坤卦初六爻《象传》所谓"驯致其道"是。

困："泽无水，困；君子以致命遂志。"

困卦兑上坎下，水已下漏于泽，故泽中无水，困穷至无所有之时。君子处此穷途，唯有尽人事而听天命，依于命而遂其志。

井："木上有水，井；君子以劳民劝相。"

古以木桶汲水于井而食用，此有二义：一为木与水相辅而成用；一为上下汲水，食用乃不绝。前者为"劝相"义，后者为"劳民"义。

☲☱ 革："泽中有火，革；君子以治历明时。"

革卦上泽下离，水火相息，其势必革。古代变革之最大者，为正朔之变易，治历明时之事。

☲☰ 鼎："木上有火，鼎；君子以正位凝命。"

"凝"有专注、固定义。鼎卦象鼎形，鼎之为用，先正其位而后烹煮其所受之实，故君子以"正位凝命"为思，"命"言受于天之性命。

☳☳ 震："洊雷，震；君子以恐惧修省。"

震卦上下震雷，故云"洊雷"。雷动天声，震惊人心，君子以此自勉自省，遏人欲而彰天理。

☶☶ 艮："兼山，艮；君子以思不出其位。"

"兼山即重山，卦上下艮山，故云。艮为止，《易经·艮卦·象传》曰："时止则止，时行则行，动静不失其时，其道光明。艮其止，止其所也。""思不出其位"即止于其所当止，君子知止。

☶☴ 渐："山上有木，渐；君子以居贤德善俗。"

渐卦上巽下艮，木生山上，渐进而高，故"渐"为进义。"居"义为处，木处山上而渐高，人处贤德善俗之地而德日盛。

☳☱ 归妹："泽上有雷，归妹；君子以永终知敝。"

归妹卦震上兑下，长男动于上，少女悦从于下，男不下女，二者之合乃起于一时情欲之私，如此自不能长久。"永终"义为久后，君子见此而知后日之有敝，勉人慎于始。

☳☲ 丰："雷电皆至，丰；君子以折狱致刑。"

丰卦与噬嗑卦义近。噬嗑卦上离下震，动而明，故以"明罚敕法"言，赏罚法令之颁布，人见而称明；丰卦则上震下离，明而动，先明察其事，后乃付诸行动，故为"折狱致刑"之事。

☲☶ 旅："山上有火，旅；君子以明慎用刑而不留狱。"

旅卦山上有火，是有旅者之人在，故名"旅"。受刑罚者在狱，如在旅中，旅人得火而旅道成，罪人得明断而刑罚公，故君子应体此意"明慎用刑"；且念狱中非久居之宅，以旅人视罪人，则刑狱清矣。

☴巽："随风，巽；君子以申命行事。"

巽卦上下巽风，故言"随风"。"申命"为申布命令。"行事"为依命令而实行。命令与实行如风行之前后相随，义即言行如一。

☱兑："丽泽，兑；君子以朋友讲习。"

《论语》："子曰：学而时习之，不亦说乎？"[①]"朋友讲习"为至喜悦之事，卦上下兑悦，故以为言。

☵涣："风行水上，涣；先王以享于帝立庙。"

涣卦上巽风而下坎水，风动水流，两不安定，故以之方离散混乱之局。古先圣王均为有志于安定天下、济民于颠沛流离者，故见此卦象即思及收拾乱局以定人心，享帝

---

① 《论语·学而篇》。

立庙以事天地祖先。

䷻节："泽上有水，节；君子以制数度、议德行。"

节卦上坎下兑，泽中水有其限量，故以"节"名。"制数度"在节，所谓"节制"；"议德行"也在节，所谓"礼节"。人类生活有"节"，乃有秩序，乃有和平，乃有幸福。

䷼中孚："泽上有风，中孚；君子以议狱缓死。"

中孚卦四阳在外，二阴在内，象桃杏之仁，以中心诚信为义。以诚感人胜于威刑加于人，狱中死囚，再议而减刑缓其死，乃至诚大仁之心。

䷽小过："山上有雷，小过；君子以行过乎恭、丧过乎哀、用过乎俭。"

雷声发于山中，更增加山之神秘莫测，此就上下象言。就爻象言，四阴爻居中位而掩二阳，阴为小，故言"小过"。自然界有小过之情况，人事上也有小过之行为，"行过乎恭，丧过乎哀，用过乎俭"是。但小过之行非常道，大象之意非以此小过之行为法，乃因此三者最易失于"不及"，行易失于不恭，丧易失于少哀，用易失于不俭，就此三者言，"不及"之失远大于"小过"，故君子见此象而思及于此三事之宁"小过"而不落"不及"之失。

䷾ 既济："水在火上，既济；君子以思患而豫防之。"

"思患而豫防"谓患难未至而先有以图谋绸缪，使患难不生或生而不为害。既济卦为易道一周流之完成，治国者于此时已国治，谋事者于此时已事成，然而易道流行，终而有始，治之中伏乱之机，成之至即毁之始，君子明此，故不忘豫防。《易经·系辞传》中孔子释否卦九五曰："危者安其位者也，亡者保其存者也，乱者有其治者也，是故君子安而不忘危，存而不忘亡，治而不忘乱，是以身安而国家可保也。"

䷿ 未济："火在水上，未济；君子以慎辨物居方。"

未济卦离上坎下，火性炎上，水性润下，二性不交；又六爻均失位，阴阳夺据，故"未济"。"辨物"言辨物类之分，"居方"言正己身之位，处一切错乱之中，要在明慎辨别，依正而居。

第四节　善补过

在章句注疏一类的易学书籍中，清代李道平的《周易集解纂疏》是一本有价值的书，该书重视思想渊源，疏解明白，尤其是常有些高明的见地，对阐明易道，功不可没。他在《易经·系辞传》"无咎者，善补过者也"一句下疏云：

> 过而能改，故曰善补过者也。孔子曰"退思补过"，《孝经》及宣十二年《左传》文。《论语》曰："假我数年，五十以学易，可以无大过矣。"是《周易》为补过之书。而补过之道在乎无咎，无咎之道存乎能悔，悔则咎之所由无而过之所由补者也。三百八十四爻，一言以蔽之曰：善补过。

"善补过"三字，站在道德人格来临时代之初而言，站在大易教化人向道德人格奔赴的立场而言，实在太重要了。本书前文已说过，大易哲学带领人由"野"进升到"文"，使人脱离一般动物性的野气而进入精神文明的新境界。这工作原是思想和行为两方面的事，而古代社会不像现代社会一样，在教育普及之下，人民只要知道一个方向便领会到如何去实行；也没有现代社会所具有的各种便利的教育设施。古代的圣贤十分不好做，不但要发明出良法美意，还要一点一滴地教导人去实行，因为一般人都是无知的，不懂得如何做，做圣贤的必须身体力行，做榜样给大家看，以补言教之不足。可是，看到圣贤的人又有多少呢？即令有圣贤的榜样在前，而人事不齐，处境各异，也不能够跟着圣贤们亦步亦趋。在这种情形下，必然地，一般人行事会常常犯过，不是如现代人的逞私智，知过而犯过，而是确实认不清正道，不知过而犯过；所以古代人的犯过，多是可原谅的。也正因为这个原因，大易从不把犯过一事视为严重的罪恶，人犯过是常有的事，重要的在于知"过"以后的"补"与"不补"。能够善补其过，等于无过；有过而不补，才真算是犯过。这也就是孔子在《论语》中说的："过而不改，是谓过矣。"①

从理论上说，人明白了自己的过失之后，再补过迁善是最容易的事；因为所谓"过"，便是违逆了性命中的自然，人只要顺着本性之自然修正自己的作为便可补过。本性之自然是人心共通之道，所以补过向善的倾向存在于每一个人的内心，既一发现犯过，一念之转，便可恢复到善道上

---

① 《论语·卫灵公篇》。

来，孔子说："我欲仁，斯仁至矣。"①也就是以此理论为依据。反之，人犯了过而不迁善补过，在理论上讲才是难事，因为那是勉强自己继续违逆本性之自然而行事。可是，虽然理论上如此，事实上却不然，人由于后天的欲念障蔽了本性之故，往往自知其过而难以补过，只有少数的强者才毅然破除欲念于不顾而复于本性之善道（《老子》第三十三章），这些少数的强者，便成了历史上的"圣贤"。孔子的一生行事，在此最足以使我们感动了，他的时代是那么一个人欲横流的时代，而他何以有那么大的勇气和信心去宣扬仁道呢？正因为他相信行仁道是顺乎人之本性自然而行事；对孔子来说，社会风气的改邪归正，正相当于个人的补过向善，只要大多数人能够警觉，发现了内心中的善性，顺而行之，社会便会步入正道。无如漫天人欲当时已全面吞噬了社会人心，孔子之道终不行。孔子之道不行，非理论之不可行，乃当时社会人心之失常，大家知过而不补过之故。

大易哲学对于"善补过"一事，从各方面用心。首先，在基本观念上便告诉人"犯过"是人不可避免的。我们曾在第五讲中说过，大易依照"得失"的轻重将人的行为分作五类："吉""凶""悔""吝""无咎"。试看，这五类之

---

① 《论语·述而篇》。

中，除"吉"以外，其他四类哪个不是"过"中事？"凶"是过之大者，"悔"是犯小过而兴补过之心者，"吝"是犯小过而不兴补过之心者，"无咎"是犯过而善补过者。不犯过的情况在五类之中仅居其一，可见大易视人犯过为常情。我们不妨说这是大易有意要先破除人对犯过造成的沮丧或畏惧的心理，然后再嘉勉人之善补过者、预防人之将犯过者以及惩戒那些知过不补者。下面各分别举卦例以说明之。

第一，对善补过者之嘉勉。

例如：

䷗复初九："不远复，无祗悔，元吉。"

初九一阳居于卦初，象知过而即复于正。"不远"言初，"无祗悔"言得正位。人行事，见过即改，复于正道，大易特嘉以"元吉"，"元吉"为吉之大者。（反之，本卦上六"迷复"，为犯过而不知补过，故言"凶，有灾眚"。）

䷅讼九四："不克讼，复即命，渝，安贞吉。"

当讼之时，九四以阳刚居阴位，不中不正。阳刚有讼之才，不中正则讼而不克，然九四体上卦之乾，在"不克讼"之下知复于天命之正道，变更讼之初衷（渝义为变），安于正道，如此则"吉"。

☷ 剥六五："贯鱼以宫人宠，无不利。"

当剥之时，群阴剥阳，然六五以群阴之首，率群阴而顺承上九，不溺于阴中而知迁善向道，故"无不利"。

第二，对犯过之预防。

补过是犯过以后的补救行为，但最好的补过方法是在过未发生之前使不犯过，于此，大易特提出断语之"厉"。"厉"义为危，即已濒临过失的边缘，一不小心就会犯过。卦之第三爻通常被视为"厉位"，因为第三爻居下卦之上，象诸侯，诸侯对下为众民所仰，一国之君，而对上又承命于天子；不得于下则为民所议，不得于上则招天子之忌，所以乾九三戒以"君子终日乾乾，夕惕若，厉，无咎"。其他戒以"厉"之卦甚多，或不言"厉"而竟示以如何预防者，举例如下：

☶ 大畜初九："有厉，利已。"

初九阳刚，有健进之性，然当大畜之时，下卦乾三爻为阴所畜，上卦艮止明示乾之不宜进。初九居乾之下而欲进，必有失，故本爻《象传》曰："有厉，利已，不犯灾也。"

䷷旅九三："旅焚其次，丧其童仆贞，厉。"

旅行之中，不宜过刚用事，今九三以阳居下卦之上，下视二阴而自高，有"丧其童仆贞"之象；上近离火，有"焚其次"之象，故"厉"。

䷆师上六："大君有命，开国承家，小人勿用。"

上六居师之终。用师功成，战阵之事毕，建设国家之事兴，当战阵之时，虽小人可用其勇，但当建设国家之时，非明智君子则不能任其责。上卦坤为土，分封土地为建立国家之事，故大易戒以不能以土地封小人，而宜以土地以外之奖赏酬之。此预防后日小人之乱，本爻《象传》乃云："大君有命，以正功也。小人勿用，必乱邦也。"

䷤家人初九："闲有家，悔亡。"

初九以阳正位，居家人之初，体下卦离明，义取在家道之始，即有先见之明而严以正道，以预防后日家道之不齐（闲义为防止）。如此以严治家，虽失于情薄，然家道由此而治，故"悔亡"。

第三，对犯过者之惩戒。

未犯过时从事预防，已犯过后从事补过，然而有些人因无知而不知补过或顽劣之徒玩法作奸而不补过，对这些人，大易则主张施以惩罚，借肤受之痛使之改过向善。例如：

䷃蒙初六："发蒙，利用刑人，用说桎梏，以往，吝。"

蒙初六以阴居阳，为顽劣不正之童。九二之刚中为发蒙之人。"利用刑人"者，言宜于用体罚惩戒。"用说桎梏"者，言可免除将来的触犯刑法。"以往，吝"则言如现在不予惩戒，任其顽劣下去，则为吝道（吝近凶）。

䷔噬嗑初九："屦校灭趾，无咎。"

噬嗑卦就全象言，颐中有物，啮而断物，取"断"义。就上下象言：一为雷动电闪，取"威"义；一为动而明，取"明"义。合此三者，"明""断"而"威"，故卦以明罚敕法，用刑治狱为言。初九在下，由六三、六二向下看，如校之加于足（校为足械），趾在校中不见，故言"灭趾"。人有屦校加身乃恶事，而下言"无咎"者，以受刑虽恶事，受刑之人却由此可知过而悔改，以后可不再犯过。所以孔子在《易经·系辞传》中申言此爻之义云："小人不耻不仁，不畏不义，不见利不劝，不威不惩，小惩而大诫，此小人之福也。易曰：'屦校灭趾，无咎。'此之谓也。"

第五节　知几

中国文化中有几个尽人皆知的奥义无穷的字，如"一"，如"道"，如"数"，如"命"等，这几个字早已变成了口头禅，人人在日常行事中使用，却人人说不清它们的深远含义，这几个字都是出于大易哲学，而"几"也是其中之一。这几个字之所以奥义无穷，因为它们都置根于哲学形上思想中，由人间知识为立场瞻望这些字，都有"黄河之水天上来"的感觉，每个字都是近接人间世而远入于苍茫无际。本书写至此，上述几个字都已经说到过了，现在我们再看这个"几"字。

大易哲学对"几"字十分重视，《易经·系辞传》：

夫易，圣人之所以极深而研几也。唯深也，故能通天下之志！唯几也，故能成天下之务。

子曰：知几其神乎！君子上交不谄，下交不渎，其知几乎！几者动之微，吉之先见者也。君子见几而作，不俟终日。

"几"的定义是"动之微"。"动之微"是指向始动处言，天下万物莫非一动，当事物之始发生，动生之征兆方现，是为"几"。于是，在这里我们知道了"几"的重要性，因为宇宙间一切事物都是连续的发展程序，我们早注意到其动向，就可早端正其动向，使入正道，避免后日的发展入于邪途。上引《易经·系辞传》言"几"为"吉之先见"而不言"凶之先见"，便是这缘故；端正事物初生之"几"，则"凶"之因素泯除，故唯是一"吉"，圣人用字之精慎如此！也正因为能够把握到"几"便可使事物循正道发展，故言："唯几也，故能成天下之务。""知几其神乎！"

上引《易经·系辞传》又言："唯深也，故能通天下之志。""几"何以与"深"并言呢？因为万物之动生，不是一言可尽的简单事，而是先由乾元之动始于太极，而后生坤元之继承，一上溯到乾元之动始，则万物"性命"共通之义现，"几"的来路如是之远，故以"深"言，故言"能通天下之志"。

从理论上言，"知几"之义乃依据于因果关系，不待"果"之现而预先察见其"因"，即为"知几"。近代以来，哲学上论因果，多取逻辑辩证的态度，提出"因中有果或无果""因果同时或异时"等问题，此种求知方式，如以大易哲学看，乃落入了执着于"多"或"分"［见本书第二讲中第二节第三小节之第（二）小小节"由大易看西方哲学中一、多之辩"］。应知因与果，原是一大流行作用，是不可截然分割的，犹如说乾是因，说坤是果，虽然假立为二，而实为一，故乾言"始生"而坤言"顺承"，一乾一坤，永远是一个流行义。站在流行义上，我们实不能将一个作用截成一段一段，拿起后一段的果，说与前一段的因无涉，因为这样一来，"流行"的根本义便丧失了，便成了"舍本逐末"。一落入"舍本逐末"的执着，问题便愈演愈繁，最终钻进牛角尖，难得再回转来，逻辑辩证的弊病在此。但是，因果的一个作用虽不可截然分割，却有其动向与变化，"因"与"果"之关系就在其动向与变化上成立，孔子在《易经·乾卦·文言传》中说到大人之德，有云：

先天而天弗违。

"天"之所以"弗违"于大人，乃由于大人明白了天道流行的动向，就其动向而行事，自然"天弗违"。

孔子又在《易经·坤卦·文言传》中说：

积善之家必有余庆，积不善之家必有余殃，臣弑其君，子弑其父，非一朝一夕之故，其所由来者渐矣，由辩之不早辩也（按"辩"即辨）。

"有余庆"是顺着"积善"的动向所起的变化，"有余殃"是顺着"积不善"的动向所起的变化，这便是因果关系。"早辨"变化的动向，加以推动或防止，便是"知几"。说到这里，尚得一提的，便是因果变化有"顺态"与"逆态"之分，如上举"积善之家必有余庆，积不善之家必有余殃"，乃"顺态"的因果变化。"顺态"者，由少阳至老阳，由少阴至老阴之变化；"逆态"者，由老阳转少阴，由老阴转少阳之变化。此中要领，总不外一阴一阳之"圆道周流"与"对立而统一"之义中，而"几"之神秘，也即在此中。

"知几"的价值，在于费力少而收效巨，星星之火，投足可熄；势成燎原之后，灌救或且无效。知顺态因果变化之"几"，则一言之鼓舞，可成后日之大德大业；知逆态因果变化之"几"，则一言之劝诫，可免后日之大灾大祸。老子也十分重视大易哲学之"几"，其言曰："祸兮福之所倚，福兮祸之所伏。"[1]又曰："其安易持，其未兆易谋，其脆易泮，其微易散，为之于未有，治之于未乱。合抱之木生于毫末，九层之台起于累土，千里之行始于足下。"[2]都是紧扣

---

[1] 《老子》第五十八章。
[2] 《老子》第六十四章。

住"几"字而言。我们现在且举大易中卦例来看：

䷁坤初六："履霜，坚冰至。"

坤为纯阴之卦，冰霜为阴气之凝结，故以为喻。初六居卦之下，始生，为阴寒之始凝，故言"霜"。然而见微知著，顺推以往，可知大寒坚冰之将至。

䷂屯六三："即鹿无虞，性入于林中。君子几，不如舍；往，吝。"

"鹿"同麓，"虞"为掌山林之人，屯卦三至五互体艮山，是六三已至于山麓。上无正应，故"无虞"以指引入山。而上卦坎险在前，象前途有险恶。一个"知几"的人处此境况，便当见几行事，不如舍弃入山；否则，如固执于必往，则为致凶之道（"吝"近凶）。

䷙大畜六四："童牛之牿，元吉。"

卦上艮止而下乾健，乾虽以健进为性，然当大畜之时，当止于所畜。六四下应初九之阳，初九在下，故称"童"；卦大象离，故称"牛"。六四以阴居正位，下畜初九之阳，抑其健进之性，如"牿"之加于童牛之角，防其触物。此言凡事当虑于初，灾祸之尚未至，见几而防止，可止祸于未形，费力少而成功多，是"元吉"之道。

☳☶ 小过九四："无咎。弗过，遇之；往厉，必戒。勿用永贞。"

小过卦为阴盛阳弱之卦，故于九三、九四两爻均戒以不应过用其刚，以所处之时不利，过刚则折故。今九四以刚居柔，失位，于平日为有咎，而于小过之时，则为"知几"而退居柔地者，故"无咎"。且九四之位，下应初六而上比六五，"弗过"不能安止，必得与阴相周旋，故言"遇之"。以不得志之君子，往而与小人相周旋，是危事，故言"往厉，必戒"。最后，爻辞更戒以"勿用永贞"，即不宜于永持阳刚之凛然之正，当有所变通行事之谓。此爻义由《论语》孔子见阳货事可知，孔子之见阳货，因为拘于礼制不得不往，而事实上孔子见几行事，也应该往，因不往则可能招祸，往则祸消，往而变通肆应，是为"知几"之用。

卦例中寓有"知几"之义者多，不必尽举。而历史事迹中此类故事更多，好史的读者自必早有所知。"知几"在德目中属于"智"，明智的认识为一个人道德的基础，以"智"辅"仁"，才能成就一个人的全德。但以人间世事物之繁杂，以宇宙间道理之无穷，"几"之主义越说而越觉说不精准，本书于此只不过揭明此一义，"知几其神"，期读者其精研深索之！

第六节　守谦

在大易哲学提倡道德人格所做的努力中，另一个不得不提出来的重要的德目，便是"谦"德。"谦"德的推行最足以表现出人类文明之光，人有了它，像是脱下了原始树叶兽皮的装束而换上了一袭文雅美丽的新衣。笔者读历史，到殷商之际，见周文王与殷纣二人的行事，不禁怦然心动，周文王是"笃仁，敬老，慈少，礼下贤者，日中不暇食以待士"[①]。而殷纣则是"资辨捷疾，闻见甚敏，材力过人，手格猛兽，知足以距谏，言足以饰非，矜人臣以能，高天下以声，以为皆出己之下"[②]。二人相比，一为谦谦君子，一为蛮横汉子，俨然"文"与"野"两个人格。大易由八卦重为六十四卦是文王所为，当文王被殷纣囚于羑里，在生命受到威胁之际，仍定下心来演易，且于六十四卦中立谦卦以表彰"谦"德，这种对人类文化的大认识是何等伟大！殷纣虽然蛮横傲世，

[①] 《史记·周本纪》。
[②] 《史记·殷本纪》。

将文王因于羑里，却慑于被文王的道德所感化的拥护者的力量而不敢加害于文王，终不得不释放文王回去，而自己的天下也就三分之二归文王了。天下大势向着道德人格的方向走，从文王与殷纣二人的故事中看得最为清楚，而文王一生以谦德自守及以谦名卦，正是这种道德人格大时代潮流来临的表征。于是自文王以后，文王的儿子周公将个人的"谦"德化为众人遵守的"礼"，制礼作乐推行于世，透过礼制，谦德扩而大之，成为社会民众普遍的立身行事的规范。由文王到孔子的五百余年间，是中国人最讲求"谦"德的时期，也是中国文化最积极建树道德人格的阶段，我们只要举孔子称赞文、周二人的话作例，便看到了"谦"德在这一时期所占的重要地位，孔子称赞文王说：

> 三分天下有其二，以服事殷，周之德其可谓至德也已矣。①

称赞周公说：

> 如有周公之才之美，使骄且吝，其余不足观也已。②

---

① 《论语·泰伯篇》。
② 同上。

孔子称赞他们的，都是重在他们的"谦"德，这也正是孔子在《易经·谦卦·象传》中特别表扬发挥其义的原因。

但是，大易之提倡"谦"德，并非只是由于人类自我减杀其蛮横之气，实由于"谦"为天地精神使然。易道之流行，无往不复，乾性刚健，是就其为乾而言，老阳变阴，刚健之性即转为柔顺，故乾之用在于"群龙无首"，此其一。宇宙万物之成、之生，在于二性之和，天下地而万物以生；日月落而昼夜以成。故天无恒自高而不下，日月无恒上升而不落，如果那样，也就没有了天地日月的存在，此其二。且万物者何？无非现象之生灭。人者何？无非万物生灭现象之一。旷观宇宙之大，万物之繁，阴阳二力之伟，太极无穷之玄，人又算得了什么？人哪有自鸣其高强而不谦逊的余地呢？此其三。总之，宇宙万物是一大和谐的整体，人在此一大和谐中，固然有"人之为人"的独立骄傲，然此独立骄傲是有限度的，越其限度即抵触了大的和谐，"谦"即在使人不落于独立骄傲而狂，保持适度的"宇宙大和谐中的人"的地位。

谦卦之六爻皆吉，是六十四卦中唯一六爻皆吉之卦；于此也可知道大易对"谦"德之重视。事实上，自从大易提倡"谦"德以后，"谦"已成为我中华民族的主要文化精神之一，我中华文明数千年来光芒四射，与此一精神大有干系。以下兹引录谦卦经传之文，并予以简要之说明：

☷ 谦："亨。君子有终。"

彖曰："谦，亨，天道下济而光明，地道卑而上行。天道亏盈而益谦，地道变盈而流谦，鬼神害盈而福谦，人道恶盈而好谦。谦，尊而光，卑而不可逾，君子之终也。"

谦卦艮山下于坤地，取卑以下人之义。在上者下下，则下得与上交通，于是上下亨通，故孔子以"天道""地道"明谦之精神以释文王卦辞之"亨"。孔子在谦卦《彖传》中着意于发扬谦德之要，的确感人，由天、地、鬼神与人道各方面证言谦德之可贵。"尊而光"言谦德用于尊位者则益增光辉，"卑而不可逾"言谦德用于卑位者则得人尊敬，故"君子有终"。

象曰："地中有山，谦，君子以哀多益寡，称物平施。"

谦卦《大象传》义，已见于前节"法天地"中。

初六："谦谦君子，用涉大川。吉。"
象曰："谦谦君子，卑以自牧也。"

初六阴爻，性本柔顺，又据卦初，象谦卑之至。以此精神行事，虽危难可平安度过。"涉大川"有涉险义，卦二至四互体坎险，故言。

六二："鸣谦，贞吉。"
象曰："鸣谦贞吉，中心得也。"

六二以阴爻居阴位，得中得正，宜于正而鸣。

九三："劳谦君子，有终。吉。"
象曰："劳谦君子，万民服也。"

全卦只此一阳爻，舍上卦而居下卦之上，居下卦，言谦；居下之上，言终日乾乾，夕惕为民（见乾九三）。阳刚得正位，上下众阴所归，故言"有终"。

六四："无不利，𫟘谦。"
象曰："无不利𫟘谦，不违则也。"

六四以阴柔居正位，虽有乘刚之象，然九三以"劳谦"自任，德行刚正，故"无不利"。但终以乘刚故，更应发挥其谦德。本爻《象传》言"不违则"，意谓六四虽有乘刚之象，乃自居正位，未违易道。

六五："不富以其邻，利用侵伐，无不利。"
象曰："利用侵伐，征不服也。"

六五以阴柔居尊位，阴为小，故不富，但谦尊而光，以其邻而富。"利用侵伐"者，三与五同功而异位（见《易经·系辞传》），三劳谦，五则谦而能容，以三之得众所归，故利用侵伐以征不服。

上六："鸣谦，利用行师，征邑国。"
象曰："鸣谦，志未得也，可用行师，征邑国也。"

上六处谦之极，象谦而有声誉，故言"鸣谦"。下得九三之正应，故"利用行师"。但上六以阴柔之才，不得尊位，故"志未得"，止于"征邑国"而已（上卦坤地，故言邑国），意谓治其私邑，未可大图。

除谦卦外，其他六十三卦言及"谦"德者多多，或因之免过而无咎，或化险为夷，其例不胜枚举，兹略举数则如下：

䷍大有九四："匪其彭，无咎。"

五阳有于六五，而九四于五阳之中，最近君而承旨，故九四为五阳中声势最盛者。处此情势下，九四也最易招其他众阳之忌，动辄得咎。然九四明此形势，退居柔位（四为阴正位），不轻表现刚健之性（"彭"义为大），故"无咎"。是"谦"德之用。《易经·系辞传》中孔子曾谓："谦，德之柄也。"指此。

　　䷒临六五："知临，大君之宜，吉。"

　　六五以柔居尊位，临天下而能下任九二之刚中，故言"知临"。"知"即智。明智之天子，任用能臣，在位而不劳，是天子之知用"谦"德者，故云："大君之宜。"

　　䷡大壮九三："小人用壮，君子用罔，贞厉。羝羊触藩，羸其角。"

　　大壮为阳长阴消之卦，阳势本已壮盛，而九三以刚居刚，又处下卦之上，是过刚用事者。阳处大壮而刚，为自然之理，然乘刚之势而益其刚健之气炎，则非"谦"德。故爻辞特别予以告诫："小人用壮，君子用罔。贞厉。"意为逞刚强乃小人之事，至于君子则不逞刚强；如逞刚强，虽正道也危。逞刚强用事的结果，将会如羝羊之触藩，角为藩所困，造成进退两难之局面。

第七讲　德合天地，是谓大人

扫一扫，
进入课程

一项为历史潮流的大浪所推动起来的人文运动，正和平常一般政治、教育上的推行某项措施一样，要建立起一个目标。有目标在前，为众人所瞻望，然后推行起来才不致犹疑迷惑。

大易哲学是应运而兴从事于推行道德人格运动的，它不仅提供出一套思想理论，还在于教化人切实去践行，因而也必不可少地要建立它理想中的目标。

前两讲所述的时、位、中、应等理则及存养、法天地、善补过、知几、守谦等义，都是指示人行事的途径，然而究竟这些途径要通往哪里去？循这些途径而行的后果如何呢？一个道德人格是怎样一个典范呢？这叫作目标。大易哲学为此一大运动所建立的目标有两个：近者叫"君子"，远者叫"大人"。人都应该勉力做君子，更进一步做大人。

第一节　做君子

一、君子与小人

"君子"一名，所指极广，很不容易为它划出一个明确的界限，如果照《礼记·曲礼》所说：

> 博闻强识而让，敦善行而不怠，谓之君子。

则君子也不过是一般人心目中有才德的人。但有时候，又指有极高的道德修养，如《论语》中孔子说：

> 君子道者三，我无能焉：仁者不忧，智者不惑，勇者不惧。[1]

便非一般人心目中有才德的人。而是连孔子也不敢轻易承当的大修养。同时，"君子"也可以称呼有位者，例如：

---

[1]《论语·宪问篇》。

子谓子产，有君子之道四焉：其行己也恭，其事上也敬，其养民也惠，其使民也义。[①]

季康子问政于孔子曰："如杀无道以就有道，何如？"孔子对曰："子为政，焉用杀？子欲善而民善矣，君子之德风，小人之德草，草上之风必偃。"[②]

前人曾多有为文以讨论古代"君子"之究指在位抑不在位者，其实并无明确划分。古代君即师，为君的人兼行师教，甲骨文中的"君"字作 🐝 ，从尹从口，从尹义取以手治事，从口义取以言行教，是"君"之字义原包括治民与教民二者。"君"字如是，今下增"子"，言"君子"，自然非"君"。"子"字在古代应用更普遍，称老师、称父亲、称子女、称任何敬重的对方，都可以用此名，但甲骨文中"子"字为 🐝 ，作小儿形，可见其原义是小儿，其他都是后起义。"君"与"子"之义已明，由此我们可以知道"君子"乃指未至于"君"的人，虽未至于"君"，但已具备了为"君"之德，用今天的话说，便是已经有了"君"的候选人的资格。既已有了为"君"的资格，则随时可以为"君"。由此看来，"君子"的实义，仍然是以德为主，并不在于在位或不在位。笔

---

① 《论语·公冶长篇》。
② 《论语·颜渊篇》。

者想，孔子答子路问的一段话是足以使我们明白此一含义的：

> 子路问君子，子曰："修己以敬。"曰："如斯而已乎？"曰："修己以安人。"曰："如斯而已乎？"曰："修己以安百姓；修己以安百姓，尧舜其犹病诸！"[①]

在这段话中，孔子以三个道德层次回答子路，第一"修己以敬"，第二"修己以安人"，第三"修己以安百姓"。三者都是"君子"之事，然前者只在于自修其德，不必在位；中者则为己德充实后，进而教化近己之人（朱熹注：人者，对己而言），可在位可不在位；后者则为化行天下之事，必在位而后可。从孔子这段话中，我们已可知"君子"一名，可兼指在位或不在位而言，然而基本上，"君子"必须是有德者。

由《易经》中看，也同样如上义。文王的卦、爻辞中，"君子"一名凡十余见，见于卦辞者有：

> 坤："君子有攸往。"
> 否："不利君子贞。"
> 同人："利君子贞。"
> 谦："君子有终。"

[①] 《论语·宪问篇》。

见于初爻辞中者有：

明夷："君子于行，三日不食。"

见于三爻辞中者有：

乾九三："君子终日乾乾。"
屯六三："君子几，不如舍。"
谦九三："劳谦君子。"
大壮九三："小人用壮，君子用罔。"
夬九三："君子夬夬。"

见于四爻辞中者有：

遁九四："好遁，君子吉，小人否。"

见于五爻辞中者有：

观九五："观我生，君子无咎。"
解六五："君子维有解。"
未济六五："君子之光。"

见于上九爻辞中者有：

> 小畜上九："君子征凶。"
>
> 观上九："观其生，君子无咎。"
>
> 剥上九："君子得舆。"
>
> 革上九："君子豹变。"

六爻位分不同，除二爻外，自初爻之卑至五爻之尊、上爻之亢，均见"君子"一名，可知"君子"不定指在位或不在位。

"君子"之义，尤可以从《易传》大象之辞中看出来，六十四卦大象之辞（见第六讲第三节"法天地"所引），计称"先王"者七卦，称"上"者一卦，称"大人"者一卦，称"后"者二卦，而称"君子"者五十三卦。"先王"为古之天子，"上"为今之天子，"大人"也居天子之位而尤重在明其道德之盛，"后"为一国之君，即《尚书》中之方伯，如后稷、后夔是，四者均为在位，而"君子"与之并列，可见"君子"虽不在位，而隐然以未来之当位天子、国君期之。正因为如此，五十三则大象辞中，分别从各方面勉其进德修业，以完成做天子、国君之准备。

总之，"君子"一名的主要立义在于道德，一个人立志于勤求善道，向着道德之途奔赴，他便成了"君子"。"君子"是一般人概念中的道德人，它紧连着社会大众层面向上开展，虽然它可以称名许多种人，但以"道德"为其条件，也足以使我们有一个明白的概念了。

然后说到"小人"。"小人"与"君子"相对待。但从《易经》经传中看，从文王到孔子，"小人"的含义是日趋下流。文王的《爻辞》中的"小人"，似只是指见识小、不能大事，也就是无君子之德业抱负的庶民，到了孔子《易传》中，则多有以"小人"为败德的人，与"君子"成了一为善、一为恶的相对。今且举文王爻辞中言"小人"之处（卦辞中不见言"小人"），共有：

> 师上六："开国承家，小人勿用。"
> 否六二："包承，小人吉，大人否亨。"
> 大有九三："公用亨于天子，小人弗克。"
> 观初六："童观，小人无咎，君子吝。"
> 剥上九："君子得舆，小人剥庐。"
> 遁九四："好遁，君子吉，小人否。"
> 大壮九三："小人用壮，君子用罔。"
> 解六五："君子维有解，吉；有孚于小人。"
> 革上六："君子豹变，小人革面。"
> 既济九三："高宗伐鬼方，三年克之，小人勿用。"

师卦上六与既济卦九三之"小人勿用"，谓小人无担当大任之才德。否卦六二之"小人吉"，谓小人只知自我，不关心于上下不交之事。大有卦九三之"小人弗克"，谓小人无位。观卦初六之"小人无咎"，谓小人无观天下之志，不识大观在上，固无咎。剥卦上九之"小人剥庐"，谓小人无君子之德，遭剥运则无以容身。遯卦九四之"小人否"，谓小人不识时变。大壮卦九三之"小人用壮"，谓小人易逞意气用事。解卦六五之"有孚于小人"与革卦上六之"小人革面"，均言小人为下民百姓。是爻辞中所有之上引十处之"小人"，均未有浓厚之"为败德之行"之意味。然而到了《易传》中，出于孔子笔下的"小人"，却明显有了"败德"的意味，如师卦上六之"小人勿用"，本爻《象传》释云：

小人勿用，必乱邦也。

大有卦九三之"小人弗克"，此爻《象传》释云：

小人害也。

都似乎与原文义有隔。而《易经·系辞传》所引孔子释噬嗑卦初九与上九之言，更特别指责小人为邪恶之人：

子曰："小人不耻不仁，不畏不义，不见利不劝，不威不惩，小惩而大诫，此小人之福也。"《易》曰："屦校灭趾，无咎。"此之谓也。

善不积不足以成名，恶不积不足以灭身，小人以小善为无益而弗为也，以小恶为无伤而弗去也，故恶积而不可掩，罪大而不可解。《易》曰："何校灭耳，凶。"

于是，我们由此再对照《论语》中孔子的言"君子""小人"，便发觉二者在孔子心目中实已成了"正""邪"两种人的代名词，如：

君子和而不同，小人同而不和。①
君子易事而难说也，说之不以道，不说也；及其使人也，器之。小人难事而易说也，说之虽不以道，说也；及其使人也，求备焉。②
君子泰而不骄，小人骄而不泰。③
君子周而不比，小人比而不周。④
君子喻于义，小人喻于利。⑤

---

① 《论语·子路篇》。
② 同上。
③ 同上。
④ 《论语·为政篇》。
⑤ 《论语·里仁篇》。

君子成人之美，不成人之恶；小人反是。^①

这里所举当然只是一部分，但由此已可看出"小人"之为人。总之，由文王到孔子，由文字记载上，我们看到"小人"之含义有了些变化，便是："小人"在文王时只是指无见识、无君子之德的庶民，而到孔子时则成了败德之民。

这一演变当然是时代要求其如此，因为自文王到孔子是道德思想在人心中积极开展的时代，"小人"之义到了孔子时变得愈趋下流，可以做两方面解说：一是人们越来越认清道德价值的重要，认为唯有做君子才是人的正格，人人都应该做君子，小人的身份遂而被贬降。另一方面则是圣人有意勉人做君子，故贬降小人以激励大家做君子。

二、君子之道

今论"君子之道"，是十分难以着笔的，固然，在先秦以上儒家经典中，论及君子之道之言，如果统计起来，比其他任何类言论为多，但也正由此故，反觉难以把握而运思了。笔者认为，凡是读过《易经》《礼记》《论语》《诗经》《尚书》等书的读者，看到"君子"一词满天飞的情形，一

---

① 《论语·颜渊篇》。

定会同意笔者的说法。所以本节的论君子之道，只能言其大体，实在因为其"道"太多途，我们没有那么多篇幅去一一述及。

就"言其大体"以论君子之道，笔者认为最贴切的是《论语·宪问篇》中孔子的两句话，就是：

君子上达，小人下达。

这两句以"上达"与"下达"分别"君子"与"小人"的话，实为孔子最精要的言论之一。在第六讲第二节"存养"中，笔者曾简约地说过，人之生，以人为立场以观，乃太极、阴阳之作用之下行发展，然后人存养道德反于太极之境，乃上行而反。重要的是要认明：人之生，性命受自乾道变化，但自坤道变化益以形体之后，年龄渐长，由执着于形体而产生后天的欲念的势力也渐盛。所以一个具形的人，心中都已具有了两种势力：一为先天"性命"的势力，一为后天"欲念"的势力。"君子"之人体会出"性命"之在心，存养之，使其势力日增，遂而"欲念"日减，也就是道德日隆，循此"性命"之路反而上，就是"上达"。"小人"之人体会不出"性命"之在心，因而日夜周旋在"欲念"中，与物相刃相靡，往下流而不反，就是"下达"。孔子这话，我们不妨用图7-1简要表明：

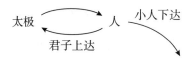

图7-1　君子上达　小人下达

所以，"君子之道"也可说是人之上达之道。

然而，君子之道并非仅仅是一条路，原因是"人"非为单纯的生命体，每个人所受性分不同、所处时位不同、所具感受不同，因而所行上达之道路也不同，"上达"只是一个方向，向着这一方向前进的道路有无数条，视乎个人对性命的体会、各人的不同条件，或曲或直、或迟或速而行，要之以不失方向为主。第六讲第三节"法天地"中所引录过的五十三则"君子以"，便是五十三条君子之道，其他的数十百处，也都是君子之道，古圣之所以最多的言及君子，便是要予人方便，对各种人生提出君子之道，期于每个人都走上"上达"的路。所以，图7-1也不妨修正为图7-2：

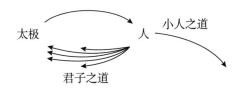

图7-2　君子之道　小人之道

然而读者于此当有疑问，那就是：太极是举宇宙万物而为一的，"下达"的小人之道尽管是欲念的下降，终仍是太极中事，而太极原为一圆道流行的作用，今君子"上达"而反于太极，则小人之"下达"将何所往？难道说会逸出太极周流之外不成？此一问题当从"一物一太极"义上去会解，应知孔子所说的"上达"与"下达"，乃以"人"为立场而言，"人"为万物之灵，首出于万物，故上望太极而下望万物。今君子之知反而"上达"，乃因早体会出反于太极之道故；至于小人之不知反而"下达"，乃下降而入于物域，入于物域者最后仍然要反，只是非君子之人之自觉而反。明乎此，也即知整个宇宙实为无数太极之圆道流行之义了。

"君子之道"的大体哲学义如上所论，现在再来看一下《易经》中如何说。《易经》卦、爻辞中只见言"君子""小人"，不见言"君子之道"与"小人之道"，至《易传》中始见。这正是前面说的到了孔子时道德价值特别被重视之故，"君子之道"代表人向道德奔赴的上进势力，"小人之道"代表人背离道德而堕落的下降势力，从孔子解释卦辞的《彖传》中，我们知此意。例如：

　　䷊泰卦辞："小往大来，吉亨。"
　　《彖传》："君子道长，小人道消也。"
　　䷋否卦辞："不利君子贞，大往小来。"

《彖传》："小人道长，君子道消也。"

䷖ 剥卦辞："不利有攸往。"

《彖传》："不利有攸往，小人长也。"

泰卦的"君子道长"是阳进升而息阴，否卦的"小人道长"
是阴进升而消阳，剥卦同于否卦，其"小人长"即"小人
道长"。又《易经·系辞传》：

> 阳一君而二民，君子之道也；阴二君而一民，小
> 人之道也。

八卦中阳卦除乾外，震、坎、艮均一阳二阴；阴卦除坤
外，巽、离、兑均一阴二阳。一阳二阴象阳之势力方长而
阴将消，一阴二阳反之。故《易经·系辞传》虽以"君""民"
立义，而实际上仍是阴阳消长之义，道理是一致的。

于是，在这里笔者不得不再做补充说明，因为根据大
易哲学，阴阳之往反对流，只是一个太极之流行之两面，
此望阳之进升，于彼望则为阴之反退；彼望阳，于此又为
阴。在此情形下，或有人谓大易竟以阳象君子、阴象小人，
似不恰切。不知此乃由执着之故，今谓"阳"，唯在其动而
进之性，谓"阴"，唯在其动而退之性；人以己为立场，反
乎太极，是动而进，故为阳、为君子之道；背道德而堕落，

是动而退，故为阴，为小人之道。圣人取阴阳以况君子小人，只是取二性之动升与动降以明人事。易学是一门活的学问，切不可泥于固定不变义。

本节论"君子之道"，唯言大体，未及于君子应如何去作为的具体指陈，这是一开始便声明了的。事实上是不得不如此，因为古籍言及君子之道之处太多，我们无法尽列举。同时，即令尽列古籍中所言君子之道，也不能尽意，因为除却明标"君子"者外，未标明"君子"而言及德业者，也都是君子之道，是举之不尽的。但是不管君子之道是如何多途，"上达"是一个总方向，人只要把握此一大方向不失，则生活言行之间自然有了引导。明智读者，将不谓本节空疏不落实义也。

第二节　由君子到大人

以道德做标准区分人格，就大易哲学所论者，可区为图7-3所列四级。"民"泛指社会上一般民众；"小人"为邪曲不正，可视为低于"民"的一级；而"君子"则是志于道德的民，自然高于"民"；至于"大人"，则为君子之修养道德有大成就，为道德人格的最高典范。

图7-3　大人、君子、民、小人

这种区分自然不能尽如人意，例如"圣人"一名，在道德境界上应是同于"大人"，但古人言"圣"，似特别着重其智慧，《尚书·洪范篇》："睿作圣。"《尚书孔氏传》云："于事无不通谓之圣。"《说文》也作"通"解。而"大人"则有《易经·乾卦·文言传》"与天地合其德，与日月合其明……"的明确定义，今用"大人"。又如"百姓"与"民"同义，《易经·系辞传》："吉凶与民同患"；又云："百姓日用而不知"。但"百姓"一名，古时也指百官，如《尚书·尧典》之"平章百姓"，郑玄注即为"百官"，今用"民"。至于一般说的"贤人"，自然包括在"君子"一级中。

"君子"这一级，前面我们说过，范围是很广的，一个人只要勤求善道，勉力于道德，都可以称作君子。也正因为如此，君子也就成了最重要的角色。他们是多数人，与民接近，直接影响着民，普遍而切实地提携着广大的社会民众，带领社会进向道德。但这种实质上的重要，却不能使"君子"作为道德人格的最高目标，人心是非常奇妙的，在任何奋斗的途中，总希望有一个目标做指引，然而这一目标不能太遥远，也不能太切近。如遥远到渺茫的程度，许多人会望难而止；太切近了，许多人又会流于怠惰。"君子"虽然在含义中也及于圣贤境界，但就其"切近于民"一义言，不能引起大鼓舞，因而在"君子"之上就需要更建立一道德的极层——"大人"。"大人"与"君子"的划分虽然不十分明确，但比照古人对二者的论述，可以体会出他们的不同。今以《易经·乾卦·文言传》中之文做例，如其中孔子解释乾卦卦辞"元亨利贞"云：

> 元者，善之长也……君子体仁足以长人，嘉会足以合礼，利物足以和义，贞固足以干事。君子行此四德者，故曰"乾：元亨利贞"。

又解乾卦九三爻辞"君子终日乾乾，夕惕若，厉，无咎"云：

> 君子进德修业：忠信，所以进德也；修辞立其诚，所以居业也。知至至之，可与几也；知终终之，可与存义也。是故居上位而不骄，在下位而不忧，故乾乾因其时而惕，虽危，无咎矣。

从上可以看出，"君子"的主要从事是"行"道德，孔子在字里行间都在勉励君子的"行"的精神。然而在解释乾卦九五爻辞"利见大人"时，为"大人"下的定义则是：

> 夫大人者，与天地合其德，与日月合其明，与四时合其序，与鬼神合其吉凶，先天而天弗违，后天而奉天时，天且弗违，而况于人乎？况于鬼神乎？

很明显，"大人"的境界是在"成德"之后，即君子的"行德"有成之后的境界。此时，人与天地合德、与日月合明，乃超脱了"人"域而登升到"天人合一"的境界。

《易经》六十四卦之大象辞，唯离卦称"大人"，以上下重离，继明照耀，为"成德"之表现。乾卦六爻中二、五爻称"大人"，五爻得尊位而居中，固宜其称；二爻虽在田，然以居下卦之中，大器早见，称"大人"隐含嘉勉之意。所以，笔者认为以"行德"与"成德"区分"君子"与"大人"是应理的。

然而，由"君子"到"大人"这一段历程却是极艰苦的考验，人必须从"自我"的欲念中解脱出来，逐渐减损"自我"的私欲私念以至于无，到了"自我"的滞碍完全净化之后，纯然天地精神之呈现也就是"大人"境界的到来。这也就是本书第六讲中所说的"存养""法天地""善补过""知几""守谦"等的全部努力过程，本书第二讲中所述到达"太极"的两条途径，也即是由"君子"到"大人"之路。因此，这一提升不止要有大智慧、大决心、大勇气，尤要有恒久不懈的精神，孔子在乾卦大象辞中谓："君子以自强不息"，"自强"固然重要，"不息"尤其重要；在恒卦大象辞中谓："君子以立不易方"，"立"于君子之道固然重要，"不易方"尤其重要；在大过卦大象辞中谓："君子以独立不惧，遁世无闷。""独立"与"遁世"固然是大精神，"不惧""无闷"的内在坚定尤其重要。佛家十地中第八地为"不动地"，喻金刚之不动，入此"不动地"乃入佛境，大易由"君子"到"大人"之历程，于此着思，庶乎得之。

第三节　大人的为人

——人上人而人中人

本节我们来看所谓"大人"者是怎样的一个人。

上一节我们已引过《易经·乾卦·文言传》中对"大人"所下的定义，遍阅古籍记载中对一切人物的称赞以此一段文字该算是最高的赞辞：

"与天地合其德"，言其具有仁爱万物之心。

"与日月合其明"，言其具有明照万物之智。

"与四时合其序"，言其立身于道之流行。

"与鬼神合其吉凶"，言其处理事务尽得其宜。

"先天而天弗违"，言其有先见知几之明。

"后天而奉天时"，言其有顺道守道之德。

"天且弗违，而况于人乎？况于鬼神乎？"更亟言大人之德合天地，为人神所尊崇。

总之，大人已成为"道"之化身，他完全淘洗尽了拘拘小我而入于"大道之流"。

不过，我们不要忘了，"大人"毕竟还是"人"，上所言是指他的精神面，至于他的物质形骸，仍是和平常人一般地无法消除。从精神面看，大人是"人上人"；而从物质面看，则他仍是"人中人"。

然而，我们也不能把话说得如此简单，人虽然都离不开物质形骸，但在应世接物之间表现则不同，内在精神的变化必然会影响到外形，所谓"存之于中，形之于外"。同样是一副物质形骸，却能予人以不同的感受。"大人"是经过了内在质的变化，精神升华了的人，在心理认识上已不同于常人，虽然外形上和常人一样同具形骸，但在言语行为的表现上就不同了。孔子周游列国中，过宋、过匡、过陈蔡之间遇厄时那种坚定，及听楚狂接舆、长沮、桀溺、荷蓧丈人等冷讽热嘲时那种和平；老子身处乱世所表现的那种渊深稳定；孟子见孔子之道不行，遂而挺身奋起的意气飞扬；庄子游身人间世而不落系累的洒脱；以及释迦牟尼菩提树下悟道后的数十年游行说法，苏格拉底面对死亡时的侃侃而谈等，以上诸人，论物质形骸与常人同，但却表现异于常人的作为。由此言之，则大人的"人中人"，毕竟仍是"人上人"。

那么，我们究竟应该如何论"大人"之为"人上人而人中人"呢？且看《指月录》中的一则故事：话说青原惟信禅师上堂曰："老僧三十年前未参禅时，见山是山，见水是水；及至后来亲见知识，有个入处，见山不是山，见水不是水；而今得个休歇处，依前见山只是山，见水只是水。"

老禅师说此话时当然已经在六十岁以上，他已经历了三个境界，我们如用图7-4来表示老禅师的话，则如下：

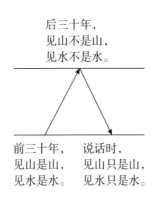

图7-4 青原惟信禅师三境界

下面一条线代表人间世，上面一条线代表佛境，老禅师的前三十年是生活在人间世的常人，未明佛法，故山水所呈现给他的，如其山水之现象，以山水之现象为实有。后三十年，出人间世而入佛境，乃见山水之现象原非山水之本来面目，乃假象幻影，故山水之现象虽见而非实有。及至又三十年后，在老禅师说话时，其境界又进一层，由出世之佛境复返回到人间世，此时老禅师之所见，假象幻影之山水固知其非真实；然其现象之存在，又莫不自然而然，如其生而生，如其灭而灭，如其变化而变化，此时之老禅师则怡然徜徉于山水之间，精神与大化同流而形骸与山水共变，佛境一如于人间而真实即在于现象。

禅宗虽数其源流于印度诸佛，然自唐宋以下之禅宗精神，实已融合了中国大易哲学（儒、道）而成为中国文化，以上老禅师的话，实际上也就是大易中由君子到大人的历程，再用图7-5示之如下：

图7-5　大易中由君子到大人的历程

图以"天""人"分上下，自然是在道德修养上分，并非离"人"而升"天"。君子者乃起于常人，向"天"德的境界迈进，到了"天"境，固然表示君子的德业已有了大成就，但不能即此境界而言"大人"，此时只能说是做大人的起点，将"天"德下降落到"人"位，与常人为伍，以常人的地位行事——爱人、理家、治国、平天下，如此才算是真正的"大人"。由"天"反回到"人"，也就是"天人合一"。今为了更明白起见，且以孔子的一生行事做例。孔子的一生，孜孜不倦，向着道德之途奔赴，他自述其进步历程云：

> 吾十有五而志于学，三十而立，四十而不惑，五十而知天命，六十而耳顺，七十而从心所欲，不逾矩。①

由"十有五而志于学"则"三十而立"是常人奋志努力求学的事。"四十而不惑"则为心性中的奋进，已入君子之途。"五十而知天命"为始入于"天"。"六十而耳顺"则为由"天"反乎"人"，何谓"耳顺"？谓所闻者顺，因此时已知天命，以天视人视物，见人物虽各不同，莫非本于天，天生万物，故所闻者顺。"七十而从心所欲，不逾矩"，则为"天人合一"的真正大人境界，此时孔子虽在常人之位，然其道德

---

① 《论语·为政篇》。

已至于人即我，我即天，动静合于天道，即"与天地合其德，与日月合其明"。再以图7-6表示孔子的一生道德历程，则如下：

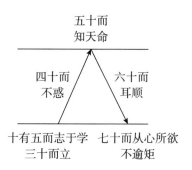

图7-6　孔子一生的道德历程

　　由图7-4、7-5、7-6，笔者想对"大人"之为"人上人而人中人"的意义，已说明得够清楚了。所谓"人上人"，指大人之精神境界出于常人之上；所谓"人中人"，指大人仍以常人之身行大人之事。于是，在这里我们便知道了何以历史上的大圣大哲们，都是那么务于平凡不求表现了，孔子说："吾有知乎哉？无知也。"[①]"我非生而知之者，好古敏以求之者也。"[②]"三人行必有我师焉，择其善者而从之，其不善者而改之。"[③]"若圣与仁，则吾岂敢！抑为之不

---

① 《论语·子罕篇》。
② 《论语·述而篇》。
③ 同上。

厌，诲人不倦，则可谓云尔已矣。"①老子则说："不敢为天下先。"②"挫其锐，解其纷，和其光，同其尘。"③"知其雄，守其雌，为天下溪。……知其白，守其黑，为天下式。……知其荣，守其辱，为天下谷……"④而在务于平凡不求表现之中，他们有时候又表现出异乎常人、超乎常人的气象，孔子周游列国时，过宋，遇桓魋之厄，他说："天生德于予，桓魋其如予何！"⑤过匡，被匡人围困，他说："文王既没，文不在兹乎！天之将丧斯文也，后死者不得与于斯文也；天之未丧斯文也，匡人其如予何！"⑥死前，他从容而歌曰："泰山其颓乎！梁木其坏乎！哲人其萎乎！"⑦老子的生平我们不知道，但从他的五千言书中，我们听到他的平凡中的非凡之声："众人熙熙，如享太牢，如春登台。我独泊兮其未兆，如婴儿之未孩，儽儽兮若无所归。众人皆有余，而我独若遗，我愚人之心也哉！沌沌兮，俗人昭昭，我独昏昏，俗人察察，我独闷闷，澹兮其若海，飂兮若无止，

　　① 《论语·述而篇》。
　　② 《老子》第六十七章。
　　③ 《老子》第四章。
　　④ 《老子》第二十八章。
　　⑤ 《论语·述而篇》。
　　⑥ 《论语·子罕篇》。
　　⑦ 《礼记·檀弓上》。

众人皆有以，而我独顽似鄙，我独异于人而贵食母。"① "天下皆谓我道大，似不肖……若肖，久矣其细也夫！"②这便是"大人"，大人是"人上人而人中人"！

第四节　大人的职责
——参赞天地之化育

孔子《易经·文言传》中释乾卦九五"飞龙在天，利见大人"之爻辞云：

> 同声相应，同气相求，水流湿，火就燥，云从龙，风从虎，圣人作而万物睹，本乎天者亲上，本乎地者亲下，则各从其类也。

孔子这段话，如执着于文字上看，对释爻辞义若不贴切，殊不知孔子这里所说的，才真正是"大人之德"。大人德合天地，而天地之生长万物，大公无私，交织于阴阳二性之下，各遂其生，各从其类。笔者在本书第五讲中曾做过解

---

① 《老子》第二十章。
② 《老子》第六十七章。

释，谓"利见大人"即宜于表现大人之德。今九五爻居全卦之最尊，正大人得其位而行天地之德之时，以天地之生长万物为心，大公无私，使万物万民各依其类而生活，正是第一要义。孔子这段话是《易经·文言传》中第一次释乾卦九五，接下来的三次是：

> 第二次："飞龙在天，上治也。"
> 第三次："飞龙在天，乃位乎天德。"
> 第三次："夫大人者，与天地合其德……"①

对照这三次解释，便可看到孔子的第一次解释是多么剀切，他在说明当大人在尊位之时，将使天下万物万民沐浴于天地自然生物之德中。

《易经·系辞传》中，孔子又就易之用于筮术一方面，云：

> 夫易，何为者也？夫易，开物成务，冒天下之道，如斯而已者也。是故圣人以通天下之志，以定天下之业，以断天下之疑。是故蓍之德圆而神，卦之德方以知，六爻之义易以贡，圣人以此洗心，退藏于密，吉凶与民同患，神以知来，知以藏往，其孰能与于此哉！

---

① 《易经·文言传》释乾卦九五爻辞。

古之聪明睿知神武而不杀者夫！是以明于天之道而察
于民之故，是兴神物以前民用，圣人以此斋戒以神明
其德夫！

孔子这段话是称赞周文王之"以神道设教"，易之命蓍行
术只是方法，透过此种方法得"天下之道"，而以此"道"
去"通天下之志，定天下之业，断天下之疑"。孔子写这
段话的中心情感仍是圣人以天地为心去爱人，这里的"圣
人"即是"大人"。

《易经·系辞传》另一段则载自伏羲氏以下诸王制器取
象以利民的事，文曰：

古者包牺氏之王天下也……作结绳而为罔罟，以
佃以渔，盖取诸离。包牺氏没，神农氏作，斫木为耜，
揉木为耒，耒耨之利，以教天下，盖取诸益。日中为
市，致天下之民，聚天下之货，交易而退，各得其所，
盖取诸噬嗑。神农氏没，黄帝、尧、舜氏作，通其变，
使民不倦，神而化之，使民宜之，易穷则变，变则通，
通则久，是以自天佑之，吉无不利。黄帝、尧、舜垂
衣裳而天下治，盖取诸乾坤。刳木为舟，剡木为楫，
舟楫之利，以济不通，致远以利天下，盖取诸涣。服
牛乘马，引重致远，以利天下，盖取诸随。重门击柝，

以待暴客，盖取诸豫。断木为杵，掘地为臼，臼杵之利，万民以济，盖取诸小过。弦木为弧，剡木为矢，弧矢之利，以威天下，盖取诸睽。上古穴居而野处，后世圣人易之以宫室，上栋下宇，以待风雨，盖取诸大壮。古之葬者，厚衣之以薪，葬之中野，不封不树，丧期无数，后世圣人易之以棺椁，盖取诸大过。上古结绳而治，后世圣人易之以书契，百官以治，万民以察，盖取诸夬。

这一长段文字中所提到的古代圣王，有包牺氏（伏羲氏）、神农氏、黄帝、帝尧、帝舜五位，他们是古代历史中最为人敬佩的"大人"的楷模。他们"利"天下的方式不一，但都是以天地之德为心为民谋利，《易经·系辞传》作者借卦象将他们的用心系在大易哲学感召之下。对于这段文字，前人曾多有辩论，我们且不必去理论是非曲直，但这段文字一望而知非历史事实的记述。伏羲氏教民"作结绳而为罔罟"是真事，但不必由卦而起动机；神农氏教民制作耒耜、教民市易也是真事，也不必由益、噬嗑卦而起动机；黄帝、尧、舜之行变通之道，发明舟车、弧矢、宫室、棺椁等，也不是由涣、睽、大壮、大过等卦而来，《易经·系辞传》之所以如此说，即笔者前面提到的，是要将以上诸圣王为民谋利之心系于大易哲学感召之下。因为大易哲学是教人做大人的，以上诸圣王都做到了"大人之德"，正是大易哲学鼓励人做大人的榜样。

以上《易经》的《文言传》及《系辞传》的三段文字，只是比较具体地说明了大人的职责在于表现天地之德以爱民爱物，故引以为例。其实，整部《易经》都随时在做如是的说明与鼓励，上所引不过借以指出大易此一意旨罢了。对于大易所昭示的大人的职责，倒是后来《礼记·中庸篇》中讲得扼要而具体，那就是"赞天地之化育"而"与天地参"，后人言作"参赞天地之化育"。

大人之"参赞天地之化育"是本分中事，因为大人既已"与天地合其德"，天地之生万物即己之事，天地之爱万物即己之心。但这里有值得申明之处，就是不可将大人的行事视作一种偏激的舍己爱人的精神。昔墨子舍己爱人以"自苦为极"[1]而全力济人之难，孟子则起而排之，言："杨墨之道不息，孔子之道不著。"[2]孟子并非不知道这种精神可贵，只是这是一种偏激的行事作风，非天地之道之全。以天地心为心的大人，固然要爱己身以外的人物，同时也不轻易自弃，因为己身原也在天地之中，为天地万物之一。所以墨子的学说，不但孟子反对，庄子也反对，说他："为

---

① 《庄子·天下》。
② 《孟子·滕文公下》。

之大过，已之大顺"；"恐其不可以为圣人之道。反天下之心，天下不堪，墨子虽独能任，奈天下何？"①孟子把墨子与杨朱并提，正由于二人之学说一过一不及，均为偏激之论。于是在这里我们看到了孔子与老子的迥然不同的大人气象，孔子在《孝经》中告诉曾子："身体发肤，受之父母，不敢毁伤，孝之始也。"这话不是止于一己之私，要曾子保持一个健全的身体以讨父母的欢心，乃是说人的身体发肤为天地所化育，轻易毁伤则违天地之道，父母是天地的缩影，近身而言罢了。老子的学说是以天道为立场的，他一开口言圣人，便是"生而不有，为而不恃，长而不宰"②。但他也同时说："圣人为腹不为目。"③"为腹"便是爱己。"圣人去甚、去奢、去泰。"④甚、奢、泰三者不去，便是不爱己。这种爱人、爱物也爱己的爱，才是天地大爱之全。但这个"爱己"岂是等闲说的？常人闻此爱己，势将泥于此爱而抛却爱人爱物，我们只好说"唯大人能爱己"了。

印度佛教传入中国，独行大乘教义，其小乘则南传而不入中国，何以故？即在于大乘义与大易哲学相合。佛教之分大、小乘，是由于其修教途径为独修之故，独修成熟

---

① 《庄子·天下》。
② 《老子》第十章。
③ 《老子》第十二章。
④ 《老子》第二十九章。

后守此境界而自了，为小乘；立渡人济世之愿，为大乘。然而大易哲学的存养之道，自常人之志于君子开始，即无独修之事。大易之做君子、做大人，始终是与人群相守的，所以讲"进德""修业"，是从人与人的关系上见，如果离开人群而独修，是无"德""业"可言的。"立己"而不"立人"，"成己"而不"成人"，在大易是没有的事，如以大、小乘论大易，则大易纯然是大乘义。大易也讲独善其身，那是受了"时""位"等因素的影响，不但"遁世"，而且"遁世无闷"，但内心仁民爱物之念，未曾削减。或有人以为道家人物中，有不少是遗世而独立的，这是未从基本上看，道家与儒家之不同，只是后者身心均不离人群社会，而前者身离则心不离。《老子》书中，口口声声言"圣人"，他的三宝的第一件便是"慈"，如果要遗世的话，要"慈"何来？庄子虽志于解脱物累，他自己却说："独与天地精神往来，而不敖倪于万物。"[①] "不敖倪于万物"便是不与万物隔离。自老、庄以后，后世道家人物形形色色，固不能一律而论，但总其精神是入世精神，历代政治上、学术上、社会风气上做创新改革的，道家人物居多，不关心于人群社会，岂能如此！总之，中国文化思想的基本精神是承自大易哲学，不管儒家也好，道家也好，其他墨、法、名、阴

---

① 《庄子·天下》。

阳等家也好，其立说或有偏有曲，而其用心则无不是"与天地合其德"的大人精神，无不是志于"参赞天地之化育"。

　　然而，"参赞天地之化育"是一副重担子，以不离血肉之躯的大人行天地之道，怎能不受尽折磨！是以古之大人，于行道之心虽乐行而无憾，而言行交接之际不得不忍辱负重。笔者每读《论语》，至"不怨天，不尤人，下学而上达，知我者其天乎"！[1]至"天何言哉！四时行焉，百物生焉，天何言哉"！[2]至"鸟兽不可与同群，吾非斯人之徒与而谁与？天下有道，丘不与易也"[3]等章，便觉感慨万千，是大人者，实自讨苦吃耳！然而人生的大意义正在于此！

第五节　大人的理想社会
——大同世界

　　西方基督教建天国于死后，印度佛教建佛境于世间法外，中国大易哲学则即人生论人生，即世间安世间，建大同世界于现实社会中。现实社会自然不是美满的场所，但

---

① 《论语·宪问篇》。
② 《论语·阳货篇》。
③ 《论语·微子篇》。

大易认为人具有改变此不美满使之成为美满的能力，而人对于万物来说，又是万物之灵，自然责无旁贷。既如此，人实在应该挺身而起，自求多福，去奋斗、去经营，创造自己的幸福乐园。这便是一般人常说到的中国文化中的独特的"人文精神"。

读《易经》，并未见其中有一个对理想社会的描绘，这是由于大易的精神在于哲学理论的应用，而不在于对人世社会制度的筹划设计。对大易，把人类从不懂行事中教育成会行事，从不懂天地之道中教育成知遵循天地之道，从不懂道德之可贵中教育成自觉到道德之可贵，乃是最重要的事。如果每个人都能循易道之正而行事，由君子进向大人，建树起高尚的道德人格，人类社会也就安居乐业了。所以孔子在《易经·乾卦·象传》中也只是轻轻地说了八个字，云："首出庶物，万国咸宁。"言人如能得乾道变化之"正性命"（"保合"其"太和"之自然以行事），"时乘六龙以御天"，则人类世界自然会和平安宁。但孔子毕竟是"人"中之"圣"，他内心深处对人类社会的期望是有着憧憬的，虽没有在《易传》中表达出来，却不自觉地在其他地方流露出来，那就是《礼记·礼运篇》的一节记载，兹引录如下：

昔者，仲尼与于蜡宾，事毕，出游于观之上，喟然而叹；仲尼之叹，盖叹鲁也。言偃在侧曰："君子何叹？"孔子曰："大道之行也，与三代之英，丘未之逮也，而有志焉。大道之行也，天下为公，选贤与能，讲信修睦，故人不独亲其亲，不独子其子，使老有所终，壮有所用，幼有所长，矜寡孤独废疾者皆有所养，男有分，女有归。货恶其弃于地也，不必藏于己，力恶其不出于身也，不必为己。是故谋闭而不兴，盗窃乱贼而不作。故外户而不闭，是谓大同。

孔子这一段话是不自觉流露出来的，唯其"不自觉"，才代表他的内心的真情感。他在一次"蜡宾事毕"之后，偶尔登高望远，见景生叹，道出了这一番心事，可见这段话必是长久以来已蓄积于心中。但这些并不重要，如今重要的是：

第一，孔子这个理想中的社会，与现实人生毫无隔离，其中所说的生活方式，即是现实人生的生活方式；其精神感受，即现实人生中每个人能够经验到的。而每个人对他这个理想社会都不会感到是遥远的空中楼阁，都感到"切于己"。

第二，孔子在此中所期望的，都是人性中的共同要求，"天下为公"来自易道流行，不私于一种一类。"选贤与能"来自人人生而才性有别。"讲信修睦"来自人类性性互通之大我观。这几种都是人性中的基本情感。而言"亲其亲""子其子"以"不独"，言"货""力"之用以"不必藏于己""不必为己"，私情公义兼顾，使人觉得"人的社会应该如此"。

孔子这段话充分代表了大易哲学的精神，上应天道而下落实于人事，即现实社会而经营改善，其中不给人一丝惑疑、一丝玄虚。后面"故外户而不闭"一句，古来解释均连上句"盗窃乱贼而不作"立义，谓无盗窃乱贼，外户自可不闭。笔者意此句不应仅限于如此狭义，应与下句"是谓大同"句贯通，而作为全文之结语。由上文"人不独亲其亲，不独子其子"，是人我之情感通；"货不必藏于己"，是人我之物用通；"力不必为己"，是人我之才力通；人我之情感通、物用通、才力通，闭户尚何为？但大我一太极，小我一太极，公私适于性情，故言"外户"，此大同世界之为"大道之行"之故。

如将孔子这段话合于乾卦辞"元、亨、利、贞"，正是息息相通。"大道之行也，天下为公"，合"元"。"选贤与能，讲信修睦"，"货""力"交流，合"亨"。"使老有所终，壮有所用，幼有所长，矜寡孤独废疾者皆有所养，男有分，女有归"，合"利"。"谋闭而不兴，盗窃乱贼而不作"，合"贞"。以上比合，笔者自不敢强加于古圣，但一个人的思想与言行是一致的，孔子在偶然中随感兴叹发其心声，固不必着意于外内相应而自然相应合，故孔子这一段话应视为大易哲学期望于人类未来的理想社会。

孔子这段话一开始说："大道之行也，与三代之英，丘未之逮也。"而紧接这段话以后，即言"小康"之治，说："今大道既隐，天下为家，各亲其亲，各子其子，货力为己。大人世及以为礼，城郭沟池以为固。礼义以为纪，以正君臣，以笃父子，以睦兄弟，以和夫妇，以设制度，以立田里，以贤勇知，以功为己。故谋用是作而兵由此起。禹、汤、文、武、成王、周公由此其选也……"后人见孔子之言如此，遂谓孔子"大同"之描述为三代以上五帝之治（见《十三经》本郑注孔疏），殊不知孔子以"三代之英"之治为"小康"，乃借以作衬托以明"大同"之治更远过于此，非必指历史上五帝之治而言。今见于《论语》与《礼记》中，孔子多言三代之事，而于三代以上仅及尧、舜，其言已甚少，颛顼、帝喾以上则未见有特指言及者。何况孔子曾自言他曾经至杞至宋求夏礼与殷礼，当时已经"文献不足"[1]，五帝时代更远于此，孔子何以确定五帝时代为"大同"之治？再者，我们读《史记》，知黄帝之得天下，全然以武力取得（已述于本书第四讲中），何尝有"大同"之治的迹象？故知孔子以"三代之英"之治为"小康"，而于"小康"之治之上更

---

[1] 《论语·八佾篇》："子曰：夏礼吾能言之，杞不足征也；殷礼吾能言之，宋不足征也。文献不足故也，足则吾能征之矣。"《礼记·礼运篇》："孔子曰：我欲观夏道，是故之杞，而不足征也，吾得夏时焉。我欲观殷道，是故之宋，而不足征也，吾得坤乾焉。"

建立"大同"之治，乃理想中之社会情状；因为一般人都敬佩禹、汤、文、武、成王、周公之贤明，故借以为衬托，更进言一更美好的理想社会。训诂学家执着于字句，谓"大同"之治为五帝时代之治，乃训诂学家之本色，以哲学来看却不可以如此执着。

与孔子同时的释迦牟尼，在其佛经中有佛国的描述。比孔子稍后，苏格拉底的弟子柏拉图，也有《理想国》之作。他们都长篇大论，着意述说，而孔子则在不着意中透露了自己的理想。但释迦牟尼的佛国总给人以远在世外、缥缈若幻的感觉；而柏拉图的理想国则使人感到多有人智雕凿、违情悖理之处；孔子的大同世界，只有区区百余言，却能使人觉得亲切美好，好像已道尽了一个完美的社会情状。一句"天下为公"，已道尽了理想社会的秩序法则；一句"讲信修睦"，已道尽了人与人之间的正常关系；一句"不独亲其亲，不独子其子"，已道尽了人性中之爱；"货不必藏于己"，道尽了一切物用；"力不必为己"，道尽了一切行事精神。何以会产生如上这些感受呢？因为孔子这段话乃依于人性而流出，这正是大易哲学精神之所在。在人类惶惶惊惧于核弹将有一天当头落下的今日，读一遍《礼运·大同篇》，弥足以增长生命的活力。

第八讲　道家易玄学思想体系

扫一扫，
进入课程

司马迁在《史记·老子列传》中曾言，孔子适周向老子问礼，事毕离去后，告诉他的弟子说：

> 鸟，吾知其能飞；鱼，吾知其能游；兽，吾知其能走。走者，可以为罔；游者，可以为纶；飞者，可以为缯。至于龙，吾不能知其乘风云而上天，吾今日见老子，其犹龙邪！

尽管老子其人恍惚迷离，后人对孔子问礼于老子之事疑信参半，但司马迁既在他的史书中记载下这样一段话，就表示着这段话有足以使人相信的理由。我们现在来品味孔子的话，实在并非信口恭维之词，而是含有学术思想的根由在，如果用现在的话讲出来，那就是：

> 其他人的学说理论，在我孔丘听来，都不是高不

可及，我孔丘都可以设辞折服他们。但今日拜会的这位老先生，简直像一条乘风云而上天的龙，神妙莫测，我摸不着他的边际！

孔子比喻老子为"乘风云而上天"的"龙"，信非虚发之言，因为老子的道家易哲学比起孔子的儒门易哲学来，正是一为天上的学问，一为地上的学问，以孔子的以"人"为重心的学术立场看老子推极"道"始的玄学，必然如天外游龙般地难以捉摸。尤其是老子的这套哲学思想，对于由伏羲氏、周文王传承下来的正统易学而言，虽然仍是在易学的"道"中周旋，但其所持理论、所采推理方式和思想体系的安排，则都是新创义，这就更使孔子对这位老先生敬佩有加了。

笔者这里对老子的玄学思想提出"体系"二字，或许会引起今日研究老学的先生们些许新奇感，因为老子的思想固然有他的理路，但一般人所谓的老子思想的理路，无非是"天下万物生于有，有生于无""人法地，地法天，天法道，道法自然""道生一，一生二，二生三，三生万物"等句子所汇集成的片段的认识，如问其思想理路的程序何起、何落？如何说明其理智活动的历程？便不易回答。再进一步，如果问老子何以故要开创这样一套玄学思想？他的思想背景在哪里？那就更难有答案了。"体系"二字在哲学上习用于条理分明地揭示出一个哲学思想的全体系统，这对于天外游龙的老子的思想来说，似乎是有点儿不必要受此约束。可是，我们谁也不敢否认《老子》五千言中所表现的思想的一致性，谁也不敢否认五千言如珠玑般的字句的后面是极其渊深的哲学思考，谁也不敢否认这一哲学思考有他坚持的不可动摇的思想根基。如果说老子的哲学思想没有成熟为一大体系，便绝不能有以上的效果。八十一章的《老子》，不应该作为一般人心目中的"吉光片羽"来看，它们固然如夜空中散布在天上的点点银星，但在它们的后面，支持它们发光呈现的，是一个大的宇宙法则，是一个大的哲学体系。

笔者对《老子》哲学的深有领悟，是近年来的事情。以往，在学生时代，笔者曾把这本书背得烂熟，一种不知所以的爱好，促使笔者读这本书。后来，每思了解老子的哲学思想，笔者深信他的思想可以做系统上的认识，但总不能做到，也就放下了。近年来，由于研究易学，对易学得窥门径之故，才豁然省悟出《老子》哲学的理路，重新拾起《老子》，便觉一字一句，无落空者，划然流动在字句背后的，是一条推理周密的玄学思想之流。不禁叹服古圣之明智深邃，而益发为自汉以下后来学者之不贵传古之真而致力于采集驳杂以劫掠古圣意而感到痛心。孔、老二家之哲学，自汉以降，均失去本来面貌，实为对中国学术思想的最大创伤。

老子之学，与孔子同样朴质而切实，只是二人为学之重心不同，孔子以"人"为重心而老子则立足于"天"；也就是说，孔子着力于形下世界的经营，老子则致其全力于形上界之运思。在理性思考的活动中，老子一点儿也不讨巧，一点儿也不马虎，他的思想不但不虚妄、不飘忽，甚至连假设也不用，就从事于形而上学研究而论，他真是纯粹的理性主义者。在他的书中，有不少隐含玄意的字或词，看上去神奥难解，然而，当我们认清他的思想理路之后，便发现那些字或词都产生得非常自然、非常必要，无不应理之处。

扼要说来，老子的整个思想是向上（或向深处）剖析采究易学的太极，而他的思想的出发点是始于易学的"乾元"。由乾元向上推展，先立"有"，从而推"无"，从而推"自然"，此为推理上行的路；然后由"自然"向下展开，由"自然"见"道"，生一，生二，生三，生万物，复合于易学"乾元""坤元"之变化生生，此为下行论宇宙万物生成的路。这一先向上推展，继而再向下展开的一往一反，与前述孔子儒门易学先向下展开，继而向上回升的一往一反，恰成为一大周流，真是精彩（见本书"前言"中的简表），大易哲学遂在孔、老二氏的分工合作下，形上形下，各尽其精微。兹分两讲论述老子道家易学，本讲先言思想体系方面，后面的第十讲则述此一哲学的几方面主要重点精神。本讲之叙述，即以思想活动之上行与下行为序，以期条理分明。

第一节　上行推极道始

一、"有"之建立

"有"是老子思想体系的起点，他的推理活动即由此开始，但首先我们必须对"有"的概念做一说明。

在论述过儒门易学之后，现在来认识老子的"有"，已经很容易了。在儒门易学中，宇宙万物起源的大始是"乾元"，"乾元"始动，"坤元"顺承，从而乾阳坤阴往复交流，宇宙万物得以发生。不错，乾元之上有"太极"，但"太极"是自然流行之作用，绝对无待，不分"动""静"的，落入"动"之始的是"乾元"；换句话说，"乾元"才是思想中可以把握的宇宙万物发生的始点。今老子的"有"，便从这"思想中可以把握"之处立义；因为在思想中可以把握，可以构成思想中的概念以作为思考的对象，故名"有"。故"有"与"乾元"实异名而同指，且看《老子》中的话：

　　　　有，名万物之母。①

　　　　天下万物生于有。②

不正是十分明确地以"有"为"乾元"吗？

　　老子既以"乾元"为"有"，则儒门易"乾元"以下
之开展悉入"有"中。所以就老子的玄学思想体系而言，
儒门易的整个以人为重心的哲学，相形见小。这便是《老
子》中说的：

　　　　天下皆谓我道大，似不肖。夫唯大，故似不肖；
　　　若肖，久矣其细也夫！③

然而，这也只能说是就老子一面看如此。如就儒门易一面
看，"乾元""坤元"之上，固有"太极"在，老子之推"有"
入"无"、入"自然"，终是"太极"中事，故老子的玄学
思想仍可以说包含在儒门易形上"太极"一义中。换句话
说，老子之玄学乃深入"太极"之里而立说，这一部分却
是儒门易学所未深究者。（此一关系，读者阅后文，当更

---

① 《老子》第一章。
② 《老子》第四十章。
③ 《老子》第六十七章。

明白。）

"有"的概念已如上述，那么我们现在便要接触到一个问题：老子何以要立一个"有"的名称来代替"乾元"呢？《老子》一书如在孔子后，则孔子"乾元"一名已甚明晰，可以沿用；如在孔子前，则"乾元"所指的即是两仪的符号"—"：六十四卦的"☰"即八卦的"☰"，即两仪的"—"；六十四卦的"☷"即八卦的"☷"，即两仪的"--"，符号"—"是自伏羲氏以来已有者，老子也可以沿用。今老子不用"乾元"名，也不用"—"，却要别立"有"名，其原因何在呢？

在《老子》中，只谈思想内容，不涉及思想来源的事，但我们仍可从蛛丝马迹得到消息，请看《老子》第四章之文：

> 道，冲而用之，或不盈，渊兮似万物之宗。挫其锐，解其纷，和其光，同其尘，湛兮似或存。吾不知谁之子，象帝之先。

本章大部分在描写"道"之若有还无，而于最后落在"道"的来历这一问题上。"吾不知谁之子，象帝之先"义为：我不知道"道"的出处来历，但我却知道它存在于"象帝"之先。"象帝"二字，后来的《老子》研究者们都不知其由来，就其文字义解作"造物者"，王弼则言："帝，天帝也。"其实此一名词虽是老子的新制，而实义却来自易学。"象"即是易中的"⚊""⚋""☳""☷"等，"帝"即《易经·说卦传》"帝出乎震"中的"帝"字义，言最尊、最首，引申为最始、最先，"象帝"二字合作一词，一望而知是指伏羲氏所创的那一系列思想符号中的太极"⚊"（见本书第一讲"伏羲氏八卦哲学"）。但此处我们又不可以执着于老子的"象帝"，定指"⚊"的符号，而实着重在"⚊"之所以画成，为当初伏羲氏以有形的符号表现无形的"道"的第一笔。当初伏羲氏画"⚊""⚋""☳""☷"等象，原是由于他先发现了形上的"道"，以彼时无文字故，不能用文字叙述说明，才不得已而发明这些符号的"象"，伏羲氏原是借"象"以显"道"，而这也是他当时可用的唯一方法。对伏羲氏而言，他这样做，自然是对的。但到了老子的时代，情况不同了，因为这时候有了文字，可以借文字的叙述以说明"道"了，再回头看伏羲氏的以具体的"象"表现形上的"道"，便觉得落入了滞碍。尽管"⚊"是最简单的符号，在老子想来，也不能表现出"道"的完全形上性，因为"道"是不着任何"象"的。于是，为了划清"道"与"象"的界限，老子乃名"象"为"有"，而言"道"在"象帝"之先。

老子这种思想是十分正确的，这种思想上的变化是历史潮流演进中因时代不同而产生的必然结果，如果我们回头看一看大易哲学自伏羲氏以来的一路演变，便很清楚地看到其无时不在地因应时代的发展而发展。伏羲氏首先认识到"道"，但限于时代条件，使他只能以简单的象去表现它；到了周文王时，时代已进步了三千多年，而由于当时是神道社会之故，文王遂寄于筮术占断以表现伏羲氏发现的"道"；至孔、老，时代进入人道思想盛世，孔子承伏羲、文王之绪，明易"道"于民生日用上，使成为人立身处世的指导，存养道德的准则；老子则多精于理智思考，推思解析，使"道"之面目更明晰。说起来，这些都是历史时代下的发展，四位圣哲同具高度智慧，所以从事不同者，生存时代有先后，用心方向有别异罢了。

然而，我们切不可以为老子以"象"为"有"，便看轻了大易"象"的价值。整个儒门易由始动于太极之"乾元"向下展开，是"象"中之学，但孔子也随时提醒人不要执着在"象"上，《易经·系辞传》一再地说："易者，象也；象也者，像也。""八卦以象告。""圣人有以见天下之赜，而拟诸其形容，象其物宜，是故谓之象。"老子是站在探究形上的立场，要用文字去说明"道"，所以不得不破除"象"，但他也想到了他现在舍弃"象"而用文字以说明"道"，是否后来人也会说他落入"文字障"呢？所以他在《老子》一书的开头便急急声明：

道可道，非常道。

意谓：我以下所写的五千余明"道"之言，不可执着于文字。与伏羲氏当初的以"象"明"道"，有何不同呢？

二、推"有"入"无"

老子既纳万物自"乾元"之始动起为一"有"，于是他开始上推"有"之所自来。所谓"有"，意指有所呈现，有所呈现必呈现自无所呈现之"无"中，这是无可置疑的事，所以他在《老子》第四十章中说：

天下万物生于有，有生于无。

万物之生于"有"，乃由"有"生"有"，由"一"之"有"生"多"之"有"，为"乾元"以下之变化；"有"之生于"无"，则为"有"自其所简别中生，"无"遂由此上行推理中得立。

"有"对"无"，以有所简别故，称"有"；今"无"，除下对"有"外，便不可以对上更言其有所简别，否则，"无"便也成为"有"。所以"有生于无"一句话，绝不可写作如下所列的相生关系：

无 ——→ 有

这样，是以"无"为"有"。如以"无"为"有"，则两者必有先后关系及异体隔离关系，如此，便非老子之意，因为《老子》第一章中已明白地说：

　　　　此两者同出而异名。

"两者"指"有"与"无"，"同出"言两者无先后，"异名"则隐言两者质不异，非异体相隔离。两者既"同出而异名"，而又"有生于无"，则可知两者的关系实为图8-1所示：

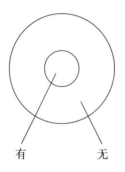

有　　　　无

图8-1　同出而异名　有生于无

外圈之圆线自然是由于图示之故，不得不表现出来，实则"无"外无限。老子之"有生于无"，实为两者相包含的关系，如蛋黄之包含于蛋白。

　　明白了上面老子"有"与"无"的关系后，于是知道了老子之道家易学与孔子儒门易学的密切相关之处。我们前文已说过，"有"即是"乾元"，现在"有"生于"无"之包含中，故"有""无"的关系实际上同于"乾元"与"太极"之关系。"太极"是浑然不可名状的一大流行作用，"乾元"是此一大流行作用始现动生之几。由"太极"的无所表现的作用的存在，到"乾元"的表现出动生的作用，即是"有生于无"；而"乾元"以下的变化，"大哉乾元，万物资始"即是"万物生于有"。现在我们再来看《老子》第六章：

谷神不死，是谓玄牝。玄牝之门，是谓天地根。绵绵若存，用之不勤。

"谷"以容藏为义，言"神"，言"不死"，形容此"谷"容藏着生生之几。因其容藏着生生之几，故能生；因其能生，故称"牝"；但此"牝"非现象界中物类之称，乃形上思想中能生之作用，故名"玄牝"。此一容藏能生的作用的"谷神"或"玄牝"，不言而喻，便是含"有"的"无"了。"玄牝"有"门"，此"玄牝之门"又名"天地根"。"天地根"意谓天地所自生的根源，然而"天""地"为何？在儒门易中我们已熟知，"天"为乾的作用的代表，"地"为坤的作用的代表，故"天地根"也就是"乾坤根"，由"玄牝之门"落降到"天地"或"乾坤"之生上来。由是，下面的两句便更容易懂了："绵绵若存，用之不勤。"上句言"乾""坤"二作用之虽为形上，实为真实不虚的存在，下句则言"乾""坤"二作用之相摩相荡，相交相错而产生万物；然"乾""坤"之相摩荡交错，乃是自然其性，不疾而速，不行而至，虽"用"而"不勤"，"不勤"还不是"自然"吗？《老子》这一章真是十分剀切地道出了"有"与"无"的关系与它们的作用，那么，刚才前面"有生于无"的图8-1，我们便不妨改为图8-2：

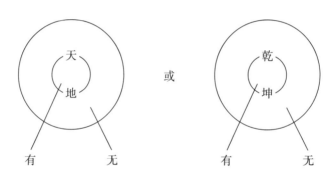

图8-2　天地或乾坤摩荡交错而自然生万物

"有"与"无"两个概念的分辨，是老子哲学的基本，也是最重要的认识，我们经过了上述的讨论，现在便可以来解析《老子》第一章的文字了，文曰：

　　道可道，非常道；名可名，非常名。无，名天地之始；有，名万物之母。故常无，欲以观其妙；常有，

欲以观其徼。此两者同出而异名，同谓之玄，玄之又
玄，众妙之门。

前两句言"常道""常名"之不可道、不可名，已不必论。
自第三句起，就必须了解方才上述的"无"与"有"两个
思想层次，才能解释。"无"中生"有"，而"有"为"天
地根"，故"无，名天地之始"。"有"既为"天地根"，天
地即乾坤，乾天坤地摩荡交错而生万物，故"有，名万物
之母"。"无""有""天地""万物"四者间位寻源，而立其
能生与所生之关系。以下"故常无，欲以观其妙；常有，
欲以观其徼"。"常无""常有"之"常"，即"常道"之
"常"，为自然恒久义。"徼"义为归趣，为动向。"无"中
生"有"，为"道"之本然之性，人智所不能窥其底蕴之奥
秘，人唯化心于"无"以观"有"之不知其然而生，故言
"常无，欲以观其妙"。"有"中含乾天坤地生化万物之功能，
生化万物是动的势用，有动向，有归趣，故言"常有，欲
以观其徼"。以"妙"字形容"有"之生于"无"，以"徼"
字形容"天地""万物"动变之"有"，老子之用字真可佩。
但"无"虽生"有"，二者实为同出，即无"无"不含"有"，
无"有"不生自"无"；"有"中之含"天地生化万物"也
如是。何以如此？实为玄妙不可理解之事，而此一大玄妙
为宇宙间一切玄妙之总源，故云："此两者同出而异名，同

谓之玄，玄之又玄，众妙之门。"

这第一章扼要指出了"有"与"无"的全部情状，即：第一，"有"生于"无"中；第二，"有"与"无"为同出；第三，"有"中含生化万物之功能；第四，"有"与"无"之玄妙，非人智所能及。而这一章也就是整个《老子》的纲领。

此外，还需要一提的是《老子》第十一章：

> 三十辐共一毂，当其无，有车之用。埏埴以为器，当其无，有器之用。凿户牖以为室，当其无，有室之用。故有之以为利，无之以为用。

这一章是以几样具体事物做例，说明"有""无"之为利为用。车之辐、器之埏埴与室之四壁上下均为"有"，然而辐之利在于毂，器之利在于中空，室之利在于有户牖；换句话说，"有"之所以为利在于"无"，有"无"，"有"才能得其利之用。这一章是以"浅出"之文，寄"深入"之思，老子最喜欢如此做。"有"生于"无"，赖"无"以行其利；"无"中生"有"，借"有"以显其用。天下万物为一大"有"，而万物之各驰骋其利者，在于"无"之以为用。古希腊哲人巴门尼底斯（Parmenides）以宇宙为一大"有（Being）"立说，其"有"为理性中事，不变动不可分，为了维护其学说，不得不否定现象界事物之可动可分，如此自然不能产生出老子的"无"的思想，终于其学说成了"半壁宇宙论"（意为巴氏之说只行于理性界，不能通于现象界）。巴氏之时代约略同于老子或稍后于老子，设巴氏当时得闻老子"有""无"之论，恐其"半壁宇宙论"或将藏拙而不出矣。

三、推"有""无"入"道"

将"有""无"分作两个层次，是就思想推理活动由下而上所做的分别。如就两者的如实存在而言，两者的关系既为相包含而源起又为"同出"，则所谓"无"，实指"含有之无"。此"含有之无"，后来庄子称之为"有无"或"无有"（《天地篇》及《庚桑楚篇》，见后文引录），庄子之立名使人在思想上更清楚一些。

"含有之无"当然也可以说是"一"，但此"一"不纯净，因其中已隐然含有"有"；我们不妨这样说，"含有之无"中仅有"有"之潜能，尚未有"有"之显能。但是，即潜能之"有"也已与"无"成相对，故"含有之无"之"一"终为"已含相对之一"。今以虚线表示潜能之"有"，仍用前"有生于无"之关系，则"含有之无"当为图8–3所示：

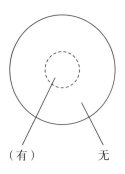

（有） 无

图8-3 含有之无

这个不纯净的 "一"，在哲学思考向上推理活动中当然不能就此停止，老子势必再向上追索，于是他的思想进至 "道"。

"道" 是纯净的形而上的 "一"，由宇宙万物的立场论 "道"，它含有一切功能，但就 "道" 而论 "道"，则一切功能均未表现，湛然清澈，不可得而知，不可得而名，不可得而言。且看《老子》第二十五章：

> 有物混成，先天地生。寂兮寥兮，独立不改，周行而不殆，可以为天下母。吾不知其名，字之曰道；强为之名曰大。

"道" 非 "物"，言 "物" 是借以明 "道" 之实在性。"道" 非 "混成"，言 "混成" 是借以明 "道" 之含一切功能。"寂兮寥兮" 言其为纯净形上。"独立不改" 言其为绝一永恒无待。"周行而不殆" 言其流行义。"可以为天下母" 则言其有生生之作用。

于是，在这里我们看到了"道"与"含有之无"的区别，二者均为"一"，但后者之为"一"建立于与"有"之相对上，而前者则为绝对的"一"。或者是，我们可以这样说，"含有之无"之"一"是下以"有""无"之相对为基础而上止于"无"中含有"有"之潜能；而"道"之"一"则是下以"含有之无"之"一"为基础，而上入于"玄之又玄"的无际无终。总之，"道"在老子的向上推理活动中更高于"含有之无"，"道"的实义是内无滞碍、外无周际。如再用前"有生于无"的圆图表示，只好做如图8–4的"强为之形容"了：

图8–4　强为之形容

对于"道"是如何的存在，我们可以归纳《老子》中多处言论以得其义：

　　道可道，非常道。[①]

———————

① 《老子》第一章。

谓"道"不落言诠。

　　道，冲而用之，或不盈……湛兮似或存。^①

文中用"湛"字（"湛"义为澄清），又用"存"字；虽用"存"，
毕竟不可道其"存"，故又用"或""似"之不定词。

　　上善若水，水善利万物而不争，处众人之所恶，
故几于道。^②

水之"几于道"，以水不自有，可知"道"之不自有义。

　　道常无名，朴虽小，天下莫能臣也。^③

谓"道"无名。

　　道常无为而无不为。^④

---

　　① 《老子》第四章。
　　② 《老子》第八章。
　　③ 《老子》第三十二章。
　　④ 《老子》第三十七章。

谓"道"自然。

> 道隐无名。①
>
> 为道日损，损之又损，以至于无为，无为而无不为。②

由上面这些话，我们可以得到一个整体的认识，便是：如仅就"道"的表现在感觉界而言，它实在是如我们平常说的"无所有"，它存在，但是"湛兮似或存"；它有一切功用，但如朴之不可指而言；它"无不为"，但表现于感觉界却是"无为"。而它的存在、有一切功用与"无不为"，都是我们透过感觉界事物而认知，至于它本然的面目，除了知其"似或存"外，"无所有"。对于这一切，实际上老子已经写在《老子》第十四章中，其文曰：

> 视之不见名曰夷，听之不闻名曰希，搏之不得名曰微，此三者不可致诘，故混而为一。其上不皦，其下不昧，绳绳不可名，复归于无物，是谓无状之状，无物之象，是谓恍惚。迎之不见其首，随之不见其后，

---

① 《老子》第四十一章。
② 《老子》第四十八章。

执古之道以御今之有，能知古始，是谓道纪。

"视之""听之""搏之"而"不见""不闻""不得"，言"道"非由感觉所能知。"其上不皦，其下不昧"，是就空间方面言；就空间言，上天光明而下地昏暗，然"道"生天地而非天地，故天之皦非"道"之皦，地之昧非"道"之昧，"道"之"绳绳不可名"，毕竟是"无物"，只好说它是"无状之状，无物之象"，说它是"恍惚"了。"迎之不见其首，随之不见其后"，是就时间方面言；就时间言，将来者不见其来，已去者不见其去，然而如盱衡古今，察观变化，又隐然从事物的变化运转中见"道"之迹，"道"之有"纪"，终是不虚。总括这一段所说的，仍不过是第四章的"湛兮似或存"一句，但我们确实佩服老子的玄思，在无可形容中做形容，写来有条有序，使人更增强对"道"的认识。

综上所述，我们认识到老子推理向上的思想活动中"道"的这一层次，它是纯净的绝对的"一"，由它再向上推便只见一个无周际、无始终的普遍存在，故老子说："强为之名曰大。"[1]当然，说道"强为之名曰大"，仍然是着了思想上理智的阴影，真正的清明纯净该是连"强为之名"的理智也无，但那一定是不知不觉不言，老子于此也只好

---

[1] 《老子》第二十五章。

说一句"玄之又玄"，说一句"绳绳不可名，复归于无物"以尽其义了（按"玄"字古文作𢆶，原即绳义，"绳绳不可名"同于"玄玄不可名"）。后来庄子到此，同样地上进不得，便利用叠句法以表现，言"有未始有始也者，有未始有夫未始有始也者""有未始有无也者，有未始有夫未始有无也者"，但如此头上装头，装之不尽，实同于未装头，倒不如老子的"玄之又玄"或"绳绳不可名"来得有滋味。

四、"道法自然"

"道"的名称既是在不可立名中勉强立名，它所代表的思想层次又是以"湛兮似或存"的实义而上入于"玄之又玄"，那么，它该是老子思想体系的巅峰极致了，老子不应该在"道"之上更有任何建立才是。可是不然，我们读《老子》，发现他固然以"道"为其思想的极致，"道生一，一生二，二生三，三生万物"的宇宙生成论也是始于"道"，但在向上推理的思想活动上，竟然再做努力，在"道"的危峰之顶更涌现出一层楼台，便是《老子》第二十五章的：

人法地，地法天，天法道，道法自然。

"自然"一名的被推重，不止此一处，尚有多处可见，如：

> 《老子》第十七章："悠兮其贵言，功成事遂，百姓皆谓我自然。"
>
> 《老子》第五十一章："道之尊，德之贵，夫莫之命而常自然。"
>
> 《老子》第六十四章："是以圣人欲不欲，不贵难得之货，学不学，复众人之所过，以辅万物之自然而不敢为。"

或不言"自然"二字，而实则紧扣"自然"之义者多多，于此不赘举。

老子如此推重"自然"的思想理路何在呢？今考上所引"人法地，地法天，天法道，道法自然"之句，由"人"到"道"，均有"所从生"之关系，即"天地"出于"道"而"人"出于"天地"（"天"与"地"也可就先后言，因"天"即乾，"地"即坤，乾始动而坤顺承，已见本书前面所讲的儒门易中）；可是"道法自然"句，却不能说"道"出于"自然"，因为"道"已经是上推无际，入于"玄之又玄"了。"自然"二字，如实而言，并非一个名词，乃是形容词，它的含义是无因而然或本来如此，同于佛家的"法尔如是"，它是用来形容"道"的。然而，在此老子却把这个形容词做了名词用，冠在"道"的思想层次之上。

老子的这一手法，如不细察，很容易就含糊过去，但如一细察，就不得不佩服他的锲而不舍的精神与哲思的精密。"道"尽管是纯净的"一"，尽管是不可道不可名，然而它仍可被勉强形容为"湛兮似或存"，为"无状之状，无物之象"。它终可以被肯定为"存在"，是无疑的。今此"存在"，既已向上入于"玄之又玄"已不能更向上推，但它是如何一个"存在"是可以问的；也就是说，我们可以不问其来源而问一声："道的存在是如何？"老子的"自然"便是在这一问下产生。依理，"自然"一义乃附于"道"而立，不可以高于"道"，但由于"自然"的意义全然在于感觉之外，一接触感觉便非"自然"，以此义来说明"道"之存在，远胜于"湛兮似或存""无状之状，无物之象"等，所以"自然"就成了"道"的胜义，由形容词变为名词之用了，"道法自然"由此而立。《老子》中有特别说明"自然"的一章，且引录来看：

希言自然，故飘风不终朝，骤雨不终日。孰为此者？天地。天地尚不能久，而况于人乎？故从事于道者，道者同于道，德者同于德，失者同于失。同于道者，道亦乐得之；同于德者，德亦乐得之；同于失者，失亦乐得之。信不足焉，有不信焉。①

"自然"一义与"久"义密切相关，在《老子》中，如第
十六章之"知常容，容乃公，公乃王，王乃天，天乃道，
道乃久"，第七章之"天长地久，天地所以能长且久者，以
其不自生"（"不自生"即"自然"）。今此前半，即言"自然"
之"久"义，"飘风"与"骤雨"均非"自然"，故均不能
"久"。"自然"者，非如"飘风""骤雨"之可见可闻，然
而却恒久存在，故言"希言"。是知老子之"自然"，即"常
道"之"常"义。《老子》第十六章：

> 夫物芸芸，各复归其根。归根曰静，是谓复命。
> 复命曰常，知常曰明。不知常，妄作，凶。知常容，
> 容乃公……

其他处多多，如"道可道，非常道""道常无为"等。只是
"常"义在人的领会上似仅落在"如是如是"之"道"上，而"自
然"一义则更使人觉得"道"之无始无终，不着一点滞碍。
于是，我们看上引言"自然"之文后半，自"故从事于道者，
道者同于道"以下，老子以不着"自然"二字之笔，写"自

---

① 《老子》第二十三章。

然"之义，写得真精彩："道者同于道，德者同于德，失者同于失。"数句已经够透彻了，复灵笔一转，再进一层，谓："同于道者，道亦乐得之；同于德者，德亦乐得之；同于失者，失亦乐得之。"拈出"乐得"二字，使人拍案叫绝。老子此一玄意，后来庄子以比喻的方式出之，使人较易于领会，庄子之言曰：

> 夫醉者之坠车，虽疾不死。骨节与人同而犯害与人异，其神全也。①

> 忘足，履之适也。忘要，带之适也。知忘是非，心之适也。不内变，不外从，事会之适也。始乎适而未尝不适者，忘适之适也。②

此一义不需笔者再事唠叨了。

总之，"自然"一义完全在于"人"以外，"道"在"自然"一义之下，就封住了提问者的口，使人明白了"道"之"不可致诘"，此所以"道法自然"，而"自然"遂成了老子道家易的第一义。但"自然"毕竟是出身于形容"道"的形容词，它与"道"为一，为"道"之性，所以

---

① 《庄子·达生》。
② 同上。

老子在论宇宙生成的时候，便从"道"起，而言"道生一，一生二……"不从"自然"起；虽不从"自然"起，言"道"即是"自然之道"。

老子的推理上行至"自然"止，实已不得不止，如果再往上推思，一着力即不"自然"，可见这个哲学思想到此也的确到了不得不止的地步。

第二节　下行论宇宙万物之生成

《老子》第二十一章：

> 道之为物，惟恍惟惚。惚兮恍兮，其中有象；恍兮惚兮，其中有物。窈兮冥兮，其中有精。其精甚真，其中有信。

这是老子言"道"之内含生生之几的话，我们取来作为他的宇宙万物生成论的张本。"恍惚"之义，已见于前引《老子》第十四章之文，为对"道"之为"无状之状，无物之象"的状态的形容；然而就在这恍惚之中，有了"象"，有了"物"。老子这里所说的，当然是指发生的程序，即自无物、象的"道"中产生了物、象。但这种发生是极奥妙渊深的，从深不可识之中现其几微之"精"，而此几微之"精"，虽然窈冥难描，却由万物之生生可定其"真"，可征其"信"。

宇宙万物之发生，原是由精到粗的过程，老子这里用"精""真""信"等字，从作用上说明物象之生，即今日科学所得仍不越此。今日科学以精密仪器分析物质至于最小粒子后，还望其中，俨然有动能在，而动能之闪闪流行，不可捉摸，毕竟仍是一个深不可识的恍惚世界。老子距今已两千五百余年，有此精到之描述，令人叹服。但老子总此"道生物"的历程，却更规划出一个今人所不及的极简明扼要的论式，那就是《老子》第四十二章的：

> 道生一，一生二，二生三，三生万物。万物负阴而抱阳，冲气以为和。

这一论式的值得称赞，是因为它由上而下，段落分明，将一个连续不可分割的生生作用或可做无限分割的作用划分成几个具体的概念，使人望而了解。这一论式即前述的"上行推极道始"的反而下，在"上行推极道始"的论述中，笔者曾尝试以图示每一思想层次，现在再将那几个个别的图示聚合起来，对照上面老子的论式做说明，读者一看，便明白了老子的宇宙万物生成之意，列图8-5、图8-6、图8-7、图8-8、图8-9如下：

"无状之状，无物之象。"
"湛兮似或存"

图8-5　自然之道

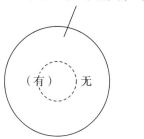

"无"中之"有"未现，为一。

（有）　无

图8-6　道生一

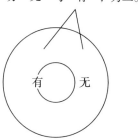

分"无"与"有"，为二。

有　无

图8-7　一生二

"有"分"天""地"，与"无"为三。

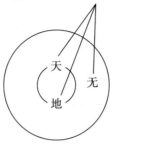

图8-8　二生三

"天""地"相交，化生万物。

图8-9　三生万物

〔按：历来研究老子的学者，都将"道生一，一生二"附会到"太极生两仪"上讲，不知老子之玄学体系乃括儒门之两仪入其"有"，是以下"二生三，三生万物"之句，便无法比附，只好向五行上牵连（见后文引录之《十三经注疏·周易》），根本原因在于未明老子思想的底细。笔者上图8-5、8-6、8-7、8-8、

8—9所示，未敢云必得老学之旨，唯就老子思想理论上讲，通贯而畅达，甚愿听取高明者指教。〕

以上将此一序列一并陈示，是为了使读者对老子的宇宙万物生成论有一个整体的认识，但此中有讨论之处，下面即以老子之言为节目再申论之。

一、"道生一"

此言"道"，即已括"道"之"自然"义。在向上推理中，推"道"之存在而得"自然"，但以"自然"为"道"之性，故向下讲宇宙万物之生成自"道"始，"道"即"自然之道"。

但言"道生一"，读者定觉有问题在内，因为我们在上文曾说过，老子的"道"为纯净的"一"，此处老子又言"道生一"，如执着于文字，则"道"显然超越乎"一"而不是"一"，岂非言论自相矛盾？所以在这里我们必须回顾一下前文"向上推极道始"中所说的，"道"是以不纯净的"含有之无"的"一"为基础，向上推入于纯净的"一"，更推入于"玄之又玄"，"道"的极致是不可得而名的。换句话说，"道"的名称可以做两层义言：就其为绝对方面言，为"一"；而就其上推于不可得而名方面言，也可以说超越乎"一"。言"道"为"一"，是自其下接"含有之无"处言，非误；言"道"超越乎"一"，是自其不可得而名之"玄之又玄"处言，也非误。今者，老子是要言宇宙万物的生成，自然溯源于大始，从超越乎"一"以上的"道"开始言"道生一"，一方面对"道"之"玄之又玄"的来路有了交代，一方面"一"也会被觉得不是突然而生。

关于"道生一"的思想层次，我们看后来《庄子》中所言，可以增加了解。《庄子》明确言及此者有三处，它们是：

《庄子·齐物论》："有始也者，有未始有始也者，有未始有夫未始有始也者。有有也者，有无也者，有未始有无也者，有未始有夫未始有无也者。俄而有无矣，而未知有无之果孰有孰无也。"

《庄子·天地》："泰初有无无。有无名，一之所起。有一而未形，物得以生，谓之德。"

《庄子·庚桑楚》："有乎生，有乎死，有乎出，有乎入，入出而无见其形，是谓天门。天门者，无有也，万物出乎无有。有不能以有为有，必出乎无有，而无有一无有。"

《庄子·齐物论》是以叠句法言"道"之生一生二。《庄子·天地》是立"有无"之名以代"含有之无"之"一"（古来注释多未得此意，故多解释不通，一知"有无"，则全句之义了然)。《庄子·庚桑楚》之"无有"同于《庄子·天地》之"有无",为"含有之无"之"一",而以"无有一无有"之玄意言"道"。以上三处庄子文,如此照老子"道""一"之相生,则可以如表8–1所示:

表8–1　　　　　　"道""一"相生对照表

篇名	道	一	
《齐物论》	有未始有夫未始有始也者	有未始有始也者	有始也者
	有未始有夫未始有无也者	有未始有无也者	有有也者,有无也者
《天地》	有无无	有无名,一之所起	物得以生
《庚桑楚》	无有一无有	天门者,无有也	有乎生,有乎死,有乎出,有乎入

本书于前面所讲论中已明白指出,大易哲学之视宇宙为一大流行作用,原不可划分段落,此言"道"之生一生二生三,乃因论宇宙万物之生成,不得不自不可分中划分思想层次。而《老子》中,有许多处都不做划分,如第四章、第十四章、第二十一章等,都是以"道"为"一"与"非一"混同而言。故读者切不可执着于"道生一"一语,认为老子将"道"与"一"分成了两截,那样反成为泥于文字而失真理实义了。

二、"一生二"

"一生二"言绝对的 **"一"** 呈现为 "无" 与 "有" 的对立状态，也就是说，"含有之无" 中此时显现出了它所含的 "有"。前所引《老子》第二十一章言 "惚兮恍兮，其中有象；恍兮惚兮，其中有物" 是。

老子 "一生二" 的思想，自汉以降，学者多附会到 "太极生两仪" 上讲，将 "有" 与 "无" 之相对讲作 "阴" 与 "阳" 之相对；至宋代，太极图出，从太极图上看，"阴""阳"之互为消长更为明白，于是一般人习非成是，以至于今。这种错误的见解对于了解老子的玄学思想是一大阻碍，因为 "一生二" 与 "太极生两仪" 在文字上太雷同了，一作此见，很容易落入轻信，从而造成了儒、道两家易学的混淆不清，弄得两失其纯粹，后文特引录《十三经注疏·周易》之文以驳其谬误，此暂不述。

三、"二生三，三生万物"

"有" 之生于 "无"，已成相对，为二。接下去，此 "有" 更做变化，"有" 即《老子》第六章中的 "天地根" 生 "天" 生 "地"，遂合 "无" 为三，故云 "二生三"。然后乾天坤地相交而生万物，故云 "三生万物"。"有" 即孔子儒门易中的"乾元"，自"有"之化身为乾天坤地而生万物，已落入儒门易中，故老子在"三生万物"之下谓"万物负阴而抱阳，冲气以为和"，就是说万物均为乾坤阴阳所成，阴阳二性往复交流，和合以生。"有"之生天地、生万物之奥妙作用，即前引《老子》第二十一章之"窈兮冥兮，其中有精，其精甚真，其中有信"。但老子更有恰当的比喻以说明天地之生万物，那就是《老子》第五章中的：

天地之间，其犹橐籥乎！虚而不屈，动而愈出。

橐籥为鼓风之物，即风箱。风箱中空，气流在风箱中往复来去，从而风箱得其用。今天地为一大风箱，乾阳坤阴二作用上下激荡，动动不休，万物乃生生不息。

上论述老子之宇宙万物生成，因许多话已在"上行推极道始"中说过，故不需多写。本节至此本来已可结束，唯鉴于孔、老二氏如此明确之哲学思想体系，自汉以后竟为数术家所杂而失其真貌，深觉叹惜，故此下特将《十三经注疏·周易·系辞传》中太极生两仪、生四象、生八卦一节之注疏文字录出，俾读者诸君得知孔、老二氏之哲学如何被后人所蒙混曲解，国人至今道不出儒、道二家之哲学思想体系，此等注疏不得辞其咎也。录文如下（韩康伯注，孔颖达正义疏）：

〔系辞传〕**是故易有太极，是生两仪。**

〔韩注〕夫有必始于无，故太极生两仪也。太极者，无称之称，不可得而名，取有之所极，况之太极者也。

〔孔疏〕正义曰：太极谓天地未分之前，元气混而为一，即是太初、太一也，故老子云道生一，即此太极是也。又谓混元既分，即有天地，故曰太极生两仪，即老子云一生二也。不言天地而言两仪者，揩其物体下与四象相对，故曰两仪，谓两体容仪也。

〔系辞传〕**两仪生四象，四象生八卦。**

〔韩注〕卦以象之。

〔孔疏〕正义曰：两仪生四象者，谓木水火，禀天地而有，故云两仪生四象。士则分王四季，又地中之别，故唯云四象也。四象生八卦者，若谓震木离火兑金坎水各主一时，又巽同震木，乾同兑金，加以坤艮之土为八卦也。

这一节注疏文字，如果要详细驳斥它，恐占篇幅过长，笔者想凡对本书已得到大体认识的读者，都会一望而知其荒谬，故以下只做约略指陈，揭其数点：

其一，"是故易有太极，是生两仪"句，韩康伯舍"阴""阳"而以"有必始于无"立注，已是错误，孔颖达正义疏文则更加入一些"元气""太初""太一"等汉代以下《易纬》《列子》中所用之名词，是混淆上下时代而立说。

其二，韩康伯既以"有必始于无"注太极之生两仪，孔颖达觉其不周全，遂益以"又谓混元既分，即有天地"，更明白地指出此即老子之"道生一，一生二"，是混乱孔、老两家之义。

其三，"两仪生四象，四象生八卦"句，韩康伯无法以老子思想解释，乃随说"卦以象之"四字，潦草过去。孔颖达则于此大做文章，以四象、八卦配五行之金木水火，而弃老子之"二生三，三生万物"于不顾，是附会老子不卒，更采杂家之说勉强疏解。

其四，五行数有五而四象数为四，不能合，于是乃采汉人之说，去五行之"土"，以"金""木""水""火"四者相配。然汉人之说有二：一为"土王四季"，一为"中央土"（请阅拙著《先秦易学史》《两汉易学史》）。孔颖达不能确定，乃在"土则分王四季"下，说"又地中之别"。而以"四象生八卦"附会《易经·说卦传》"帝出乎震"一节，孔氏也觉不妥，故用"若谓……"之不定语气词。

总之，这等注疏蒙混错乱，即令韩、孔二氏复生，笔者相信也说不出自圆之理。但转念再一思索，这又何可归罪于韩、孔二氏？自西汉以降，大易失其哲学指向，群务于数术占验之学，一往不反，后人不知前圣之意，唯有牵强比附，勉为立注作疏，以致千余年来，误尽后生，良可叹也！

第九讲　后世道家易之宇宙万物生成说

扫一扫，
进入课程

第一节　《易纬》《列子》之说

　　自老、庄以后，道家易言宇宙万物生成而成系统的，前有《易纬》与《列子》之说，后有太极图之作，均与老、庄思想之原义有差别。就哲学思想之流变以观，由老、庄到《易纬》《列子》，到太极图，其不同实由于历史潮流演变所致。兹先论《易纬》与《列子》之说。

　　今所见《列子》一书，乃世所传张湛注本，学界已一致认为出于魏晋之时，非《汉志》"列子八篇"之古本。在《列子·天瑞第一篇》中，载有宇宙万物之生成说。除少数字句外，几全同于《易纬·乾凿度》之文。《易纬》为西汉元、成以后，即新莽前后所出之书，其主要思想为道家合儒家、数术家易学而成（请参阅拙著《两汉易学史》），故《列子》之文显系抄袭《易纬》而来。也就是说，今本《列子》

的作者乃属于《易纬》一脉的道家思想。今且录《易纬·乾凿度》与《列子·天瑞第一篇》中两节文字如下：

　　　昔者圣人因阴阳，定消息，立乾坤，以统天地也。夫有形生于无形，乾坤安从生？故曰：有太易，有太初，有太始，有太素也。太易者，未见气也；太初者，气之始也；太始者，形之始也；太素者，质之始也。炁形质具而未离，故曰浑沦。浑沦者，言万物相浑成而未相离，视之不见，听之不闻，循之不得，故曰易也。易无形畔，易变而为一，一变而为七，七变而为九，九者气变之究也，乃复变而为一。一者形变之始，清轻者上为天，浊重者下为地。物有始有壮有究，故三画而成乾；乾坤相并俱生，物有阴阳，因而重之，故六画而成卦。①

　　　昔者圣人因阴阳以统天地。夫有形者生于无形，则天地安从生？故曰：有太易，有太初，有太始，有太素。太易者，未见气也；太初者，气之始也；太始者，形之始也；太素者，质之始也。气形质具而未相离，故曰浑沦。浑沦者，言万物相浑沦而未相离也，视之不见，听之不闻，循之不得，故曰易也。易无形呼，易变而为一，一变而为七，七变而为九，九变者究也，乃复变而为

----

① 《易纬·乾凿度卷上》。

一。一者形变之始也，清轻者上为天，浊重者下为地，冲和气者为人，故天地含精，万物化生。[①]

以上两节小异而大同的文字，一望而知不同于前述老子之学。昔老子由绝对之"一"以上，言"恍惚"，未言"浑沦"，但有"有物混成，先天地生"之句。《庄子·应帝王》中有"浑沌"，言浑然一体未分孔窍之状态。今《易纬》及《列子》中之"浑沦"，其义即为老子之"恍惚"与庄子之"浑沌"。但这些名词的不同并不重要，重要的是《易纬》与《列子》将"浑沦"之形成以"气化"立说，分成阶段，与老、庄思想有了差别。

今按道家思想中言"气"，虽自《老子》中已发其端，但《老子》是就阴阳言，云："万物负阴而抱阳，冲气以为和。"（全书只此一处）而阴阳是"有"中之事，自"有"以上则全然是哲学推理活动，绝不着"气"的迹象。到了庄子，言"气"的地方多了，也仍是从阴阳、天地上讲，如《庄子·大宗师》"阴阳之气有沴""游乎天地之一气"，再有便是降落到物上讲，如《庄子·逍遥游》之"绝云气，负青天"等。《庄子·大宗师》中又有"气母"一名，文曰："夫道，有情有信，无为无形，可传而不可受，可得而不可见，自本

---

① 《列子·天瑞第一篇》。

自根，未有天地，自古以固……伏羲氏戏得之，以袭气母。"司马彪注："袭，入也。"成玄英注："袭，合也。"不论谁注，此"气"字都当是指阴阳或天地之气，"道"在天地之前，为阴阳或天地二气之母。庄子在《庄子·齐物论》中，在《庄子·天地》中，在《庄子·庚桑楚》中，讨论到宇宙万物生成之阴阳以上部分时，都是继承老子的纯粹推理活动，绝不言"气"。今《易纬》与《列子》则以"气"言"浑沦"之形成，将"浑沦"以上依"气化"立说，分为四个阶段，看起来似乎比老子的推"有""无"而上更为整然有序，却完全失去了纯粹哲学思考活动的精神；因为"气"是界乎"无形"与"有形"之间的东西，已沾染了物形的气息，以此升入纯粹形上的玄学境界，实降低了老、庄玄学思想的品格。

今观《易纬》与《列子》之说，是将宇宙万物之生成大分为三个段落：一是"太易"以上为"未见气"，可说是"道"之清明纯净状态；二是由"太易"至"太素"，"太初"为"气之始"，"太始"为"形之始"，"太素"为"质之始"，而此"气"此"形"此"质"均形上义，故其下均用"之始"二字，"气之始""形之始""质之始"三者"相浑而不相离"，故名"浑沦"，又名"易"；三是"浑沦"即"易"以下，完全落到儒门易学中，由阳数之七、九之变开始，生天地，生万物。这中间的关键字是"易"字，"易"以下为天地万物之现象界，"易"以上为气化界，而"太易"以上则为"未见气"的纯净清明界。《易纬》与《列子》的作者是在"易"之上又架上一个"太易",而"太易"至"易"之间,立"太初""太始""太素"以形容天地万物未见形质以前到纯净清明界之间的"浑沦"界。

这一个"易"字的提示非常重要,因为我们由此看到了《易纬》与《列子》作者的思想渊源。今按《易纬·乾凿度》一开始即言:

> 孔子曰:"易者,易也,变易也,不易也。"

后来郑玄改"易"为"易简",从此"易简""变易""不易"流传易学界,成为"易三义"(见于孔颖达《周易正义》卷一"易之三名"中)。郑氏何以要改"易"为"易简"?拙著《先秦易学史》中曾述及,乃由于郑氏认识到《易纬》作者系根据于《易经·系辞传》之"易简"而做修改,现在又把它改回原面目。《易经·系辞传》的原文是这样的:

> 乾知大始,坤作成物。乾以易知,坤以简能。……易简而天下之理得矣。

"易"与"简"二字在《易经·系辞传》中是分别形容乾之"知大始"与坤之"作成物"之性,万物之生,乾坤二者不可一缺，故《易经·系辞传》以"易简"并立。然而《易纬》的立场却不同，《易纬》是以道家思想为主，其思想活动是要向上推极道始，由此着眼，乾在坤之前，故舍坤之"简"而独取乾之"易"，这是自然应理的事。而郑玄是儒家思想，将"易"改回到"易简"也同样地自然应理。由此可以看到学术立场不同，便会影响到学说的差异。

那么，《易纬·乾凿度》的作者为什么要从儒门易的《易经·系辞传》中取一个"易"字作为起点，向上推极道始呢？《易纬》既主要是道家思想，前有老子之自"有"推"无"的体系，何以不承袭呢？对于这个问题，我们当然不能确切知道，据笔者推想，《易纬》作者可能是对老子的不取文王到孔子以来的正统易学中名称而却要从外面拈来一个"有"字作为向上推理的基础感到不满意，乃提出这个"易"字，"易"是乾之性，是正统易学中最高的一个字，遂以此为起点，如老子的以"有"为基础，向上更创立一个玄学体系。于是在这里我们也可以明白"乾凿度"这一名称的来历了，该作者是要从乾起，深入推度这个乾"易"之来由，可知笔者这里的推想并非无的放矢。

《易纬·乾凿度》的作者以"易"为基础向上推，比较起老子的立"有"为基础，在哲学性上说，自然不如；因为老子是纯粹以哲思推理为主，而《易纬》则非哲思推理。易纬是先从名言上攫到一个"易"字，然后在"易"之上建立一个比物质稀薄的"气化"界，模仿老子的用"玄"，而舍"玄"用"太"，分为"太易""太初""太始""太素"四级，这个思想系统没有更多的内容，以哲学立场来看是很肤浅的。

由"易"以下，即"浑沦"以下的变化，便是儒门易中乾元之变化，只是《易纬》舍"乾元"而用"七""九"之数。"七"与"九"为阳数，前者为少阳，后者为老阳。儒门易是由"太极"落"乾元"，《易纬》则从"浑沦"（易）变生之"一"下落于"一变而为七，七变而为九"。至"九"已是老阳数，应该变为阴数，但此时《易纬》却说"乃复变而为一"，然后由此老阳之"一"再变生"天""地"变生"人"。《易纬》的这一个变化历程，可用图9-1表示：

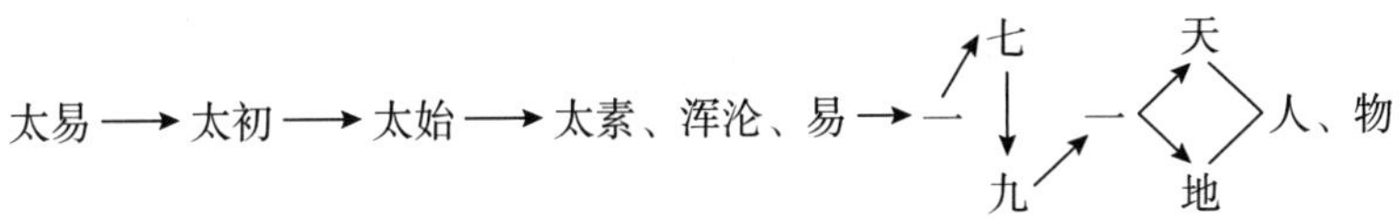

图9-1 《易纬》从"太易"到"人、物"的变化历程

在儒门易中，"太极"是第一层义，由"太极"落"乾元"是第二层义，下生"坤元"之顺承"乾元"是第三层义，从此"乾""坤"往复，变生万物。"乾"与"坤"之一往一复，是"太极"圆道流行之全，"乾元"合天，"坤元"合地，即"乾""坤"之变化而分天地。今《易纬》自"易变而为一"以下，只用"七""九"之阳数，老阳不变阴"八"而"复变而为一"，再分天分地，是其不合理处。我们只好说《易纬》是杂采儒、道两家易学，更变更其貌而立新说，这正是《易纬》之为儒、道、数术混血思想之本色。

但是，我们也不可以忽略这一思想，因为在汉魏间数术之学盛行之时，它虽然肤浅，毕竟是哲学形态。上以"气化"，下用易数，是时代学术风气使之如此，而在大程序上，它仍算不背儒、道二家易学之旨，"气化"之由未见而始有、而形始、而质始，合于老子之"恍惚"之中"有象""有物""有精"，"浑沦"之"一"之落降于阳数"七""九"，合于孔子"乾元"之为"万物资始"，就哲学内容而论虽不足取，就代表时代思想而论有其地位。

第二节　太极图之思想

宋代是易学的又一盛世，宋易的特点是盛行造作易图，太极图被认为与道家易思想最密切。

世所传之太极图有两种：一为北宋初年周濂溪《太极图说》所传之图，一为赵㧑谦《六书本义》称南宋蔡元定得于蜀之隐者之天地自然之图（明赵仲全之古太极图及来知德之太极圆图，为此图一脉之变）。

先说前者。周濂溪《太极图说》所传之太极图，或云出自陈抟所传（朱震），或云为周濂溪自作（朱熹）。朱震

《汉上易图》中所载与《性理精义·太极图说》中所载之图略有不同，兹录如下图9-2、图9-3：

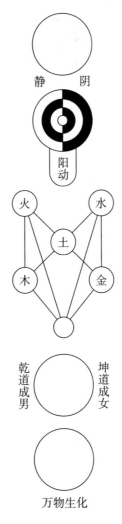

图9-2 《汉上易图》所载之太极图

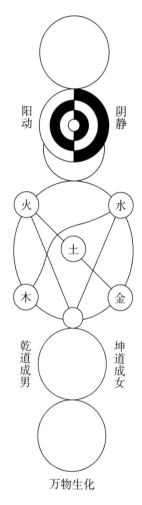

图9-3 《性理精义》所载之太极图

图9-2与图9-3形式虽略异，含义相同，后者上下相连通，更觉合理些。周濂溪《太极图说》云：

无极而太极，太极动而生阳。动极而静，静而生阴。静极复动，一动一静，互为其根。分阴分阳，两仪立焉。阳变阴合，而生水火木金土，五气顺布，四时行焉。五行一阴阳也，阴阳一太极也，太极本无极也。五行之生也，各一其性。无极之真，二五之精，妙合而凝。乾道成男，坤道成女，二气交感，化生万物。万物生生，而变化无穷焉。

由周濂溪之图与说，可一望而知其思想路线非如老子样深入"太极"之玄而上探道始，乃是由"太极"向下分化，分阴阳，分五行，而落降到人、物。

　　"无极而太极"一句，"无极"乃"太极"之形容，诚如朱熹之注言：

　　　　谓之无极，正以其无方所形状。以为在无物之前，而未尝不立于有物之后；以为在阴阳之外，而未尝不行于阴阳之中；以为通贯全体，无乎不在，则又初无声臭影响之可言也。[1]

---

① 周敦颐：《太极图说》之朱熹注。

又：

> 周子所谓无极而太极，非谓太极之上别有无极也，但言太极非有物耳，故下文云："无极之真，二五之精。"既言无极，则不复别举太极也。若如今说，则此处岂不欠一太极字邪？①

朱熹之言是正确的，即图最上之一空白圆代表"无极之太极"。

其下黑白相间、左右相错之圆表示阴阳之分与一动一静之互为其根。但此一阴阳黑白相间相错之圆，溯其思想，隐约可使人记起东汉魏伯阳"坎离匡廓"之丹道易，②左面半环"白、黑、白"即"☲"，右面半环"黑、白、黑"为"☵"，☲离火阳性故言"阳动"，☵坎水阴性故言"阴静"，中间小白圆环象炼成之丹。

再其下为由阴阳而生之水、火、木、金、土五气。阳动之极变阴静，故左半环之☲生水；阴静之极变阳动，故右半环之☵生火。以下水火生木金土，朱熹注云：

> 阳变阴合，初生水火，水火气也，流动闪烁，其

---

① 周敦颐：《太极图说》之朱熹注。
② 魏伯阳：《参同契》。

体尚虚，其成形犹未定；次生木金，则确然有定形矣。水火初是，自生木金，则资于土。①

又：

> 水质阴而性本阳，火质阳而性本阴。水外暗而内明，以其根于阳也；火外明而内暗，以其根于阴也。太极图阳动之中有黑底，阴静之中有白底是也。②

又：

> 金木水火分属春夏秋冬，土则寄旺四季，惟夏季十八日土气为最旺。以图象考之，木生火、金生水之类各有小画相牵联，而火生土、土生金独穿乎土之内，余则从旁而过为可见矣。③

此一阶段中问题最多：其大者，由阴阳生五行实即前文所引孔颖达《正义》疏解"两仪生四象"思想之继承，非孔

---

① 周敦颐：《太极图说》之朱熹注。
② 同上。
③ 同上。

非老，乃汉人数术之学；其小者，五行之排列分明是以相生次序安排，故水生木之间曲线过土而不入土，这是《易经·说卦传》"帝出乎震"一章卦图的变相；但土既在图上居中，在次序上仅居火金之间，朱熹对此无法作圆满解说，只好说"土则寄旺四季，惟夏季十八日土气为最旺"。这是将"土旺四季"与"中央土"二说含混蒙骗过去的不通的话。

然后再下落降到"乾道成男""坤道成女"的圆，再下落到"万物化生"的圆。这里也有问题，周濂溪《太极图说》云："无极之真，二五之精，妙合而凝。乾道成男，坤道成女，二气交感，化生万物。"可知下两圆为上太极、阴阳、五行之"妙合而凝"之结果。"真"在"无极之太极"中，故不见；"精"在两仪中为中间的小圆，在五行中为下面的小圆，这设计也相当奇妙。但将人道放在万物之上，以哲学思想论，便不应理。孔子《易经·乾卦·象传》："乾道变化，各正性命。"此"性命"非仅限于"人"，凡生命之物均在内，人固然为万物之灵，但就生之始而言，同于万物。周濂溪此图为讲宇宙万物之生成，于此成了先生人、后生物，孔、老二家思想中均无此说。

总之，周濂溪之太极图，稍一究之，便知为杂采汉易而成，非先秦孔、老二家之哲学，笔者实不能承认它在哲学上有何价值，虽然中间颇有些巧思。

再说到赵为谦《六书本义》所称蔡元定得于蜀之隐者

之天地自然之图，该图又名太极真图，如图9-4：

图9-4　天地自然之图

此图所列八卦之位，与邵康节之先天伏羲八卦方位图相合，可知为一路之学。邵康节之图左半震、离、兑、乾阳长为顺，右半巽、坎、艮、坤阴长为逆，此图即据此将卦象上之阴阳消长以黑白二色之消长表示。黑者为"﹣﹣"，白者为"﹣"，则黑白之多寡与上下相同之序，与八卦之象若相应合。明胡谓《易图明辨》引杨时乔之言曰：

　　其环中为太极，两边白黑回互，白为阳，黑为阴，阴盛于北而阳起发之，故邵子曰：震始交阴而阳生，自震而离而兑以至于乾，而阳斯盛焉。震东北白一分黑二分，是为一奇二偶。兑东南白二分黑一分，是为二奇一偶。乾正南全白，是为三奇纯阳。离正东，取西之白中黑点为二奇含一偶，故云对过阴在中也。阳盛于南而阴来迎之，故邵子曰：巽始消阳而阴生，自巽而坎而艮以至于坤，而阴斯盛焉。巽西南黑一分白二分，是为一偶二奇。艮西北黑二分白一分，是为二偶一奇。坤正北全黑，是为三偶纯阴。坎正西，取东之黑中白点为二偶含一奇，故云对过阳在中也。坎离为日月，升降于乾坤之间而无定位，纳甲寄中宫之戊己，故东西交易与六卦异也。八方三画之奇偶与白黑之质，次第相应。

《易图明辨》又引：

或问朱子，谓希夷之学源出于参同契，何以知其然乎？曰：即其阴阳盛衰之数以推晦朔弦望之气而知其理，有若合符节者矣。阳气生于东北而盛于正南，震、离、兑、乾在焉，即望前三候阳息阴消之月象也。阴气生于西南而盛于正北，巽、坎、艮坤在焉，即望后三候阳消阴息之月象也。阴极于北而阳起发之，阴避阳，故回入中宫，而黑中复有一点之白。阳极于南而阴来迎之，阳避阴，故回入中宫，而白中复有一点之黑。盖望夕月东日西，坎离易位，其黑中白点即是阳光，白中黑点即是阴魄，东西正对，交往于中，此二用之气所以纳戊已也。举参同契千言万语之元妙而括之以一图，微而著，约而赅，丹家安得不私之为秘宝而肯轻出示人耶！

上引两节文字，可以说已经将天地自然之图说得相当清楚了，说穿了，也不过是太极、阴阳、八卦的一个画面设计，其依据是上承东汉魏伯阳《参同契》之纳甲月象之说，下采北宋邵康节之先天伏羲氏八卦方位图，只有配合设计之功，并无哲学思想之新创。唯一值得一提的，笔者认为倒是黑中之一点白与白中之一点黑，这黑白二点应是代表阴阳之中各有生机，老子"其中有精，其精甚真，其中有信"是。然黑白二点实非"点"，乃二小"撇"，白撇向离而黑撇向坎，大约是坎离易位后，象离中有坎阴而坎中有离阳，以撇之所向之势表示之。

天地自然之图稍后，又有古太极图出现。明赵仲全《道学正宗》云：

古太极图阳生于东而盛于南，阴生于西而盛于北。阳中有阴而阴中有阳，而两仪，而四象，而八卦，皆自然而然者也。

古太极图如图9-5所示：

图9-5　古太极图

古太极图实同于前之天地自然之图，所不同者是加添了八分圆图之线与改变了黑白二小撇的方向。八分圆图之线之加添显然是为了便于绘图的正确与更明确由图上看出八卦之象，他无意义；至于二小撇的改变方向，倒是饶有意义，因为黑白二小撇相向而迎，含有阴阳相交之义。我们说古太极图应是对天地自然之图的修正。

　　此后再就上述太极图作改变的，有明末来知德圆图。来氏合黑白二小撇为一小圆中心，表示阴阳之相交于一。

来氏对易图极有兴趣，在他的《易经集注》书后附有易图许多种，而此一圆图则置于书前。他似是极得意于他的这个图，在图后附有一段颇为自我炫耀之文，今录其圆图即图9-6及文如下：

流行者气　　主宰者理　　对待者数

图9-6　梁山来知德圆图

　　此圣人作易之原也，理、气、象、数、阴阳、老少、往来、进退、常变、吉凶，皆尚乎其中。孔子系易，首章至易简而天下之理得，及一阴一阳之谓道，易有太极，形上形下数篇，以至幽赞于神明一章，卒归于义、命，皆不外此图。神而明之，一部《易经》不在四圣，而在我矣。或曰：伏羲文王有图矣，而复有此图，何耶？德曰：不然，伏羲有图，文王之图不同于伏羲，岂伏羲之图差耶？盖伏羲之图，易之对待，文王之图，易之流行，而德之图，不立文字，以天地间理、气、象、数，不过如此，此则兼对待、流行、主宰之理而图之也，故图于伏羲文王之前。

笔者在这里特引来氏之文与其图俱，目的在让读者一见其贡高自鸣之状。昔伏、文、孔、老均有深邃之思想，卓绝之创制，但于卦象文字之中不见自鸣之迹。今来氏之图，不论其价值若何，读其文，知其人之去易远矣。且其图果有何无上价值乎？图非自创，拾前人之旧制而修改之，已落下风，而自言其图"理、气、象、数、阴阳、老少、往来、进退、常变、吉凶，皆尚乎其中"，实则前所引之数家太极图，无一不可以当此言。来氏之《易经集注》，在宋明易学中固有其地位，但就其此一态度言，实为真正哲理之易学没落之象征，不足论矣！

以上简略论述太极图的思想及其演变。一般人都把太极图归于道家易，实则非老子推理入玄的哲学，乃杂采汉代以下道家、数术家之说而成，而其大体乃表现太极→阴阳→万物的宇宙万物生成思想，就此而言，又是儒门易路线，故可以说是杂家的产品。上数种太极图，或言出于华山道士陈抟，或言出于其他隐者，这大概是世人将其归于道家易的主因；而就哲学思想言，不唯不足以言老、庄，连《易纬》《列子》之粗浅玄学系统也比不上。

至于今所通行之太极图，不知究始于何人，图中则为黑白两小圆点，图9-7：

图9-7　先天八卦图

（按：此图也见于来知德易注书后，周围配置八卦，名之曰"先天画卦图"）

第十讲　道家易之主要精神

扫一扫，
进入课程

第一节　主观立场
——"唯道是从"

在论述过道家易的思想体系之后，我们来谈道家易的哲学精神，首先从其不可一刻或失的主观立场说起，那便是要把握住"道"。

后世人对道家易哲学往往有错觉，他们看到《老子》五千言中多言"自然""无为""清静"，看到《庄子》中多言"逍遥""因是""齐万物""一生死"等；又看到老子一生不事追求，止于一个周室守藏史后，便销声匿迹，看到庄子执竿钓于濮水，辞楚王聘而宁愿曳尾于涂中，就以为他们的哲学精神是消极的。这实在是错误的认识，就身为哲学家从事于精进其哲学思想之底于极致，以及立身行事求与其哲学思想之一致而言，老、庄的积极精神丝毫不减于孔、孟。孔、孟的积极精神当然是人人可见无不承认的，老、庄的积极所不同于孔、孟者，乃完全表现于内在的对形上的"道"的追求与操持上，而非在对人事的经营筹划上表现。也就是说，孔、孟的积极精神寄于不离社会人群而表现，老、庄的积极精神则寄于退处一隅去思考体会。后世人因见老、庄之闲静自适，不遑遑于奔走济世，遂以为是消极精神，殊不知这正是老、庄哲学的本色，有其积极精神之努力，才有此闲静自适的境地。我们必须透过老、庄的闲静自适的外貌看他们内心的追寻操持，才见到真正的老、庄，这非对老、庄有深会者，不能知。

笔者读《老子》，第一个大感觉便是老子的守"道"之坚：

> 我独异于人而贵食母。[1]
> 孔德之容，唯道是从。[2]
> 重为轻根，静为躁君，是以圣人终日行不离辎重。[3]
> 执大象，天下往，往而不害，安平太。[4]

似此等言语，散见于书中多多。同时，我们也从老子的书

---

[1] 《老子》第二十章。
[2] 《老子》第二十二章。
[3] 《老子》第二十六章。
[4] 《老子》第三十五章。

中看到他的与人落落寡合：

> 众人熙熙，如享太牢，如春登台，我独泊兮其未兆，如婴儿之未孩，儽儽兮若无所归。众人皆有余，而我独若遗，我愚人之心也哉！沌沌兮，俗人昭昭，我独昏昏，俗人察察，我独闷闷，澹兮其若海，飂兮若无止，众人皆有以，而我独顽似鄙。①

> 天下皆谓我道大，似不肖，夫唯大，故似不肖，若肖，久矣其细也夫！②

> 吾言甚易知，甚易行，天下莫能知，莫能行。言有宗，事有君，夫唯无知，是以不我知。知我者希，则我者贵，是以圣人被褐怀玉。③

老子所遭遇的这种感受，与孔子不得志时的情形相同。孔子在不得志之余，坚守他的"人"的立场，老子则坚守他的"道"的立场。二圣的哲学重心不同，然尽心力于哲学的精神如一。

老子的"唯道是从"，应该说是对中国文化的大贡献，

---

① 《老子》第二十章。
② 《老子》第六十七章。
③ 《老子》第七十章。

因为它开阔了中国人的胸襟，鼓舞了中国哲学的上趋精神。孔子的儒门易学，要其旨归也是上趋（天人合德），但由于其重心在"人"故，一落入对人事的经营，不得不筹措计划，遂致愈演愈繁，人往往会迷失于繁文缛节中而忘却大道，是故后世儒者，终生服膺儒学的结果，常造成两种恶果：一是胸襟窄小，眼光常固着在修身上；一是行动拘谨，不敢迈大步做事。论孔子之勉人动静合于礼，原是要人通过这一段基础的修身功夫后，更进而上达于天道之境，可是绝大多数人因终生透不过这一段途程，便终生泥于修身、再修身、再再修身中而不能自拔，后来司马谈批评儒家"博而寡要，劳而少功"，也就是由此。老子的哲学对于这一弊端倒确是一大挽救，一开始便从认识"道"起，直接投身于"道"中，求合于"道"。放大眼界，以"道"观物，涤除一切滞碍，是谓"玄览"；泯除界域，因物与合，一切归于大用流行，是谓"玄同"；效天地之生长养育万物，不为小仁小义，是谓"玄德"。在"玄览""玄同""玄德"的思想下，一个人自然精神超脱出躯壳之上而入于大道之流。这种超脱上趋的哲学精神，恰恰补救了儒门易学之流弊而使中国文化落实而又超越、细密而又博大，于此我们真不得不赞扬老子这一哲学精神的伟大。

　　"玄览""玄同""玄德"之"玄"，同于"玄牝"之"玄"，为老子代表其形上义之字。他既然立身于"道"，以"道"观物，则物之形相之差别泯除，故"玄"的意义即表示着不落个物的差别相。我们说，"玄览""玄同""玄德"三者为老子在"唯道是从"的思想下所生的必然结果，兹约论于下。

一、"玄览"

《老子》第十章：

> 载营魄抱一，能无离乎？专气致柔，能婴儿乎？涤除玄览，能无疵乎？……

此老子借问话口气以说明其哲学主张，第一问义指守"道"而勿失，第二问谓任"道"之自然流行而不落人为，第三问则谓以"道"观物而不受滞碍。

"玄览"之"览"字从监从见，监义为"临下"，故"览"为临下而观察。"涤除玄览，能无疵乎"？指完全超脱于物象之上观物，见物之本而不落物形，如此，则所见之物已非形象之物，乃"道"之自然流行。也唯有如此，才能看得见通乎万物之情之本然。且看《老子》第十六章：

致虚极，守静笃，万物并作，吾以观复。夫物芸芸，各复归其根，归根曰静，是谓复命。复命曰常，知常曰明。不知常，妄作，凶。知常，容；容乃公，公乃王，王乃天，天乃道，道乃久，没身不殆。

透过万物之生生，见"道"之流行之"常"，这便是"玄览"之功。再就"道"之普遍存在方面看，则可以举《老子》第三十九章为例：

昔之得一者，天得一以清，地得一以宁，神得一以灵，谷得一以盈，万物得一以生，侯王得一以为天下贞。其致之。天无以清将恐裂，地无以宁将恐发，神无以灵将恐歇，谷无以盈将恐竭，万物无以生将恐灭，侯王无以贵高将恐蹶。故贵以贱为本，高以下为基，是以侯王自谓孤寡不谷，此非以贱为本邪？非乎？故致数舆无舆，不欲琭琭如玉，珞珞如石。

"天""地""神""谷""万物""侯王"之"清""宁""灵""盈""生""为天下贞"，均为物性、为"疵"，"涤除"这些"疵"，入于"玄览"，则见它们之所以如彼者，无非一"一"。"一"在物性之后，非常人所见所贵，而常人所见所贵者唯是"清""宁""灵""盈""生""为天下贞"等。此

"一"要靠"玄览"而见，而此"一"方为万物之本、之实。至此，老子之"一"已不言而喻，即是"道"，至于"天"之"清"、"地"之"宁"等"玄览"之"疵"，也即是《老子》第三十八章说的"道之华"。老子说："是以，大丈夫处其厚，不居其薄；处其实，不居其华。"

老子的"玄览无疵"，后来到了庄子，更多处继承发挥，不能具引，兹引录《庄子·齐物论》中一段为例：

> 啮缺问乎王倪曰："子知物之所同是乎？"曰："吾恶乎知之。""子知子之所不知邪？"曰："吾恶乎知之。""然则物无知邪？"曰："吾恶乎知之。虽然，尝试言之，庸讵知吾所谓知之非不知邪？庸讵知吾所谓不知之非知邪？且吾尝试问乎女：民湿寝则腰疾偏死，鳅然乎哉？木处则惴栗恂惧，猨猴然乎哉？三者孰知正处？民食刍豢，麋鹿食荐，蝍蛆甘带，鸱鸦嗜鼠，四者孰知正味？猨猵狙以为雌，麋与鹿交，鳅与鱼游，毛嫱丽姬，人之所美也，鱼见之深入，鸟见之高飞，麋鹿见之决骤。四者孰知天下之正色哉？自我观之，仁义之端，是非之涂，樊然殽乱，吾恶能知其辩？"
>
> 啮缺曰："子不知利害，则至人固不知利害乎？"王倪曰："至人神矣，大泽焚而不能热，河汉冱而不能

寒，疾雷破山而不能伤，飘风振海而不能惊。若然者，乘云气，骑日月，而游乎四海之外，死生无变于己，而况利害之端乎？"

上面这一大段，首在说明"玄览"不落"知"，不落对"不知"之"知"，也不落"无知"。因为一落"知"或对"不知"之知，便非纯然的"道"，便有了"疵"；同时如落入"无知"，便成了死寂，而非生动的"道"。正由于不落一切"疵"，乃见品物之各得其"正处""正味""正色"。下啮缺再问"子不知利害"之言，是知啮缺原站在"利害"思想下发问，今闻王倪之言，才知王倪已将知利害之端之"知"抛却，然犹疑"至人"之皆如王倪之不知利害，故再问"至人"，王倪乃加重语气，夸张形容至人之纯然一"道"，游于物而不受物"疵"。这段话初看似与老子之"玄览"无关，细审之则知全然师老子之意而发挥，庄子果是真知老子哲学者！

二、"玄同"

《老子》第五十六章：

知者不言，言者不知。塞其兑，闭其门，挫其锐，

解其纷，和其光，同其尘，是谓玄同。故不可得而亲，
不可得而疏；不可得而利，不可得而害；不可得而贵，
不可得而贱。故为天下贵。

真知者入于所知之里，与所知之"道"为一，故不可得而
"言"；一得而"言"，则出乎所知之"道"之外，与"道"
成对立，故"不知"。如此无"门"无"兑"和"光"同"尘"，
才是"玄同"于"道"。既如此大通为一，当然"亲"或"疏"、
"利"或"害"、"贵"或"贱"等均"不可得"而分辨，以
泯除对待故。老子在此所说的"玄同"，也就是《老子》第
二十三章说的：

　　故从事于道者，道者同于道，德者同于德，失者
同于失。同于道者道亦乐得之，同于德者德亦乐得之，
同于失者失亦乐得之。

"道者同于道"即"道者"与"道"为一，然而"道"非死
寂境界，乃生动流行之作用，从其所现身之人间物界而言，
有"得"有"失"（"德"义同得字），"得"是"道"，"失"
也是"道"；故"得""失"不违于"道"才是"从事于道者"。
文中言"乐得之"，亟言合于"道"之无丝毫违逆意。
　　既"玄同"于"道"，也就是"玄同"于"万物"，因

为"道"与"万物"不离。由此知一而知多，通乎一"道"则天下万物之理尽知，《老子》第四十七章文即以此"玄同"为基础而立言：

> 不出户，知天下；不窥牖，见天道。其出弥远，其知弥少。是以圣人不行而知，不见而名，不为而成。

言"其出弥远，其知弥少"，着意在"寻求"，然一落"寻求"，即落对待；一落"对待"，即不可得其"全"，只能得其"偏"；寻求之愈远，愈精密细微，则"知弥少"。反之，"不出户""不窥牖"，不事寻求，化身为"道"，则"道"无不在，不受"户""牖"之限制，此时为绝对而无对待，故所知为"全"。老子以简单的几句话，写出这个大道理，真精彩！

关于老子的言"玄同"，我们已不必再引录，《老子》书中许多处均在阐明此义，读者可自体味。然此处不得不特别提出做一讨论的，是《庄子·齐物论》中的一段文字，文曰：

> 以指喻指之非指，不若以非指喻指之非指也。以马喻马之非马，不若以非马喻马之非马也。天地，一指也；万物，一马也。可乎可，不可乎不可。道行之

而成，物谓之而然。恶乎然？然于然；恶乎不然，不然于不然……物固有所然，物固有所可；无物不然，无物不可。故为是举莛与楹、厉与西施，恢恑憰怪，道通为一。其分也，成也，其成也，毁也，凡物无成与毁，复通为一。惟达者知通为一，为是不用而寓诸庸。庸也者，用也；用也者，通也；通也者，得也。适得而几矣。因是已。

文中之"通为一"，即老子之"玄同"。以"玄同"故，乃有"以指喻指之非指也，不若以非指喻指之非指也。以马喻马之非马也，不若以非马喻马之非马也"。因为"以指喻指之非指""以马喻马之非马"，乃先立"指""马"，落入对待，而"以非指喻指之非指""以非马喻马之非马"，则以"道"观物，置身于绝对。以"道"观物，才有后文的"举莛与楹、厉与西施，恢恑憰怪，道通为一"。文末结于"因是"二字，最要注意，不可流入古希腊哲学中"人为万物之权衡"之说。庄子之"因是"并非人任感觉之摆布，随物而转，乃立于坚固的"道"的基础上，下应万物，如是，虽"因是"而不失其大通之"道"。古希腊辩士们不懂"玄同"之道，故因物而附着，成了真理随个人感觉而异，遂而失去真理。

三、"玄德"

《老子》中言"玄德"者有三处：

> 《老子》第十章："生之，畜之，生而不有，为而不恃，长而不宰，是谓玄德。"
>
> 《老子》第五十一章："道生之，德畜之，物形之，势成之，是以万物莫不尊道而贵德。道之尊，德之贵，夫莫之命而常自然。故道生之，德畜之，长之，育之，亭之，毒之，养之，覆之。生而不有，为而不恃，长而不宰，是谓玄德。"
>
> 《老子》第六十五章："古之善为道者，非以明民，将以愚之。民之难治，以其智多，故以智治国，国之贼，不以智治国，国之福。知此两者亦稽式，常知稽式，是谓玄德。"

前两处乃正面指出"玄德"即为"生而不有，为而不恃，长而不宰"的精神，最后一处以"常知稽式"为言，"稽式"为合于"道"之法式，治国者常知合于"道"之法式以治国，可谓"玄德"，虽未正面指出"玄德"的精神，归于"道"上也是一样。

"玄德"与"玄览""玄同"同为"道"之"大"之表

现（《老子》第二十五章："吾不知其名，字之曰道，强为之名曰大"），由"玄览"见"道"之场面之大，由"玄同"见"道"之化身之大，由"玄德"则见"道"之功能之大。"道"之生长万物，发于自然之性，原无"德"一义之可言，正因为全不着"德"义，故能成其大德，所谓"上德不德，是以有德"①。《老子》第三十四章：

> 大道泛兮其可左右，万物恃之而生而不辞，功成不名有，衣养万物而不为主。常无欲可名于小，万物归焉而不为主可名为大，以其终不自为大，故能成其大。

"道"之德如此，圣人以"道"自居，故《老子》中凡言"圣人"，莫不是具"玄德"之人。为省却叙述之便，下面且引录若干章句以明此一要义：

> 是以圣人处无为之事，行不言之教，万物作焉而不辞，生而不有，为而不恃，功成而弗居，夫唯弗居，是以不去。②
> 是以圣人抱一为天下式，不自见故明，不自是故

---

① 《老子》第三十八章。
② 《老子》第二章。

彰，不自伐故有功，不自矜故长。夫唯不争，故天下莫能与之争。①

是以圣人常善救人，故无弃人；常善救物，故无弃物；是谓袭明。②

圣人无常心，以百姓心为心。善者吾善之，不善者吾亦善之，德善。信者吾信之，不信者吾亦信之，德信。圣人在天下，歙歙为天下浑其心，圣人皆孩之。③

是以圣人为而不恃，功成而不处，其不欲见贤。④

圣人不积，既以为人己愈有，既以与人己愈多。天之道利而不害，圣人之道为而不争。⑤

这里所引的，都是明确以"玄德"论圣人者，看过这些章句后，"玄德"之义自明。也可见老子之学虽然是研究形上之"道"，绝非今日"为知识而知识"的形上学研究，其用心所在，仍为形下之用，这是中国哲学的一贯精神，老子如此，后来的庄子也是如此。

---

① 《老子》第二十二章。
② 《老子》第二十七章。
③ 《老子》第四十九章。
④ 《老子》第七十七章。
⑤ 《老子》第八十一章。

第二节　应世态度
——"无为而无不为"

老子的应世态度本于"道法自然"一义，整个宇宙是一大"自然之道"的和谐流行作用，人与人以外的其他万物周旋动转于其中，欲奋人之詹詹小智而不依于"道"而迁流，是不可能的。同时，在老子看来，人不仅不能背于"道"，也无能帮助"道"，仁义之倡，圣贤之尊，不唯于"道"无补，且扰乱了"道"之"自然"；正像小孩子叫着嚷着帮妈妈做厨炊之事，不但帮不了忙，反而碍手碍脚，扰乱了妈妈做事的程序。所以人在"道"中，实在只有一条路好走，那就是顺"道"之"自然"而行事。在此一义之下，因不同场合，老子用了许多不同的名称："自然""清静""无为""无事""无欲""不争"等，今取其一，以"无为而无不为"一语作为老子应世态度的代表。

先须作一认识上的澄清，所谓"无为"，并非一般人心目中的一无事事，而是合于"道"之流行而行事，不任人之私智。在这里当然会有人提出疑问：何谓"人之私智"？何谓"道之流行"？因为依据大易哲学，人本身即是"道"之流行作用之呈现，那么人纵有"私智"可言，也应该归源于"道",何有分别？读者于此当回顾前述儒门易学中"性命"与"欲念"之别，人之既已为人，心中已存在着"性命"与"欲念"之杂，从"性命"为从"道之流行"，从"欲念"则为"人之私智"。老子之"无为"，是要人做"性命中人"，只是因为学说立场的不同，不用"性命"二字罢了。所以儒门之要人"参赞天地之化育"，是要人为"正道"；老子之要人"无为"，是要人不为"不正道"（老子称"不道"），二者实相同。

古希腊哲学中，曾有犬儒学派（Cynic School），此派学者不治生产，将个人生活享受降低到最低限度，以至于行乞，然后换来精神上的清静闲暇。其祖师安蒂赛尼斯（Antisthenes）的名言是："我不役物，以免役于物。"然后到了他的最有名的继承者戴奥真尼斯（Diogenes），简陋到至于生活条件一无所有，行乞之余，晚上睡在一所神庙中的木桶内，喝水不用器皿，用双手掬水，而白天以晒太阳为乐。这种人生，由中国哲学看，儒家固不相容，老子也同样斥其非自然。安蒂赛尼斯以"免役于物"为志而"不役物"，动机上便是人为，更何况将与物相交流的日常工作视为"役物"，更为不明"道"之流行变化；而戴奥真尼斯的生活方式则全然是堕落、是不与"道"共流行的滞碍。犬儒学派的思想实非真正的任自然，乃发于人为的"不为其当为"，与任人私智而"为其不当为"同样是矫情，是"不道"。然而老子的"无为"却是一种充实、自足、轻松、不含任何矫情的闲适，历史上传留下来的《击壤歌》庶乎近之：

> 日出而作，
> 日入而息，
> 凿井而饮，
> 耕田而食。
> 帝力于我何有哉！

"帝力"二字，我们可以解释作当时在位的天子的势力（传说中为唐尧），更好的是解释作"道"的势用（二义不悖，天子的治民与"道"合，人民才有此歌），击壤老人不觉得有"天子"或"道"的势力在，是其生活全然合于二者之势力，然而击壤老人日子一天天过，工作也一天天不息地做，此之谓"无为"。

由"无为"而言"无不为"，乃当然结果，因为人既已"无为"而合于"道"，则人与"道"为一，"道"的势用无穷，举天下万物莫能御，故言"无为而无不为"。质言之，老子"无为而无不为"的应世态度仍即是他的"唯道是从"的发用。以下且举其三方面来看。

一、治天下

《老子》中论及以"无为"治天下之言甚多，不备举，摘引如下：

> 将欲取天下而为之，吾见其不得已。天下神器，不可为也，为者败之，执者失之。故物或行、或随、或歔、或吹、或强、或羸、或挫、或隳，是以圣人去甚、去奢、去泰。[1]
>
> 道常无为而无不为，侯王若能守之，万物将自化，化而欲作，吾将镇之以无名之朴。无名之朴，夫亦将无欲，不欲以静，天下将自定。[2]
>
> 取天下常以无事，及其有事，不足以取天下。[3]
>
> 执大象，天下往，往而不害，安平太。[4]
>
> 以正治国，以奇用兵，以无事取天下。[5]

在老子看来，"道"之生养万物，即圣王治天下之榜样。

---

[1] 《老子》第二十九章。
[2] 《老子》第三十七章。
[3] 《老子》第四十八章。
[4] 《老子》第三十五章。
[5] 《老子》第五十七章。

"道"之生养万物，乃任万物之自然，使之各依其性发展，并不强令其必如此如彼，"万物或行、或随、或歔、或吹、或强、或羸、或挫、或隳"，这些都是生性之不同，"道"悉听其便，顺其各自之性而生之、畜之、长之、养之，使万物感觉不到有"道"的力量在。圣王治天下正应如此，百姓生而有性向的不同，但他们性向的不同绝不妨碍天下之治，圣王只要一切放开，任他们自然作为，他们就会各依其性发展，每个人得到了天性发展的满足，天下也就"安平太"了。相反的，治天下的人如不一切放开，思用人为力量对天下百姓有所改正、有所劝诫或有所禁忌，不论怎样好的政治措施，总不能适合所有百姓，总或多或少对部分百姓的天性发展有所戕害；有戕害，百姓便不听从，天下便不能安定了。

老子这种治天下的主张，在理论上是非常说得过去的，如果分析起来，起码有以下三方面的合理之处：

第一，治天下者之智力有限，而天下百姓的性向无限，以有限的智力不能适应无限性向，故不能任智。

第二，治天下者如有为，指向便有所偏，而天下百姓的好恶是全，偏不能盖全，必将使民志受到强制。

第三，治天下者有为而行事，不管命令如何下达，总是以固定的法规使百姓遵守，然而天下百姓是变动中的生命，固定不变的法规不能适应于变动。

这样看起来，要想天下太平，百姓各心安理得，便只有一条路，就是"无为"；在上者"无为"，百姓才能各得其个性发展。然而如此说来，还要"圣人""侯王"何用？百姓之在宇宙间同于鸟兽草木，任其自生自灭，反于原始洪荒世界，这难道就是老子的心意吗？今察老子之意并非如此，老子常言圣人之法，常言治道（按《老子》第十九章"绝圣弃智"，乃言绝弃圣智之有为），他并不反对有天下之经营，他所反对的只是传统的经营天下的方式为"有为"。那么，"圣人""侯王"的职责在哪里呢？从《老子》中看来，"圣人""侯王"的作用有两方面：

第一，保障"无为"之治，不使天下落入"有为者"之手。

第二，教化百姓，使离"欲"而归于"道"之"常""静"。

这两点意思，实际上在上引《老子》之文中已明白看出来："道常无为而无不为，侯王若能守之，万物将自化，化而欲作，吾将镇之以无名之朴。"此外，又如《老子》第三十二章：

> 道常无名，朴虽小，天下莫能臣也，侯王若能守之，万物将自宾。天地相合以降甘露，民莫之令而自均。始制有名，名亦既有，夫亦将知止，知止可以不殆。譬道之在天下，犹川谷之于江海。

此外还有许多处，不需再引录。总之，老子也同样是主张治天下的，只是治天下的人要是"明道"的人，如此才可以上保障"无为"之治，下化民不兴"不道"之欲。这后一项，老子也讲了很多话，将在下节述及。

还有一个问题：在上者"无为"，任百姓发展个性，则人各异心殊志，天下岂不纷纷扰扰，分崩离析了吗？不然，"道"以"无为"而理万物，万物并不失去共通的法则，百姓虽各异心殊志，而性命互通，异心殊志的是百姓的个别差异相，驾乎个别差异相之上有共通的"道心"，人本来就是一"道"流行的呈现，故虽是从个别差异相上看若纷纷扰扰，毕竟大化同往，不脱规则。上引《老子》第三十二章文中说："天地相合以降甘露，民莫之令而自均。""均"即孔子乾卦《象传》"保合太和"之义，百姓在个性发展中自有其"保合太和"的自然倾向，"无为"而治天下的基础即建立在这一自然倾向上。

二、化民

行"无为"之治，百姓见上位者之无为，遂也无欲无争，这自然是理想，然而事实上不是如此简单，百姓们由于生存情况之复杂多变，不安于无欲无争之位者有之，所以在上位的圣人便不能一味"无为"而不理会。于此，圣人便有了使百姓复于无欲无争的责任。归纳老子对"化民"的态度，有以下数项：

第一，对百姓要"容"且"公"，因为"道"对万物是"容"且"公"的。《老子》第十六章说：

> 知常，容，容乃公，公乃王，王乃天，天乃道，道乃久，没身不殆。

又《老子》第四十九章：

> 圣人无常心，以百姓心为心，善者吾善之，不善者吾亦善之，德善；信者吾信之，不信者吾亦信之，德信。圣人在天下，歙歙为天下浑其心，圣人皆孩之。

又《老子》第五章：

> 天地不仁，以万物为刍狗；圣人不仁，以百姓为刍狗。

第二，不使百姓发展智力，禁可欲，使百姓无知无欲，则大家归真反朴，生活于"道"中。《老子》第三章：

> 不尚贤，使民不争；不贵难得之货，使民不为盗；

不见可欲，使民心不乱。是以圣人之治，虚其心，实其腹，弱其志，强其骨，常使民无知无欲，使夫智者不敢为也。

又《老子》第十二章：

> 五色令人目盲，五音令人耳聋，五味令人口爽，驰骋畋猎令人心发狂，难得之货令人行妨。是以圣人为腹不为目，故去彼取此。

又《老子》第六十五章：

> 古之善为道者，非以明民，将以愚之。民之难治，以其智多，故以智治国，国之贼，不以智治国，国之福。

第三，禁杀害百姓。老子认为百姓之生或死，是"道"之所为，非治天下之人之事，《老子》第七十四章：

> 民不畏死，奈何以死惧之？若使民常畏死，而为奇者，吾得执而杀之，孰敢？常有司杀者杀，夫代司杀者杀，是谓代大匠斫；夫代大匠斫者，希有不伤其手矣。

治天下而无杀人之权，倒是其他任何政治学说中所未闻，而老子却揭明这一点。但老子不是从"人道"立场作此主张，乃是从"天道"立场作此主张。万物与人皆自然而生，自然而死，何用治天下者去杀人？从"天道"立场作此主张，才见"人道"的根本。

三、摄生

《老子》第五十章：

> 出生入死，生之徒十有三，死之徒十有三，人之生，动之死地亦十有三。夫何故？以其生生之厚。盖闻善摄生者，陆行不遇兕虎，入军不被甲兵，兕无所投其角，虎无所措其爪，兵无所容其刃，夫何故？以其无死地。

老子之意，谓人一生依于"常道"自然生、自然死之大约比率各占十分之三，而人由于"有为"之故自动入于死地者也占十分之三；此"有为"，乃由于厚其生所致。但老子在这里不是站在厚生可使身心受到伤害的角度上讲话，而是更深入地以哲学理论来讲这件事，因为人一厚其生，生与死相应而立，也就有了"死地"，这种对待关系在《老子》

第二章便说明了的：

> 天下皆知美之为美，斯恶已，皆知善之为善，斯不
> 善已。故有无相生，难易相成，长短相较，高下相倾，
> 音声相和，前后相随。

换句话说，如果人不厚其生，则除去依于"常道"之自然
生死之外，便别无"死地"；既无"死地"，故"兕无所投
其角，虎无所措其爪，兵无所容其刃"。也就是说，善摄生
的人，"无为"于其生，从而也无死，既无"死"的因素在，
则兕、虎、兵也就无所用其利器使之死了。老子这一议论
真是精彩，使人不得不佩服，"无为而无不为"之旨明白地
显现出来。

道理上固然如上面所说，可是人毕竟各有一个具体存
在的身体，有一颗各自具有的心，我们应如何使"无为"
落在身、心上而收到"无不为"的结果呢？老子提出几方
面的意见：

第一，"外其身"或"无身"。《老子》第七章：

> 天长地久，天地所以能长且久者，以其不自生，故
> 能长生。是以圣人后其身而身先，外其身而身存，非以
> 其无私邪？故能成其私。

又《老子》第十三章：

> 宠辱若惊，贵大患若身。何谓宠辱若惊？宠为下，得之若惊，失之若惊，是谓宠辱若惊。何谓贵大患若身？吾所以有大患者，为吾有身，及吾无身，吾有何患？

第二，"知足""知止"。《老子》第四十四章：

> 名与身孰亲？身与货孰多？得与亡孰病？是故甚爱必大费，多藏必厚亡。知足不辱，知止不殆，可以长久。

又《老子》第四十六章：

> 祸莫大于不知足，咎莫大于欲得，故知足之足常足矣。

第三，"守柔"。《老子》第五十二章：

> 塞其兑，闭其门，终身不勤；开其兑，济其事，终身不救。见小曰明，守柔曰强，用其光，复归其明，无遗身殃，是为习常。

又《老子》第七十六章：

> 人之生也柔弱，其死也坚强；万物草木之生也柔
> 脆，其死也枯槁。故坚强者死之徒，柔弱者生之徒。
> 是以兵强则不胜，木强则兵，强大处下，柔弱处上。

能够做到"外其身"或"无身"，当然合乎"无为"之
旨，能够做到"知止""知足"，也就不为一己之身心经营；
而在身心之用上，"守柔""不逞强"也即是"和光""同尘"
之义。总之，老子的"摄生"，如果说是一种方法的话，那
就是以"不摄生"为"摄生"的方法。一团自然，不兴"生"
之意念为最上，由此以降，多一分对"生"的关怀，即多
一分对"生"的戕害，"无为"而后"无不为"。

第三节　对人心的挽救
——"见素抱朴，少私寡欲"

一、"圣""智"之为害

在老子眼中的这个世界，是人心已遭陷溺的世界，陷溺
的原因何在？在于智多。故教民多智的圣者、智者当负其责。

他有一节极为精彩的文字，说明人心逐步陷溺于圣智之中的程序，那就是《老子》下经之首第三十八章之文，曰：

> 上德不德，是以有德；下德不失德，是以无德。上德无为而无以为，下德为之而有以为。上仁为之而无以为，上义为之而有以为。上礼为之而莫之应，则攘臂而扔之。故失道而后德，失德而后仁，失仁而后义，失义而后礼。夫礼者，忠信之薄而乱之首；前识者，道之华而愚之始。是以大丈夫处其厚不居其薄，处其实不居其华，故去彼取此。

文从"德"起，乃离"道"的第一步。"道"浑然为一，未落个别之分，故无上下。"德"者得也，得乎"道"之谓。人与物之生，各得"道"之分，故由"道"至"德"即由一落于多。既为多，即有上下之不齐，故分"上德""下德"。由"德"分上下，更落降至"仁""义""礼"，均为多，故均分上下。然"下德"之"为之而有以为"，已经"无德"而不可取，则"下仁""下义""下礼"更不足提，故"仁""义""礼"只言其上者不言其下者。"上德"之"无为而无以为"，即前文所述之"玄德"，为个别之"德"上合"道"之自然而得"道"之用者，"生而不有，为而不恃，长而不宰"为其表现，此"生"此"为"此"长"都是自然而为，非"有以"而为，故虽生而"不有"、虽为而"不恃"、虽长而"不宰"。然而"下德"不然，"下德为之"，其"为"为"有以"而为，如是则失"道"之自然，离"道"之"德"，故"无德"。"上仁"也"为之"，但其"为"为自觉乎"道"而为，虽"为之"而"无以"，"上仁"虽非"下德"，已不及"上德"之"无为而无以为"。"上义"更落降，"为之而有以为"，即有所为而为，义者宜也，知其宜而为，故"有以"，至"上义"已离开了"道"之自然，勉以人智合天道。再落降至"上礼"，礼者履也，礼法制度设而强人依从，是全然失却受于"道"之自然之性，故人"莫之应"；"莫之应"形容人之不愿抛却自然，但治民者却不顾人之"应"与"不应"，"攘臂而扔之"于人，责以必当遵守，故言"夫礼者，忠信之薄而乱之首"。老子的时代是重"礼"的时代，"法"治尚未大行，故其言至"礼"而止（意者，老子如生在韩非之后，当必再益以"失礼而后法"之叹）。

由"道"而"德"、而"仁"、而"义"、而"礼"，每降愈下，然所以愈下之由，无不由于下之生以救上之失。"道"失，思以救"道"，故有"德"；"德"失，思以救"德"，故生"仁"；"义""礼"如之。结果，愈救愈远于"道"，而人心愈陷溺于不见"道"中。是谁倡导此"德"此"仁"此"义"此"礼"以下上相救呢？是圣者智者。圣者智者以其"圣""智"见上者之失，遂倡下者以救，由此看来，"圣""智"之"前识"

非"道之本"，实"道之华"；而就其使人心愈远于"道"而言，实为"愚之始"。老子持此理由，乃云："大丈夫处其厚不居其薄；处其实不居其华。"

综上《老子》第三十八章之文看来，主题实在于指责"圣""智"（"前识者"）之害，世界原本是单纯的，是它们使世界变复杂了；世界原本是自然的，是它们使世界失去了自然。所以，要救治这个世界，只有一个办法，那就是绝"圣"弃"智"，使人心反于浑然之"道"，老子名之曰"朴"。《老子》第十八、十九两章中发出的激烈言论，便由于此故：

> 《老子》第十八章："大道废，有仁义，慧智出，有大伪。六亲不和，有孝慈，国家昏乱，有忠臣。"
>
> 《老子》第十九章："绝圣弃智，民利百倍；绝仁弃义，民复孝慈；绝巧弃利，盗贼无有。此三者，以为文，不足，故令有所属：见素抱朴，少私寡欲。"

"绝圣弃智"的"圣"，自然不是《老子》第三、第五、第七、第十一等章以"无为"为治的"圣人"，乃以"有为"为治的圣人，即以"仁""义""巧""利"启民多智的圣人。"圣""智""仁""义"与"巧""利"三者，表面看来是人之美文，而实不足以成人之美，反而成人之丑，故应将此三者一并绝弃，代之以"见素抱朴，少私寡欲"。

对于老子这一见解的是与非以及他的"绝""弃"主张的是否能够实现，我们都不做批评，因为这中间牵涉的问题太多。但我们说老子这种思想对于他而言是十分自然的，因为他原是立身于"道"而讲话；知他立身于"道"，对他的批评也就不必要了。

二、反"朴"以镇"欲"

老子的拯救人心，就其大体方式而言，近似于佛家。二者均视现世界之人心，为被染污的结果（佛家又称"熏习"），必去除染污，复其旧观，乃得人心之正。只是所不同的有两点：

第一，佛家不承认有个别人心之实相，学佛结果必抵于泯除人心，到达人心同佛心为一大心；而老子则视"道"生万物为"道"之自然实相，不泯除个别之人心。

第二，佛家之至高真如境界如如不动，昭昭灵灵；而老子则视"道"为一蕴含生机之作用，生生不息是其本性之自然。

由此不同故，二者的最终理想也就有了差别：依佛家，如果人人成佛，则"人世界"将不存，八识尽收，生灭灭已，唯是一个圆满自足的"佛世界"；而依老子，则"人世界"依旧，生活饮食，无改其日常工作，只是心合于"道"，抱朴归真。老子哲学终是中国哲学，不离"人"而远扬。

但老子在如此思想主张下，必然地将遇到一种经常发生的情形，便是："道"既为一生机活泼的作用，则人心虽能实现其抱朴归真，也必静而思动，不能常守其"朴"，离开"朴"，便是"欲"，故老子的拯救人心也可以说就是清除人心中的"欲"念，上节说过的他要"绝圣弃智"，便因为"圣""智"足以启人兴"欲"。

然而何谓"朴"？老子云：

> 道常无名，朴虽小，天下莫能臣也，侯王若能守之，万物将自宾。[1]
>
> 化而欲作，吾将镇之以无名之朴，无名之朴，夫亦将无欲。[2]
>
> 我无欲而民自朴。[3]

"朴"之为物，在成器之先，未加雕琢。以其未加雕琢，不成为"器"；正以其不成为某一器，故能成一切器，是即其可贵之处。今用于人心，当"欲"之未起，浑然自然无为，

---

[1] 《老子》第三十二章。
[2] 《老子》第三十七章。
[3] 《老子》第五十七章。

不见有为之指向，即为"朴"；一落"有为"，即落"欲"境，落"欲"即失去了"朴"的境界。在人生，婴儿为"朴"，其人生形式未定，不自为而可为一切，故老子多赞颂婴儿：

> 专气致柔，能婴儿乎？ [1]
> 我独泊兮其未兆，如婴儿之未孩。 [2]
> 常德不离，复归于婴儿。 [3]
> 含德之厚，比于赤子。 [4]

由此，我们当已明白了上引"化而欲作，吾将镇之以无名之朴"一句的意义了，即除"欲"归"朴"之意。

老子对于如何抱"朴"以镇"欲"，并没有说得十分明确具体，只是散见于书中，他提供了治天下者当对百姓负起"镇欲"之责。"我无为而民自化，我好静而民自正，我无事而民自富，我无欲而民自朴。"这是治天下者以身作则以感化百姓。"不尚贤，使民不争；不贵难得之货，使民不为盗；不见可欲，使民心不乱。"这是治天下者不做引发百姓之"欲"之行事。"古之善为道者，非以明民，将以愚之。"

---

[1] 《老子》第十章。
[2] 《老子》第二十章。
[3] 《老子》第十八章。
[4] 《老子》第五十五章。

这是治天下者不让百姓多智以兴"欲"。如此等等已不必再述，但尚有一点却是至关重要的，老子提出另一个消除"欲"念的有效方法，便是"观复"，《老子》第十六章：

> 致虚极，守静笃，万物并作，吾以观复。夫物芸芸，各复归其根，归根曰静，是谓复命，复命曰常，知常曰明。

这里"观复"二字当然可以解作"观万物之各复归其根"，但我们却不可执着于万物归根才是"复"，"道"是一大流行作用，万物归根入于静，立即又从静中生生不息，从生物的立场看，由静入生生之动也同样是"复"，这是大易哲学的根本义。因此之故，《老子》第五十八章又说：

> 祸兮福之所倚，福兮祸之所伏，孰知其极？其无正，正复为奇，善复为妖。

"祸"与"福"、"正"与"奇"、"善"与"妖"，各互为"复"，老子之"观复"，应作如是会。

"观复"二字的含义，实即前已述儒门易中的"知几"，事物之兴，几兆初现，即已察知，把握此几兆，轻轻一拨，费力少而功多，端正事物之正，莫有效于此。所以老子说：

见小曰明。[①]

图难于其易，为大于其细。天下难事必作于易，天下大事必作于细。是以圣人终不为大，故能成其大。[②]

其安易持，其未兆易谋；其脆易泮，其微易散。为之于未有，治之于未乱，合抱之木生于毫末，九层之台起于累土，千里之行始于足下。[③]

有"观复"之能，才能见始、见小、见几，但要想做到"观复"，使自己先要"虚""静"，融身心于"道"以知"道"之流行之状。必于此处着力，才能消除"欲"念。能如此，自然可以常守"无名之朴"而镇"欲"不作了。

三、玄学的理想国

孔子曾为他的哲学理想之实现，提出过一个人类社会的蓝图，即前文已叙述过的《礼记·礼运篇》的大同世界；老子也同样透露出了他的理想社会，那就是《老子》第八十章所言：

---

① 《老子》第五十二章。
② 《老子》第六十三章。
③ 《老子》第六十四章。

小国寡民，使有什伯之器而不用，使民重死而不远徙。虽有舟舆，无所乘之；虽有甲兵，无所陈之；使人复结绳而用之。甘其食，美其服，安其居，乐其俗，邻国相望，鸡犬之声相闻，民至老死不相往来。

美哉，寡民之小国！多么和平！多么闲静！对照于今日世界：落后地区，常见数十百万人饥饿；先进国家，时有数十百万人失业。耳际机械声嘈杂，眼前汽车群追奔。街头喉咙嘶哑，大喊叫卖；室内心思计谋，损人益己。摩天楼高，一窝蜂住鸽子笼；盖地车多，衔尾巴摆长蛇阵。这样一比较，老子的理想国的确使人心向往之。可是，我们果然认真地想一想，如果老子这一章文字竟然是他认为可以实现的社会，而不是哲思中的一种憧憬的话，中间实在遗漏了许多实际的问题，诸如人口自然增长的问题、天灾防治的问题、互通有无的问题等，这些问题不应该属于"欲"，而为人类社会所不能不理会的。因此，"小国寡民"的社会虽可以建立，却难能维持，"使有什伯之器而不用""使民复结绳而用之""民至老死不相往来"等情况可以做到，但在此情况下，民是否能"甘其食、安其居、乐其俗"却成了疑问。我们看孔子的大同之治，中间也并没有丝毫"抑制人性之自然"之处，却使人觉得是可以实现的远景，人只要朝着这方面做，就可以做到，但是老子所提供的"小国寡民"之治的感觉则不同，它不是人类向前望去的一个远景，而是曾经历过的遥远的过去的一个回忆，如果人类真的要做到那样，必须抛却自彼时以来的一切进步（老子当然不以之为"进步"），这一个伟大的"抛却"，恐怕没有人认为是可以做到的。所以，我们研究孔、老哲学，必须认识到它们本质的不同：孔子的"大同世界"是勉人去切实追求的、可行的人间天堂；而老子的"小国寡民"之治乃是人类已失落了的伊甸园，非是要人实际上去建立的，它的功用在于借以"镇欲"，它便是老子拿起来要人看一看的"朴"。站在孔子的立场，他应该设计出一个可行的理想社会的蓝图，因为他的学术重心在"人"，如果大同世界是一个不能实现的空华幻景，他整个的学说便将成为空话；但老子之学是指向"无为"的、是反对用智的，他的学术重心在"天"，他的小国寡民只是玄思中的一个憧憬，目的是要人在已陷落的"欲世界"中再反回头看一看来路，如此可收到"镇欲"之功，老子的小国寡民之治本不是要人实际上去做到的。

但我们切不可说老子的小国寡民之治在价值上逊于孔子的大同世界，笔者认为二者同等价值。记得在本书的前言中笔者已说过，孔、老二人之学如日月双璧之运行于大易哲学之天，再进一步说，孔子之学便是日，老子之学便是月。日为实，给人以真切之美；月为虚，给人以虚幻之美。真切之美使人身心正面受益；虚幻之美则惠人心灵，使人受益于无形。总之，这一阴一阳的两家学术，在表现上都各尽其致，我们从这里看，才见老子的小国寡民之治虽不可实行，却非无价值，虽虚而非虚，人类固少不掉这一块"朴"来镇抚心灵，以免落降到欲念横流的地步。

老子的小国寡民之治，后来在《庄子》中被称为"至德之世"。《庄子·马蹄》：

> 故至德之世，其行填填，其视颠颠，当是时也，山无蹊隧，泽无舟梁，万物群生，连属其乡，禽兽成群，草木遂长。是故禽兽可系羁而游，鸟鹊之巢可攀援而窥。夫至德之世，同与禽兽居，族与万物并，恶乎知君子小人哉！同乎无知，其德不离，同乎无欲，是谓素朴，素朴而民性得矣。

又《庄子·胠箧》：

> 子独不知至德之世乎？昔者，容成氏、大庭氏、伯皇氏、中央氏、栗陆氏、骊畜氏、轩辕氏、赫胥氏、尊卢氏、祝融氏、伏羲氏、神农氏，当是时也，民结绳而用之，甘其食，美其服，乐其俗，安其居，邻国相望，鸡狗之音相闻，民至老死而不相往来。若此之时，则至治已。

又《庄子·天地》：

> 至德之世，不尚贤，不使能。上如标枝，民如野鹿。端正而不知以为义，相爱而不知以为仁，实而不知以为忠，当而不知以为信，蠢动而相使，不以为赐。是故行而无迹，事而无传。

庄子说的，比老子更觉虚幻，"昔者，容成氏、大庭氏、伯皇氏……"这些人物之时，也许真如老子的小国寡民之治的模样，但那终是过去了的历史社会的陈迹，除非下一次冰河时代再来，不可能再出现，庄子也知道这个，而他仍以之为"至德之世"，正因为它是"玄学的理想国"，它的价值不在于现实世界中可不可以建立，而在于以之为"朴"以收"镇欲"之效。

第四节　老子的三宝
—— "一曰慈，二曰俭，三曰不敢为天下先"

《老子》第六十七章：

> 我有三宝，持而保之：一曰慈，二曰俭，三曰不

敢为天下先。慈故能勇，俭故能广，不敢为天下先故能成器长。今舍慈且勇，舍俭且广，舍后且先，死矣。夫慈，以战则胜，以守则固，天将救之，以慈卫之。

今以三宝各为节目以论述之。

一、"慈"

"慈"字在《老子》中甚少见，除第六十七章外，只有第十八章一见，但此字却是一个意义重大的字，因为它是老子哲学的大精神；没有"慈"，老子的哲学将超然高举，脱离人间物界而架空了。

"慈"字，说文云："从心，兹声。"其实"兹"不只是声符，也是意符，甲骨文"兹"字作𢆶，小篆从艸作茲，甲骨文是从抽丝之引绎不绝表现其生生义，小篆更从草木之繁生上言，是"兹"字乃紧扣"生"之义而立。兹下从心，是形容天地大爱万物之心，即老子说的"生之，畜之，生而不有，为而不恃，长而不宰"的"玄德"。《易经·系辞传》："天地之大德曰生""生生之谓易"，即此"慈"义。

"慈"既是天地生生之大德，故言"慈，故能勇"。因天地之生生为易道自然流行的势用的表现，此自然流行的势用通宇宙万物而为一，任何宇宙间事物不能抗御。在《易经》中，如屯☳☵卦之动乎险中而言"利建侯"，如☷☳复卦之一阳来复而言"天地之心"，今老子不依卦象而直就事物上明此势用，谓人如明此易道之势用，同乎易道之势用而行事，自天佑之，当然"勇"，故言："夫慈，以战则胜，以守则固，天将救之，以慈卫之。"反之，"不慈"即是"不道"，即是违反易道自然流行的大势用，以人灭天，一定行不通，故云："舍慈臣勇，死矣。"

《老子》第五十五章，曾以赤子为喻，言天地之"慈"之势用，文曰：

> 含德之厚，比于赤子，蜂虿虺蛇不螫，猛兽不据，攫鸟不搏。骨弱筋柔而握固，未知牝牡之合而全作，精之至也；终日号而不嗄，和之至也。

赤子始生，一片天然，"精""和"之至，其"握固"非发于骨弱筋柔之人为，其"全作"非发于"知牝牡之合"，与其"终日号而不嗄"均为天地生生之势用。而言"蜂虿虺蛇不螫，猛兽不据，攫鸟不搏"更具意义，因为易道流行之势用即是万物变化之本身，天地生生之"慈"具于万物性分之中，虽"蜂虿虺蛇""猛兽""攫鸟"之害人之物，不失此"慈"，它们的内在性命与赤子为一，故不相害。于是，在这里，笔者不禁想到俄国小说家屠格涅夫的《麻雀》，将这一篇现代白话译文引录在这里，似乎有点不伦不类，但它确实是对老子的"慈"的最好说明，还是引录的好，以下为朱光潜《文艺心理学》中译文：

我正在打猎归来，趁着园中的大路向前走，我的狗在前面跑。

猛然间，它的脚步慢了起来，屏声息气地偷偷地向前走，好像它嗅到前面有猎物似的。我沿路探望，看见地上躺着一只还未出巢的小麻雀，喙上有一条黄色的边缘，顶上的毛还是很嫩的，它是从巢里落下来的，那时正在刮大风，把路旁的树枝吹得发抖。它躺在地上不动，只是鼓着两只羽毛未丰的翅膀做半飞的姿势，却没法飞得起。

我的狗慢慢地向前走，突然间好像弹丸似的从树上落下来一只黑颈项的老麻雀，紧紧落在狗的嘴边，浑身都蓬乱得不成样子，它还是一壁哀鸣，一壁向狗那张着的大嘴和大齿飞撞，一回又一回。

在它的心眼中，狗是多么大的一个怪物，但是它却不能留在安全的枝上，一种比它更强的力量，把它拖下来了。

我的狗站着不动，后来垂尾丧气地踱回来，它显然也认识到这种力量。我唤它来到身边，我向前走过时，一阵虔敬的心情涌上我的心头。

是的，请莫要笑，我在看到那只义勇的小鸟和它的热爱的迸发时，心里所感受到的确实是虔敬。

爱比死，我常时默想到，比死所带的恐怖远更强有力。因为有爱，只因为有爱，生命才能支持住，才能进行。

上所引录虽然占篇幅不少，但省却我们更多的笔墨用以对老子的"慈"做说明。"一种比它更强的力量"把老麻雀从树上"拖下来了"，那种力量便是"慈"的力量——易道生生万物的大势用。屠氏说，他的狗"后来垂尾丧气地踱回来，它显然也认识到这种力量"。易道通于天地万物，狗所以能够认识到那种力量。屠氏又说，当他向前走过时，"一阵虔敬的心情涌上我的心头"，这是人类的灵觉接触到易道生生的大势用时的自然表露，身不由己的"虔敬"。这个故事充分使我们明白了"慈，故能勇""天将救之，以慈卫之"的意义。

关于"慈"的话说到此，但在这里却关涉到另一问题，似不应该回避不谈，就是老子蔑视"仁"的问题。由上面所述，可知老子的"慈"与孔子的"仁"在实质上是无别的，孔子说："仁者必有勇"，孟子也说："仁者无敌"，就是老子的"慈，故能勇"。但老子却极力抨击"仁"，他除了"绝仁弃义""大道废，有仁义"等语外，更露骨地说：

天地不仁，以万物为刍狗；圣人不仁，以百姓为
刍狗。①

一个大思想家立言，不在于讲出话来耸人听闻，而在于他
的话中确有实质的内容。老子这话骤然听来颇有"过甚其辞"
之感，但弄清楚老子的哲学立场后，也就恍然于他的话原
是自然应理的，至于听的人对他的话有异样的感觉，那是
因为与他的哲学思想隔着一段距离之故，老子不早就预知
了这种情形吗？他已说过："正言若反。"②
　　"天地不仁"义的了解，首在于对"仁"字的辨识。"仁"
一字的思想原起于以人道为范限，字从二从人，意指人与
人间的同情关切，故孔子说："仁者爱人。"以人道为立场
看"仁"，原是很高尚的一个字，因为它泯除了个别人的小
我，表现出人与人间性情相交感的大我精神。但这是以人
道为立场而言，如以天道为立场便不然（此言"天道"，乃
包括天、地、人三极之道），天道无不包，人道只是其中一
环，由天道望"仁"，不是由小我上望大我，而是由三极之
道向下望，这样，"仁"字的身份就自然变小了。"仁"是
孔子鼓吹宣扬开来的，孔子的鼓吹"仁"，早在"五十而知

---

① 《老子》第五章。
② 《老子》第七十八章。

天命"以前已经开始，当时孔子的思想尚未大通于天道，故《论语》中回答弟子们"问仁"，只以人道为范围。到了"五十而知天命"以后，思想领域扩大，上通于天道，体会到天地生养万物也只是一"仁"的大用，遂而将"仁"之义由人道而扩大为天地之道，所以孔子的"仁"是由小而大、由人而天，以"仁"言天道乃扩而用之的结果（请参阅拙著《先秦易学史》）。这种情形对孔子来说，当然是十分对的，可是现在老子之学不同于孔子，他一开始便立身于天道，以"道"的本来面目而立言，当然不能够将天地生化万物的大德只落在一个起于人道的"仁"字上，因为那样便觉在"名""义"上均有伤于"道"的全体大用。老子形容"道"之本来面目为"朴"，"朴"在成"器"之先，可成任何"器"而不落任何"器"，今如言天地之道为"仁"，则是落入人道之"器"中，非"朴"了。换句话说，老子以为"仁"字太小了，不足以形容天地生化万物之大爱。

　　然而，天道是如何的呢？这在前文已经讲过许多了，天道是"莫之命而常自然"的，是"生而不有，为而不恃，长而不宰"的，是"容"是"公"的，是"无亲"的，天地之生养万物原只是一"道"之自然流行，并无生之之心，养之之意。站在"人"的立场，称天地之生养万物为"德"，而站在天地之道之本身言，实无"德"可言，只是一个生生不息的不厚于此、不薄于彼的自然流行的作用，如是而已。而且，所谓天地万物者何？无非一"道"之绝对，就整个"道"而言，无相对之存在，既无相对，哪里有"仁"？如果说"道"仁爱万物，那岂不是说"道"独立在万物之外了吗？于是，到这里，我们便知道老子的"天地不仁，以万物为刍狗"的正确了，刍狗之用于祭仪，始而被尊敬，继而被废弃，只是因其用而异，这中间实无容于爱其始而恶其后的观念。由此，故春来秋去，草长叶落，一切生生死死，聚散成毁，都无非自然之常道。在一常道之下，春秋不得因其温凉而长，夏冬不得因其暑寒而短，人不得因其灵智而久，兽不得因其凶暴而暂，夫物芸芸，都在一"道"之法则下流转，天道不仁于此，不仁于彼，非不仁，以无所容其"仁"故。

老子这种哲学，如以今日的名词来说，该说是理性自然主义，却任"理"而不遗"情"，因为天地虽然如是"不仁，以万物为刍狗"而不休地生养着万物是事实，它的"任理"的"理"，非与"情"相对，乃含"情"在"理"中。由此之故，所以当我们听到老子说出"天地不仁，以万物为刍狗；圣人不仁，以百姓为刍狗"的时候，并不对他的话产生冷冰冰的感觉，反而觉得天地的"不仁"才真正是"大仁"，这话是得宇宙之真的话。而老子的不言"仁"而言"慈"，也即在此中成立——他的"慈"即"理中之情"；他不言"仁"，以"仁"字不胜负荷其天地生生之"情"。

然而孔子呢？如果我们说老子的"不仁"之言为得宇宙之真，又置孔子的"仁"道学说于何地呢？应知孔子也同样得宇宙之真，因为孔子的立场在人道。老子得"理"之真，孔子得"情"之真；于天地之道看"理"，于人物之道看"情"。"理"是天地一如之"理"，"情"是"理"之分散于人物，"情"通于"理"，二者俱真，是故孔、老俱真。

二、"俭"

老子的"俭"，义指理性的自制、节省、不放侈。何以要言"理性"？因"道"的本身为一理性法则，它流行而不莽撞混乱，恒久而不失其序。人在宇宙大"道"之中，又各自为一小太极之"道"，故也当不失其理性法则，持此以用于人生行事，是名为"俭"。

《老子》第五十九章曾言及"啬"道，文曰：

> 治人事天，莫若啬。夫唯啬，是谓早服，早服谓之重积德，重积德则无不克，无不克则莫知其极，莫知其极可以有国，有国之母可以长久。是谓深根固柢长生久视之道。

王弼注"啬"为农夫，以"农人之治田"之事解"治人事天"。因此注合于中国古代重视农事之故，后人多承袭之，但验诸下文之"夫唯啬，是谓早服""是谓重积德"等，其说实甚勉强。笔者认为"啬"即"俭"义，《韩非子·解老篇》所言当是正义，今引韩文如下：

> 书（按：指《老子》）之所谓治人者，适动静之节，省思虑之费也。所谓事天者，不极聪明之力，不尽智识之任，苟极尽则费神多，费神多则盲聋悖狂之祸至，是以啬之。啬之者，爱其精神，啬其智识也。故曰治人事天莫如啬。众人之用神也躁，躁则多费，多费之谓侈。圣人之用神也静，静则少费，少费之谓啬。啬之谓术也，生于道理。夫能啬也，是从于道而服于理者也。众人离（王先慎曰：离，罹也）于患，陷于祸，犹未知退，而不服从道理。圣人虽未见祸患之形，虚无服从于道理，以称蚤服（按：蚤同早）。故曰：夫谓啬，是以蚤服。知治人者其思虑静，知事天者其孔窍虚，思虑静故德不去，孔窍虚则和气日入，故曰重积德。夫能令故德不去，新和气日至者，蚤服者也，故曰蚤服是谓重积德。积德而后神静，神静而后和多，和多而后计得，计得而后能御万物，能御万物则战易胜敌，战易胜敌而论必盖世，论必盖世，故曰无不克。无不克本于重积德，故曰重积德则无不克。战易胜敌

则兼有天下，论必盖世则民人从，进兼天下而退从民
人，其术远，则众人莫见其端末；莫见其端末，是以
莫知其极，故曰：无不克则莫知其极。……

韩非子视老子之"啬"为术，一言"啬之为术也"，再言"其
术远"，是法家面目，且不去管它。又自"重积德"以下，"无
不克""莫知其极"均涉于人为者多，也是法家思想之当然，
不必议论。今所言者，韩非子对"啬"解为"少费"，实
在是正确的，因为贯《老子》八十一章，或隐或显，总见
此"少费"的思想在流动："圣人为腹不为目"，如此可少
费；"不自见""不自伐""不自矜"，如此可少费；"圣人去
甚去奢去泰"，如此可少费；"知足""知止""不争"，如此
可少费；"塞其兑，闭其门，挫其锐，解其纷，和其光，同
其尘"，如此可少费；甚至"自然""清静""无为"也可以
说是少费。但老子不是为了"少费"而建立其哲学，而是
在他的"唯道是从"的哲学下，"少费"是必然的要求。人
少一分"费"，即多一分"道"，"为道日损，损之又损，以
至于无为，无为而无不为"。所损者何？即"费"；到了"无
为"，即少到无所"费"之时，算是达到全然一"道"的境地。
"夫唯啬，是谓早服"的道理也就在这里，因为不知少费，
便是不明"道"，明"道"的人一定会少费，"早服"言早
服从于"道"。早服从于"道"则得于"道"者多，所以又

言"重积德"，德者得也，得于"道"为德。德积厚重者近于"道"，而"道"力无穷，故"无不克"。既同于"无不克"之"道"，"道"玄妙莫测，远出人智之上，故曰"莫知其极"。然后以"莫知其极"之"道"为用而治国，"有国之母"，自然可使国运长久。《老子》第五十九章之文，正是他的一贯的哲学理论，通畅应理而无滞碍。

由此可见韩非子以"啬"为"少费"的解释是可取的，而所谓"少费"的"啬"，在意义上实也就是《老子》第六十七章的"俭"，"俭""啬"是老子哲学中的大义。

"俭，故能广。"老子这话骤看起来，颇不易明白，但既知上述之理后，也就了然了。我们不妨作如是想：第一，"俭"有节制义，易道有它亘古的常则，出乎其常则便是"不道"，便非"俭"。老子何以要戒"欲得""不知足"，以其非"俭"而将出乎"道"之常则；何以反对"盈"与"强梁"？以其非"俭"而已出乎"道"之常则。出乎"道"即违于"道"，且行之不通，遑论"广"？第二，"俭"有含藏不表露义，这也是易道自然之性，生万物而"不有"，为万物而"不恃"，长万物而"不宰"，都在此一义下。老子在为人上尤注意此一义的把持，"多言数穷，不如守中""俗人昭昭，我独昏昏；俗人察察，我独闷闷""塞其兑，闭其门，终身不勤；开其兑，济其事，终身不救"等都是。含藏不表露是"道之本"，不含藏而表露是"道之华"，落入"道之华"便落入"有为"的指向，便不"广"。第三，"俭"有收缩凝聚义，天地之道，相交而生万物，故"万物负阴而抱阳"，《易经·系辞传》称此曰"旁行而不流"，如流散而失，则天地失其用而万物不生。人、物各为一太极，故人有"俭"德，即人之一太极之凝聚和谐。此为通于宇宙万物之道，故"广"。

老子的"俭"，也可以说是孔子的"惠而不费"[1]，孔子向子张解说"惠而不费"之义云："因民之所利而利之，斯不亦惠而不费乎？""因民之所利而利之"即得乎利民之道，即利不出乎所利之外。必如此了解老子的"俭"，才得其义。

于是，我们不禁想起了司马迁《史记》中的老子，史公云：

> 孔子适周，将问礼于老子。老子曰："子所言者，其人与骨皆已朽矣，独其言在耳。且君子得其时则驾，不得其时则蓬累而行，吾闻之：良贾深藏若虚，君子盛德，容貌若愚。去子之骄气与多欲，态色与淫志，是皆无益于子之身。吾所以告子，若是而已。"[2]

老子所告诉孔子的，也只是一个"俭"字。

---

① 《论语·尧曰篇》。
② 《史记·老庄申韩列传》。

实际上，不只是老子，所有历史上道家人物都可以说重"俭"德。司马谈《论六家要旨》①，引道家之言曰："圣人不朽，时变是守。"守时变等于现在话"等待时机"，时机不成熟不轻易行事，看准时机有利时再行事，不做无谓的浪费，是即"俭"道之用。

三、"不敢为天下先"

老子的第三件法宝是"不敢为天下先"。拙著《先秦易学史》中曾述道家易，曾谓老子之哲学"尚坤德"，今由老子之"三宝"观之，似更觉鲜明："慈"合坤德之生育，"俭"合坤德之容藏，而"不敢为天下先"则合坤德之顺从。但于此必当有所解说，在伏羲、文王到孔子的由太极向下生生的易学体系中，因以乾之动而进为先，坤之动而退为后，故坤之顺从之德乃顺从乾，坤卦卦辞"先迷；后得主，利"中的"主"字，乃指乾而言。而今老子之"不敢为天下先"，则非指顺从于乾，乃顺从于自然之常道。也就是说，在伏、文、孔的思想体系中，坤与乾为一先一后的相对观念，而在老子的思想体系中，"不敢为天下先"之顺从，乃即"道"之本身而立义，"道"之流行"无为""自然"，一落"有

---

① 《史记·太史公自序》。

为"——圣、智、仁、义、巧、利等，便非"自然"，非"自然"便是"敢为天下先"，故"不敢为天下先"之顺从于"道"之义，是老子整体一致的思想中的一义。如仅就此一义来说，言老子"尚坤德"，并不恰当，希读者于此有所分辨才好。

明乎此，也就知道了老子"不敢为天下先"的话，并非是躲避担当责任或消极退让，而是鼓吹宣扬他的"唯道是从"的哲学的积极精神。

那么，我们且引老子的话来看。《老子》第十章：

> 载营魄抱一，能无离乎？专气致柔，能婴儿乎？涤除玄览，能无疵乎？爱民治国，能无知乎？天门开阖，能无雌乎？明白四达，能无为乎？

《老子》第二十八章：

> 知其雄，守其雌，为天下溪；为天下溪，常德不离，复归于婴儿。知其白，守其黑，为天下式；为天下式，常德不忒，复归于无极。知其荣，守其辱，为天下谷；为天下谷，常德乃足，复归于朴。

第十章的"无离""婴儿""无疵""无知""无雌""无为"

同于第二十八章的"守其雌""守其黑""守其辱"，都是"不敢为天下先"的正面义。如就反面言，则《老子》第九章：

> 持而盈之，不如其已。揣而梲之，不可常保。金玉满堂，莫之能守。富贵而骄，自遗其咎。功遂身退，天之道。

《老子》第二十四章：

> 企者不立，跨者不行，自见者不明，自是者不彰，自伐者无功，自矜者不长。其在道也，曰余食赘行，物或恶之，故有道者不处。

第九章的"持而盈之""揣而梲之""金玉满堂""富贵而骄"也就是第二十四章的"企者""跨者""自见者""自是者""自伐者""自矜者"，都是"敢为天下先"之属，都是"不道"。

总之，"不敢为天下先"即是顺从于"道"之大化流行，不为"不道"，也就是《老子》第三十五章的"执大象，天下往"。能这样，则与"道"为一，自然不受害于"不道"，故老子云："不敢为天下先，故能成器长。"人一生下来，便落入了"器",违"道"则此"器"必早毁坏,顺"道"则可长久,"成器长"即后来庄子说的"终其天年"。①

于是,我们明白了在老子哲学中,人生完全不是逞强斗胜的事,人本身掌握在"道"的势用之中,越表现智识,越为"不道";越任自然,越合于"道"。不表现人的智识而任自然,在"人"的立场看来是"柔弱",所以老子一再称赞"柔弱"而斥"坚强",所谓"坚强者死之徒,柔弱者生之徒"②。最柔弱之物是水,老子也就对水特加称赞,例如《老子》第八章:

> 上善若水,水善利万物而不争,处众人之所恶,故几于道。居善地,心善渊,与善仁,言善信,正善治,事善能,动善时,夫唯不争,故无尤。

又《老子》第七十八章:

> 天下莫柔弱于水,而攻坚强者莫之能胜,以其无以易之。弱之胜强,柔之胜刚,天下莫不知、莫能行,是以圣人云:受国之垢,是谓社稷主,受国不祥,是

---

① 《庄子·山木》。
② 《老子》第七十六章。

谓天下王。正言若反。

从效果上看，老子的"不敢为天下先"，正是"为天下先"之用，所以后来人有言老子为一阴谋家，玩弄诡术者。不错，老子的"正言若反"之论，影响中国后世兵家、外交家等殊深，但那是以"有为"之心视老子之学。但就老子之学的本来面目言，是纯粹的哲学思想，秉内心之诚抉开宇宙之真理于世人眼前，其五千言字字句句均有稳固的思想依据，深思探求形上之道以为人生立身行事之用，哪里是一些玩诡弄术的人所能了解的呢？

第十一讲　由大易哲学的
精神特质看它的时代价值

扫一扫，
进入课程

　　大易哲学儒、道两家思想既论述如上，本书原可就此结束，但如笔者在前言中所已表明者，本书之撰写尚有论述古圣之学之外的旨趣，那就是冀望大易哲学能鉴照于今世，俾以有助于解救当前人类面临之危机。

　　今大易哲学为如何一哲学，上之所论固不敢云备，然自信对主旨要义之把握已得，读者在阅览体味之余，必已感觉到此一哲学对吾人当前所处之时代而言，并非落伍思想，不唯不落伍，且实为当前时代之所亟需。

　　基于此一用心，兹于本书结束之前，再对大易之精神特质做一综述，以价值观略论其对当前时代的重要性。后所举五项精神特质，其义均已散见于前文，特再提出申述，期望引起关怀世道人心者之注意。

第一节　推重人道，示人类自救之途

大易哲学括三极之道，而以人道为重心。从"史"的发展上看，自伏羲氏、周文王到孔子，一路由天道向人道上落实；从哲学内容上看，一切天地之道的提出，无不归落在人事上以作为人类立身处世的法则，是其意实在于经营人道，而以"与天地合其德"立人之最高境界。老子之道家易就学术领域而言为专精形上之"道"之探究，然真意仍在于为人生立法式，所谓"自然""无为""知足""守柔"等义，都是老子心目中的做人的正常态度，故五千言书中屡言"是以圣人如何如何"，对人道的期望毕竟是心念之所归。

这一"重人道"的精神特质，形成了中国文化的独特异彩。我们周览世界各国，外不仰仗神力，内不坐弃人智，推玄思而不遗物理，安生活而知所操持者，唯独中国人。中国人在大易哲学的陶冶下，养成了即此人生乐此人生、即此人生实现此人生的人生观。故对中国人而言，以下几个信念是确定不疑的：

第一，世界诚然不美满，但人将努力去改善它。

第二，人心诚然已杂入邪恶之念，但人将努力作纠正。

第三，人生诚然是艰苦的历程，但克服艰苦才见人生的意义。

第四，人与人间的障碍诚然难以祛除，但人应当努力去达成。

中国文化中"人文"之盛，便是在这些信念下形成，而这是大易哲学的功劳。

大易哲学将这几个信念注入人心中，并不怕人产生自大自骄的恶果，因为大易同时揭示了天地之道与人道为一的真理，人所改善的世界是"不道"的世界，人所纠正的心是"不道"的心，人之所以要去改善、去纠正，正因为人要求与天地一体之道相合之故。所以大易哲学所指示人的是要人在明白宇宙之大体下尽人力以自求多福，这便是大易之所以是中道的哲学。

那么，现在让我们来看一看当前世界人类的情状。当前人类的不安处境，已是不可否认的事，不安是由多种因素所造成，举其大者有以下几端：

第一，毁灭性武器的震慑。这一方面所造成的心理威胁，几已为全体人类所感受到，近年来，有识之士已在积极谋求解除这一项已造成的过失，然而正如中国人说的："骑虎难下"。在种族、地域、信仰等我执意识的控制下，拥有毁灭性武器者谁也不愿，也不敢先销毁自己已有的，因为他人手中也握有毁灭性武器。而彼此都明白，毁灭性武器又绝不能用，用则同归于尽。这一危机是科学造成的，而今科学对于解除此一危机竟无能为力，除哲学出面晓以"人道"之义外，我们实看不到更有何良策以排解这个局面。

第二，人口变化造成的危机。这一方面的威胁，近年来由于全球性的大力宣传推行计划生育，许多国家和地区已可控制人口，也仍有许多地区民族株守传统多子多孙的观念，整个世界人口仍在继续增加中。人口问题，迟早大家都会醒悟到其严重性，普行计划生育。但国与国间、民族与民族间基本的真诚和睦相处不建立起来，人口问题仍不算彻底解决。当然，也有一些国家和地区因种种原因而人口呈现负增长，提早进入老龄化社会，有了"后继乏人"的问题。

第三，能源问题的悬虑。随着物质生活的提高，能源的需求大量增加，今日已成了摆脱不开的依赖。物尽其用当然是好的，然而至少在目前横梗着两种使人不安的情况：一是能源有受操纵垄断之虞，上次西亚国家的石油禁运已使人深尝苦果；另一是未来能源何所来的问题，这方面，人类正在积极研究，期以做到仰赖某种无尽的能源。对于未来能源的开发，我们当然对科学寄以信心，因为科学在以往确已表现出它的大才能，然而即令将来寻得了新能源，操纵垄断之风不除，人类生活终不安乐，根本上仍在于"人道"的经营。

第四，金融财货的波动。由于人类的交往日趋繁忙，生活动荡不安，经济方面的起伏涨落成了影响社会人心的一大因素。金融财货之交易，原在于互通有无，便利人生，今则成了斗智施术的场合。一人之弄诡，造成广大社会不宁；更何堪以集体人之智，巧设诱骗之计？人类心神烦恼之源于此者实多。然而这一习气既已养成，欲求改正实为不易，也唯有宣扬"人道"，启人善性，冀其逐渐改善。

第五，地球体貌的变动。至今日，人力尚未能胜过地球的聚力而将地球击破，然而在人类开发利用能源之下，地球的体貌已逐渐有所改变，南北极的开发已在竞争中，冰山的趋于融解恐为必然的后果。气候、生物、地壳变动等方面所招致的变化，诸如全球升温、极端天气、洪涝、大旱、生物灭绝、病毒细菌扩散大疫、大震、大海啸等，将为人类带来难以防御的灾祸。这种忧虑是当今众多科学家所不齿的，他们以为在科学进展之下，无不能克服的前景，然而衡诸大易哲学之理，少阳进极，终将导致老阳之变，人类应及早体会"亢龙有悔"之义。

以上五项招致人类不安的因素，都必须从"人道"的推行上做根本解决，人类必须建立起自救的信心，拿出自救的诚心，必须在一大哲学思想的大力推动下，共同努力，方能脱出危境而登升幸福之域。大易哲学中所言之方法行事，不必尽合于今日，然而其所指示"重人道"的方针，则为人类唯一自救之路；其所苦心发明的诸多原则性的指引，则为人类不容轻忽的照亮自救之路的明灯。在本书前言中，笔者曾经将西方哲学思想的流变大势做了一个概述，西方哲学已正在积极地转进向"人道"，这是整个人心的趋向。近几年来大易哲学颇有发皇之象，正由于此，这一大以"人道"为重心的哲学，将应运而兴，为人类尽其哲学使命。

第二节　不偏情理，立人类之道德规准

一项非常不同于其他哲学而少为人所提及的特点是大易哲学为不偏情理之学。在这方面最好比照以观，笔者且举古希腊哲学、基督教哲学及佛教哲学三者与大易作一对照。

"古希腊哲学"不是一个统一体，今所言乃取古希腊哲学中主流一脉——理想主义（Idealism）之精神，此一脉自埃利亚学派（Eleatic）肇其始，下逮柏拉图大为发扬。在这一脉哲学中，理性活动所得为无上义，感觉所知则虚幻不足道，所谓哲学所探求之真理，不过是驰思入玄，以理性活动辅玄思之学。以理性活动辅玄思自是哲学上的正格，但如此发展的结果，却成了理性为玄思找依据，玄思在理性的支持下成了堂堂正正不可置疑的肯定，而与眼前的现

实世界分了家。于是，理性活动中所得的形上之"理"与感觉界所得的形下之万物之"情"，遂不相应。那么何所取舍呢？埃利亚学派为了维护其理性中所得，乃否定形下之"情"为非存在；柏拉图虽以之为存在，却斥之为虚幻。在他们的哲学中，形下世界的物情并不重要，理性世界才是哲学用武的场所。

基督教原是纯粹依于信仰的宗教，在古希腊哲学已衰之后传入欧洲，历数百年之久逐渐形成其哲学。基督教之所以必讲哲学，一方面为其发展扩张中所必需，另一方面也是应人类进化之运，因为"信仰"之事，本质属于"情"，而人类之进化是由"情"向"理"趋进。基督教引"理"入"情"，以理性活动为其教义服务而成为基督教哲学，所以在欧洲中世纪教权之下，虽然挂出的招牌上是"哲学"，实际上并无如古希腊哲学中任意思考的自由。基督教哲学中谈哲学之探求，处处不离对神的信仰，"信神"是不可逾越的大限。所以如以"情""理"二字来论，基督教哲学只占得一个"情"字。

印度佛教也是宗教，但佛教之为宗教，自释迦牟尼创教之初，即立于鲜明的哲学基础上。佛教之讲信仰，非要人信仰其神（佛教是无神的），乃要人信其哲学，佛教实是哲学性与宗教性并重。然而，佛教的哲学非如古希腊哲学之在理性思考中开展出一个理性世界，其哲学不但透脱空除宇宙万物，乃并理性而透脱空除之，成为不着"情"也不着"理"的洁净境界。此一洁净的"真如"境界，以其洁净故，可以说成不着"情""理"，也同样可以说成入"情"入"理"，因为"情""理"也者已经不成滞碍，此之为"世间法即佛法""烦恼即菩提"。但佛教哲学之胜义，是要底于无哲学可讲，洁净之"真如"境界仍是"梦幻空华"，一并要空去，空其所空，所以佛教哲学终该说是不着"情"也不着"理"的哲学。

最后我们来看大易，大易哲学与前三者均不同，它的精神是朴素而落实的，"理"由物上见，透视综合物情而得"理"。因此之故，万物之"理"也就是万物之"情"，"情""理"相证验而真实，所以大易哲学的思想体系为形上形下浑然一贯。也因此之故，大易哲学之行教化于人，不需采佛教之"渡"，不需采基督教之"祈祷"，也无须乎古希腊哲学中之"辩证法"，大易之明"理"，可就任一事、任一物取以作证，复可以"理"来说明任一事、任一物。这种肯定一切物情之为实在的哲学，骤然看来似觉简易，然而正以此简易故，使它切近于人物之情。在大易哲学中，不见违"理"之"情"，也不见遗"情"之"理"，它教人的都是兼顾"情""理"，这是大易哲学的特质。

以上以"情"与"理"两方面的轻重约言四大哲学的精神，今如拈出"虚""实"二字以作为对"情""理"轻重的形容，则上述四大哲学的不同如下：

> 古希腊哲学——情虚理实。
> 基督教哲学——情实理虚。
> 佛教哲学——情虚理虚。
> 大易哲学——情实理实。

　　笔者之所以要将上述哲学置诸"情""理""虚""实"上做一衡量，目的是针对当前世界的危机而言。哲学之为学，不管做如何解释，绝非无用的思想游戏，它的作用是人在思想上投注心力而为自己规划出未来要走的路。而人，本质是生长于"情""理"之中，人何以生？宇宙自然之"理"使之如此；既已为人，便具人"情"。"理"是"情"之"理"，"情"是"理"之"情"，二者相通为一，偏缺一面，人便不能生存得安适。"情虚理实"的哲学为架空的哲学，因为理论不能落实到人生，如此的哲学自不能为社会大众所普遍接受。"情实理虚"的哲学只可以行于宗教信仰的范围中，因为离信仰之情则理无所归，其救世必以宗教所在为条件，也不能普及于全体人类。"情虚理虚"的哲学境界固然高，然而一由于空去"情""理"之难以修为，再由于其哲学之极致既为空去"情""理"，则对现实人生自然失去亲和感，人不能脱此肉体而远扬，则毋宁更加重人生的痛苦感受，如此何能救世？而大易"情实理实"的哲学呢？其思想即寄于现实人生之实际，以眼前生存的一切条件为真实，故其立论不论小大精粗，均与人生息息相关，而人类社会中各色人等，各以其自身之存在为立场而得其"情""理"之宜，《易经·系辞传》谓：

> 仁者见之谓之仁，知者见之谓之知，百姓日用而不知。

《中庸》上也说：

> 君子之道费而隐：夫妇之愚可以与知焉，及其至也，虽圣人亦有所不知焉；夫妇之不肖，可以能行焉，及其全也，虽圣人亦有所不能焉。天地之大也，人犹有所憾。故君子语大，天下莫能载焉；语小，天下莫能破焉。

大易"情实理实"之哲学之所以能拯救人类者，以此。

"理"太过，将"灭情"；"情"太过，成"矫情"；"灭情"造成人间世的冷酷，而"矫情"为人间世虚伪诡诈之源。今日人类不安的根本原因，即在于部分人借口于"理"以行"灭情"之事，而另部分人则借口于"情"以行其虚伪诡诈；归根结底，应该从普遍人心中建立起"不偏情理"的认识。笔者于此，并非立意为大易哲学鼓吹其必致用于今世，只是作客观分析，就大易之落实于"情""理"之精神上言，我们不得不承认其乃是人类自求多福的最佳哲学，笔者希望西方哲学家能注意到大易此一精神及其在此一精神下所行之教化（本书前文中所述者），冀以有助于人类之自救。

第三节　通贯心物，启人类之真知灼见

20世纪以来，西方科学的发展，打通了"质"与"能"间的隔离，质能互变的被承认，使得大易哲学心物一元的理论得到了确定的依据，这真使大易哲学感到十分光彩。

"心"与"物"在西方哲学，尤其在古希腊哲学中，是被视作界限严明的两个独立概念的，凡讲一元论哲学，总不得不遭遇到此项困扰。唯物的一元论所遭遇的困扰是："如以某一物为宇宙万物的本质，则某一物为有限，有限的某一物何以能变化为无限多的万物呢？"唯心论的一元论所遭遇到的困扰是："如以超物质的存在为宇宙万物的本质，则万物的质料部分何来？"两方面问题都难以解答，所以三百年间的古希腊哲学波涛汹涌，或主唯物，或主唯心，或主心、物并立，而问题终未获解决。自古希腊哲学以降，迄于近世科学上证知质能互变以前，除了中古基督教以神话立神创造世界之说外，本哲学立场以说明心物一元而得众人信服的，殆无其人。然而说来奇怪，在中国大易哲学，我们却发现不曾有过这一问题的困扰，自伏羲氏推出"太极→两仪→四象→八卦"的心物合一的思想体系以后，后世人从没有提出过万物质料来源的诘难，似乎大家都心照不宣，默然心领神会于心物一元之为真理而不疑。我们在前文中已叙述过，孔子儒门易的宇宙万物生成是由太极落乾元，乾元始动，变生性命，然后坤元继承，化生形体；老子的道家易则是由自然之道落无生有，从"无状之状，无物之象"中现"精""信""物""象"。在这两家思想中，加以西方人的治学态度，均可以提出"质料何来"的质询，然而中国人竟未提出。这对西方人而言，免不掉会认为中国人对形而上学研究上含糊其事，不做认真探求，可是时至今日，西方科学却走技能的路，从实际对物质的观察与分析上得到了质能互变的事实，问题豁然明朗，原来大易哲学心物一元的理论是对的，而西方执着于或心或物的思想变成了自寻烦恼。

如对照于西方科学到最近才明证质能之互变，大易在那样遥远的约当公元前4700年之时即肯定心物一元之哲学理论，的确是令人惊奇的事，可是当我们了解中国人的民族性之后，也就知道原因何在了。中国人似是在最早最早的古代，在文化中即已表现出两种突出的能力：一是通观万物的能力；一是体悟心性的能力。由观察宇宙万物，透脱其形象而得万物共通之道，是为"通观"；再内而体察自身，反求于心性，从心性动静之微处悟及一己之心性与宇宙万物之道为一，是为"体悟"。这两种能力互辅互证的应用，成为中国人治学修身的两条途径，大易哲学的理论便是经由这两条路而建立。太极者何？非心非物，亦心亦物，由太极落乾元而生性命，并非性命由此创生，乃是即太极已有性命之前根，至乾道变化而始呈现，乾元之符号"一"同于太极之符号"一"，正说明此义。由乾元落坤元而生形体，也并非是坤元创生形体，而是即太极即乾元已有形体之前根，至坤道变化而始呈现，乾与坤为一动之往复也已说明了此义。总之，自乾元、坤元以下所变化生生的大千世界，如实说来，都为太极之本然所具，心与物为后天之分，在乾元坤元未分之前，浑然一如，总为一大流行作用，此一流行作用如说是心，乃具物种之心；如说是物，乃具心灵之物。心与物，乃立于宇宙万物的地位上而成名，然而于本源上说，只是一"太极"、一"道"、一"一"。

本书至此已将结束，读者如能于此"心""物"贯通处回想前面所述大易之一切理则而体味之，定能觉察到此贯通心物的思想是如何重要地影响着大易哲学。由于心物之贯通一如故，太极一元论乃能成立；由于心物在本质上虽贯通一如而在表现上却散为不同之象状故，太极之具变化生生之性之论乃立；由于心物之贯通一如故，天人合德之理论才有了确定的依据；而大易哲学在此心物贯通一如的思想的肯定下，对照于西方哲学，不知少却了多少彼此执着攻讦的麻烦。不管如何解释，我们说是古圣的卓绝智慧也好，是中国文化的某些因素也好，今日已证知大易心物合一的哲学为真知灼见。那么，我们不妨一看今日科学所得，已为人们所普遍认知者，如：

天文学向太空中探索，所见者，太阳系之外有银河系，银河系之外更有较大的星际宇宙，而其外更有大宇宙，整个宇宙在一大不可测的流行法则中，星球之运动生灭，若泡影之隐现于大海之中，生而显谓之物，灭而隐则归于心。

物理学家向细微处分析，所见者，原子之中有核，核子之中有电子、质子，而电子、质子之中复能光闪闪，有遑遑奔驰流转之存在，人力已穷，不可索而得，只好归之于一流行作用。此一流行作用非心非物，亦心亦物。

生物学家所见也相同，由人类反求，溯生物之源，则见猿类、爬虫类、两栖类、鱼类、变形虫类、单细胞之藻类等，在此一流行演变历程中，心智与形体变化生生，如问心智何自来，形体何自去？也只有归于涵括宇宙大自然之一大流行作用。

其他如心理、生理学等对胎儿发生方面的研究，也都得到同样的结果，即心之与物原无别二，而独立于心物之先者（此"独立"为"绝对"义，老子曰："独立不改"），为一流行之作用。

20世纪初，法国哲学家柏格森倡生命哲学，以宇宙本质为一大流行之生命力。以中国人旁观者的立场看，是非常清楚的，柏氏划时代的哲学主张实代表着西方传统偏执于"心"或"物"的哲学已接受了科学的新见地，柏氏本人是一个心理学家，故柏氏的哲学在西方哲学的"史"的演变中实居极重要的地位。法国是欧陆汉学最盛之地，笔者自然不能说他受了大易哲学的影响，但说他的哲学是科学催生的产物应是不错的。

对于时间、空间发生的问题，大易的见解也近于今日的科学上的见解。根据大易，时、空与物原质为同时产生（已述于本书第三讲中），当乾元之始动，上三者即一体呈现。那么，我们且一听大科学家爱因斯坦的一段话，在弗兰克（Philipp Frank）写的《爱因斯坦，他的生活与时代》一书中，曾提到一个小故事。故事说，当1921年爱因斯坦第一次到达美国时，在纽约港，一批记者要求他用最简单的话说明相对论的要义，当时他说：

如果你们不太认真的话，我可以这样说：如果我们假定一切物质会在宇宙中消灭的话，那么在相对论未提出前，人们认为空间和时间会继续存在，可是照相对论来说，如果物质及其运动消失的话，则不会再有空间或时间存在。

试看爱因斯坦这话，多么像是为大易哲学做证。我们于此不妨再引录《易经·系辞传》的话：

乾坤其易之缊邪！乾坤成列，而易立乎其中矣。乾坤毁则无以见易；易不可见，则乾坤或几乎息矣！

乾与坤为表现于物之二作用，由物所表现之乾坤以见易道之存在，如表现乾坤二作用之物不存，则易道不可见，那么宇宙便归于难以想象的寂灭。心、物、空、时同出于一而本质为一之义自在其中。

将大易哲学之理则，比照于今日科学所得，如一物一太极义。如动与静之义，如圆道周流之义等，可以说无不与今日科学相合，这不是牵强附会，因为大易哲学的立论坚定而明确，我们只好说近三百年来的西方科学发展是为大易哲学作证了。

于是，在这里，我们不妨仍依照第二节，将大易哲学与古希腊哲学、基督教哲学、佛教哲学做一对比。比照之下，古希腊哲学崇尚玄思，驰理入玄而立说，可称为"玄学的哲学"，基督教一切依于对神的信仰，可称为"神学的哲学"，佛教哲学收万法于一心，可称为"心学的哲学"，而大易哲学的精神及学说，甚契合于科学之所得，可称为"科学的哲学"，可作如下表述：

古希腊哲学——玄学的哲学。

基督教哲学——神学的哲学。

佛教哲学——心学的哲学。

大易哲学——科学的哲学。

然而，我们需要把话再说回来，为"科学的哲学"的大易，对今后人类应做如何贡献呢？笔者认为大易哲学得今日科学精密技能及理智之助，必能更在其"通观"及"体悟"两途上有大表现。今日人类在科学引导下，病在迷于个人而忽视大体，迷于人智而不见天道，迷于物欲而失却了天地精神，迷于专执而忘记大通，希望大易哲学以其"通观"及"体悟"之功驾驭科学，破除其执着一偏之用，使明白整个宇宙万物为一大和谐，人人物物事事均当在利于此一大和谐之下致其用，如此，一切危机自然消除了。

第四节　尊法天地，养人类之博大谦和

"人类在进步"，这是通常一般人的观念，但这句话实在应该做更多的考究。不错，如果只就"进步"二字的字义上言，说人类是在不停地举步向前迈进，当然是对的，然而这种举步迈进究竟是不是我们心中所希冀的"日趋于高明"呢？人类举步迈进的意义绝不止于举步迈进的本身，如果人类只管盲目向前奔驰而不能在精神与生活上日趋于高明，那么举步迈进这件事岂不是成了无意义的行为？而且，所谓"进步"者，也许便是"退步"，因为依据大易哲学，一切事物的变化都是圆道周流的，人自以为永远是在举步向前迈进，说不定在不自觉中正在绕圈子走了回来。人为万物之灵，既已知道了这一宇宙的大法则，即令不能避开，也应当谨慎从事，尽人力以谋求善道。

笔者所以生上面的警惕心，一方面固然是受了大易哲学思想的影响，另一方面也是观察今日人类的作为而深有所感。就笔者看来，今日人类所表现的普遍作为，已经犯了两项错误：一是自大骄狂，一是不知反省。前者使人奔向穷极而登升"亢龙"之位，后者则使人虽至"亢龙"而不知"悔"。至"亢龙"已入危亡，已是"不道"；而不知

"悔"，则更加速危亡之来。从大易哲学看来，是大凶之事。且先说前者。

人类今日的自大骄狂，当然是科学神速发展的结果。近世以来，科学界对地层上下的开发利用，对海洋的探寻，对各物的研究，对太空星际的踊跃进军，所在激发起人类的雄心壮志。站在科学的立场言，有充足的理由以支持这等作为，然而也自然养成了人类的自大骄狂心理：天不足尊，地不足法，传统经验不足恃，前代人的话不足以听从，唯今日的我为最大最厉害。如果说到科学所留下来的坏影响，这方面实在是不能忽视的。今日，人喜欢用"征服"一词，征服海洋，征服南北极，征服太空……"征服"一词的含义是不错的，但笔者总感到此一词不妥当，笔者认为人如果常存"征服"之念，其害处是无可言喻的。人征服高山大洋、太空星际，自然可以，因为它们不与人计较（这样说并不正确，其计较处或者不在当下），但有此一念之生，人类自我社会便难以安处了。因为人与人间的安处，主要依于彼此相谦和而不依于彼此相征服，"征服"的思想将使人类各不相下，计较一己之先于人，破坏人类社会的和谐，莫此为甚。我们放眼看今日世界的危机，或明或暗实在于"期于征服他人"之一念，此念不消，人类即令能够征服太空星际，自身（人与人间）的争斗势必相对增加。如此，科学上的一切成就，最后只不过是导致自杀的努力罢了。

其次，说到不知反省一方面。科学原是盲目的，当其前进时，只注重眼前的成就，少关怀周遭的影响，因而只求新成就、新成就、新成就，对以往的故绩是弃之不足惜的，这又养成了人们的唯知一往无前，入歧途而不知反省的心理。人类的进步，应该在两种情形下相辅相成：以前瞻后顾决定前进路线，而以一往无前的精神去行进。哲学属于前者，而科学属于后者。近世以来，哲学衰微，科学独行超前，哲学落伍在科学之后，喘息追奔且不暇，更无指引科学途径之力，于是任科学而奔驰。人类既已失去对哲学的信赖，乃相率入于盲目向前奔驰之科学之队伍。这一方面说起来似不重要，实则重要得很，使人类走入灭亡而不自知者，正是这种不知反省回顾的心理。我们已知，宇宙自然的大法则是圆道周流的，人同于万物为此大法则中之流行作用之呈现，然人以具有高度灵智故，可与物"同流"而不必与物"共无知"，人可以运用灵智顺"道"而流行而免除"物亡"（意谓与物共毁灭），反省回顾之功便在于此。中国古人最注重历史，将历史比作"监"，实有深意，从反省回顾中，人知所从来，由是知所将去。《易经》履卦上九爻辞言："视履，考祥其旋，元吉。"复卦初九爻辞言："不远复，元只悔，元吉。"二卦之所以称"元吉"者，正在于赞赏知反省回顾，因为如此人方能知过而迁善。

大易哲学所告诉人的，最主要有两大认识：第一，整个宇宙为一大和谐的存在，天、地、人物一体相关；第二，人在此一大和谐中的地位是处于天地与万物之间。由前者，人当具有和于天地万物之正念，不当有征服天地万物之邪念，而事实上，人也不可能做到真正征服天地万物，因为人与天地万物既为一体，则征服天地万物何异于自我伤害？庄子所谓蜗角触氏与蛮氏之争战便是好比喻，[①]所以今日人之起心动念欲征服此征服彼实是傻事，因为违背了宇宙万物为一体之"和"。由后者，人既为天地所生而又为万物之灵，则人上对天地应该谦卑，下对万物应该宽容，唯有如此才能一体共存，人无法上脱离天地而下脱离万物，故人的灵智应该在此一认识下发展，而不应指向骄狂自大，一意孤行以求独霸宇宙。大易之如此主张并非要限制人的灵智，而实为珍视人的灵智，得宇宙之真理而服膺之，才是人类灵智的正用。我们前此曾经引过孔子《易经·谦卦·象传》中谓：

　　　　谦，尊而光，卑而不可逾。

人自居于天地之下，效法天地之道，正是表现出"卑而不

---

　　① 《庄子·则阳》。

可逾"的精神，而下宽容爱护万物乃使人"尊而光"。发扬人性的高尚，还有什么更胜于此呢？

总之，"博大谦和"之德是人应该具备，也是必须具备的。说"应该具备"，是站在人之所以为人而言；说"必须具备"，是站在人不如此便不能生存而言。本节所言者少而所欲言而未言者多，因在已论述过大易哲学之后，故许多话不必再说。然有感于今日人类一般作为之表现，又不得不说，乃约言如上。

第五节　知常用变，明人类行事之则

大易哲学所揭示的宇宙自然之道，扼要归于两个字下，便是"常"与"变"。"常"言"变中之常"，"变"言"常中之变"。从"道"之变化迁流上说是"变"，然而此变化迁流永不离其自然而然之法则，故又是"常"。宇宙万物万事均为"常""变"之"道"之表现，这是大易哲学所提出的真理。

既然宇宙万物万事均在"常""变"之"道"中，人为万物之一，则人之日常行事即不得不应合于"道"之"常"与"变"，整个大易所教导人的，也只是要人不违"常""变"之"道"。人行事不合于"道"，固无损于"道"之常流永在，却徒自造成了人类自己的凶咎灾祸与痛苦烦恼；如合于"道"，则在生命过程中会感到吉祥福乐、心身安和。二者取舍，人当然要走后一条自求多福之路。

知"道"之"常"而则之，人才有稳定感，此一流行变动中的生命才能安；用"道"之"变"，人才有生动活泼的势用，才有变化新鲜的人生。大易哲学要人效法天地之健行厚载，就是要人守此"常道"；而要人因时因位因应用中行事，便是要人不失"变道"。《易经》六十四卦中乾、坤二卦及二用，乃明"常道"之则，而屯、蒙、需、讼……以下六十二卦则讲"变道"。

关于大易所提出的知"常"用"变"之道，本书前文已经论述过，自然不必再赘，此处旨在指出大易哲学的此一大贡献对人类的重要性。西方哲学贵于理性的活动而疏于现实生活；印度佛学旨在渡人至彼岸，根本精神也不落在现实生活上；环顾世界古今，只有大易哲学就人生言人生，就生活言生活，就人类的日常行事上立自救自善之方。那么，现在我们问：人类果可以不顾现实生活而神游于理性思考中吗？或者人类果能不顾这个现实世界而渡升彼一不着人间烟火的世界吗？所谓理性思考是发于在现实生活中的人，所谓超越世界是依于现实世界而立，如果现实世界毁灭，人类不存，一切均将化为乌有。今日人类所面临的惴惴不安，已濒临到世界毁灭、人类不存的可能境地，有见识的人各就政治、经济、道德、军事等方面急谋挽救，便是要挽救人类现实世界的存在，因为这才是根本之策。处在今日这种情势下，如果身负指导人类迷津的哲学，仍然无视于人类所面临的现实世界，仍然从事其追寻纯知识的理性思考或心灵中的忘我忘物，那便只好说是"亏于职守"了；然而这一亏于职守是有严重后果的，因为人类确已遭遇到了存亡的关键时刻。

在本书前言中，笔者曾指出，当今人类所需要的是"人道的哲学"，西方哲学随着这一需要正急剧地脱离其传统而转向以"人"为思想中心。这一明显的哲学思潮的流向，对今日从事哲学研究的人，该是很重要的指引，身为哲学研究的人，便当乘时而起，重建哲学领导人类的大业。笔者读西方哲学，对西方人所提出的"人是理性的动物"这一句明确扼要的话，十分佩服，然而笔者常想：这一句话的价值不应当仅限于如是为"人"下一个定义，它的价值更在于人应该做"理性的动物"应该做的事，如何做"理性的动物"应该做的事呢？便要讲求理性之"用"，人今后应该把理性之用指向自身自心，从自心之思想与自身之行为上做到不伤人、不害物、不逆宇宙自然之道而乐享福祉。大易哲学的用心便在这里，它在"天地之大德曰生"一义领导下，全力向着"善生"一途设想，它认为人应该靠自己的能力，"善"自己的"生"，对天地之道的揭示与其对人事之法则之提出，都在这一用心下展开。

人是有立场的，一生下来便在"道"的规范之中，在存在方面说，有"身"与"心"的并存；在思想方面说，有"小我"与"大我"的并立；在行事方面说，有"变"与"常"的不得不兼顾。"身""小我"与"变"自然不能作为人生的标的，但人却不能摆脱这一面，因为人之所以为人的立场寄于此；"心""大我"与"常"固然是人向往的理想境界，但人又不能挟其个别之形体俱化，只可以作为人生永恒奋斗的前景。笔者认为大易哲学的高明处便在这一认识上，人一方面努力追求"心""大我"与"常道"，一方面也不遗弃"身""小我"与"变道"。而事实上，今日人类之所以招致危机之由，便是缺乏此一认识；今日世界哲学虽纷纭多途，终不能通贯人心以导引人类向幸福之路迈进，也是缺乏此一认识。

最近几年来，大易哲学欣欣然有崭露头角之势，世界哲学界似乎逐渐把眼光投注在这一古老的哲学上，笔者不知道是否由于它的价值引起了人们的注意，而笔者的确以诚挚的企望，希望世界哲学界对这一哲学给予注意——不限于注意它救人救世的热情，不限于注意它指引人的方向原则，尤当注意它周详精微地落降在人类日常生活上的细则，注意它所提供的走在人生之路上应如何举步投足的实际方法步骤，而这是世界上其他哲学所短缺却为举世人类所需求的。

结　　语

扫一扫，
进入课程

　　《易经哲学精讲》写完了，心中忽觉一片空虚，既而又是一阵惶恐，念天地之悠悠，圣踪已渺，斗室窗下，笔者今据案弄笔，师古圣之意而为之论述，会不会招致"规杀或曲解古圣思想"的指责呢？斗室窗下，笔者以人类之危机为忧，会不会遭受"杞人忧天"的讥笑呢？

　　这几年来，笔者时常思索"哲学为何物"的问题。昔孔子游楚归，过叶城，北至于沙河畔，问津于长沮、桀溺，受奚落之余，叹道："鸟兽不可与同群，吾非斯人之徒与而谁与？天下有道，丘不与易也！"[①]天下无道，长沮、桀溺可以避而不顾，孔子不能。昔老子见周之衰，去周，至关，关尹强其著书，乃著书五千余言，言道德之意，[②]老子之著书或不著书，岂是他人所能强？实以不能忘情于人世，见

----

① 《论语·微子篇》。
② 《史记·老子韩非列传》。

天下之失道，他人能不言，老子不能。昔孟轲见孔子之正道衰微，天下思想多归杨、墨，乃挺身而出，扬孔学而排杨、墨，声言："予岂好辩哉？予不得已也！"①儒门后学多多，他人能缄默而孟子不能。昔庄周隐为漆园吏，见百家之学兴，圣贤不明，道德不一，天下多得一察焉以自好，乃慨叹："后世之学者，不幸不见天地之纯，古人之大体，道术将为天下裂！"②庄子身虽归隐，心不能忘怀于世道。观孔、老、孟、庄之行事，是人类亘古以来与灵智俱兴，即有一缕忧思在，此一缕之忧思，飘扬逶迤，与人类历史偕行。所以一事物之成，思精者不能不豫其后日之患；一制度之立，虑深者不能不防其永终之弊；社会道德固不必沦丧，人类世界固不必毁灭，而圣哲为心者不能不忧其有沦丧毁灭之日。哲学者何？此亘古以来之一缕忧思也是已！

华冈仲秋，夏温犹存，残蝉声里，微凉时至，而此论述竟。游目窗外，青天白云，远山近树，点点苍苍，房舍错落，这一片美丽世界，人类真该好自经营它啊！笔者不禁想：这一颗石子投下，不知会激起一点感应也否？

而隐约间，又传来了孔、老、释三人酬唱道情之声。

读者诸君，让我们共同努力！

---

① 《孟子·滕文公下》。
② 《庄子·天下》。

新版后记

扫一扫，
进入课程

　　本书之出版，当初主要为提供各大学哲学系所教学研究之需用，各地书店则甚少发售。然以过去多年间，社会经济繁荣，教育普及，国人文化素质提高之故，易学之研究在社会上蔚为风尚，本书也早已推广到社会各阶层，其影响远超过笔者之预期，此诚中国文化之幸。年来曾有前辈长者建议印刷较大号字体，以利视力稍差者之阅读，这当然是可以采行的，疏陋之作，幸蒙长者垂爱，对笔者是一大鼓励，何乐而不为？然以版面已定，再改大字版非易事，今乃改变开本，并放大字体，此一改变将增加书本身的体积及重量，于一般学生势必造成携带之不便，然就家居之社会人士而言，自较方便于阅读。凡事利弊，难以兼顾也。

　　吴生莲庆博士，多年来用心于中国哲学思想之研究，对此书之改版，细心校订，修改并补正了许多原书中字句的疏漏，热诚至为感人。

今后本书之内容已不拟再做更动，即以此本为定本，乃书以志之。

高怀民

· 人与经典文库 ·

图书 · 音视频 · 讲座
敬请关注

毓老师作品系列

毓老师说论语（修订版）	爱新觉罗 · 毓鋆 讲述
毓老师说中庸	爱新觉罗 · 毓鋆 讲述
毓老师说庄子	爱新觉罗 · 毓鋆 讲述
毓老师说大学	爱新觉罗 · 毓鋆 讲述
毓老师说老子	爱新觉罗 · 毓鋆 讲述
毓老师说易经（全三卷）	爱新觉罗 · 毓鋆 讲述
毓老师说（礼元录）	爱新觉罗 · 毓鋆 讲述
毓老师说吴起太公兵法	爱新觉罗 · 毓鋆 讲述
毓老师说公羊	爱新觉罗 · 毓鋆 讲述
毓老师说春秋繁露（上下册）	爱新觉罗 · 毓鋆 讲述
毓老师说管子	爱新觉罗 · 毓鋆 讲述
毓老师说孙子兵法（修订版）	爱新觉罗 · 毓鋆 讲述
毓老师说易传（修订版）	爱新觉罗 · 毓鋆 讲述
毓老师说人物志（修订版）	爱新觉罗 · 毓鋆 讲述

刘君祖作品系列

易经与现代生活	刘君祖
白话易经	刘君祖
易经密码全译全解（共九辑）	刘君祖
易断全书	刘君祖
刘君祖经典讲堂（全十卷）	刘君祖
人物志详解	刘君祖
春秋繁露详解	刘君祖
孙子兵法新解	刘君祖
鬼谷子新解	刘君祖

许仁图作品系列

一代大儒爱新觉罗 · 毓鋆	许仁图

说孟子	许仁图
哲人孔子传	许仁图
毓老师讲学记	许仁图
子曰论语（上下册）	许仁图

吴怡作品系列

中国哲学史话	张起钧　吴　怡
禅与老庄	吴　怡
逍遥的庄子	吴　怡
易经应该这样用	吴　怡
易经新说——我在美国讲易经	吴　怡
老子新说——我在美国讲老子	吴　怡
庄子新说——我在美国讲庄子	吴　怡
中国哲学关键词50讲（汉英对照）	吴　怡
哲学与人生	吴　怡
禅与人生	吴　怡
整体生命心理学	吴　怡
碧岩录详解	吴　怡

辛意云作品系列

论语辛说	辛意云
老子辛说	辛意云
国学十六讲	辛意云
美学二十讲	辛意云

名师精讲通识课堂系列（80种）

左　传	张高评
史　记	王令樾
大　学	杨　鹏
中　庸	杨　鹏
老　子	吴　怡
庄　子	吴　怡
论　语	辛意云
韩非子	高柏园

易经·系辞传	吴　怡
说文解字	吴宏一
孟　子	袁保新
荀　子	周德良
礼记·孝经	庄　兵
管　子	高柏园
淮南子	陈德和
传习录	高柏园
唐诗三百首	吕正惠
乐　府	曾守正
古文观止	陈仕华
庭训格言	周彦文
聊斋志异	黄丽卿
诗　经	王令樾
汉　书	宋淑萍
墨　子	辛意云
红楼梦	叶思芬

其他

易经哲学精讲	高怀民
易经与中医学	黄绍祖
论语故事	（日）下村湖人
汉字细说	林　藜
新细说黄帝内经	徐芹庭
易经细讲（上下册）	徐芹庭
易经与管理	陈明德
周易话解	刘思白
汉字从头说起	吴宏一
道德经画说	张　爽
史记的读法	阮芝生
论语的读法	崔正山